改革双轨论：1992 年以来中国之冲突及调试

The dual theory of reform: Conflicts and adjustments in China since 1992

沈 阳 著

谨以此书献给我心爱的祖国
太平洋西岸持续鼓励我坚强生活的父老乡亲
所有以实际行动爱中国人民的人
尤其是：为我的同胞传讲和平佳音的使者

The dual theory of reform: Conflicts and adjustments in China since 1992
(Chinese version)
August 2014 published by Chinese Christian Theological Association
874 Beacon Street, Boston, Massachusetts, 02215- 3101USA
www.CCTA.me

ISBN-13: 978-0692283271 ISBN-10: 0692283277 LCCN: 2014950131
Printed in the United States of America

《改革双轨论：1992 年以来中国之冲突及调试》
作者：沈阳
中国基督教理学协会（美国） 出版 2014 年 8 月 www.CCTA2009.org
美国·马萨诸塞州·波士顿 Beacon 街 874 号 邮编：02215-3101

ISBN-13: 978-0692283271 ISBN-10: 0692283277
国会图书资料号码：2014950131

封面说明

承蒙babe more姊妹的精美设计。作为美工设计，babe more不对本书的价值观及各种倾向承担任何责任，无论是法律上的、政治上的还是道义上的。

右边的照片是中国东南沿海广东省广州市中山大学法学院门口，两个石刻物品是中国民间传说中的古兽“獬豸”（xiè zhì）。獬豸外观似羊（或说似鹿），头顶正中有长独角，有短尾，尾巴像蜗牛，羊蹄。喜欢居住在水边，性情忠贞，若见二人相斗，它就会以角撞不对的一方；见二人争吵则会去咬理亏者，因其与生俱有辨别是非、公正不阿的本能。法律的“法”字在古文中写做“灋”(两字都读作“法”)，前后两个法字比较之下所省略的那个部份，也就是“廌”（读音：至），在古代与“獬豸”的“豸”是通用字：古时“獬豸”也叫“獬廌”，“解廌”。

与古罗马的“正义女神”相对比，明察秋毫、有冤当场报应的獬豸是中国古代司法正义观的反映。在典范的西方，正如圣经所说，“我们晓得律法上的话，都是对律法以下之人说的，好塞住各人的口，叫普世的人都伏在神审判之下。所以凡有血气的，没有一个因行律法能在神面前称义，因为律法本是叫人知罪。但如今，神的义在律法以外已经显明出来，有律法和先知为证：就是神的义，因信耶稣基督加给一切相信的人，并没有分别”（罗马书3:19-21）。耶稣基督不需要蒙眼，也能确保公平正义。这种正义是以基督的“代替性救赎”为实底的，“惟有基督在我们还作罪人的时候为我们死，神的爱就在此向我们显明了 ”（罗马书5:8）。

即便到了今天，在一些地方的检察院和法院门口，常常立有一对獬豸，用以表达其追求“法治”的决心。这是中国一部分国家治理者心目中的“依法治国”。

左边的照片是中国农村的一个宗祠。门上的文字是“加官晋爵”。“修身齐家治国平天下”、当官以“光宗耀祖”，是世世代代中国读书人的信仰。照片中“征求群众意见，倾听群众呼声”的横幅一般出现在基层选举（例如村民委员会选举）时。根据中国法律，村委会是中国的群众性自治组织，并不属于国家机关之序列。横幅表达了中国共产党“从群众中来，到群众中去”的群众路线诉求。

中间的照片是浙江省嘉兴市的中国共产党第一次代表大会会址。1921年7月底，中共“一大”在这里一艘画舫上完成了最后的议程，并宣告中共成立。当时中共党员只有50多名，如今这一数字已超过八千万。连续执政60多年的中国共产党的确在经济建设等多项关键性指标上取得了有目共睹的成就，在中国确立了其民众认同感。

左右两幅照片，鲜明地体现了当代中国“民情传统”与“普世主义”双轨共存的特点。中国共产党，就在这样一个格局中诞生、夺取政权、遭遇建国前三十年挫折、在“改革开放”中实现长期执政从而带领中国走向“中国特色的现代化”。

三幅照片由本书作者在2009年、2010年等时间分别拍摄于广东和浙江两地。如需要更清晰的照片以便进一步研究或者了解实际情况，可联系本书作者索取。

联系作者

这本31万多字的文集，收录了作者近十年来发表于香港《凤凰周刊》、《21世纪地产》、招商证券《智富》、中共四川省纪委《廉政瞭望》、中国国家发改委《改革内参》、《时代周报》、《南方都市报》、《理财一周报》、《南方周末》等知名媒体的一百余篇文章。一些文章曾被人民日报主管的“内部资料”（即“内参”）《思想理论动态参阅》等刊物转载。承蒙这些媒体的多多关照。

基督教家庭教会是上述文章的诸话题之一。该课题丰富性远超想象。2008年3月起，中国社科院农村发展研究所于建嵘教授组织一批学者和教会人士开展了两次关于家庭教会合法化的对话：第一篇《基督教发展与中国社会稳定》发表于香港《领导者》2008年4月号，第二篇《中国基督教家庭教会向何处去？》发表于《领导者》2008年8月号。我们对中国基督教的形势与趋向的判断，迄今没有大的改变。由于两文已被收录于《底层政治——对话与演讲》（于建嵘著，香港中国文化出版社2009年1月第一版）之第47-82页，本书不再重复。承蒙于建嵘先生的长期关照。

中国的和平与民众的福祉是中国的“老大难”话题。我们所生活的这块国土，只有一代代的中国人承担责任，才会更美好。我们相信一个开放的舆论空间和自由的探讨环境有利于中国各种冲突的和平处理。欢迎以任何形式对对本文内容发表批评意见。如有内容编译、学术推广、课题合作、图书采购等需求，欢迎联系本书的出版机构或者作者本人：shenyangromans@gmail.com 或 yngshn@vip.qq.com。

目 录

序

正义，还是正义的问题

肖玉杰【上海世华财富投资集团总裁】

六年前，中国四川大地震之年，美国政府让它的国家环保总局对美国公民的人命做了个评估：一条人命最低690万美元，当时约4700万元人民币。美国人把生命的价值转换成一个货币概念，或许中国人很难接受：人命无价，怎么能随随便便标个价呢？

生命的价值究竟有没有一个标准的“国家牌价”或“国际牌价”，使每一个生命都可以感觉到自己生命沉甸甸的份量，以至于每一个人都学会珍惜自己和别人的生命，却是每一个中国人都要认认真真思考的新问题，老老实实学习的新功课。

当然，美国政府究竟怎样算出一个美国人的生命本钱，我不得而知，但美国政府和企业在制定各样经济政策和产业社会政策时，首先考虑的就是人命的价值因素，而不是国民生产总值GDP和单纯的利润指标等经济财务概念。例如，如果一个化工行业企业要建一个厂，它的投资效益为690亿美元，但影响人的生命健康的污染因素会导致周边10000人得病，那么这项投资就会被政府否决。

我们从这个简单的“投资考量指标”可以看出：生命是所有事物价值中最为重要的，人类最应该重视和敬畏的是生命本身！

我举这个例子，是要告诉大家：沈阳先生这本文集尽管涉及的问题方方面面，提出问题的解决方法也丰丰富富，但“骨子里”讲的都是“公，怎么尊重私”，国家、政府怎么尊重个人、个体，尤其是每一个人、每一个中国人的生命的尊严与生命的价值应该如何被公平公正对待的问题。这，不只是一个政治社会学的问题，更是生命价值观的话题，也是一个人活着，无论外在的贫富贵贱如何，而最终能不能人人都感觉到幸福、快乐、自由的命题。

我个人承认，对于政治，尤其是强人政治、伟人政治，我从来都是看客心态。既然有文韬武略、十八般武艺样样精通的天子、精英们潇潇洒洒地统治管理国家，何足我辈粗鄙贩夫走卒操心。但，对于正义，也就是我认为生来就平等的每一个人，是否生活、工作时也人人平等，我却从来都是食客心态。即，正义，人人生命价值与权利的平等存在与平等实现，正如我每天都要往肚子里填的空气水分、大饼油条、豆浆牛奶、鸡鸭鱼肉、蔬菜水果一样，一刻没有，浑身就时刻难受，时刻不自在，就要到处找，到处要，直到找到为止，才算安生，才肯罢休，才肯感到幸福，否则，必时刻不得安生，也无法安宁，更不可能安稳。

我想，这，就是人能作为最普通的人那样活着的必需品，而不是某些人、某些阶层的特供品或奢侈品。尽管这个人人生命平等存在与生命平等实现的生命需要被冠以庄严而神圣的政治学名词“人权”二字，在政治家的嘴里象一颗名牌口香糖一样被嚼来嚼去，被掂量来掂量去，我更愿意用“人性”这样最通俗易懂的表达，来表明：人生而生命平等和要求活着有平等的机会实现这种“生而平等”的生命价值，就是人类每一个人的“正义需求和正义要求”，这是任何社会环境里面肉体意义上的人的最基础、也是最直接的需求。

我想，人的这种需要活在一个正义公平的生存环境里的“生存心态”，无论是社会主义，抑或是资本主义，大多数人可能和我都是一样的。

当然，衣食住行自由自尊无忧者，或许除外，而我们这些每天要“早九晚五”或“黑白颠倒”的北漂、上漂、广漂、深漂，神州漂，却无法例外。

由于带有一些先天性“Diao 丝基因”，我多年以来一直时时地间歇性地在问一个问题：偌大的中国，偌大的大城市北上广深，哪里是我蚁之辈的安身立命之所？何处是我草民屁民的安居乐业之地？什么地方是我一介公民自由自在的安然之乡？

现实却有点很萝莉，很黑木耳，很骨感，有点萌，有点纠结，有点忐忑 style。

远了不多说，33 年来的特色社会主义成就了中国 GDP 世界第二。名义上国有、全民所有的各大央企、国企每年几十亿、上百亿、甚至几千亿的暴利性垄断利润，但这一切，就那么占全国百分之一都不到的超人们给分吃了。

就这样，在这个国际奢侈品消费已排名世界第一的国家里，一方面一群人一顿饭、一块表动辄十几万、几十万，穷奢极欲，富得流油，按需随取，先“共产主义”了。而另一方面，却有一大群人甚至只能一天吃一顿一块钱都到不了的午餐，一家人只有一条裤子，几个孩子挤在一个垃圾箱里取暖，穷的冒烟，饿了只能唱《北京欢迎您》充饥。于是乎，就出现一个怪现象：一面是世界排行老二，世界 500 强排过前三位，另一面则是中国人均收入却仍然还排在世界 100 位之后，还不如非洲最差的肯尼亚和乌干达。所谓“房子盖得赛欧洲，社会搞得赛非洲”，即此谓也。

按新的联合国贫困人口标准，中国仍然还有 1.6 亿人在食不裹腹、衣难蔽体、住无其屋的“山顶洞人状态”或“裸居”状态，其中还不包括数量与执政党 8000 多万党员数量差不多的残障公民。

他们好像不是生活在伟大的繁荣富强的社会主义新中国，他们好像生活在“阿凡达尼玛国”。

这一切，就叫不公平！

这一切，就叫不正义！

这一切，就叫不和谐、不稳定！

这一切，就叫国家红利、人民福利分配不均衡！

一句话，累死累活干活的吃不饱穿不暖住不起病不起，而享有特权的却恨不得闲死吃死舒服死。

这一切，究竟是怎么造成的，如何解决，如何解决得好，沈阳先生《改革双轨论：1992 年以来中国之冲突及调试》这本书，给您提供了一种答案或叫“沈氏解法”。

耐心看，你就明白了：正如面包会有的，答案是会有的，正义公平，也会有的。

2014 年 5 月 13 日于北京亚运村

以系统性良性治理回应社会转型危机

于建嵘【中国社会科学院社会问题研究中心主任、教授】

相对于早已实现现代化的欧美等国家，实现有效治理、落实公平正义的发展中国家并不多。作为一个人口超过13亿、国土面积堪比一个欧洲的国家，中国面临着各种来自历史的、传统的和现实中特定的政治社会结构和地理资源环境的制约，其有效治理、落实普遍性的公平正义从而令社会各阶层认同更是前无古人的大课题。

我推荐沈阳《正义一元论：从民情到法政》（修订版）第九章《从民本想象到正义建构：为何传统中国不能孕育宪政民主》的第三部分“从双轨道德到丛林法则：中国转型回归大一统命运”，以及关于孙中山、蒋介石和司徒雷登等著名政治人物及燕京大学的第十章。在对中国一个半世纪变迁实证分析的基础上，我们可以承认：晚清改革和在中国大陆的民国政制，即挫败于未曾实现有效整合的公共权力不能获得社会认同，从而失去进一步应对一些社会性挑战的能力；这些政府主导的改革和变革，初步地看是不能满足底层民众的诉求，实际上根源于区别于精英主义体系的国家治理理论的缺失，导致国家治理体系及其治理能力现代化的双双缺失。

在今天，这种进退两难的局面又重新出现。今日中国所面临的困境与挑战，以及政治学者和政治家可以现身出场的情境，都是史无前例的。发轫于1978年“改革开放”和1992年“市场建设”的当代中国，较之过去有着更为复杂的内容。

如今的国家体制，既不同于信奉“三民主义”的民国政制，更区别于被大势拖着跑、不知东西南北的晚清政府。或者我们还可以这样说，经过对其他国家的经验教训的思考、比较和借鉴，尤其是经过对本国几千年治理史的勤奋反思，如今的中国政府，基本上是相对理性的，试图主动引导和创造历史。然而，这种“稳定压倒一切”的治理理性，由于不是基于人权保障的法治理性，维稳与维权博弈，危机与挑战并存。改天换地的宏图大志下，表面的繁荣中，隐藏着深刻的治理危机。

沈阳《改革双轨论：1992年以来中国之冲突及调试》一书，就试图深入分析中国改革开放（尤其是近十年以来）的变迁、危机、各种社会冲突及其体制性应对。

这是他大学毕业最初10年的写作成果。由于城市化，沈阳的村子如今离市区不过步行15分钟。有个城市户口曾是多少代人的梦想。正如他所指出的，农村人被忽悠了，城市福利更多体现为单位福利，而不是户籍福利。土地财政所带来的高房价更压伤这代人脆弱的肩膀。这就产生了代表底层知识青年悲惨命运的“蚁族”现象。

有没有城市户口，这些农村孩子都不容易。我很理解这代人的苦与痛。在他们的生命历程中，传统乡土社会在“文化大革命”浩劫之后，又经历了没有理想、没有战略、没有规则的商品经济的冲击。离开农村，与“五四”新文化运动时期的前辈一样，他们不仅面临着国家如何发展的话题，还面临着如何冲破社会固化所形成的封闭机制的桎梏实现个人抱负的问题。两者以一种时代特有的逻辑统一起来了。

沈阳这本书由五个话题组成，分别涉及到“经济变局与危机”、“权力与社会转型”、“底层维权与变革”、“追问中国房市及国家变迁”和“道路、真理和生命”。其中“权力与社会转型”、“底层维权与变革”两个话题，是我的重点课题。我不是经济学者，没有专题研究房地产，不过，该话题中“拆迁”所引发的社会冲突和农民土地“确权”这个命题，也是我的重点关注；“经济变局与危机”中的“地方自治”，是我们共同的诉求；“道路、真理和生命”中的一些结论，更是我们的共识，当然除此之外的一些分歧也是显而易见的。

由此来看，沈阳对中国进行了体现却超越于一代人特点的系统反思。

我特别注意到，沈阳并没有在意识形态层面否定执政者关于“社会管理创新”的一些举措，而是试图打通社会管理创新和较之社会管理创新更有前瞻性的政治体制改革，在政治改革中赋予宪政民主的一系列政体精神与制度安排。这里透露出他“现实主义”的风格。另一方面，不仅在这些时评和随笔中，而且在私下和各种场合中，他一再强调他所主张的“正义一元论”和“多中心秩序”的想法。

“正义一元论”是新概念。用政治学原理的常用术语来说，正如他所总结的，中国的文明发展，特别需要在官民冲突中、在中央与地方的博弈之中，体现出民众对司法制衡的司法民主化之特点，注入“司法正义”的核心精神和基本规则。而在社会发展层面，发展社会组织，实现信仰自由（包括信仰实践自由）和结社自由，从而塑造出一个能够监督政府、同时又不以政治权力垄断为信仰的社会自治体系。

换而言之，只有正义的司法、民主的政治和开放的社会，才能化解维权与维稳之间的矛盾，使这种动态的博弈有利于国家的长远发展，使那种死气沉沉、充满危机的“刚性稳定”转变为民主法治的、充分保障每个人的自由与安全的“韧性稳定”。

韧性稳定需要系统的社会与政治变迁。首先是一系列的社会改革，最重要的是建立公平公正的社会分配体制，让社会各阶层共享经济发展的成果。然而是改变目前的行政压力体制，建立县级政治分权，并通过司法改革，树立国家的法制权威，让保障人权、维护正义的宪法成为社会稳定的基石。目标是使中国县政建立在行政分权和政治分权基础上的民主自治，以此来解决威权政治的缺陷，使政治体制增加韧性。与此同时，国家应该充分满足民众的参政意愿，切实保障公民的有序政治参与，这也是每个公民享有的基本政治权利；改进和完善政治制度，真正落实宪政体制下的公民权利，把公民的利益表达纳入体制内，是实现国家长治久安的可靠保障。

变革的时代需要伟大的政治科学。沈阳的研究具有时代性意义。

没有人能确认中国将来会怎么样，但我们至少可以肯定建立底线正义有利于中国的稳定，并且知道为了这个国家的可持续基础，中国的政治家应该具备什么品质。

我大力推荐的沈阳《改革双轨论：1992年以来中国之冲突及调试》这本书，试图告诉我们关于中国国情、国家治理与民族未来的真知灼见，试图告诉我们什么是真正的“国家治理体系与治理能力现代化”。在我看来，关注一个思想者，不仅要看他的具体答案，还要看他的种种论点，究竟体现了什么样的价值观和方法论。

2013年11月25日于北京东书房

哈巴谷时代我们的确信与持守

（自序）

2012年年底，我曾经认真研读的《旧制度与大革命》突然成为了畅销书。法国社会学家托克维尔的这本书本来就有实力成为畅销书：一是书名具有黄仁宇所说的“大历史”的气质，二是作者和这本书拥有在相关研究领域中极高的公信力。当然在中国这还不是畅销的确据。

《旧制度与大革命》的畅销得益于政治性的推动实际上，推荐这本书的国家领导人并没有公开地说明为何推荐这本书。然后是各类学者趁机“推波助澜”。

我在《正义一元论：从民情到法政》修订版第三章“发现有教堂的开放社会：从《旧制度与大革命》到《论美国的民主》”里，针对曾经的台北大学政治系教授、台湾现任“行政院”院长江宜桦的“自由主义偏见”指出，托克维尔作为一个复合型人物，其自由民主价值观，体现着浓郁的贵族型诉求和天主教古典情结。

长期以来，中国台湾海峡两岸的自由派学者将托克维尔想象成中国自由民主进步事业的同路人。《旧制度与大革命》的被推荐，由此在中国舆论界“炸开了锅”，因为这本书俨然得出的“托克维尔定律”回应了时下国人期待中国“全面深化改革”、从而促进国家整体性的现代化及其相关系统性难处这个关注点。

这个定律，简单地说，指的是如下三个“论理”：第一，革命不是在民不聊生而是在社会繁荣或开始繁荣的时候发生的；第二，革命摧毁的是旧制度的外壳而不是旧制度中的专制性格；第三，可贵的平等很可能会给更加可贵的自由带来威胁。这个话题涉及到究竟要“改革”还是要“维稳”的命题。这个话题得到中国政府高层如此重视的最重大成果实际上是中共十八届三中全会所提出的“推进国家治理体系和治理能力现代化”。在邓小平改革年代的“四个现代化”的基础上，带有浓厚的威权主义特点，中国改革话语的“第五个现代化”是以政治的现代化为诉求的。

差不多同时，在广东一个影响力日渐衰落的媒体，围绕“中国梦”“宪政梦”这个话题，一群编辑和他们的领导，借着网络社交平台“新浪微博”，掀起了一场意识形态冲突。接下去整整一年，中国围绕着“中国要不要宪政”展开了一场近乎“全微博皆兵”的辩论。这个话题很快就转化为中国要不要“宪政社会主义”的讨论。“社宪派”认为主张“快速民主化”的“西式宪政主义”（主张政党轮替、司法独立、新闻自由和公民社会）不合乎国情，因而应当建成中国特色的“宪政民主”。势所当然的是，看似无意中掀起的这场争论既打伤了西式宪政派因而令“社宪派”得到一种“舍我其谁”的优越感，又因为大规模的、有组织的、气势汹汹的“反宪政浪潮”让这个群体进入到一种必须自我保存的焦虑与恐惧之中。

这是中国特色的文人政治。在中国，比文人的政治更具特色的是商人政治。

2013年7月31日，在新浪微博和我“互粉”的“木子老龙”、湖南道宽律师事务所李龙律师发帖子说，“昨天与一商人吃饭，是舌吐莲花无所不晓那种。先跟我大吹关系很硬，多少领导是他兄弟。突然话锋一转，开始批判官场太乱，痛骂王八蛋祸国殃民。接着，商人深情地缅怀毛主席时代政清人和。最后，作为总结，他说，中国还是非搞宪政不可，不然迟早完蛋”。

对我个人来说，面对这样一群“同胞”，这种有趣的局面是政治学研究的幸福，更是挑战：假设这群人不存在，容易忘记自己研究的是中国；过分关注他们，很容易忘记自己有更重要的事情。

我们容易认识写《旧制度与大革命》的托克维尔，却不太认识中国的这些宪政言说者。

如果说在过去，由于是小圈子的讨论和“理想”，“宪政是什么”，相对清楚。在这个小圈子中，我们还有一些真知识可学。如今，当宪政成为“公共话题”、成为“热点话题”，“宪政是什么”、“中国如何宪政”就被操弄成一个任人打扮的小姑娘，俨然成为一个“公说公有理，婆说婆有理”的“多元性”命题。

还是回到《旧制度与大革命》。托克维尔时代的法国有特定的处境。当时天主教贵族深深嵌入绝对君主制，治理人口占法国 1/18 的新教“胡格诺派”遭遇大屠杀，随后引起数十年的宗教性维权战争，从此打断了法国“自由民主”的“自生自发秩序”。托克维尔哀叹《论美国的民主》里的美好生活不会在他的祖国出现。有人以为逼迫及其抗争一定带来大复兴。事实是，“二战”后，在欧美世俗化大背景下，天主教“大一统梦”彻底破灭，胡格诺派加尔文主义的梦想也被摧毁。

正如于建嵘教授为本书所写的序《以系统性良性治理回应社会转型危机》一文所指出的，作为社会批判理论的启蒙主义，在政府缺乏危机应对能力的背景下，如果人们以最高权力为唯一诉求，如何给国家有效治理预留时间？在那个“西学东渐”的时代，知识精英流行一种既不能促进国家整合、却严重损伤政府权威的“政治想象主义”。在“快速现代化”思潮的倒逼下，缺乏来自美国等西方国家可持续的强有力支持（指望一个外国政权长期支持中国，从来都是“政治浪漫主义”），基于革命传统和“合纵连横”的江湖性短暂结盟而形成的南京国民政府，既无力回应启蒙精英的变革呼声，又无能回应底层民众的生存性诉求。

我相信，一旦缺乏这种“宗教社会学”的认识，对“托克维尔定律”的中国式讨论基本上会不得要领。由于对祖国的不了解经常超过对西方国家的不了解，我们对类似“定律”的处境化认知也经常是“驴头不对马嘴”。更何况，有些话是大家都心知肚明的，由于“潜规则”而故意不说出来，好有利于下一步的“行动”。

社会变迁很有可能有完全外在于我们个体经验和过去一些偏见的逻辑。在 2012 年 3 月武汉大学出版社出版、2014 年 6 月中国基督教理学协会（美国）修订出版的《正义一元论：从民情到法政》一书中，我们提供了一个分析政治文明演变逻辑的范式：正义一元论之“民情结构基础论”；方法论乃是“制度文化组合论”。

该书指出，真宪政必须具备如下要素：1. 打破偶像崇拜（个人崇拜、组织崇拜），确立真信仰；2. 结束垄断，尊重多中心秩序，达到地方自治；3. 政府的分权制衡，以权力制衡权力，各权力对宪法负责；4. 司法独立与制衡，专业化和民主化平衡；5. 制度化保障法律人、市场、宗教信仰、学术教育等团体的结社自由和表达自由。

绝不能缺少事实和逻辑的判断。在欧美这样的以基督教传统为主的社会，来自“终极一元性”的认知很容易支配一个民族的群体行为，而对中国这样一个以个体与家族自立为基本生活逻辑的国家来说，政治经济学的分析就显得更加重要。因此，这本《改革双轨论：1992年以来中国之冲突及调试》就会更多关注以“国企垄断”和“土地财政”为主的经济体系对未来变迁的影响。

根据制度经济学家杨小凯先生竭力强调的古典自由经济理论的“分工合作理论”，经济发展表现为分工深化，分工深化可产生分工经济或者专业化经济，分工经济取决于交易效率提高，交易效率提高取决于合理的制度安排，合理的制度主要表现为保护民权的现代政治制度和自由市场制度。

本书《自由国度是怎样崛起的》、《从奴隶到选民：美国奴隶制的法政化解决》、《日本发展悲喜剧》等文进一步指出，在西方宪政发展过程中，宗教和贵族力量对皇权的制约是最重要的因素，法治化的城市工商业所积极塑造的世俗小共同体是进一步的推动因素，征税权和普选权的博弈往往是宪政民主最终成型的突破口。

显然我们缺乏古典经济的理论范式所呼唤的社会与政治体系，也缺乏使这一体系落地生根的基础性资源。但，这不意味着中国的问题不应该被面对，一些问题不应该被解决；即便问题注定无法彻底解决，也不意味着可以随便拒绝实证分析。

近年来在中国有三个社会矛盾被广泛讨论。首先为大约五年一次的意识形态大辩论。然后是民企与国企之间的“较量”。这种较量，若非意识形态介入，由于“民营企业主”自身的软弱，经常是悄无声息的。目前的大趋势是不可遏制的“土地财政”和“国进民退”。第三是“失地农民”和“蚁族”之遍及全国。这是官民矛盾，也是劳资矛盾。三者以何种方式进一步交织在一起，将会决定未来中国的气质。

“宪理”不等于“宪法”，“宪法”不等于“宪政”。也不要以为社会矛盾是以让中国有个良性运行的“宪政”。仍然是那句话，在一个确定的话语情境里，冲突需要被规范，被“归正”。冲突是权利，冲突是必然，冲突是契机，冲突是风险——这些说法都对——关键是如何引导、制衡和规范冲突，将冲突限制在不至于产生过分危害的地步，从冲突中寻找升级良善的机制。显然今天中国以体制为核心的多种人群都在为此寻找化解之道。必须强调，由于“公说公有理，婆说婆有理”，这种共同的努力形成的不是共识，而是新一轮博弈的开端。

我相信逻辑不可回避。改革者手中的权力在改革事业中如何被规范，是改革的老大难问题。法制的重要性不言而喻。对法律和规则的发自内心的尊重，有赖于信仰的确立。本书一再强调：法律规则与信仰导致的行为规范的一致性，决定了法律和规范的运作效果；特定信仰的小共同体，是分权制衡与多中心秩序的基础。若缺乏信仰，法制即便形成，也会因权力失去制衡，陷入选择性执法而异化为权力工具。

人性的真实在于，个体本能地呼唤被公平对待，却常常极力追求对他人的绝对性支配地位。成功的价值观和治理体系，必须抑制这种“罪性”，促进社会的良性发育。当前这不是说种种“本能”必须予以政治性地解决，而是需要以合理的文明方式来认真面对。然而，在中国，这种状态实际上没有多少可落地的办法能应对。

圣殿卖鸽了，假神圣以济私，这是比任何政治堕落都可怕的事情。这本书中我很喜欢《为什么温州人成不了犹太人》、《金融文明的社会密码与中国道路》、《中国基督徒商人，真有那么美？》这几篇现实主义文章。倒不是说商人多么值得尊重或者多么令人反感，而是温州这个被“捧杀”为“东方耶路撒冷”的城市的无奈与惧怕，是中国民间社会的一个缩影，在一个特定的角度联结着我们一贯的基础议题。

更大的政治背景是，中华人民共和国65年中，前30年奉行统一命令的计划主义体制，1978年之后经济成为这轮制度变迁的核心。从八十年代开始，执政党社会主义初级阶段的“基本路线”确定“以经济建设为中心”，“让一部分先富起来，带动更多的人共同富裕”，“不管黑猫白猫，能抓老鼠的就是好猫”。1992年，也即执政党决定建立社会主义市场经济之年，中国更是直接进入“全民经商”阶段。

为什么会有市场化？本书《中国房地产：行政垄断下的市场双轨制》等几篇与“财税”相关的文章说得很清楚。作为文学性叙述范式的“全民经商”浪潮下，形成了市场化的“改革话语”和市场化的基督教发展等现象。无数自由派改革派学者趋势若骛的“公民社会”的崛起，简言之，无非是“搞钱政策”下的副产品。

没必要夸大基督教对中国的影响，也不应该对中国教会放弃涉及“永生”“永死”的福音性期待。经济社群和移民经济的温州教会现象，大下岗后的东北教会现象，淮河流域弥散的农民社会引发的农村教会现象，这些都跟经济状况和放松管制有很大的关系。信徒增长有其特殊社会背景和时代特征，有其特殊的宗教需要。聚会人数的增长，不是简单的福音复兴。由此来看，将这种夹杂着过分的世俗需求的宗教需要，转化为正统的基督信仰，在中国任重道远。

我不得不承认有什么样的人民就有什么样的政府，有什么样的政府就有什么样的人民。很多人指望基督教救中国。在温州，很多自称基督徒的企业主，他们不顾安息日的神圣性，强迫工人上七天班，不仅如此，半数以上晚上还要加班。丛林社会也许总有其丛林法则的生存方式，但这种方式会继续强化丛林社会的草莽特色。

《正义一元论》一再说，中国的加尔文主义者应该承认中国现实，敬畏圣经真理，主动拒绝“加尔文主义中国梦”。从制度经济学的角度来论述，有利于我们加强对中国教会人数扩张及其之后福音传播的“困境”展开进一步的了解。

其中一些话题，涉及“身份责任论”。世俗法律定义为“公民”的“权利义务”。与今天流行的“伦理学”中的“正义”和“善”存有根本性交集。圣经拒绝概念性叙述，而是在救恩性的宣告中表达这一关切。上帝一再强调了“创世之初”与“挪亚方舟”中的“各从其类”，以及在这种秩序中《新约》“成全了律法的爱”所生发的“爱人如己”的“公平正义”“秩序”。然而，若没有“福音”及其应许的“永生”，无论“各从其类”还是“爱人如己”，统统都倾向沦落为“专制”。

一个万物“各从其类”、人人“各司其职”、各主体持守“本分”的社会，加之成全了良善法律政治的、“爱人如己”从而“彼此舍己”的“新生活”，是人类迄今从未实现的、却是最美好的共同体秩序。私欲无所不为的运行，权力无孔不入的扩张，乃是“事件正义”大规模缺失的起源，文人政客小民“人生苦短”的根源。

阅读本书最后一部分，我们就会承认，以日本、以色列、印度等国和香港、台湾等地区的治理而言，并非所有秩序都“毫无是处”。然而，因为基督十字架福音的缺失，人类迄今很多的秩序不是“各从其类”的缺失，就是“爱人如己”的缺失。

回到中国，我们就能在这种“缺失”中看到我们应有的作为，当然也有投机之人能看到“现实的机会”。就博弈分析而言，我们当能在这种被强制的“各从其类”中看到现实和未来的风险。这就是“终极正义”叙述的“冷酷实证”之能力与魅力。

“写作”自然与作者的人生历程息息相关。作为一个迟早要成为“失地农民”的农家子弟，我承认伴随着我的成长，年幼时期由于盼望优裕生活而形成的对乡村生活的“恐怖”逐步地转化为我如今对乡村生活的“眷恋”。“种豆南山下，草盛豆苗稀”、“采菊东篱下，悠然见南山”，只因“问君何能尔，心远地自偏”、“此中有真意，欲辨已忘言”，对田园诗人来说就是上好的“世外桃源”；对无论何种处境的农民来说，都是一个灾难。在理性中，我清楚地认识到中国需要继续被改变。

客观地说，这几年政府期待以城市化解决户籍制度导致的城乡二元（双轨）结构体制，就现代化的方向而言，是正确的。但决策者应当知道：城镇化是现代化的结果，而不是现代化的基础；不应该让现代化的冲击大于底层民众所能承受的，更不要以为各种政策后果（尤其是土地财政、“血拆”、各种群体性事件及其国家稳定的持续保障）都是可以通过技术手段化解的。这些都应当深入展开实证研究。

这本书大多数文章，形成于2010年年底到2013年年间。当时我在中国一个国家部委“国家发展和改革委员会”主管的秘密级内部刊物《改革内参》从事“执行主编”工作。与《新华社内参》、《人民日报内参》一起，《改革内参》被并列为中国党政系统三份影响最大的内部刊物。刊物是可以入“海”的。北京官学两界的“海”，特指“中南海”，是中共中央、国务院的办公所在地，中国最神秘的地方。

在中国，这种职业代表一种个人身份、政治地位。即便在今天，我仍然认为，在《改革内参》的时光，是我迄今四份工作中最快乐、也最得心应手的，以至于我曾经想，也许我注定更适合从事信息整理和决策咨询的工作。然而，由于远离北京的、在浙江金华的父母渐渐衰老，在我工作最顺利的时候、实际上和自己的关系最融洽的时候，我主动辞职，几乎恋恋不舍地离开这个单位和朝夕相处的同事。

就民情、一般中国人的心灵及地上的秩序而言，我们今天这个时代，的的确确地仍然是“哈巴谷”的时代。在这个时代，“毁灭和强暴在我面前，又起了争端和相斗的事。因此律法放松，公理也不显明；恶人围困义人，所以公理显然颠倒”（哈巴谷书1:3-4）。但哈巴谷没有绝望，“我要因耶和华欢欣，因救我的神喜乐”（3:18）。

无论地上的“家国”是否日渐转型，“哈巴谷”时代当有任何世代都当有的确信与坚守。我不愿也不会如一些作家哀叹“每一个人的故乡都在沦陷”。地上的故乡一切都不会落空，“羡慕一个更美的家乡，就是在天上的”（希伯来书11:16）。

为我的“不会绝望”感恩。也欢迎我的读者朋友，进入这本《改革双轨论：1992年以来中国之冲突及调试》所提供的情景，并提供批评指教。无论是否“成功”，好让我们在这“寄居”、“客旅”之地有那当有的作为。

沈阳

2013年6月22日初写于北京大兴兴华园

2014年7月18日修订于温州都市花苑

第一部分 经济变局与危机

由于行政垄断主导下的“国进民退”，中国民间投资和民营经济到了最危险的时刻。外向型经济几乎到了崩溃的边缘。“企业家精神”难以形成。中国必须进行经济结构的调整。关键是终结行政主导的国企垄断、为民营经济松绑、金融在法治基础上的变革助推实体经济发展、鼓励地方自治体系的形成进而建立公平正义的市场经济体系。

行政化信贷投资模式之隐忧

2013 年上半年的经济增长数据有些折磨人。1 月 16 日美国《华尔街日报》中文网的首页头条就是 James T. Areddy 和 Tom Orlik 联合写作的《增速放缓暗示中国经济光环消褪》一文开头就说，“尽管中国政府已采取措施来回收流动性，但信贷的大幅扩张使中国的新领导层面临难题：如果为避免坏账危机而采取力度过猛的措施，可能会威胁到刚有起色的经济复苏”。

重点在于 2013 年是“新型城镇化”大规模被鼓吹并试图隆重落实的元年。由于城镇化被加剧，两个庞大的数据产生了：金融机构 3 月份新增人民币贷款大幅增至 1.06 万亿元，高于 2 月份的 6200 亿元；3 月份的社会融资规模总计人民币 2.54 万亿元，高于 2 月份的 1.07 万亿元，仅略低于 1 月份的历史最高水平。

这些资金，很大一部分直接进入了市政建设和城镇化投资中。例如工行江苏分行与多个地方政府签署了超过 200 亿的城镇化贷款意向协议，其中南京的江宁区即获得超过 100 亿元授信额度。远在边疆的新疆喀什、霍尔果斯则获得了多家银行的 600 亿元授信额度。湖北省则是获得了农行不少于 1000 亿元人民币意向性授信额度。

对经济的分析，必须进入就事论事的细节中去，谈具体的某项投资会得到什么结果。例如上述投资，我们暂时还无法判断会得到什么样的发展业绩，只能说当前投资规模空前加大。

不过，来自经济结构的制度经济分析则是比较确定的。4 月 17 日英国《金融时报》发表署名该报驻北京记者欧阳德的文章《中国地方债已经失控》：如今中国各省、市、县和村的债务总额介于 10 万亿至 20 万亿元人民币（1.6 万亿至 3.2 万亿美元）之间，在规模上相当于中国经济的 20%至 40%。由此，4 月 9 日国际评级机构惠誉（Fitch）将中国长期本币信用评级从 AA-调降至 A+（这是 1999 年以来国际评级机构首次这么做），穆迪（Moody’s）则将中国评级展望从正面下调为稳定。

大约在去年年中，在对 2008 年“四万亿”投资的批评声浪中，财经类媒体铺天盖地地指责，如今甚至进行了 7 万亿的投资，恐怕 2009 年类似温州借贷危机这样的悲剧再演。

因此，我们应该深入探讨当前的这些投资到哪里去了。根据国家统计局提供的官方数据，第一季度 GDP 较上年同期增长 7.7%，增幅低于去年第四季度的 7.9%。看来，大规模投资并没有带来以往那么多的经济业绩。对此，国家统计局发言人表示，今年一季度中国 GDP 增长的 7.7%中，最终消费贡献了 4.3 个百分点，资本形成总额贡献了 2.3 个百分点。这位发言人的说法符合事实：春节正好处于第一季度。根据中国人的传统，尤其在广大中西部地区和东部地区的广大农村，第一季度向来是内需高峰期。

内需高峰的背后则是一组令人忧伤的数据。官方数据显示，中国 3 月份消费者价格指数（CPI）的同比升幅从 2 月份的 3.2%回落至 2.1%，可是阿里巴巴根据网上交易情况编制的互联网购物价格指数显示，2 月份物价同比上涨了 10.6%。哪个更真实，我们不难判断。

央行 4 月 11 日公布了《2013 年一季度金融统计数据报告》，其数据显示，3 月末，广义货币（M2）余额 103.61 万亿元，同比增长 15.7%，分别比上月末和上年末高 0.5 个和 1.9 个百分点；央行此前公布数据显示，2012 年末广义货币供应量(M2)余额为 97.4 万亿元，比上年末增长 13.8%。这组数据，则明显能够看到为什么我们的购买能力越来越弱。

而在投资的效果方面，有个符合“经济学家”气质的政府业绩解读办法。由于对一些统计数据（例如 GDP，外贸增长数字）的深刻不信任，应该关注“银行信贷”、“用电量”及“铁路货运量”这三项数据，尤其是后两者的数据。例如，今年 3 月用电量仅较上年同期增长 1.9%，足以证明企业开工不足。这就让人担心第一季度的内需高峰之后，接下去如何拉动投资。这就让人怀疑，地方政府是不是从国有银行借新钱还老债，也就是地方存在及其严重的债务危机，他们打着“新型城镇化”的名义为过去的不良发展模式埋单。

焦点是房地产市场的数据。令业内人士喜悦之情溢于言表的是当前 66 城市的房价仍在上涨。根据 3 月 18 日国家统计局发布的 2 月份 70 个大中城市住宅销售变动情况数据，与上月相比，66 个城市房价在上涨，北京和广州涨幅最高（为 3.1%），持平的城市三个，只有一个下跌。这以意味着长期以来对房地产市场的“宏观调控”的结果完全没有获得令人满意的效果。另，财政部 5 月 13 日数据显示：刚刚过去的 4 月，全国公共财政收入为 1.14 万亿元，同比增长 6.1%；但中央财政收入为 5357 亿元，同比下降 2.2%。与此相反，地方本级财政收入为 6074 亿元，同比增长 14.7%，其中房地产相关税收贡献显著。

今年以来，中央财政收入已经连续下跌。对此，财政部称，制约后几个月财政收入增长的因素仍然较多，主要受工业增加值增长趋缓、工业生产者出厂价格（PPI）下降、企业效益下滑、房地产成交量下降以及实施结构性减税等影响。

消费数据方面，据 5 月 14 日英国《金融时报》报道，4 月份“中国社会消费品零售总额同比名义增长 12.8%，而 3 月份的同比名义增幅为 12.6%，这一轻微反弹得益于汽车销售加快增长和接近 4 月底时中国消费者大举购买黄金”。大举购买黄金反映了居民对当前 M2 过分增长的逃避和投资渠道不足的无奈之情。

只有一个数据是强势的。国家统计局数据显示：今年前 4 个月房地产开发投资较上年同期增长 21.1%，达到人民币 1.92 万亿元；地方其他税种收入情况显示，契税同比增速最快，达到 69.2%，土地增值税同比增速紧随其后，达到 30.5%。

房地产给政府提供的收入是“卖地收入”。地方政府实际垄断了土地的供应权，这个产业不能给中国社会提供自由竞争的市场经济环境，也没有能力带动中国出口的上升。房地产的实质是消费而不是扩大再生产的投资；由于以户籍制度捆绑了公民权，结果是无底洞般地吸纳各行各业的投资和消费，在根子上伤害乃至摧毁实体经济的发展。

（《新商务周刊》2013 年第 8 期、第 10 期）

三网融合：从行业垄断走向国家垄断？

信息产业领域的“反垄断”看似有了初步的成果。2011年12月31日，国务院发布通知称，将把互联网、电视网和电信网三网融合试点拓展到42个新城市。三网融合第二阶段试点城市包括天津、重庆、宁波、石家庄、广州和乌鲁木齐。而早在2010年，国务院批准包括北京市和上海市在内的第一批城市参与三网融合试点。

由于国内相关市场的封闭保守，互联网、电视网和电信网这三项服务，国内的用户普遍使用不同的网络。而由于区域性行政化垄断，根据美国网络数据传输公司Pando Networks发布的全球网速排名显示，韩国平均网速达到2202KB/秒，位列全球之首。而中国网速是韩国的九分之一，仅245KB/秒，远低于580KB/秒的全球平均水平。也就是说，国内互联网用户以高额的支出，被迫购买劣质的商品。不仅如此，当国家发改委启动反垄断调查之时，信息产业领域的广电系和电信系居然借着各自旗下的行政化媒体，互相掐起了架。

我们不能忽视，促进当前局面形成的就是这种行政化垄断。长期以来，行政化垄断为中国经济发展的最大阻碍之一。正如我们所知道的，2011年下半年以温州、鄂尔多斯等地为代表的民间高利贷风波的形成，就是以这种国进民退的态势为成因。具体到民生的促进作用方面，国有垄断企业对就业所提供的贡献也是微乎其微。根据国家人力资源和社会保障部的数字，2009年底，国有、集体企业的用人需求比重仅仅为4.8%。也就是说，各种国有垄断企业，至少在就业等领域，并没有为中国的民生幸福起到其应有的作用。也是基于此，它们制造的是收入的不平等和行业的不平等。至于是否有力地促进了中国的科技进步与产业升级，倘若我们将中国的科技发展之态势与发达国家作个比较，答案就显得更加清晰。

因此，应该从“反垄断”角度来理解当前的“三网融合”。根据一个流行的说法，电信网、有线电视网和计算机通信网“三网融合”是为了实现网络资源的共享，避免低水平的重复建设，形成适应性广、容易维护、费用低的高速宽带的多媒体基础平台。正如2011年12月26日，工业和信息化部全年工作会上部长苗圩就说，近五年，中国的宽带接入带宽在世界的排位下降，且资费偏高，将规范宽带市场竞争行为，加大对恶性市场竞争、阻碍互联互通、资费违规等行为的查处，阻止企业滥用市场支配地位。

然而，部长这个愿望很难落实。“三网融合”之前的中国信息产业，形成的是一种条块分割的行业垄断。“三网融合”之后就能改变吗？正如我国的公共交通产业，每个城市都由市政府的公交公司垄断。全国有再多的区域性公交公司，都不能改变相关领域的垄断色彩。建立一家全国统一的公共交通公司，由于更加强有力的资金支持，技术上的确能比过去有一些改变。然而，增加了垄断的级别，长期来看，就能改善服务吗？

与这种行业性垄断相比，我们需要的不是垄断，而是开放，让民营企业参与竞争。这就涉及对市场经济的理解。市场文明，显然需要以特定的政治社会结构为基础例如营造产权清晰、权责明确的法治体系，营造多中心秩序、分权制衡的格局。

具体到经济领域，发达国家形成了一系列行之有效的向中小企业开放市场的措施。列宁指出，19世纪末期，自由资本主义发展到了垄断资本主义阶段，工业革命热潮后的美国出现了托拉斯组织。美孚石油公司就控制了当时全美90%的炼油业。好在美国有了立法正义和司法正义的基础框架，能够改良这一局面。1890年通过的《谢尔曼法》（全称为《保护贸易和商业不受非法限制与垄断之害法》）是美国也是世界上第一部反托拉斯法。1914年通过的《克莱顿反托拉斯法》实际上是《谢尔曼法》的修正案，对有关条款进行了修订与说明；同年还出台了《联邦贸易委员会法》。这三部法律三足鼎立，构成了美国反垄断法律法规的主体。

到了21世纪，发达国家更是注重在立法正义层面保护中小企业。正是相关的类似立法缺位，家乐福等欧美超大型超市，才在中国蓬勃发展。有人以为这体现出了中国的日益全球化，其实更是中国的日益野蛮化：在一个法治和社会双双缺位的竞争中，中国成了跨国公司从林法则的战场。

立法方面，十届人大二十九次会议于2007年8月30日通过，并于第二年8月1日开始实行的《反垄断法》看似有反垄断的功能。该法规定，“为了预防和制止垄断行为，保护市场公平竞争，提高经济运行效率，维护消费者利益和社会公共利益，促进社会主义市场经济健康发展”，“经营者达成垄断协议”“经营者滥用市场支配地位”“具有或者可能具有排除、限制竞争效果的经营者集中”三项行为可适用《反垄断法》。然而，由于该法的欠缺，我国对国有企业的行政化垄断，即使在立法正义，也一直缺乏实际性的制约。例如该法第七条规定：“国有经济占控制地位的关系国民经济命脉和国家安全的行业以及依法实行专营专卖的行业，国家对其经营者的合法经营活动予以保护，并对经营者的经营行为及其商品和服务的价格依法实施监管和调控，维护消费者利益，促进技术进步。”

正是因为这种结构性欠缺，下面的疑惑就是顺理成章的：“三网融合”，是否仅仅意味着从过去的区域垄断，摇身一变为今天的国家垄断，行政性垄断依旧？倘若如此，我们还能实现“三网融合”所宣称的那些宗旨？而从另外一个角度来说，我们必须思考：如何才能开展实质性的、也就是制度性的反垄断，从而服务大众，也就是发展真正意义上的市场经济？

（《时代周报》2012年1月6日）

以合作博弈化解高铁运营危机

最近，世界银行发表了《把脉中国高铁发展计划：高铁运行头三年》。该报告的作者 Richard Bullock、Andrew Salzberg 和金鹰是交通运输、铁道运行和城市规划方面的专业学者。基于“高铁”运行三年来的业绩的考察，报告通过大量翔实的数据分析指出：运距在 1000 公里以内时，至少一半的乘客是那些以前没有在铁路上旅行的客流，也即“新生成的客流”。

长期以来，围绕着中国是否需要发展“高铁”，舆论界议论纷纷。与业外倾向批评的态度相反，铁道部坚决主张发展“高铁”。与此相反，对“高铁”的批评在铁道部腐败大案事发及其后的温州 7•23 动车事件后更是达到高峰。

对此，制度经济学家方绍伟撰文《“高铁”为什么这样红？—中国基础设施发展的制度经济学》指出，“高铁”体现出了中国特色的基础设施“发展体制”，是一个地地道道的“恶性激励”的政治经济体制；集中体现了“绩效合法性冲动”、“政治晋升冲动”和“个人腐败冲动”三个方面的行为动机，以及政府土地垄断和国有金融垄断所提供的便利条件。

既然已经投入运行，继续深入打击腐败和确保高铁的安全运行，就成为当务之急。我们无法假设政府可以凭借金融手段给高铁取之不尽、用之不竭的财政扶持。换而言之，若想有足够的人力和技术实力来维系高铁的安全运行，高铁的投入必须以实实在在的货币方式回收当初的投资。无论当初高铁投资的立项是计划经济因素主导还是市场本身的诉求为主导，铁路运营部门必须踏踏实实地回应并满足乘客的需求，也就是说认真面对市场竞争的挑战。

鉴于高铁在 1000 公里之外的行程中并没有多少竞争优势，根据世行的这个专业报告，我们不难发现，要确保“高铁”的入座率，最为重要的培育“新生成的客流”。也就是让那些原来打算走公路的，改变习以为常的生活方式。然而，“高铁”的售票价格，远远要高于公路；这就意味着，哪怕多么喜欢“高铁”的高速度，一旦乘客考虑到自己的经济能力，很有可能被迫维持原来的出行方式。因此这还意味着，“高铁”必然面临着非常严重的闲置率。

事实上，除非特定时期（例如春运时期），乘坐上海到北京这一最为繁忙的高铁线路之一，只要进入一等座车厢，我们就能发现这些车厢有着远远超出我们想象的“闲置率”。另一方面，这也意味着，“高铁”的可持续运营仍然寄希望于中国的“中产阶层”的发展壮大。可是，各国发展经验无一不表明，中产阶级的培育，必须以系统性的政治文明为基础。

世界银行的报告还指出，根据其他地方的经验，即使业绩良好的高速铁路，虽然收入能够覆盖其现金运行成本和债务利息，但如果没有一些长期融资安排，将几乎肯定无法偿还本金。结合我们前面的分析，世界银行的这个报告无异于指出，中国“高铁”必然面临着巨大的亏损危机。

如何面对这个危机？其中一个办法当然是如铁道部门一贯所期待，将相关业务直接纳入到国家的公共事业开支之中，也就是让纳税人通过国家公共财政的方式来埋单。考虑到铁路在中国国有事业中被赋予的特殊地位，根据中国政治的特点，这是完全有可能的。这同时还意味着，“高铁”这种在特殊的政治经济模式中产生出来的投资怪胎，必将成为中国社会一个除非停运永远难以填补的财政“无底洞”。当然，也可以通过证券领域的融资手段，来解决这一亏损。

可是，如果“高铁”自身没有良性收益，无论是行政拨款，还是看似市场手段的、通过行政审批产生的融资方式，都具有非常确定的“同素异形”性。

透过“高铁”这个案例，我们不难发现：国有产业可以通过各种手段（例如设置不平等的行业准入条件，进而形成“行政垄断”），达到对民营经济和大众支付能力的“蚕食”和“侵占”，的确有利于短期性的部门利益。然而，鉴于国家财政能力的绝对有限这个事实，这些垄断型国企的可持续发展，仍然必须以大众消费能力的提高为基础。这不是靠行政能力和决策智慧能改变的事实，或者说，是经济社会发展的“铁律”，哪怕是上帝都拒绝改变的。

不要以为我们有能力脱离普遍规律形成所谓“中国模式”。扩大内需、进而培育中产阶级的关键还是民营经济。垄断型国企对民企的不平等竞争应该得到巨大的节制。这样一个“节制”，绝对不能满足于当前中国司空见惯的“政策治国”。就立法而言，由于制定者自身的各种局限，尤其是政策本身的缺乏一贯性和系统性，政策常常缺乏公正。由此导致，整个国家的产业政策大量向行政型垄断国企倾斜，造成体系性错误决策和大规模的投资浪费。

因而必须转向制度化的法律治国，以捍卫基于自生自发秩序的市场经济模式。根据制度经济学知识和人类经济社会发展的经验教训，一个可持续发展的经济模式，必须在法治层面对政府、市场和社会的权力义务具有明确的区分，在分工的基础之上，让市场与社会来制衡政府，尤其是必须严厉打击那种政府与市场不分的“行政垄断”。例如让铁道部退出市场。

换而言之，只有将政府的钱袋子以财政民主化和法治化的方式管起来（包括规范政府的金融行政业务），努力将政府对市场从原来的审批者角色转变为服务者角色（建立起一个除了公共安全和司法公正别无其他诉求的“守夜人政府”），市场领域内的合作博弈局面才有可能形成。

与此相反的是另外一个模式，也就是今天的“高铁”发展危机所呈现的，整个经济领域陷入政企不分、“国进民退”、盲目投资、几乎所有行业都倾向破产的恶性局面。用博弈论的相关术语来说，这不是基于“追求多赢”的合作博弈，而是同归于尽的“囚徒困境”。

（《时代周报》2012年4月12日）

“自来水悖论”病根不只是垄断

据中国之声《央广新闻》报道，从7月1日起，我国将强制实施新版的《生活饮用水卫生标准》。与老国标相比，在饮水安全保障方面，新国标有了大量的改进要求。然而，与此精神相反，据《新世纪》周刊报道，即便按住建部官方数字，2009年全国仅58.2%城市水厂水质合格，2011年合格率83%，但至今仍没有一家水厂公开承认水质不达标。为此，有评论创造了一个中国特色的新名词：自来水悖论。

其实，不仅饮水安全，在涉及到大众民生的绝大多数问题上，中国都存在着类似的“悖论”。例如食品安全和药品安全，在早已童叟皆知、举国声讨的局面下，出于一己私利，几乎没有企业说自己生产的商品质量有问题，无论它们的商品是否伤人无数、杀人无数。

无论是自来水这种地方政府主导下、因而具有地方垄断性特点的公共产品，还是食品与药品这种市场化程度远远高于自来水业的相关领域，公共安全之缺失，在中国都是普遍性问题。另一方面，在西方发达国家，尤其是欧洲国家，即便某些领域国有化，也没有出现中国这样严重的问题。因此，如果要寻求自来水的饮水安全保障，我们显然应该从更加宏大的视角进行专业化的分析。

当然，这也绝不意味着我们欣赏当今中国公共产品供给的垄断化和行政化。垄断化和行政化的结合，是一个令人恐惧的怪物。即便如此，还有一个更为本质的命题在困扰我们。这个命题就是，今天的中国，较之那种简单的以为市场或者反市场就能解决一切问题的思路，我们必须正视当今的市场既缺乏法治、又缺乏专业性操守的一面。谈及法治，我们很容易达成共识，那就是必须以严刑峻法打击一切威胁到公共安全的违法犯罪行为。可是，在保障食品、药品、自来水的公共安全方面，我们完全看不到政府在“维稳”等事务上所体现出来的“果敢”和“一丝不苟”。

政府显然把最重要的力量用在了大量的不该用的事务之上，至少是用在了不那么迫在眉睫的事务之上。换而言之，该作为的地方不作为，不该作为的地方以类似“一票否决制”这种明显有违民主原则的方式落实到底。这就必然导致一个结果：这些公共产品的提供者，可以罔顾国家标准而不被国家法制所制裁。

本来，假如地方政府是由当地民众选举产生的，无论是在“两会”期间还是会议的间歇期，只要有兢兢业业的“代议士”为选民服务，就能督促地方政府加强对公共事业的有效管理。即便地方政府不是民选产生的，在类似新加坡这些城市，只要具备起码的法治基础，就可以让新闻媒体和大众舆论起来监督司法正义体系的良性运行，让强大的司法系统随时制裁这些破坏公共消费品安全的人士。再退一步，即便这些措施暂时没有，只要各行业有敬业的专业人士在排除相关行业的部门利益之下进行科学质检，至少在公共舆论上能有起码的是非。

如果从自来水行业转到类似“地沟油”产业链和“三聚氰胺”的被食品化等领域来看，我们更加能确定一个结论：最可怕的不是完全垄断和完全市场化，而是看似市场化的垄断、看似法治的“人治”。或者说，最可怕的是制度运行上的“双轨制”，那种政企不分、权力制衡失范的局面。由于权力制衡缺位，“法治”被维稳化，地方公共事业部门绑架地方政府，一些地方政府动辄打击各行各业的环保人士，公营部门利用市场化的便利，又利用行政垄断的特殊地位，达成“两头通吃”。这就是“自来水悖论”这个中国命题背后的制度经济学逻辑。

这昭示我们，普罗大众的生存，与一般的基础逻辑和人类的系统文明体系息息相关。没有公共安全的“中国模式”。为了中国的公共消费品安全，必须加快政府领域的制度变革，让一个强大的、基于民主的法治政府，为民众的幸福保驾护航。

而另一方面，即便我们要维持国有产业，民主法治也有利于这些产业的专业化和竞争能力的提高。否则，无论是公有制、还是私有制，民主法治和权力制衡的缺位必将摧毁这些产业的根基。

（《时代周报》2012 年 5 月 17 日）

后人口红利时代变局

2008年“四万亿”之后的中国经济似乎是每况愈下。1月22日的英国《金融时报》评论家联合撰写的短评“Lex专栏”（试图对全球经济与商业进行精辟分析）的主题是“中国企业盈利不乐观”：从去年第三季度以来几乎没有几家公司上调盈利预期；中国第二大电信设备制造商中兴（ZTE）2012年就预计亏损29亿元。

其他企业也好不到哪里去。面对着“产能过剩挑战中国经济”（《金融时报》2月15日文章标题）、以及大规模的资金外流（原因是近期来官员被反腐败、企业对中国市场失去信心）等事实，指望2013年涨薪的工薪阶层不得不承认中产阶级梦很快就要醒过来。

《金融时报》将原因归纳于“不断增长的税负和上升的工资水平，令各公司的净利润率仍处在很大压力之下。地方政府需要填补因土地销售减少而带来的资金空缺”。当天另一篇报道《中国劳动年龄人口开始下降》证实了这个观点。由于强制性计划生育的长期执行，“2012年中国的劳动年龄人口出现下降，这标志着中国人口结构变化新趋势的开端，并且这一趋势在今后二十年中还将加速推进，对作为全球第二大经济体的中国带来深远影响”。

正如我们所看到的，强制性计划生育政策和高速发展起来的“教育产业化”，使得博士生毕业后被安排（无论是否市场主导）做本科生就能完成的工作，本科生成为蜗居在大城市中的“蚁族”。政府则超发货币制造大规模的通货膨胀。于是，一边是企业招不到好的员工，感叹“好的员工是可遇不可求的”，另一边是嗷嗷待哺的年轻劳工找不到合适的发展平台。

人口红利的消失不可能在短时间内被改变。计划生育导致中国形成了一种既区别于西方社会、又区别于传统中国儒家社会的独特体系。前者以教会及慈善型体系为基础，后者以大家族的自我保存为根基。由于子女抚养成本的空前增长，即便废除这一政策，民间社会也很难从这三十年来被强力塑造的生活方式中转变过来。更何况，目前体制并不太乐意松动现有人口“政策”。

从此，企业不得不疲于应付以“80后”、“90后”为主的员工不愿意吃苦耐劳、频繁跳槽所导致的“好的员工可遇不可求”局面。需要强调，跳槽看似对企业的不满，有时也是对社会的系统性危机的无奈反抗。企业没必要去指责。无论如何，生存权是基本人权，只有高工资才能回收父辈的教育投入，并承担养老义务。

这是一个可以在政治社会学、制度经济学和人口福利学等多个学科角度系统论证和长期观察的重大命题。认真从事这个课题的相关思考，对国家治理有重要意义，对企业发展也有重大的战略意义。尤其是对那些希望建立百年基业的企业来说，这更是一个基础话题。

企业采取一种什么样的机制来应对人口红利已然消失的时代？从理想的角度来

说，如果政府能开放民间教育，放宽社会各界的公共参与限制，那么企业就应该参与民间教育的发展，将企业公民的责任心注入到民间教育之中，从而在企业中培育一种因为价值观而留住员工的机制。显然，对一些中小企业来说，既没有这个能力，又没有这个意愿。西方长期发展的经验告诉我们，企业资本常常是社会资本发育的“搭便车者”，而不是社会资本的培育者。

当然，如果有企业家愿意进入公民社会体系，承担这种权利性责任，那自然是非常美好的事情。由于道德理解的多样性，这种缺乏外在压力机制的“责任”就异化成了“权利性责任”；这是“多元主义”社会的伦理落实困境。不过，基于对为所欲为的中央集权的制衡，西方企业家阶层也曾与清教徒短暂结盟，加之更多因素的进入，强有力地促进了社会进步。

正是因为这种不同的信仰文化传统下的民族性的无奈，对更多的中国企业来说，我们很容易确认，它们的生存之道就是尽量用先进的机器和技术代替活蹦乱跳、不是集体罢工就是准备自杀的社会公民。长期以来习惯对员工进行军事法西斯化管理的台资企业富士康就如此而为。另一方面，更重要的自我保存之道是，改变过去大手大脚跟风投资、盲目投资的恶习。如今不是政府主导型刺激必然带来利润的时代，更不是20多年前只要有人敢做生意就能赚大钱的时代。

（《新商务周刊》2013年第3期）

家庭农场危与机

2013年中央农村工作会议（中央一号文件）提出，坚持依法自愿有偿的原则，引导农村土地承包经营权有序流转，鼓励和支持承包土地向专业大户、家庭农场、农民合作社流转，发展多种形式的适度规模经营。顾名思义，家庭农场是指以家庭成员为主要劳动力，从事农业规模化、集约化、商品化生产经营，并以农业收入为家庭主要收入来源的新型农业经营主体。

对于农村经济而言，目前已经确立的是大力促进“新型城镇化”和“充分保障农民土地承包经营权，不限制或者强制农民流转承包土地”的政策，也就是大力发展“家庭农场”。家庭农场被体制内一些鼓吹经济体制改革的学者认为是家庭联产承包责任制后，农村经济组织形式和土地经营方式的“又一次变革”。

现行农村土地制度是上世纪50年代“土地改革”之后确立起来的。从早先的人民公社到后来的家庭联产承包责任制，背后一直是以户籍制度为保障的城乡二元结构体系。“家庭联产承包责任制”拒绝了农地私有，户籍制度则造成了城乡差距。

“家庭农场”旨在改变农村和城市间的差距。只是，一旦结合数千年来的土地制度来思考，我们还应考虑这一经济政策可能带来的一系列的社会经济与政治问题。

第一个话题是，“家庭农场”如何摆脱几千年来的“土地兼并”局面，又如何让地方政府在经济变迁中获得价值？中央农村工作会议讲到“不限制或者强制农民流转承包土地”，其政策精神是要让“家庭农场”成为农村的自生自发秩序。在一个法治不力、农民缺乏集体表达权的国家，能建立农村的自生自发秩序吗？

第二个话题的，有没有更强有力的措施来阻遏未来的土地兼并趋势？“家庭农场”是否可能制造“圈地运动”的机会？这些都是需要考虑的问题。

如果土地兼并不被阻止，城镇化（且不论其是否真为“新型”）大规模开展下去，我们是否会看到一个大家不愿看到的情况：18亿亩红线的土地指标被突破，农产品的价格上涨将呈现一个长期存在、不可遏止的趋势。

第三个话题则涉及微观经济领域会发生的变化，以及农村消费转移及其之后的医疗健康、以及与此相关的社会福利等一系列话题。

家庭农场的逐步发展、“城镇化”的大规模推进中所产生的这些底层低端消费者，由于被迫进一步改变了过去“男耕女织”的生活，进一步被卷入到全国性的大市场格局中，其生活所必需的低端耐用消费品的需求也会大大增加。由此，在国际层面没有多少竞争力的实体经济将会有新的起色。这当然也能消化一部分劳动力。只是别指望这个局面能促进中国经济在战略意义上转型升级。

另外，家庭农场、城镇化的产业链对物流行业、食品、低端教育产业和医疗产业是机会。依靠商业性组织起来的农村和城镇，比传统乡村的集中度高很多，这也是最近物流产业在2008年4万亿元投资而致的实体经济衰败浪潮中逆势发展起来的根本原因。

不过，必须指出，如果教育、医疗等领域存在的“行政审批”没有被废除，对一般企业来说，这些产业的发展，它们没有多少机会搭便车。没有强大的背景，企业不要轻易投资。一旦投资进去，会面临很沉重的制度应付和官员接待压力。

第四个话题则涉及到农村剩余劳动力的安排和更复杂的社会治理命题。

推动大规模机械化农业模式的大资本进入农村，必然导致出现为数不少的失业无地农民。土地契约化转让给大企业将使部分农民失去农地使用权。这些身份意义上的“新市民”方面，其思维方式和生活方式仍然是农民式的，不可能有多少就业竞争优势。

这是未来不得不面对的“游民”。其治理，无论是社会管理创新方面，还是发展实体经济将其转化为“新市民”方面，皆是下一步考察中国社会变迁的重大命题。

不过，任何一个问题都可以多角度来分析。社会发展过程中出现的一些问题，有时也会成为企业发展的契机。举例来说，最近几年国内社会治安出现一些新问题，客观上也促进了电子监控生产、销售、安装等相关行业的异军突起。

要在根本上解决各种问题，出路绝非是让企业在现有局面中寻找一些附庸性的生机，也不是实行家庭农场，而是有待于国家整体推进以反垄断为核心的经济转型和其他各方面的全格局的转型。说到底，“家庭农场”只是更大战略的一个小话题。

（《新商务周刊》2013年第4期）

土地流转改革要顾及农业安全

长期以来，很多经济学者都鼓吹“土地确权”。关于土地确权，仍然存在概念解释的问题。有些人的意思是土地私有化，有些人的意思是集体土地可以由集体经济组织（例如村民合作社）来决定是否进入市场自由流通。我长期生活在农村，知道所谓村民合作社无非是村委会之类的“群众性自治组织”的一个代名词。

谈及这个问题，则必须考虑到当前排除类似工会、农会在内的底层劳动者的集体博弈的制度空间。就现实而言，村民缺乏有效的集体博弈能力。这是“土地财政”兴起来以来各种“血拆”充斥民间社会而民众无可奈何的制度成因之一。因此，在制度结构没有变化的情况下，这种政策的转向带来的结果很可能是“农产品供应和保障”失效。官方曾经确认的 18 亿亩“耕地红线”在农地流转后肯定完全失效。

如今的集体体制，相对于美国那种土地私有制，固然有很多问题，也曾导致巨大的计划经济危机。然而，对比“社会主义私有制”，集体土地所有制在保护耕地和为农民集体抗争提供合法性和制度渠道方面，多少还起到了某种帮助。

而今天，在缺乏美国农业保护地役权这种法治手段的前提下，私有化比公有化会更加充满噩梦。公有化因为始终存在责任管理的制度性失效的漏洞，其官僚运作效率比较低下，而私有化一旦没有任何公共利益的力量制衡，按照人在约束性条件下追求利益最大化的本能，高效率加上缺乏制衡，农产品再现“两桶油”的垄断定价故事为期不远。由此看来，今天很多的“改革话语”是在为狐狸分饼做理论。

就农产品的供应安全而言，农地流转后的再利用、资本投入追求回报的可能路径，富人的跑马俱乐部、乡村高尔夫，都会导致可耕种农地的减少。资本寻找高回报的要求（一旦地产泡沫破灭，曾经集聚于此的巨额资金难免进入到农业农产品领域），权力对价格的控制能力，农产品跟矿产品一样，供应能力的扩张弹性很小，这些都会导致农产品价格的上扬。考虑到土地转工业化或住宅化后难以复耕，农产品甚至有短缺的危险。

一些院士所鼓吹的转基因技术是不能增加产量的，转基因技术增加的是农作物抗病毒抗旱之类的能力。转基因话题转移了讨论的视线，但其实不能解决供应问题。以“新型城镇化”为代表的“新圈地运动”又挤出农民成为新城镇中的边缘人群，缺乏持续保障能力的社会保障体系，缺乏现代城市生存能力的进城农民，高失业、低就业和低保障，无疑会成为新的冲突源泉。

在这方面，我们并不具备美国式的因素。美国农产品价格的低廉依靠广阔的耕地和较少的消费者，以及每年三千亿美元的农业补贴；而比这些可能更重要的是，美国的农业用地受农业保护地役权的限制，土地租因为用途被规定，所以上涨速度有限。对我们来说，要么接受美国式的宪政民主制度，如果真拒绝美国式政治道路，我们就应该小心翼翼地走中国特色的保守主义之路，而不能铤而走险开展莫名其妙的、总是令人心惊胆战的政治想象主义游戏。

这个判断应该不至于落空。当年国民政府在中国大陆就是败亡于由强大意识形态和"土地革命"动员起来的中国游民。中共之所以曾经如此高效地改造国家，也在于底层农民在这方面的强大支持。今天的中国国家治理，必须回到自身的革命进程中来反思当年的治理。另一方面，古代欧洲之持续稳定，是因为有其基督教传统。福音确认这一宗教改革，就能治疗土地过度集中于天主教既得利益集团这个病症。中国如何探索寻找自己的现代化道路？

（《智富》2012年12月号）

汇率及中美贸易之思

4月2日发表在美国《华尔街日报》的"经济学家呼吁推举'国际警察'阻止外汇干预"一文指出，国际政治因素一直在妨碍国际货币基金组织（简称IMF）、世界贸易组织（简称WTO）和二十国集团（G20）充当这一角色。作者Ian Talley引用前美国财政部高级官员、Peterson Institute for International Economics资深研究员Fred Bergsten叙述，外汇干预正削弱美国经济增长，丧失300万工作岗位，同时可能带来曾引发上世纪30年代大萧条的全球性问题。

美元汇率涉及到一些大型经济体，其焦点的焦点是人民币与美元的汇率，又与中国外贸相关。与各种愿望型的表达相比，制度经济学承认国家的"博弈能力"比"博弈意愿"更为重要。不能忘记今天中美汇率较量的一个反面教员，也就是同处于东亚文化的日本。通过反思在经济结构方面具有诸多相似之处的日本发展之路，有助于我们思考中国的现状。

房地产泡沫与人口红利消失的日本

经过二战后的复苏，60年代日元兑美元汇率保持在360:1，经济。70年代日元开始升值，加之全球石油危机，日本经济增长率一下子从10%降到5%左右。巨大的股市和房地产泡沫这种结构性危机的导火线是1985年的"广场协议"。汇率从1985年的239:1上升到1992年的128:1，直到1995年的80:1，然后开始逐渐回落。

当然，还有这个国家的人口老龄化危机。从文明说，樱花、和服、俳句与武士、清酒、神道教构成了传统日本的两个方面：菊与刀。这个国家强调顺服，因此形成了世界上最严明有序的纪律，然而，某种形式的"万物有灵论"思维和固有的集体主义民族性，不仅破坏了这个国家赖以发展理性与创新的系统思维，也培育了强大的享乐主义之生活习性。

简单地对比就是，这个民族一方面拼命工作，一方面下班时间流连在居酒屋等地解酒文化消解压力。

恶果是，日本"人口红利"消失。房地产泡沫，更是整整毁掉了一代又一代人的自主创新能力，使底层民众的积蓄成为官方背景深厚的大资本的取款机。这样的文化—政治—财经的结构的逻辑是，日本不可能成为世界性创新的发源地，也不可能成为国际性的金融文明中心。

正是在这样的结构体系中，后来发生的新型科技革命和日本没有太多关系。且不说“硅谷”、苹果这样的新兴产业，在传统的产业方面，例如汽车制造业方面，日本也逐渐被越来越西方化的韩国等新兴国家所赶超。韩国发展的基础是，经过几十年的美国化，社会结构发生了重大变化，日益趋向自由平等；具体我们可以看韩国社会的信仰结构的变化。

谈论日本不是要批判日本。日本不是敌人，也不是好到哪里去、可靠到哪里去的朋友，而是我们可以借着这个战略对手的分析，来反思我们中国现有的财经产业布局和制度经济体系，进而思考我们这个国家，未来与美国这样的金融老牌强国如何有效合作、如何理性竞争。

这个世界有更难以处理的系统性困境

转到生活细节中。最近，笔者去美国花旗银行北京分行作客。由于生活基本预期稳定，朋友打算把存款转换成美元。我们向理财顾问请教了一个高难度问题，“花旗是否有这样的思考：人民币在 5:1 时还是 6:1 时换成美元，哪个更为合适？一年内还是三年内、或者更以后？”理财顾问惊讶地问，你们怎么会想到这个问题？我说我们估计美国政府就在策划。

这绝非阴谋论者的无聊游戏，而是应被深思熟虑、且下定决心寻找数学模型认真探索的系列命题之一。另一命题则是与个体生活更加唇亡齿寒的，也即日益明显的通货膨胀。

在制度经济学看来，通货膨胀绝非是简单的纸币发行的数量问题，而是复杂的财产分配的制度问题。世人普遍痛恨美联储的 Q1、Q2、Q3，是有这种强大的学科理性支撑的。一个有限理性的、且在隐秘中主动作恶的政府会思考：如何发行更多的纸币，好让民怨即便沸腾也不至于激起更大的社会不稳定。鉴于美元的国际货币储备地位，美国政府这样布局也更加自然。只是与另外一些国家对比起来，由于分权制衡与更体系化的社会制衡，美联储的作为还是被相对节制了一些，客观上也更加专业一些，很少有类似“半夜鸡叫”的恶劣行为。

制度经济的普遍逻辑是，财经秩序不论说成契约论还是产权论，本质还是什么样的组织体系、集体行动导致什么样的合作博弈。我们所伤感的正是，由于缺乏理性的判断力和强大的博弈能力，中国民众的活期定期存折已经成为全球丛林法则的金融食物链的最底端。

回到汇率话题来思考。类似“国际警察”以改良世界秩序的建议，几乎就是一个乌托邦，且不说这些组织有多大的法定性的审判权及其落实能力（例如 G20 只是各国领导人的一个论坛），那些股份化了的国际经济组织（IMF、WTO 等）所表达的，不仅仅是公平正义的逻辑，也客观性地体现了其背后的经济大国及其更背后的既得利益集团的利益诉求。

日益全球化、国内等级化的中国经济何去何从？

关于人民币汇率，大约 2011 年 5 月，财经界流传着一个至今最乐观的预测，“10

年内人民币对美元至少升值一倍，而中国经济则有可能在不到10年时间内超过美国成为全球第一大经济体。目前，中国经济总量为5.8万亿美元，美国是14万亿美元”。

然而，结合日本的教训来分析，我们发现答案不会是如此的乐观，而是更加糟糕。例如，如日本相比，持续了三十年来的“改革开放”的“人口红利”也在消失。由于长期存在的土地财政等因素，房地产泡沫已经消灭了中国80后的创业能力。

相对于60年代的创业一代，中国这批在计划生育中成长起来的年轻人，是否会陷入到日本年轻一代那样的享乐主义氛围之中？中国是否也在科学与制度创新上具备日本这样的东方民族普遍存在的不合理的文化基因和社会结构，从而让中国无法跟上新的科技革命？

正如2月19日华尔街出版的《巴伦周刊》发表知名财经作家Kopin Tan的文章，正如其标题“美国下一次繁荣的宠儿”所叙述的：“在经历了长达数十年的外包之后，如今美国正悄悄兴起一场制造业的复兴……美国老工业区重新焕发生机是有不少原因的，其中包括亚洲人工成本和工业地块价格的上升，但最大的因素应该是美国能源实力的大爆发。由于在石油天然气页岩开采技术上的先发优势，现在北美大陆生产的天然气远远超过其他任何一个大陆。鉴于工业化的过程总是一个对廉价能源极其依赖的过程……对从产品输出大国沦为就业输出大国的美国来说，这是一个很大的提振。”

人民币对美元的升值基本是来自美国政府强大的压力的结果。当人民币对美元的汇率从9年前的8.3到如今的6.2，如果美国不再需要，人民币是否将持续升值到某个点，然后突然贬值？而在国内，不断超发的人民币是否会越来越不经用，直到什么样的程度？对外原材料的依存如此之高，会对物价上涨带来怎样的压力？

以廉价劳动力为支撑的“血汗工厂”模式正在经受史无前例的考验（我们说过，最低劳动成本取决于最低生活成本）。如此思考应该延续：政府继续垄断土地供应，长三角、珠三角的外向型企业继续2009年以来的倒闭浪潮，中小企业创新力何来？而此时，正如我们已经观察到的，北京、上海等一线城市的房价仍在飞涨，城市白领的存款何去何从，其就业何去何从？坐下来认真思考这些话题的人普遍是充满紧迫感和恐惧感的。

每个话题都是扣人心弦的。若从博弈论的角度来分析，类似中美汇率和外贸竞争这种“嵌套博弈”来说，由于小博弈被嵌套入大博弈的“嵌套博弈”，汇率问题的答案不在人民币之中，中美贸易纠纷的答案不在两个国家的海关部门之中，正如世界金融的答案不在金融之中。

愿望型的改革思路如此清晰：取消国家行政垄断（包括利率市场化）以保障实体经济的良性发展、停止土地财政以确保城市化的良性发展、打破既得利益体系营造底层民众的创新能力。然而，制度经济学的实证思路之所以宝贵，乃在于只有透过真实，人们才能理解幸福。

（《新商务周刊》2013年第7期）

温州的困境与中国的出路

2011年9月的温州陷入了1978年以来最痛苦的惊慌与惆怅。网络上流传着的《温州老板跑路清单》显示，短短半年内就有十多位企业老板失踪，而据政府有关负责人透露，仅9月22日一天，温州就有9个老板跑路。跑路的原因是这些企业主欠下了巨额的民间借贷无法偿还，据说涉及金额几千万到十几亿不等。以至于评论界惊叹，“温州模式死了”。

这里曾有一个关于“中国梦”的叙述。梦的主题是，一群勤劳智慧、敢为天下先的农民，走南闯北，劈荆斩浪，终于在浙江东南部一块自然资源非常匮乏的土地上，走出了市场经济的道路。

熟悉温州人的观察者知道，温州人一个百谈不厌的主题是哪里有更适合自己的投资。这里的商业信息流通是最快的。温州人有钱，动辄几个亿，彼此的信任的时候，也会表达出恰到好处的怀疑，但相对很多人并不那么骄傲，因为今天的穷人可能是明天的亿万富翁，今天的亿万富翁明天可能破产。也不要简单地认为温州人没有文化；这里到处竖立着十字架，象征着他们的基督信仰，也能到处看到庙宇和宗祠，象征着这里的传统习俗。也就是说，这里有资本主义精神，也有这种精神的基础——道德与信仰的追求。也不要认为温州人没有社会；这里到处都有各种抬头的商会和企业家联合会。用美国政治学家罗伯特·D·帕特南的话，这里的“社会资本”及其“公民美德共同体”能“使民主运转起来”。

那么，究竟是什么让温州模式陷入了如此看来无可摆脱的困境？究竟是什么摧毁了这个中国民众自己创造的经济发展模式所承载的“中国梦”？数字很能表达这一切。《财富》杂志发布的2011年世界500强企业中，中国大陆上榜公司达到61家，只有两家民营企业，新上榜的15家是清一色的国企。可以说，这是中国十年来“国进民退”的见证单。

“国进民退”是“中国梦”挥之不去的“梦魇”。在温州，企业数十年如一日地被“拉闸限电”，有钱也未必能买到生产经营必需的电力资源，因为电力是国企依靠行政手段垄断的；在温州，企业缺乏强有力的金融支持，维持这里经济发展的是民间的借贷，因为金融也是国有银行垄断的，他们更乐意把钱投放到掌握国家经济命脉的国有企业那里；在温州，人们再有理想与激情也无法办一个世界一流的大学，因为高校资源也是被行政垄断的，因而也是国有的。

基于上述因素，在温州，创业者很难用心去发展实业，也没有多少条件发展高科技产业，因而最近几年来温州民间借贷业蓬勃发展。种种现象的形成，固然有温州和温州人自身的不足，然而，核心因素却是结构性的。也不要说这里的地方政府不想有所作为。近几年来，在社会各界的参与下，一系列社会组织纷纷成立，旨在讨论如何通过政府支持下的抱团，为温州经济的升级再造创造制度基础。

可是，温州的致命困境是结构性的。温州没有马克斯·韦伯在《新教伦理与资本主义精神》中理所当然存在的法治主义基础，也没有罗伯特·D·帕特南在《使民主运转起来》中所说的基本的法治结构和更大的制度保障。这里的道德与价值观追求，在常态条件下能够维持“公民美德”，然而，靠亲情伦理和地缘意识能够维系的东西，也一定因为这些意识的不可靠而失去。一旦资金链断裂到了无法控制的地步，能逃跑的创业者终将消失，美好的游戏没法再来，幸福生活不可能再次被创造。这是温州人靠自己的价值观努力绝然没法改变的铁律。

同样让几代温州人痛心不已的是，作为一个如此富有活力的城市，温州却无法享受基本的自治权。龙港经济强过西部很多地级市，在行政上却长期只是一个镇，因而龙港不可能成为香港，也不可能具备苏州工业园区那样的市政规划，注定永远只能是个农民城市。在中国的行政编制中，温州一直不是一个“较大的市”。

作为中国的法律概念，“较大的市”是外国人很难明白的行政概念，指的是除直辖市以外有立法权的城市，包括省会城市、特区城市和国务院特批的设区城市。在中国282个地级市中，只有50个“较大的市”具有地方立法权。《宪法》第30条规定“直辖市和较大的市分为区、县”。按照《地方各级人民代表大会和地方各级人民政府组织法》的定义，“较大的市”专指经国务院批准，拥有与省会（自治区首府）城市相同的地方性法规和规章制定权的城市。《立法法》对“较大的市”则这样明确规定，即：1.省（自治区）人民政府所在地的市；2.经济特区所在地的市；3.经国务院批准的较大的市。由此来看，在这方面，关于这方面的国家立法并不统一。由于需要国务院特批，温州并不属于“较大的市”。在中国282个地级市中，只有50个“较大的市”具有地方立法权。在浙江省，只有省会城市杭州和国务院“特批”的宁波符合这个条件。苍南县龙港这样的城市，无论如何“强镇扩权”，它的发展空间也就到头了。因而，温州人不可能游离于中国大局面单独建立起能够保障自身优良品质的城市体系。

换而言之，温州缺乏保障温州人心目中的“温州模式”应有的政治社会结构。更明确地说，现实中的“温州模式”，只是所谓“中国模式”的一个倒影。

在这方面，美国法律史学者哈罗德·J·伯尔曼指出，经济发展仰赖于以整体的、明确的正义体系为基础。这个“正义一元论”的体系告诉我们，人与人之间的真正的信赖必须以法治正义为基础，基础的基础则是以小共同体为核心的全面自治。这里的小共同体，不仅仅是温州已经具备的市场共同体和各种价值观共同体，还包括地方共同体基于自由精神、平等原则、规则体系而来的完整的独立生活。托克维尔在《论美国的民主》里同样论证了美国的强大的基础在于伯尔曼所叙述的这个逻辑。

由此来看，温州人所期盼的真正意义上的市场经济生活，以及温州人实际上努力营建的“公民美德共同体”，不仅仅是温州人的话题，也是每一个期盼自治与法治的中国人的话题。这个话题还关系到社会稳定。缺乏政府保障并规范的民间借贷迟早都会滋生大规模的黑社会群体。历史上，民间资本的过度投机和缺乏规范而导致社会失范并酿成社会动荡这样的事件并不少见。可以这么说，如果不打算从根子上化解温州经济发展的困境成因，一个居安思危的政府必须考虑到中国硕果仅存的社会活力的失丧所导致的经济衰退与社会溃散，并在各方面未雨绸缪。

我们的结论是，如当初设立深圳经济特区时的豪情壮志，中国必须“冲出一条血路来”。以县政建设为核心的行政制度变革、以司法正义为核心的权威再造、以减税和民间金融规范化为核心的经济结构重组，如此等等，凡是人类文明的航船所曾经驶过的“卡夫丁峡谷”，一个都不能回避。毫无意义的回避，必将为此付出不堪忍受的代价。

（《理财一周报》2012 年 9 月 30 日；

另以“救温州需全局变革”载《改革内参》2011 年第 42 期）

财税制度应该以社会为中心

近日《人民日报》一篇《我国专家质疑〈福布斯〉杂志中国税负世界第二说法》的文章提到了中国纳税人的实际感受：政府非税收入比重偏高；中小企业和中低收入阶层的税负相对较重；政府预算透明度较低，支出的结构效益与公众希望的理想状态还有距离。另外一个原因则在于政府投资于一些基础建设项目也有利于民生，但远远不像直接投资于民生领域让民众更能有幸福感。

中国税负是不是居于世界第二，这是一个非常专业的问题。《人民日报》的相关文章否定了如下：中国当前税收的法治化和民主化欠缺引起了民众的不满，而表达不满的这些人员，恰恰是中小企业和中低收入阶层；本来应该是这个国家的财政税收的倾斜对象的这群人，反而被赋予了沉甸甸的纳税人的责任。

2008年开始，在美国的金融危机带动下，西方世界普遍进入了新一轮的经济危机。诸多老牌欧洲国家都经历了国家收入有限、财政支出下降、福利开支削减、引起底层民众抗议的发展阶段。著名的金猪四国（PIGS，是葡萄牙Portugal、意大利Italy、希腊Greece和西班牙Spain四个国家第一个英文字母的缩写，因为严重的金融危机而被命名），加上法国，传统上属于天主教社区，就发生了这样的抗议。到了2011年夏天，让人大跌眼镜的是，一贯被认为温文尔雅、墨守成规的英国，连地缘环境如此糟糕、犹太教民族传统如此强大的中东国家以色列，也不能避免。基督教路德宗认同的冰岛则面临着“国家破产”。很多人由此哀叹，自由资本主义一定会引起工人阶级的集体抗议，民主社会主义仍然导致底层社会的集体抗议。

可以说，除了少数自然资源比较丰富的国家，例如加拿大、澳大利亚，由于上帝的恩赐“地大物博、人烟稀少”，能够建立相对良性的福利国家制度而不至于造成大规模的政治社会结构问题，其他国家都没好到哪里去。传统观点认为美国也自然资源比较丰富，实行了相对欧洲更加右翼的自由放任为特征的财政制度，社会才相对比较稳定。可是，如果我们将视野再一步放大，“地大物博、人烟稀少”也有一个麻烦，就是它的本国人口无疑提供丰富的人力资源，只好打开国门吸引新移民的到来。可是，新移民的到来看重的不是你的文化传统和政治制度的美好，仅仅看重这里的福利制度，仍然导致社会动荡。因此，虽然这些早期更加倾向基督教加尔文宗的国家自由市场经济运行得更好，可是其人口的低自然增长率，则让这些国家传统的政治社会结构有面临瓦解的趋势，从而面临着与欧洲类似的治理危机。

这里是说，如果人类社会不是将注意力集中于财富的创造和节制精神的培育，而是集中于财富的再分配，在人类更多倾向寻求个体的幸福、而不是对超越价值承担责任的这种现代性危机的催化之下，无论是19世纪的倾向右翼的做法，还是20世纪的倾向左翼的做法，都可能带来巨大的社会治理困境。自然资源的相对充足只能延缓这种危机，却不能根本上解决这个危机的发生。因此，如果人类社会不是回到古典的原则，迟早面临全球性的危机。

对中国来说，有一个我们内心感到很无奈的治理困境：中国人太多了，根本不能提供类似欧洲那样的全民福利的自然资源基础。此外还有一个我们无法到处对人说的困境，中国人没有欧洲人那种基督教社区这种小共同体所培育的节制精神，欧洲世界出现的懒惰、不承担责任现象，在中国只会更加严重。不过，必须强调，我前面所提出的古典原则，绝对不是古典自由主义的主张，而是一种以发展民间小共同体（如市场共同体、宗教共同体和法律人共同体）为核心的社会全面建设建议。之所以不能全盘接受古典自由主义和现代福利国家的建议，在于这些建议都是以政府为核心的，实际上都是以政治为核心。一个文明的社会不能以政府为中心来运作。

在中国，一个符合人类最大幸福的财税制度应该是分层次的、全方位的，一定要从大文明视野来整全促进社会的协调发展。这些原则可以认真考虑：

1. 据不同的人群需要，财政支出更多向民生领域支出，主要是教育和医疗机构；教育领域要保护民办教育的发展，民办教育的发展可以减少中央政府对公办教育的投入；医疗方面则一定要保证民众至少看得起病——这个是底线，不能再退让了；

2. 要大力发展社会建设，为那些鼓励人辛勤劳动和节制消费的宗教和道德组织创造良好的发展空间；这些组织不仅能够鼓励人们辛勤劳动，还能鼓励富裕起来的人们为相对贫困的人提供慈善救济；

3. 引导全国各种企业加强技术创新，鉴于中国财政负担严重，哪怕是国有企业，都不宜给予科技创新奖，更不宜因为创新给予减税特权，而是从加大知识产权保护力度着手来鼓励科技创新；

4. 非常重要的是一点是要在财政民主化和法治化的基础上，加强代议制机构对行政系统的监督与制约，建立一个廉洁高效的政府；事实上这里涉及一个国家更加系统的制度创新。

眼下当务之急则是，要尽力为中小企业减少发展的束缚。最近，中央银行几次增加存款准备金率后，中小企业从银行拿到贷款越来越难了，浙江一带的地下钱庄日益发展，隐藏着巨大的危机。

应该合法化这些钱庄，根据现代金融的一般原则予以合适的管理。只有这些民营企业发展起来了，才能扩大消费为经济发展发展提供新的源源不断的动力，各级政府才能有相对丰厚的财政收入来满足国家的福利支出和民生投入支出。简而言之，就是既要努力减少贫困人口，又要创造好的环境增加财政收入，“开源节流”。

（《理财一周报》2011年9月23日）

信息不对称阴影下的“中国大妈”

4 月 12 日和 4 月 15 日，由于此前华尔街投资银行试图做空黄金市场而大量出售黄金，国际黄金价格从 1550 美元/盎司（约合人民币 307 元/克）暴跌到了 1321 美元/盎司（约合人民币 261 元/克）。看到巨大的投资机会之后，各方抢购，尤其是一些中国人疯狂“抄底”黄金。

短短 10 天内，中国内地投资人就购入了实物黄金 300 吨，约占全球黄金年产量的 10%，导致国内黄金行业的黄金库存基本见底。正逢此时，金价回升。

在关键时刻出手购买的，大部分是中国妇女。财经界大惊失色，称之为“‘中国大妈’完胜‘华尔街’”。类似叙述可谓“一语双关”：如果不是出于调侃，就是某种意义上的对“中国故事”的尊崇，认为如今富裕起来的中国人终于有能力撼动美国华尔街市场。

中国的困境：有钱没法花

“中国大妈”为何狂购黄金？正如4月15日的美国《华尔街日报》“《通胀忧虑退去刺激金价跳水”一文中所指出的：“黄金价格连续12年攀升，累计回报率达500%。投资者一度将黄金奉为能带来超额回报，又能避开股票、债券和房地产市场波动的圣物。过去六年中，美国和欧洲的央行执行货币宽松政策，以刺激世界经济，而每一轮宽松都会引发对通胀的担忧。2007年以后，美元持续弱势，作为传统的通胀对冲手段，金价攀升了116%。在此期间，美国股市和房市暴跌，而黄金表现十分稳定。”

可是，单单这个因素不足以支撑起中国人的黄金激情。为什么就中国人如此疯狂购买，其他国家的人却比较淡然？于是，下面的因素就更加重要：如果不购买黄金，手中有大量纸币的中国人应该怎么投资？也就是说，对比购买黄金，还有什么更合适的保值升值之道？

我们提供几个必将对中国的产业经济与政治社会产生重大影响的结构性话题。

第一个话题是“新国五条”的出台。2013年2月20日国务院常务会议通过的房地产“宏观调控”政策“新国五条”规定：“税务、住房城乡建设部门要密切配合，对出售自有住房按规定应征收的个人所得税，通过税收征管、房屋登记等历史信息能核实房屋原值的，应依法严格按转让所得的20%计征”。这个通知意味着在拒绝实现国有银行的利率市场化促进实体经济的发展、在政府继续垄断土地供应的情况下，政府对楼市的宏观调控之道就是“收税”。

第二个话题事情则是一个重大的数据。根据央行公布的《2013年4月金融统计数据报告》，截止4月末，广义货币（M2）余额103.26万亿元，同比增长16.1%，分别比上月末和上年同期高0.4个和3.3个百分点；狭义货币（M1）余额30.76万亿元，同比增长11.9%，分别比上月末和上年同期高0.1个和8.8个百分点；流通中货币（M0）余额5.56万亿元，同比增长10.8%，当月净投放现金147亿元。这个数据说明了，居民得为手中购买力越来越弱的人民币寻找出路。

“通货膨胀是变相的税收”。M2 的快速增长，限制房价中的税收手段，银行长期存在着储户存折上的存款利率实际上赶不过物价上涨速度。如果说对待房地产的态度涉及到对待居民“不可动资产”的财产权的态度，货币关系则代表着另外一种的产权关系。银行存折是银行开出的一本“借据”，货币则是人民与政府之间的一个契约。货币超发必然导致通货膨胀，破坏作为市场经济基础的债权关系。

就这样，这种制度性因素，严重伤害到中国对外出口贸易的增长，根本上阻止了国内实体经济的复苏。众所周知，2009 年后，人民币对美元持续升值，发达国家消费紧缩，加上国内政府投资促动了 M2 的过分增长并导致的劳动力成本快速增长，垄断企业又挟其定价优势不断推高原材料成本，以长江三角洲和珠江三角洲为代表的外向型经济几乎遭受灭顶之灾。

中国 4 月贸易数据显示，4 月出口同比增长 14.7%，高于上月的 10.0%，进口同比增长 16.8%，高于上月的 14.1%。实际上周边各经济体的贸易表现一直不佳。其“增长”中，广东的出口总量也大大高于港口吞吐量数据，这表明出口商可能虚报出口数据。这说明，中国的外贸“增长”实际上是造假的“被增长”，很可能只是美日央行的宽松政策带来的热钱流入。但外贸企业参与这一造假的背后，体现的是实体经济发展的困境。

这三大因素，足以说明了，今天中国一部分先富起来的人实在找不到更好的投资地方。早在温州等地房市泡沫的前后，当精明的浙江商人发现没有更多地方可投资、“蒜你狠”、“姜你军”、“豆你玩”等闹剧就发生了。一直没有被纠正的制度性、结构性、社会性困境在今天被进一步加深的情况下，“中国大妈”事件的发生更是必然。

“大妈”的风险：经济全球化体系下的信息不对称

“中国大妈”狂购黄金后，黄金价格开始回升。当然，还有其他的不好消息。

首先是人民币持续升值。4 月 15 日美元兑人民币比为 6:1985，而到了 5 月 11 日这一数据演变成了 6:1465。这样，以美元计价的黄金价格即使上涨，用人民币购买黄金的收益也会减少；若黄金价格下跌，更要忍受“黄金下跌”及“人民币升值”带来的双重损失。很快，金价在 1460 美元/盎司至 1470 美元/盎司的区间走向了稳定。

由于涉及到了人民币兑美元的汇率，这就意味着当前的“中国大妈”们，所面临的问题远远要超出她们的想象。

除此之外，还有黄金交易中的其他成本，也是不得不认真考虑的。

我们可以提供一些黄金交易中的数字。在上海某黄金店，购买现货实物黄金的手续费为 12 元/克，预订黄金的手续费为 8 元/克，卖出实物黄金的手续费为 2 元/克。一买一卖，交易成本在 10～12 元/克。最低价 263.2 元/克的现货实物黄金，实际成本为 285.2 元/克。若以 293.1 元/克的价格卖出，盈利为 7.9 元/克。可是如此好机遇的人不多。根据上海黄金交易所的数据，4 月 22 日到 4 月 26 日，黄金成交量最疯狂的一周，金价的加权平均价格为 292.01 元/克。这些投资者，实际被套 10.91

元/克，只有当金价达到或超过 304.01 元/克时才能解套。

我们不太容易了解“中国大妈”们的职业构成和她们的主要收入来源。根据财经界多年以来的观察，在中国先富起来能够如此疯狂采购黄金的人士，至少应该是这两部分人组成的：第一种是依靠自己的诚实劳动、合法经营而获得丰厚收入的民营企业者；第二种是依靠自己在体制的特殊身份（例如行政垄断，也包括一些腐败分子）而获取了巨额财产的人。

能够确定的是，无论这些“中国大妈”对中国市场有多少了解，与国际金融市场如此关系密切的黄金市场，存在着一个依靠她们个体的力量难以应付的“信息不对称”困境。

根据维基百科的解释，“信息不对称（information asymmetry），指参与交易各方所拥有、可影响交易的信息不同。一般而言，卖家比买家拥有更多关于交易物品的信息，但相反的情况也可能存在。前者例子可见于二手车的买卖，卖主对该卖出的车辆比买方了解。后者例子比如医疗保险，买方通常拥有更多信息”。

必须区分“投机”和“投资”。相对长年累月深思熟虑的“投资”，“投机”对人类智慧的考验远远要高于对“投资”的要求。例如，在股市和基金领域，不断有这样的提醒，“股市有风险，投资需谨慎”“基金有风险，投资需谨慎”。我想说的是，对比国内那些依靠和某些政府官员的特殊关系而操作的金融证券市场，在国外有那些相对合法，却以大集团大咨询机构方式出现的专业分析师团队，更存在一般的中国投资者难以抗拒的风险。

去过花旗银行、渣打银行、汇丰银行等外资银行的中国储户知道，他们经常收取非常高额的小额管理费。例如花旗银行，日均储蓄额若低于五万人民币，就会被收取 100 元/月的小额管理费。正是因此准入条件，外资银行好提供个性化理财服务。也由此能够提供对普通人来说比较难以理解，却针对个体情境而量身定做的金融衍生品服务。这里不是在批评金融衍生品。这种批评至少在本文中没有任何意义。而是想指出，进入到基金、股市、期货等领域，这种由于专业化而导致的“信息不对称”远远超出我们的想象。

更何况，我们生活在中文世界。国内读者能随意上网浏览的而最为专业化的财经媒体就是美国的《华尔街日报》中文网了。可能很少有读者知道，与《华尔街日报》同为一系列的 Market watch、Virtual Stock Exchange、Smart Money、Financial News Online 等媒体都是以英文为第一语言的。至于国际上一流的彭博新闻社（Bloomberg News）这一财经资讯网站，我们无法以正常的方式进入它的网页浏览、学习和获取第一手的投资信息。

这就能解释金价暴跌后，为什么在全球市场里只有“中国大妈”最为亟不可待，她们根本不知道风险，因为她们无法看到。也由此，中国的财富源源不断地流入西方世界的腰包。中国底层民众，则成为国际市场链条中最痛苦的一群。他们想改变，却更无能为力。

（中国新闻社《左右》2013 年 5 月号）

钱荒股灾呼唤企业家精神

6 月 20 日，11 时 30 分发布的上海银行间同业拆借利率的隔夜利率为 14.33%。个别银行间市场 7 天期回购利率激增至令人目眩的 28%。这一数据为 1979 年以来最高。由于信任危机，继前一天沪指百点跌幅，6 月 25 日中国内地“两市”早盘双双低开，沪指开盘即跌破 1949。随后央行“向部分金融机构提供流动性支持”，沪指微跌 3.72 点报 1959.51 点。

类似情形俨然把中国带到了美国金融危机时雷曼倒闭后的场景。不过必须指出，这是一个“幻觉”。钱荒乃是伪命题。中国拥有全球罕见的广义货币（M2）发行量：截至 5 月末 M2 余额高达 104.21 万亿元，同比增长 15.8%；前 5 个月社会融资规模也高达 9.11 万亿元，同比增加 3.12 万亿元。为了“调结构”，国务院新说法是，“在存量货币较大的情况下，广义货币供应量增速较高。要实现今年发展的预期目标，靠刺激政策、政府直接投资空间已不大，还必须依靠市场机制”。面对政策的突然收紧，商业银行措手不及，于是“钱荒”发生。

真正缺钱的是中小企业，尤其是民企。与那些拥有行政垄断地位或者特殊身份的大型国企相比，中小型民企中实体经济部门既没有最近房地产业那样的利润，也没有类似各种国企那样的体制内动员力。由于没有能力从银行里借到钱，企业就难以发展壮大，也就很难建立有符合现代企业精神的企业制度，当然就无法形成基于“自由选择”和“深思熟虑”的企业家精神。与他们相比，人格并不独立的国企领导层却可以在市场中呼风唤雨，投机倒把。

也不是所有民企都是没有能力贷到款的。例如，钢贸商领域（尤其是上海一代）就有一些靠抵押质押、重复抵押、互保联保的方式经营的担保公司，能从银行大量套(骗)取贷款。这不是合理的投资，而是在丛林法则中屡屡出现的坑蒙拐骗等行为。也正是因为银行在行为逻辑上常常更“乐意”与这些人交往，所以真正需要发展实业的人反而借不到钱。

在如此结构中，中国就很容易出现一种不是企业家精神发育而来的“劣币驱逐良币”的“逆淘汰”机制。本来是大型民企这种现代性的正规军的“军团”在作战，如今市场中兴风作浪的是依靠“潜规则”和“地下关系”而谋利的游击队。体制内的企业管理层，由于国家在制度上存在的一些问题，实际上也是“游击队”，甚至可以说是深山里的“土匪”。

国务院新精神出台后，银行被限制了权力与能力，不法商人开始被清算。以至于从体制内决策咨询系统流传出一个说法，这次钱荒股灾危机是既得利益集团造成的，目的是“逼宫”。正是如此，我们也不要因为当前经济转型中出现的种种问题而对未来过分地失去了信心。

中央层面这次看似导致“钱荒”、进而导致“股灾”的这次政策精神转变，实际上宣布将要、试图结束过去10年来过分依赖“行政直接投资”的错误发展模式。

这是战略性的转变。只有在中央层面结束这种发展模式，我们一贯呼唤的银行业转型和利率市场化等才有可能，靠自己的经营能力取胜的企业家精神才有可能被培育起来。进一步地，类似发展实业、反哺社会而不是捞一把就“移民”的企业公民才有可能发展起来。

当然也不要盲目乐观。譬如这次“钱荒”“股灾”乱局中，本来说好了以后银行走市场化道道路。危机一来，制造危机的人却说，“挽救我吧，只有挽救我，实现合作，才能和谐，下一步的改革才有可能”。正如当今社会，由于银行不合常理地放贷，以至于有些从银行中贷了太多款的人，反而建立起了与银行的“客气”关系，因为银行怕他赖帐并跑路。

由此，今天我们提倡“企业家精神”有格外的意义。当经济下滑以至于“金融危机”这样的警告似乎正在发生时，一个具有企业家精神的人不会盲目投资，也不会损人害己，而是主动反思自己，爱人如己，愿意让渡自己的利益，为企业构建良性的价值观与信仰基础。也即我们常说的“企业文化”，由此，他乐意构建合乎人类普遍规则的公司百年发展大计。

换言之，在这个只有“改革”精神而实际性的“改革”将要出台或者能不能出台都尚未明朗的时空中，中小企业主如果试图持守自己的事业，本没有太多产品或产业创新空间。既然如此，无论多么困难，那不妨因着“来日方长”勇敢地培育自己企业的“企业家精神”。

（《新商务周刊》2013 年第 13 期）

为什么温州人成不了犹太人

从1978年年底算起，经济日益走向开放的三十余年间，中国形成了“温州模式”与“苏南模式”的对比。在中国特色的语境下，苏州模式曾经被认为是集体经济与“大政府小社会”的产物，温州模式则被认为民营资本与“小政府大社会”的产物。在哈耶克所主张的自由市场的自生自发秩序价值观看来，温州模式显然比苏南模式具有更为接近某种普遍价值的意义，因而温州模式曾经被无数爱好市场经济与开放社会的观察家和评论者所津津乐道。

与此相符的对温州人的极高的褒扬也日益流行起来。温州人被称为“东方犹太人”。颇多以温州人为致富样板的管理、励志类书籍被热卖。有社会学家（例如香港的曹南来博士）指出，温州人在价值观上有很重的“我想要获得”及“我值得拥有”的思想。温州有不少企业家为主体的团契、地缘共同体和血缘共同体。

根据我在温州考察中的分析，温州人利用这些平台所提供的信任为投资和投机的基础，从而取得商业和价值观上的"双丰收"。换言之，温州人"成功"地将各种信任与价值观都当成了投资与各种投机的工具。

可以说，作为中国的东南沿海族群，温州人也有自己鲜明的特点。温州人生意的确做得很大，这与温州人的几个特点有关：首先，中国长期以来并非是一个全面控制的国家。当人们忙于办厂开公司，地方官员可以不用直接把手伸入他人腰包而获得财富，于是民营资本获得了巨大的发展空间，从而免于政府的局部控制。

其次，温州人的确胆子大，非常勇敢，也可以说勤劳。举例而言，当温州人把商业做到西方国家的时候，他们可以不顾那里的传统生活方式，门面可以从早晨7点开到半夜，直到通宵，也可以在西方人用来聚会和休息的礼拜天营业。在温州人经营的"血汗工厂"里，温州老板经常上班12个小时，好暗示员工也要辛勤工作。

倘若承认温州人善于经商、投资和投机这个事实，温州人的确就是中国的"犹太人"。然而，温州人只能是中国的犹太人，不是真实的犹太人。犹太人对人类文明的多样性所作的贡献，是温州人在任何意义上都无法比拟的。且不说新约圣经的作者之一保罗是犹太人，在后来的发展中，犹太人产生了一些经典意义上的大思想家，例如19世纪就产生了精神分析学者弗洛伊德、哲学家马克思。温州人迄今未曾产生一个这样的经典人物。的确，这是中国普遍的困境。至少，铁一般的事实证明了温州人并不是真正的犹太人。

很多中国人尤其是温州等地的工商团契中的人在某种奇谈怪论的带领下，以为血缘意义上的"犹太人"就是西方人，就是基督徒。犹太教与基督教完全是两码事，犹太教只是西方整体文明中的一个分支。最精粹的说法来自圣经，面对自称信耶和华而因为拒绝耶稣基督实际上拒绝了耶和华的法利赛人，耶稣基督说，"我就是道路、真理、生命，若不藉着我，没有人能到父那里去"（约翰福音14：6），"你们是出于你们的父魔鬼，你们父的私欲，你们偏要行"（约翰福音8：44）。

实际上，由于失去家园，犹太人在几千年中长期流离失所。靠着自己对律法的固执，以及固执之后在背叛这种传统价值中所呈现出来的标新立异（从某种意义上说这有缺乏原则的一面），犹太人在商业上、文化上取得了巨大的成功。然而，商业和经济上的这种成功，在一个转型成功的国家，例如今天的美国，的确能为犹太人的标新立异和继续成功创造坚强的保障。

在一个转型失败的国家，这种暂时的成功，却难免给犹太人带来巨大的灾难。在一些中央集权制的国家，例如法国和德国，就曾经经历长期的"排犹运动"。二战后，犹太人痛定思痛，通过"犹太复国主义运动"，建设了以色列国，才稍微扭转了这种局面。这个新兴国家擅长竞争，甚至在全球范围内追杀纳粹党徒。虽然1970年代美国政府曾经支持这样的"法外杀人"，然而，就核心价值观而言，这在盎格鲁—撒克逊文明那里是很难被认同的事情。颇有意思的是，今天犹太人所享受的政治文明的成果，却是西方社会给他们提供的。相反，在犹太人自己的"加沙困境"中，真实的冲突并没有实质上解决，这是他们永远的痛。

这就是说，作为共同体精神的塑造，成为"中国的犹太人"，乃至于这样的被肯定，并不是温州人的幸福所在，很有可能是对温州人、也是对中国人的一种捧杀。

真实的犹太人的确有很多值得学习的地方，也有很多在普遍正义看来不可接受的问题。这些问题是藏之于希伯来文明的历史习俗之中的。因为是一种生活的样式，所以犹太人只能依赖西方体系的荫庇创造自己的幸福。然而，靠西方体系所维系的，一旦这个体系走向暂时的挫折，犹太人的个人奋斗也就走向了尽头。从温州模式的发展路径来看，颇有这种能够同病相怜的际遇。

这意味着，作为中国的一个地域共同体，温州人应该反思自身为何成不了西方的犹太人。甚至这样的反思也仍然不够，如果视丛林法则和功利主义为生存依据，成为“西方的犹太人”，温州人又能怎么样？

道理很简单，温州的语境不是西方文明，而是中国模式以及温州人对中国模式的温州式利用。例如，土地财政带来的房地产业的巨大发展，刺激了房价的非理性增长，从而催化了温州人财富的极度膨胀。膨胀之下，温州人的心灵秩序和外在的政治社会结构秩序一点都没有改变，于是，该来的灾难仍然会到来，流离失所的人继续流离失所。类似分析，指向了一个关系到人类幸福保障的核心性话题的情境追问：为何温州危机正在埋下伏笔的时候，温州人没有提前预警；为什么做了预警，那些不是温州人的中国人以及各级政府没有制约他们、平衡他们，从而保护温州人。

正如西方很多学者一直批评犹太人正在摧毁他们文明的根基，于是号召西方人珍惜自己的文明，保卫自己的文明，也在某种意义上反而更加包容了犹太人的辛勤劳动和标新立异，从而有一天犹太人可以超然地反思并得出结论：原来美国普通民众对华尔街的欲望的这种反对，乃是对华尔街的保护？

对中国人的市场经济建设来说，这是一个充满各种挑战的命题。例如，在中国特色的语境下，苏南模式的一些优秀之处如何被浙江人接受并成功学习，在另一方面继续发扬浙江“藏富于民”的“小政府大社会”优势，并且能够克服犹太人在西方文明挫败时期所难免遭遇的那种苦与痛？在中国自由市场建设走了三十多年的今天，这种思考必须被提起来了。

（《理财一周报》2011年10月23日）

中国基督徒商人，真有那么美？

发表于2013年12月30日《财经天下》周刊的《中国的基督徒商人》，再次将基督教这一中国社会的边缘话题带入了公共舆论。无论与作者有哪些分歧，至少《中国的基督徒商人》一文中一些叙述是符合事实的。

这篇报道若从“知识社会学”的角度来说，是与韦伯《新教伦理与资本主义精神》的传播一脉相承。这本书从1987年首次发行开始，在中国大陆令人惊讶地被十来个出版社不断出版发行。“韦伯议题”不断被以讹传讹。关心基督教的人俨然能在这本书的标题中看到安身立命的道路，喜欢赚钱追求世俗成功的人则从中看到了自己在经济话题上的兴趣。

为什么参加“工商团契”？

团契是区别于教会的一种基督徒的聚集，其功能是周间聚会。顾名思义，大篇幅谈及“工商团契”的《中国的基督徒商人》一文的主要关注是中国的基督徒商人。韩牧忠实地叙述了体制内外两个群体是如何鼓吹或者参与到相关小圈子的舆论准备和组织运作中去的。

第一个群体是自认为基督徒的一些企业主和企业管理领域的培训师。这个群体有其利益需求。对企业主来说，他们赚钱，需要把企业做大，需要有一个心灵的港湾，来证明自己的人生是有意义的。在《圣经》中，人的意义是被在十字架上舍死且在第三天荣耀地复活的耶稣基督来赋予的，“肉体的情欲”、“眼目的情欲”并“今生的骄傲”是被基督所厌弃的。工商团契试图改变《圣经》的这个命题。

去年9月，我以社会问题研究者的身份在温州做过一次“分享”，结论是当今不适合投资实体经济，结果是后面的自由发言时间在规则外被一些商人用来项目推销。“工商团契”参与者为了满足自身利益需求的“不择手段”，由此略见一斑。

第二个群体是类似韦伯这样的高校内外知识分子。这个群体也有相应的需求。就其社会处境而言，一般知识分子的弱点在于在体制给的财政工资之外再拿取更多收入，无论是作为零花钱还是作为丰厚的收入。与企业主的结合，知识成为一种商品，是知识分子最便捷的致富道路之一。客观上，对中国文明转型、乃至于“市场自由推动社会开放，社会开放促进宪政转型”这样的强烈需求，进一步强化了这个群体参与“工商团契”的动力。当然实际需求更复杂。知识作为商品还是有正当性的。在一些“工商团契”中，他们交易的不是知识，是附庸风雅和名望财礼的交易。这种交易，在教会外曾经司空见惯。如今这种恶习，借着工商团契的平台，也进入了素称“保守”“传统”的中国城乡诸多教会。

正是这两个群体的参与，“韦伯议题”在中国俨然有了实践性的社会基础。这个群体人数不多，主要集中在温州、上海、北京、成都等大中城市。但由于“韦伯议题”在一个启蒙运动时代的强大影响，使得“工商团契”在民间舆论上远远大于其组织影响。

民族主义者韦伯不是悔改重生的基督徒。韦伯无论如何难以想到，“韦伯议题”会在亚欧大陆的另一端、在一个世纪之后产生如此之大的影响，以至于在中国确立起了一种“世俗化神学”。话题的吊诡在于，无论对《圣经》的理解是多么地力不从心，韦伯至少是一个社会学家。在中国，这个实证主义者的精神粉丝，则是一群从来不知“实证”为何物的“市场功利主义者”，鼓吹一种没有“十字架救恩”的“有十字架的变革”。

有一种假设看似过分，却极有讽刺意味。假如《圣经》坚持这种“世俗化神学”，《马太福音》的执笔人可能组建“税吏团契”，为福音在十字架上倒钉而死的彼得就会组建“渔夫团契”和“愤青团契”，卖主的犹大则会积极组建某种类型的“工商团契”和“地产团契”，这样人类史必然会被“重写”。好在被预定的历史中，当时的使徒们宁死也要听从《圣经》要求走十字架道路。

工商团契首先发轫于官办的“三自”体系，逐步向独立于“三自”体系的“家庭教会”蔓延，但也受到了传统教会异常强大的抵制。

功利主义沦为拜金主义

这里说的“功利主义”不是西方哲学史上由边沁、密尔等人发扬光大的“为最大多数人谋最大幸福”的“功利主义”，而是在商业者身上司空见惯的“拜金主义”和“享乐主义”。《圣经》明确说，人的心思若在“玛门”（金钱）身上，就不会定睛在基督身上。出于对永生的关注，归正的基督认信明确反对“拜金主义”和“享乐主义”。

《中国的基督徒商人》一文忠实地写下了各地的“基督徒商人”为了金钱如何牺牲基督徒的信仰告白。在作者的采访调查下，北京某教会的工商业者聚会明确排除一些贫困的“弟兄姊妹”参与，各地企业里的那些基督徒商人试图将《圣经》作为管理哲学时力不从心以至于被迫在企业中限制基督徒员工的人数。这种功利主义追求难免会陷入失败。

《圣经》没有一处文字说基督再来之前地上会多么美好；基督从来没有对他的信徒做过这种承诺。有“基督徒”认为有这种承诺，我们只能说他至少没读懂《圣经》。当然，根本原因在于这些人的关注不在天上，而在地上。道理简单，正如我们看外在的世界，总会发现眼球的聚焦如果不在远方，就在近处，不可能两全其美。

边沁、密尔主张的“功利主义”看似超越、看似崇高，在《圣经》的实际叙述中，因为拒绝了基督的“永生之道”，仍然是“肉体的情欲”、“眼目的情欲”并“今生的骄傲”。如今，在中国的民间团体中，哪有能力如高校学院那样悠然自得地讨论“功利主义”？桑德尔那种“正义”话题的大规模专业性讨论，别说在温州等城市不会发生，在北大清华也越来越是一个理想。那么结果可想而知，中国的“功利主义”计算，必然沦落为“拜金主义”。

商人们组成的“工商团契”将传统的基督教会带入了巨大的试探。用一些牧师的话来说，教会不仅要和外边那些不信的人争论基督是否存在，如今还要和教会内部那些“受洗的慕道友”讨论基督实际要基督徒关注什么做什么；有一个无形的力量正在试图瓦解基督教会。

因此，“中国的基督徒商人”组成的“工商团契”与其说是一群基督徒的聚集，不如说是一群既想谋求“永生”又想在地上拿到好处的人所组成的“熟人”或“半熟人”化了的“小圈子”。“熟人群体”和“半熟人群体”是社会学词汇，意思是他们还没进入现代性，通往“契约规则”和现代意义上的“法治规则”还有很远的路途需要行走。

我们不想在道德等层面讨论这个群体，而是希望在制度经济学上加深对这个话题的探讨。由于中国各种“基督教会”和各种形式的“工商团契”难以注册为法人，这些小共同体走的是“非正式组织”的路子。若大家都坚持正确的信仰，问题即便发生仍严重不到哪里去；一旦信仰组织成为功利主义平台，无非是否民主法治，总会出现各种令人匪夷所思的事情。

温州借贷危机正是借着这样的小圈子而加速蔓延的。我们做过不完全的调查：据说2011年借贷危机的时候，温州90%的“教会”卷入了借贷危机，某些“教会”90%的“信徒”卷入了这种民间高利贷危机，甚至有“牧师”欠了几千万的账款试图要求教会利用“十一奉献”帮忙还贷。

信仰清晰的民间共同体有利于新游戏规则的培育

韦伯所说的“新教”进入中国，如果从1807年马礼逊访华开始算起，已经走过了两百多个年头。基督教已经成为中国普通民众不难见到的生活方式。

实际上，即便在西方世界，除了政教关系后来借着民主法治而走向相对平和，一些活跃人士把教会当成工具和教会内外的诸多矛盾，都是难以改变的事实。

《圣经》说，外在地，“空中掌权者”与基督的争战不会因为制度环境的改变而改变；内在地，肉体和情欲也常常引诱人犯罪。由此，核心关注要清晰：不要把组织化的“有形教会”当成满足地上目标的工具，而是要在基督的独特救恩中认识到教会在福音中的属灵使命。

对中国来说，还有较之西方世界更为复杂的问题。美国政治学家亨廷顿在《变革社会中的政治秩序》中说，“现代性带来稳定，现代化导致不稳定”。中国历朝历代，都没有解决好民间宗教信仰的公共参与这一老大难问题。近代中国更是在这个命题上打了场大败仗。

基督教应该保持特色。有着两千年传统的基督信仰，如果因为缺乏核心关注而不讲实证，就容易退化为各种形式的打着“十字架”标签、却与经典中的十字架毫无关系的民间宗教。

今天，就中国特色的现代化理论范式而言，“国家治理体系与治理能力现代化”客观上是80年代“四个现代化”之后的一个升级版。这个升级版正视了国家治理的政治性，其前后背景正是民间对政府的“压力政治”以及作为回应的“维稳政治”。

如果说基督教会仅仅以传福音为使命，教会内外的争论容易限制在属灵层面。一旦“教会”过分关心地上的福利与世界的改变，就会卷入到与各种群体的利益冲突之中去。利益冲突很容易演变为政治社会学中的“群体性事件”。我不想在这篇文章中探讨这种事件的制度化解之道，而是试图指出，中国体制内外，在目前并没有找到和平化解这种冲突的常规机制，甚至普遍没有做好将这种冲突的良性化解提上议事日程的准备。

就此而言，具有多重关注的“工商团契”如何转型，以及教会在未来如何克服“工商团契”的这种危害，政府如何理性地面对这些“新事物”，在这个社会组织日益多样化、社会结构日益复杂化的时代，已经成为社会治理理论的紧要话题。

进一步地，相关逻辑更加清晰：对转型中的中国来说，以“永生之道”回应地上的躁动不安，核心关注清晰可见的基督教会及其“工商团契”有利于现代性的游戏规则的确立；反之，一旦这个群体随波逐流，地上的争斗就会无边无际地开展，以致教会内外承受双重损失。

（《时代周报》2014年1月9日）

民营金融正规化的逻辑

近日中国人民银行负责任人接受新华社采访时指出，“民间借贷”具有制度层面的合法性，是正规金融有益和必要的补充。该负责人还指出，要对民间借贷的潜在风险进行必要提示，使公众清醒认识到高收益潜藏的高风险，防止发生民间借贷高利贷化倾向引发风险事件。

按照制度经济学的观点，人的本能是控制。商人试图将一切资源都转化为他的利润。有限资源和无限欲望、有限能力和无限权力的冲突下，人的各种本能冲动逼使整个社会陷入重复囚徒困境。这就是大规模的借贷必须基于明确产权在一个正式规范的金融体系中进行的根本原因。认识到这个基本事实，立法者就有义务为民间金融的权利辩护，同时提供制度供给以保证其健康发展。

反之，如果这样的金融体系缺位，人们就会竭尽所能在一些非商业组织中利用基于非商业原则而来的信任开展商业交往。这种借贷，由于双方的信息不对称，一方就会对另一方，不是许以共同体价值的“美德”，就是如赌徒式地期待巨大的、不劳而获的利益，以为人类可以脱离生产部门的辛勤劳动和技术创新，通过资金重组制造出财富拓展的“永动机”。

庞氏骗局的游戏总是不可持续的。多少年来，温州等地的“吴英们”、多少民营企业家盼星星盼月亮般地期待民间金融走向正规化和规模化。基于危机应对，在中国加入世界贸易组织（WTO）十周年之际，温州终于开始了金融制度创新行动（内容有推进新型金融组织创新，如发展小额贷款公司、股份制农村金融机构、涉农贷款；创办民间资本管理服务公司，民间借贷阳光化；推动利率市场化改革），目标直指发展民营银行，使之能与国外的国际性金融机构竞

这次温州危机的爆发有其直接因素。第一，2008年以来全球的金融危机下，长期止步于“进出口贸易”的温州制造业急剧萎缩。第二，由于80后等新一代农民工成长、人口老龄化以及中西部发展差距的相对缩小等因素，温州失去了可以任意支配的廉价劳动力，“血汗工厂”渐渐失去了基础。第三，在四万亿的投资之后，2011年以来国家采取了名义上稳健、实际上紧缩的货币政策，直接冻结了数万亿商业银行信贷资金，导致民间信贷系统面临崩盘。第四，垄断性部门，控制着中国的金融、物流、能源、信息、教育，占据产业链上游，源源不断地吸取民营企业创造的财富。长此以往，资本流出实业部门和制造业是一重必然。这种结构性危机，加之土地财政和房地产泡沫，温州民营资本大量进入楼市。

市场没有向民营企业开放，民营产业投资者更加缺乏经济发展所必需的信心和耐心。资本逐利楼市、股市等领域逐利，更在吸食中国制造业的更多财富。另一方面，这意味着企业公民精神的进一步衰落。

其实，企业组织追求高效的习惯也必然带来追求控制的惯性思维方式。企业和资本实业的种种负面因素，需要伦理和法治，尤其是需要法治的规范，更需要社会对企业和资本的制衡。然而，对实业的侵蚀，对社会自主发展的阻碍，在中国，可

以说几乎是同一因素。

在社群主义或者保守主义价值观看来，政府不具备强大高效的权力是好事。然而，这一判断需要一个前提：那就是社会一定要率先自治起来。了解市场经济发展史的人知道，最早的金融发展为近代意义上的信托产业，在欧洲始自于中世纪的教会。

经验和逻辑的推理足以表明一个答案：市场经济的基础是社会，社会应该由一群具有特定价值观的人的自主结社而来。在温州，由于现有的各种“社会资本”，乃至于包括本来应该以价值观为核心的宗教信仰意义上的“公民美德共同体”都是以作为货币的资本为核心来运作的。成就于货币的，也一定会因为货币机制自身的问题而遭遇挫折。

为此，民间金融在内的民营经济必须认真确认自身的规则与道德底线。吸取过去制度供给缺乏所导致的民间借贷对公共伦理的侵蚀与破坏的教训，中国社会也必须重新反思何为正规化，反思如何在专业性成长中彼此被制约与被保护。

这就必须探讨时下的伦理道德观。很多人误认为道德存在着“私德”与“公德”之分，认为道德由于有着不同标准和核心原则因而本身就是多元的。其实，不能认为对私有财产的浪费仅仅是私德不好，也不能认为甘愿借他人高利贷就是权利。否则，我们何以理解为什么迄今几乎所有文明都认为高利贷是恶行，而普遍认为鼓励再生产的节俭习惯比奢华浪费更为可取？道德可以互相矛盾这样的观点，等于否认人世间存在一种叫做“道德”的规范性价值。

人世间不是不存在“道德”。而是说，人世间的道德有一些今天我们看上去不称之为“道德”了。道德有两种存在方式：一种直接转化为法律，以国家的名义，基于司法正义的名义被分权制衡的政府强制执行。例如企业不能污染环境、不能强制员工劳动、不能发放高利贷。另外一种道德，之所以没有被转化为法律，仅仅旨在避免执法者的专制。例如慈善就是一种可以免于被强制的道德。第一种道德，美国法学家富勒在《法律的道德性》里总结说是“义务道德”；另一种道德，由于无法立法强制，和“义务道德”在一起，被认为是“愿望道德”。

立法逻辑告诉我们，“愿望道德”转化为“义务道德”，必须具备八大条件：不能没有规则，凡事就事论事；不能溯及既往；不能强人所难；不能互相矛盾；不能频繁修改让人无所适从；必须让人知道；必须通俗易懂；不能让规则与实际脱节。因此，“立法”必须充分尊重民意且深思熟虑。其实这些原则同样适用于社团立法，例如商会和民间金融组织。根据立法的这个原理，我们也有义务指出，央行对民间金融正规化的这次确认，不应仅仅是应付当前危机的权宜政策，更应该落实在制度之中，成为中国金融制度变迁的立法和运行逻辑。

也因此，伴随着金融变革的这种自由化导向，中国社会必须有一种极为明确的核心价值在规范层面上的落实。

让金融成为金融，金融真正要为实体经济服务，而不是以自己的贪婪无度吸食实体经济的利润；让家庭成为家庭，这意味着家族企业应该被改造；让商会成为商会，让商会超脱于各种企业，这意味着商会不应该被人以商会会长或者其他身份来垄断；让信仰组织成为信仰组织，而不是让所谓富人借着自己的优势获得与众不同的信仰者身份。

这种清晰分工，是人类生活多样性的体现，也是让商人免于各种诱惑从而专心致志于经营的重大保障，还是确保各种社团健康发展的基础保障。

只有基于这种分工，商人才会尊重法律人共同体和法律人的专业性从而培育法治认同，借着各种社团的专业性从而敬畏社会的各种价值，例如传统的价值观与信仰。只有这样，一个具有节制精神的企业家群体才能生成。

（《时代周报》2011 年 11 月 17 日）

民间金融投资与参与的风险

在金融领域，主张让市场将对资源配置起“决定性”作用的十八届三中全会总共用了382个字。我们可以找出普通从业者和长期以来财经界最关注的那些文字：“允许具备条件的民间资本依法发起设立中小型银行等金融机构”，“加快推进利率市场化”，“加快实现人民币资本项目可兑换”，“建立存款保险制度，完善金融机构市场化退出机制”。

如果用1、2、3、4来标注，第一点是说允许民营资本成为金融业的“正规军”，以在第二点和第三点上与国有商业银行竞争，结果则为第四点：在为普通储户提供有限的存款保险服务的情况下，允许这些正规军在一些战役中被“成建制”地注销。

民间金融在中国的先天性风险

没有投资者喜欢自己在竞争中走向覆灭，但竞争中走向覆灭是市场经济中常有的事情。

三中全会的这种“会议精神”没有提出新思想。对国是决策者和投资者来说，其相关提法却是新事物。自7月国务院办公厅发布《关于金融支持经济结构调整和转型升级的指导意见》（业界称之为金融“国十条”），提出尝试由民间资本发起设立自担风险的民营银行，已有23家民营银行的名称得到国家工商总局的预核准，有20家上市公司提出发起成立民营银行。由此，关联股票受资本市场追捧，纷纷大涨。

来自第二届广州金交会的信息显示，2012年中国民间融资超过3万亿元，两年来，民间借贷存量资金增长28%，并延伸出第三方支付、认证、评估、催收等服务市场；目前，我国小贷公司已近7000家，村镇银行1700多家，典当行6000多家。“广州金交会”的全称是“中国（广州）国际金融交易·博览会”，其主办方为“广东省小额贷款公司协会”。

十八届三中全会在执政党的会议层面肯定了金融“国十条”，对金融界来说是个利好。在可预见的相当长一段时间内，这些经营者和相关的股票在资本市场还会火热一阵子。

由于能够节制现有金融业央企的行政垄断，为地方的一些中小民营企业提供"量身定做"的金融服务，这个局面无疑是对实体经济良性化发展的一个有力助推。实体经济力的民营力量进一步发展，对普通劳动者的就业和地方性的"新型城镇化"都有说不完的好处。

不过，这些利好未必会给具体的金融投资者带来实实在在的利益。除了前述好处之外，民间金融企业着多项瓶颈。不解决这些瓶颈，民营金融企业难以将政策性的利好实体化。

第一点为缺乏有效监管。由于体制分工不清，以小额贷款公司的监管为例，说不清到底该由地方政府、人民银行、金融办、银监局谁来监管，其准入条件、信息披露、利率形成机制、消费者权益保护等至今尚未形成系统的行业标准。第二点为风险控制机制缺失。长期以来，对比一直具有政策优势的国有商业性银行，民间金融承担了更高的风险，部分民间金融拆借导致资金链断裂和"跑路潮"，导致发生地方性金融危机。过去因产业和资金空心化和资金空转化问题而爆发的温州民间借贷危机即是如此。

换而言之，利率市场化，极有可能发生的事情就是，民营金融企业将会继续接手过去金融领域的各种乱象。市场竞争中的不利格局很容易将国有商业性银行的包袱甩给这些企业。

有关数据显示，美国银行、摩根大通、花旗集团、苏格兰皇家银行、汇丰控股、富国银行、法国巴黎银行、桑坦德银行和巴克莱银行等9家国际性大银行，2010年，其净息差平均水平为2.88%。台湾地区利率完全市场化后，存款利率一度飙升20%至50%，接着利差逐步收窄，从1989年前五年平均利差3.11%降到2011年的1.41%，导致不良贷款率在2002年达到11.76%。银行资产恶化、抗风险能力弱化的结果是，全行业集体亏损三年，中小银行纷纷倒闭，全岛银行数量从53家减少到38家，信合机构由74家减少到25家。

真相是，从市场开放的时空安排来看，过去三十年，中国"增量资产货币化"，以国有银行信贷为代表的国家信用扩张，基础建设和城市化创造了巨额的制度内财富。随着经济自身的逻辑性调整，"存量资产证券化"阶段，民间资本才被允许成建制地进入这一领域。

民间金融的混业经营格局

国内民间金融还面临着一个新的系统性的风险，即混业金融的风险。混业金融是混业经营在金融业的体现，银行、证券公司、保险公司等机构的业务互相渗透、交叉，而不仅仅局限于自身分营业务的范围。长期以来，在欧洲大陆等实行大陆法系的国家，例如瑞士、法国和德国，普遍实行混业金融制度。后来，由于金融全球化和自由化，美国等普通法系的国家也大力发展混业金融。中国却是少数几个坚持分业金融、严格控制混业金融发展的国家。与分业经营一样，混业经营也有三个层次，即金融业与非金融业之间的联合经营，银行、证券和保险之间的联合经营以及银行业、证券业和保险业内部的联合经营。

具体到有效监管，德国银行在公司客户中拥有控股权，有能力选择公司治理结构。美国法律对此则明文禁止，英国传统上规定银行与公司客户应保持一定的距离，不产生产权和管理上的联系。由此，美国和英国模式在组织设计上均注重制度性地隔离证券业或其他非银行业的风险对银行业的影响，但德国统一法人模式的组织形式却没有这样的防火墙。

就效果而言，在金融产品上混业金融的服务项目更加多样化，效率更高容易形成规模经济，环境适应性强，创新空间更大。但由此显而易见，其风险传递能力更强，导致监管难度大大增强。在过去16家上市银行主导金融业的前提下，以行政垄断为特征的分业经营模式，极大地有利于规避全国性的金融危机。而一旦开放民间金融，由于全国范围内缺乏明确的制度安排，民间自发的混业金融现象，很有可能给国家金融带来前所未有的危机。互联网金融事实上具有先天的混业经营的条件，而监管风控的缺失也极容易在这个地方发生危机。

有金融学者指出，混业经营还有一个缺点，即容易形成金融市场的垄断，产生不公平竞争。对中国来说，区别于西方那种已经自生自发的自然垄断局面，由于行政垄断的事先介入，至少在可预期的一段时间内，民间金融无法形成能够冲破行政垄断的自然垄断，最多就是抗衡行政垄断。最多就是在个别的特殊业务方面，例如网络支付方面，能有相对银联登国企的竞争优势。互联网金融涉及城市白领、农村年轻人等多个人群，其风险危害面颇为特殊。

金融业能否实现国家治理体系与能力现代化？

这样说来，中国是否会发生全国性的金融危机？对此我们不能简单地从民间金融角度来分析。在我看来，民间金融最多就是制造地方性的金融危机，例如温州与鄂尔多斯的借贷风波。经济学界普遍承认，这两次风波不能全赖地方性的借贷体系，问题仍然出在全国经济体系的行政垄断之上。但以后，一旦形成相对国企金融的、明显有利于民间金融的产业格局，此时地方性的金融风险能性就会大大增加，就再也不能简单地推卸给央企。

对中国来说，这是必须面对的风险。尤其在今天这个经济全球化日益明显、地方市场化倾向几乎没有开始克服的时代，“改革”从来不是“花前月下”“和风细雨”这样无比浪漫，而是思想解放的一再启动、利益格局的再次重组。我们必须勇敢面对这种阵痛。

对金融的有效监管，素来涉及多重话题：第一是监管者必须是法治的践行者，要有为了正义壮士断腕的决心，也有为了平稳发展而必须具备的保守主义的能力。说来，这是何等可遇不可求。第二是其从业者必须是法治的力行者，愿意遵守金融业所通行的游戏规则，严格根据法治规则来做事。第三则金融业必须“有法可依”，有良法可依。这是对国家立法者的考验。谈到守法与立法，我们则会进一步地认真讨论这个国家的司法以及更多更系统的话题。

换而言之，为了解决中国民间金融的种种风险，中国需要多管齐下来实现“国家治理体系与治理能力现代化”。在金融领域谈这个话题，就是主张国家在金融治理方面的体系与能力的系统现代化。如何找到那种“提纲挈领”的治理之路？用体制的传统话语来说，就是要在多种矛盾中抓住事物的主要矛盾，在主要矛盾中转到矛盾的主要方面，然后在方法论上具体问题具体分析，一举来为中国的金融现代化和法治化铺路。

主流意识形态在法理上主张“共同富裕”，长期的“改革”一直在突破这种全民性的公平正义理念。这是中国当前诸多社会问题中的主要矛盾的重要表现。具体来说，每当决策者用模糊不清的话语宣布一项“自由化政策”，实际上正在为一些特定人员预留位置。民间自发的“草根创业者”如果不能分辨出这种危险，可能暂时侥幸地获取利益，却常常被置于无法避免的全局性风险之中。民间金融投资与参与，更是需要对这种结构性危机认真预警。

（《智富》2014年第1期）

实体经济的现状与突破口

美国《华尔街日报》中文网日前发表著名经济学家Christopher Carothers的文章《温州之困不仅源自信贷紧缩》指出，2011年秋天中国如此严峻的经济形势，“要怪就怪全球竞争吹来的寒风”，例如制造业正日益转向越南等相对落后的亚洲国家。因为那里有更加廉价的劳动力。作者引用一线经营人员的分析说，“福建的厦门和江苏的苏州在处境上甚至更加危险”。结尾一句更是令人沉重，有关方面“以半救助的拙劣方式帮助陷入困境的低端制造商……大批企业倒闭会造成社会不稳定，而这种担心依然胜过经济改革的决心”。

当前的消息来源，既有令人悲观的、又有振奋人心的。在微观经济层面，例如涉案资金达到8个亿的“温州版吴英”施晓洁案（真实的吴英涉案金额是7.7个亿，事发地是浙江的东阳市）。由此来看，中国民间金融的问题之大之复杂，可能远远超出我们的想象。相对比较乐观的消息则来源于北京决策层的某些政策变动。例如最近国务院一系列减税措施的出台，包括上调增值税和营业税起征点，旨在支持小型和微型企业发展的要求。

国际经济形势对中国整体上也是非常不利的。以希腊、冰岛等国家为代表的欧洲国家普遍陷入超出了超出社会忍受力的经济危机。美国也爆发了以反对华尔街的腐败与贪婪为目标的“占领华尔街运动”。这个运动与美国同样草根化的茶党运动具有某种程度上的一致性，构成了美国的公民社会对小政府理念的追求。西方人对大政府主义的大规模追求发轫自20世纪的“罗斯福新政”。几十年之后，西方国家居然形成了“福利国家”“放债经济”二合为一的发展模式。法国向中国求援拯救希腊，足以看见在欧洲人眼中，希腊是如此的病入膏肓，以至于一向爱出风头的法国总统萨科齐并不愿意全心救助这个东正教国家。由此来看，诸多发达国家减少对中国制造业的依赖，实在是迫不得已的事情，而且肯定成为长期趋势。

国际市场的变化加剧了国内实业危机。也恰恰是这几年间，中国以“国进民退”为结果的行政性垄断经济日益挤压了民营企业的发展空间。廉价的劳动力不可能创造出令人满意的购买力；更何况这个国家的民众也没有真正的福利。不能“既想让马儿跑，又不让马儿吃不饱”。在“自由”“福利”二者不可得兼得状态下，爆发了以民间借贷的资金链中断为特征的金融危机。于是，以低工资为特征的“血汗工厂”和民间借贷的“庞氏骗局”一起破产了。

经过上述分析，对比Christopher Carothers的文章，我们不难理解为什么现在很多“精明的温州老板早已看明白了这一点，他们正在考虑如何退出”。不能说这个选择有什么道德问题。从经济自由的角度来看，“资本没有祖国”，资本完全可以离开中国去追逐利润。擅长利用中国的廉价劳动力的外资制造业选择到劳动力更加廉价的亚洲国家就是一个办法。精明的商人在此刻申请移民到海外也是一个办法。这两个办法的共同画外音就是，中国实体经济和民营经济发展已经撞到了“天花板”，接下去不是被淘汰就是“自主产业升级”。

当然，资本不会平白无故地支持实业的发展。一个国家，如果注定是行政性垄断攫取了民营经济大部分的利润，资本的获利偏好就不会选择民营企业。这就呼唤对这个国家的货币政策和行政审判制度以及金融结构进行政府主导的强制性变革。

美国民众发起的“占领华尔街运动”，绝不仅仅是希望唤起金融从业者道德觉悟的道德改良运动，其真实意义更应该是，通过这样一种社会运动，给政府（包括国会）施加以强大的政治压力，强制对华尔街进行改组。至于如何改组，当然必须在现有宪政框架下结合具体情况进行，但不合理的经济结构必须改组则是确定的。

1890年的《谢尔曼法》、1914年的《克莱顿反托拉斯法》和《联邦贸易委员会法》，构成了美国反垄断法律法规的主体。在对金融资本的限制方面，如果说尼克松退出布雷顿森林体系的美国货币政策越来越不受直接而具体的制约，《德意志联邦共和国基本法》则以后发国家和大陆法系相对于普通法系的特有优势，节制了德国的金融资本，从而脚踏实地地为实体经济服务，而企业在不会受到过多行政垄断的干扰下更加健康地发展，反过来良性发展的企业为政府提供税源维持福利和公共支出，并提供良好薪酬的就业机会而带来消费市场繁荣，经济和社会进入良性循环。

中国也不是完全不具备这样的立法正义的制度内资源。2007年8月30日十届全国人大二十九次会议通过的《反垄断法》的立法精神就是“预防和制止垄断行为，保护市场公平竞争，提高经济运行效率，维护消费者利益和社会公共利益”（见第一条），该法第五章和第六章分别明确了对“滥用行政权力排除、限制竞争”的行为如何开展“对涉嫌垄断行为的调查”。当务之急是在更加宏观的层面上激活并落实《反垄断法》的立法精神，确保民营经济正常发展。最近一系列减税政策开了个好头，宏观层面上的这种良好局面应该持续下去。

当然，对制度变革的期待也有可能仅仅是一个良好的愿望。一旦经济维稳的愿望大于经济变革的动力，加之国际金融危机有其并非一两届政府就可以改变的政治社会结构方面的原因，也因为中国长期积累下来迄今没有解决的发展困境，中国实体经济的前景很难被看好。

这样，过去的那种投机型的经营模式就不应该被鼓励。在核心项目经过深思熟虑而成为力所能及的生产与营销网络体系之后，企业必须转向扎实的管理与技术创新。“做大不如做强，求发展不要求发财”，用经济学术语来说，企业将被迫成为经济增长方式变革的主力军。

对任何一个企业来说，技术创新都需要相应的资金支持。融资是个结构性老困境，普遍的资金缺乏不是个体努力能够改变的。于是只有更加依赖管理。显然不应该继续过去提高员工劳动强度的“血汗工厂”模式。经济危机时刻，能不裁员就不要裁员。必须尊重劳工权利，发挥员工的特长，明确而又充分授权，但又要坚决惩治企业管理层的专制腐败和官僚主义。这种制度安排，是中国企业心灵秩序与企业文化最为欠缺的一方面。

迫在眉睫的是，企业家要加强个人建设。长期的投资生涯中，个体局限暴露无遗，却苦于时间有限而没有系统学习。投资收缩的时间段，正是学习的大好时机。可以确认，有了好的价值观、合理而务实的目标，即使暂时没有经营的好环境，中国民营经济也还会有未来。

（《理财一周报》2011年11月4日）

改革话语下的公司命运

改革话语，顾名思义，是关于改革的一系列政策文件、相关阐释及其改革视野中的各种叙述。与此区别的是一些排斥改革话语的抗争话语（如革命动员）、反改革的话语（如维稳话语，既拒绝改革开放、又拒绝民间抗争）。

作为一种书面表达，改革话语与改革实际具有本质区别。“改革话语”的提出正视了一个基本事实：有些改革话语是出于叙述者的内心真实体现，另外一些“改革”话语则是打着“改革”名义的非改革、反改革意志的表达。

发达的书面道德话语是中国社会区别于西方社会的重要特点。自古就有两套书面道德话语：一套是儒法并用的假道德主义，一套是认为书面道德可以压倒现实道德从而塑造基本政治社会结构的伪道德主义。与前者相区别，伪道德主义甚至不知道公司所表达的“书面道德”与“现实道德”有何区别。无论哪种道德主义占优势，都会毁坏中国治理，破坏公平正义。

假改革话语的危害

当前的改革话语更是存在如此特点。中国改革话语的第三十个年头已经过去；认真总结改革话语与实际改革之间的关系、落差具有非常重要的宏观调控和国家治理意义。这是政治学原理层面的命题。

与民众关系更为密切的是，对于实体经济和民营经济来说，对于公司治理来说，政府可以凭借其体制性力量获得相对长期的刚性稳定，参与市场竞争的公司却必须活在实际性的自我保存和发展壮大之中；在倒闭与发展之间，企业从来没有多少回旋余地。

至少有双重意义。企业发展战略与国家发展规划、宏观调控政策具有密不可分的关系。企业必须学会思考政府话语的假道德主义和伪道德主义成分。“效率优先，兼顾公平”，这是区别于老传统的一个政策精神。假道德主义者从中看到了损公肥私的机会，并通过行政垄断无情地蚕食实体经济的利润、野蛮地打击民营经济的发展空间，然后信誓旦旦地承诺，自己先富裕起来后，会通过缴纳更多的利润促进民生，会带动更多的人共同富裕。

这几年16家上市银行的利润占据了中国所有上市公司利润的半壁江山，就是这种“假改革话语”的产物。

清晰地认清楚“假道德主义”，是企业自我保存的基础之一。

中国人并不缺乏这种投机意识，只是更多的人缺乏相关能力和掌控机制。只要有一种怀疑一切的精打细算，就足以辨清这种假道德主义的危害，甚至可以充分利用这种假道德主义，和打着“改革话语”的国企与政府部门互相勾结。

例如，2010年中央政府实行对楼市强大的宏观调控政策之后，一些聪明的企业就从一二线城市撤出来，以发展城镇化、帮助政府促进地方经济发展的名义，以零价格的方式拿到了土地；这样，房价是否被中央宏观调控，对这些企业的影响并没有严重到哪里去。

换而言之，对类似公司来说，腐败和假改革话语是机会，是发展，是利润。

公司里的“两种人”

聪明的企业领导人认识到，公司需要忠诚的员工，需要明白事理的员工，更需要成为一个明白相关事理的优秀的管理团队。这意味着，公司总体上必须鼓励一种积极向上、励精图治、众志成城的企业文化。于是，一些精明的公司领导人在和政府官员大搞“假改革话语”的时候，不遗余力地物色并培养忠诚而明事理的员工。

不仅如此，这样的公司领导人千方百计地将对外的“假道德主义”与公司本身区分出来。为此，公司形成了一种以投资者为核心的同心圆结构：越是接近权力核心，对管理层的忠诚度越高，他们掌握的信息也越多。一个公司总有自己的商业机密，因此不能说这种结构是天然不合理的。

然而，如果“假改革话语”所带来的“假道德主义”隐蔽能力过大，这个公司事实上会形成一种鼓励“伪道德主义”的企业文化，以至于包括企业领导人在内的所有公司同仁都生活在一种更高、更快、更强、更公平、更美好的乌托邦幻想之中。特定形式的幻象的确有利于短期内的团结与动员，但发展到一定程度，迟早会严重败坏公司的判断能力与竞争实力。

一旦公司的员工普遍生活在公司管理层所培育的“假道德主义”之中，这个公司难免充斥着两种人：不是迎合老板的“假道德主义”，欺上瞒下，就是生活在“伪道德主义”之中并浑浑噩噩。后者相信老板的良善，兢兢业业地为公司谋利，也会被公司重用。

不过，“伪道德主义”严重地伤害了员工的良心和分辩能力。当需要继续拓展市场之时，公司很容易发现，在内部找不到合适的代理人，于是被迫打破“内部提拔”的公司人事惯例，选拔那些自己不熟悉的、却经过良好包装、实际上又没有多少能力和忠诚度的职业经理人，害人害己。

充满风险的转型时代

“伪道德主义”对国家的危害是显而易见的。当自以为能够改天换地、推行浪漫主义国策时，一个政权就很快陷入衰败。很多国家就崩溃于此，例如纳粹的败亡，一些发展中国家因为对西方国家的不自量力的赶超战略而给自己造成了长期难以挽回的国家治理危机。

企业更是如此。近年来，一些曾经在国内市场占据领先地位、叱咤风云的企业就败亡于冒险性投资之中。原因就在于，这些企业老板被自己假冒伪善的管理层和公司外觊觎财产的合作伙伴共同欺骗了，而公司的普通员工普遍地缺乏对公司领导层的引导能力和制衡意愿。

以非常精确的数学模型来分析这个国家三十多年的改革历程中，究竟有多少是真心实意的、而且的的确确被转化为实际行动的“改革话语”，是一个异常艰巨的课题。类似的改革话语是真实存在的。彻底否定这部分改革话语的良善性，就是彻底否定这三十多年的改革开放。对这种行为，基于“文革”的刻骨恐惧感，部分民众难以接受。无论这部分“改革”的落实是因为开放所带来的竞争压力，还是基于领导人的意愿，我们都愿意献上诚挚的感恩。

但是，如今，随着国家利益格局的日益僵化，系统性的“改革话语”越来越带有模糊性和暧昧性。改革的暧昧性，就是拒绝国家的现代化和文明化。这客观上要求未来的国家治理确定基本的公平正义原则，拒绝使用“效率优先，兼顾公平”这类模糊不清的话语。这个时候的改革不仅需要通往普遍正义的路线图，还需要可以被操作的时间表。对国家来说，改革就必须落实为经济的市场化、自由化和政治层面的民主化、法治化。

例如在经济改革层面，必须立即打破国企（尤其是央企，例如四大国有银行）主导的行政性垄断，让它们还利于民。在司法层面，必须立即废除反法治、侵犯的劳教制度，改变信访治理的“一票否决制”，终结维稳体系，从而真正尊重公民的表达权利。尤其重要的是，必须思考如何落实宪法至上的分权制衡精神，通过宪法司法化规范依宪执政方式，从而真正限制党政权力。

只有这种名副其实的改革，才能保障公司及其企业主的基本权利，使这些法人及其背后的自然人的私有财产权得到充分的尊重，让国企成为国企，让私企成为私企，而不是“我的是我的，你的仍然是我的”。为此，中国需要有理想的中央领导人和负责任的地方政治家来力挽狂澜，也因此更需要有能够强力制衡这些政治人物的、充分发育起来的公民社会。

反之，如果“假改革话语”继续泛滥，“改革”的“假道德主义”和“伪道德主义”不被有效抑制，国有企业和民营企业的命运就不能乐观。一些聪明而无奈的市场精英和政治精英选择了“用脚投票”的方式，由此近年来中国形成了移民和资金外逃浪潮。而那些与祖国共荣辱的公司，则必须小心翼翼地决策，千方百计培育防范“假道德主义”和“伪道德主义”的企业文化，同时建设良好的公司治理机制，以迎接一个充满风险的转型时代。

如此判断，我们才会深入思考2012年下半年以来中国再次形成的“改革浪潮”中的“改革话语”的真实性，并冷静地判断未来五年之内的中国政治、经济形势及其走向。在我看来，经济衰退时刻，时不我待，这是一个必须拿到桌面上，为很多企业朝夕思考的基础话题了。

（《新商务周刊》2013年第2期）

警惕“招商引资”威胁地方全面发展

最近几条关于“招商引资”的新闻很值得关注。第一则消息是，成都市市长自称花费了9年终于等到了通用电气董事长的来访，其喜悦之情溢于言表。另一则消息来源于国家审计署：54个县级政府在招商引资中，变相减免财政性收入70亿元；13起涉嫌违纪和经济犯罪案件线索（涉案人员29人，其中县处级干部4人），已被依法移送有关部门查处。

从改革发展史来看，“招商引资”被地方政府列为重要职能是国家确立“以经济建设为中心”的结果。和计划生育和“维稳”等项目一起，招商引资被一些党政机关列为“一票否决制”的考核内容。由于事关乌纱帽的存废，有关部门和相关官员可谓无所不用其极。

在“改革开放”初期，“招商引资”无疑具有重要意义。简单地说，由于改革缺乏经验，付之于对外开放的“招商引资”就相对便利。根据当初的思路，“开放”能带来进一步的“改革”，例如制度性地吸纳民众在经济、政治和文化等方面的参与与创造力。这样，“招商引资”就有利于促成廉洁高效的地方政府体系，从而为进一步发展创造空间和提供动力。

然而，事实远非如此理想。长期以来，由于体制的严重滞后，加之GDP挂帅的考核机制，从而出现了一系列的严重有损于政府中立性的“招商引资”行为。具体说来，在一些相对发达地区，对“世界500强”等跨国公司的优惠程度远远高于其他企业；在一些欠发达地区，由于缺乏区域竞争优势，对本国外地产业的扶持力度仍然要远远高于对本地产业的扶持力度。在全国各地，即便是本地产业，也常常基于中国特殊的血缘关系和拟血缘的熟人关系，而被分为三六九等，事实上形成了一个以政府权力为中心的“超国民待遇”的分类扶持体系。

正是因为政府具有了这种在明确的基于一元性正义原则的法律之外的“政策”的掌握空间，一些参与招商引资的官员和公务员就具备了利用手中的权力“寻租”从而损公肥私的极大便利。

由此，在一些更加落后的中西部地区，其实也包括一些相对发达地区，那些凭借熟人关系和各种非常规手段进入当地投资的中小企业主，最终发现他们日后的经营难免受制于人，甚至其产业也被腐败官员据为己有。只有跨国公司，由于其祖国对华外交具有强大的制衡能力等因素、促使地方政府相对节制，才相对轻而易举地具有某种稳定的“治外法权”。

回到当初“改革开放”本应有的实际职能来看，这种重视“招商引资”远远超过本地产业培育的行为模式，已经严重地阻碍了民营经济的发展，极大地束缚了本地民众创造力的发挥。更为严重的是，这种歧视性的发展导向，还在严重地阻碍了政府自身的法治化和民主化发展。

就社会生态发育而言，外来资本的逐利性功能已经在严重地腐蚀地方本来就应有的文明系统。由于西方制度文明并不单以资本为基础而形成，乃是依赖于包括传统信仰文明制衡并保障市场自由的超越性体系，跨国企业的单一进入也未能显著促进中国的进步。

这绝非某种耸人听闻的社会批判理论的宣告，而是学界曾经多次提及的“拉美化”现象。所谓“拉美化”，其特征之一就是外来资本与本地政府形成了强大的裙带关系，并且破坏本地产业的健康生态（例如公正的司法、透明的行政），经济发展过度依赖于外来大资本，从而陷入发展中国家的“现代性陷阱”。当然根源之一在于自身政府体系的局限性。

必须反复强调，外来大资本不是为了中国的文明而来投资的。可是中国必须有自己的整全的开放发展体系。建立这样一个体系，意味着除非为了环境保护必须对国内所有企业要一视同仁，例如坚决打破竞争性领域和所谓关系到“国计民生”的基础产业中国企的垄断地位，开放给民营产业。而在对外开放方面，不能再给予境外资本以任何形式的“超国民待遇”。

简单地说，中国的地方发展只需要一个除了“底线福利”和公正司法外别无更多职能的“守夜人政府”。这样一个“小政府”，不再因为“维稳”和“招商引资”动辄被“一票否决”，而是实实在在地以保障本地民众的社会自治和民主参与来为地方发展提供长足的动力。

最后指出一个事实。即便发生了地方政府难以操控的金融风波，从不怎么重视“招商引资”的温州至少罕见数万民众参与的维权抗议。而不得不建立大工业园区为“招商引资”保驾护航的大政府模式下，民众一直被压抑的群体抗争激情正在相关地区逐步发酵。

（《时代周报》2012年6月14日）

区域经济困境呼唤地方责任体系

鄂尔多斯也出事了：高利贷式的民间借贷的资金链断裂，有房地产商自杀和“跑路”，据说维系当地房地产高速发展的资金竟有八成来自民间借贷。这是一个制度性困境缩影：由于金融等领域都实行国有垄断体制，整体经济的“国进民退”下，制造业等实体经济日益萎缩，“高利贷”推动了各种投机性产业。

可以说，鄂尔多斯是又一个温州故事的版本。虽然相距遥远，其实两地还有另外一些相同点。例如，作为资源型城市，鄂尔多斯的资源迟早会枯竭。如果缺乏以当地为家园的那种情结，人们很容易掠夺性开发。缺乏自然资源的温州同样在进行掠夺式开发，办法是各种“血汗工厂”和直接将工业“三废”倒入瓯江。

面对危机，温州政府的一个对策是进行“金融改革创新行动”，其中最重头的是争创“温州国家金融综合改革试验区”。此外，还有一些措施，例如，深化小额贷款公司试点，全面启动农村合作金融机构股份制改造，鼓励和引进全国性金融机构在温州设立专业机构，开展民间资本管理服务公司试点，组建民间借贷登记服务中心，促进股权投资业发展，建立创新类地方金融组织监管机制。可以说，这些措施都是符合地方发展实际的，因而值得肯定。与此相对的是另外一种颇吸引眼球的经济自由化方案。有经济学者认为，放开金融业，将高利贷合法化，人人得以参与高利贷，让高利贷与高利贷竞争起来，问题就迎刃而解了。

然而，无论温州的变革方案是多么地相对对症下药，与这位经济学者的观点仍然带有思维的同构之处，因而有意无意地呈现了差异不大的表述上的盲点：倘若中国果真落实了“依法治国”基本方略，鉴于高利贷在本质上的非法性，为什么这个问题长久以来没有得到地方政府在法治意义上的重视和必要的、及时的对策？地方发展困境这一命题，能够在整个结构性层面上被面对并进一步解决吗？

鄂尔多斯和温州都在说明今天区域发展的困境。面对这种困境，是否只有“国家金融综合改革试验区”这种头痛医头、脚痛医脚的治疗方案？

经济变革，中国已经穷尽30年制度变迁的所有经验和相关资源了吗？为什么在80年代中国还能提出“经济特区”那样过去如此具有震撼力和相对全局性的创新方案，在“依法治国”和“政治文明”早已写入了执政党党章和国家宪法的今天，制度创新层面反而显现出了如此的思维枯竭与制度内激情的丧失？

中国是个经济变迁日新月异的超大型社会。由于区域经济变革和其他制度变革方面实现一刀切，地方经济发展有了问题，还得依据传统的逐步向上打报告的方式，申请采取各种对策（例如这次温州争创“温州国家金融综合改革试验区”），头痛医头的对策方式很容易导致问题的不能及时解决。更令人尴尬的是，长期的制度保守，让地方决策者失去了制度创新的激情和动力；即使充满激情，在墨守成规的体制下，这些变革者也充满人事风险。

综合言之，今天的经济问题呼唤地方责任体系的建立。这个体系是整体性的。

首先，地方政府必须具有相对强大的权力，能够超前规划本地经济的可持续发展方案，引导那些可能影响社会有序发展的经济要素良性发展。

其次，权力的来源应该是基于法治轨道上的民意机制。权力也必须依法被运行。在某些地方，政府长期不作为，一旦有所作为则表现为领导意志下的运动式执法。政府管制与运动式执法的结合，必然破坏地方经济发展的人文与社会环境，摧毁民众的道德与心灵秩序。

再次，必须创造培育和保护地方政治家的地域性政治社会结构，途径是政府主动进行社会建设，培育吸纳地方民情与鲜明生活样式的现代社会。

（《时代周报》2012年10月20日）

放权还权：改变“半拉子改革”局面

2013年上半年的中国宏观经济领域出现了几起具有象征性意义的大事。

一是在大的经济形势上，M2（广义货币）超过了一百多万亿元，人民币相对美元不断升值，在房地产“宏观调控”的背景下，一线城市的房市节节升高，对外贸易和实体经济陷入了史无前例的困境、第一季度和4月GDP的实际增长率从过去的8%左右下降到了7%左右。结果是，中央财政收入下降，地方财政的上涨主要来源于“土地财政”。

另外一件大事发生在5月，伴随着国家发改委党组成员、副主任（兼任国家能源局局长）的刘铁男被中央纪委查处。作为中共十八大以来被查处的第二位副部级干部，在“国家发改委”这一主管宏观调控的国家部委被扩权的时代，刘铁男的落马具有重大意义。

第三件大事则是中央政府继续进行国务院政府机构改革。3月28日，国务院办公厅下发通知，明确了国务院职能转变各项任务的时间表和路线图，其中一大亮点就是简政放权。除了多部委开始积极调研酝酿审批权下放的相关事宜外，4月24日和5月6日国务院两次召开常务会议决定继续强力推进改革落实，分别决定取消和下放71项、62项行政审批事项，直到5月13日国务院再次动员部署国务院机构职能转变工作。

也就是说，在当前国内经济陷入困境的局面下，新一届政府继续宣布启动经济体制改革，其手段是通过行政审批制度，规范政府与市场、政府与社会之间的关系，建立服务型政府。

刘铁男的“审批情节”

先讲一个与刘铁男关系不大的故事。主题是国家部委如何被别有用心的人伤害。

1973年出生的邹斌勇，曾在湖南省祁东县化工厂工作，并于2003年被停薪留职。自2004年之后，邹斌勇开始冒充国家发改委基础产业司副司长，骗倒了诸多从县长至省部级众多官员以及各地商人。

“在深圳才知道自己钱少，在北京才知道自己官小”，北京的副司级官员到处都是。邹斌勇是个聪明人，作为一个高级骗子，他知道副司长相当于副厅级官员，有权却不出名，不容易被识破。这里的要害还在于被冒充的是主管重大项目审批的国家部委的官员。

著名经济学家茅于轼在微博中直言不讳地说：“我就住在发改委的斜对面，看得清清楚楚。我们这条马路上开了很多专门收礼品的店，这些外地来的人都拎着大包小包进去，出来是空手的。下班的时候，干部们拎着大包小包出来，这些东西他也用不着，就卖给礼品收购店，礼品收购店再卖给到北京来送礼的人，这里就变成了这么一条街。”茅于轼所说的这个现象，被称为“跑部钱进”。早在十年前，刘铁男担任国家发改委工业司司长，手握工业项目审批权柄，就是地方政府“跑部钱进”的主攻对象之一。

刘铁男曾如此放言：副省长请我，我根本不理他们。正因为送礼背后的审批权力有这么大的诱惑力，刘铁男在被举报后其审批明显加快。最后 3 个月，新审批的能源项目在 50 个以上。相反，在此之前，刘对能源项目审批卡得很紧，“他手里积压了大批项目”。“卡住项目”既可以显示权力，又可以为随时索贿创造条件。

根本原因正是行政审批制度以及背后所体现的计划经济体制的长期存在。

“大部制改革”旨在削权

原铁道部是计划经济的重镇。与刘志军的腐败相对应的是，刘时期的铁道部喜好大工程、大项目，但效率却并不高。

由铁道部改组而来的中国铁路总公司 2013 年一季度财务报表显示，总资产为 45565.8 亿元，总负债为 28394 亿元，负债率为 62.31%，数据不容乐观。可资比较的，总负债在 2012 年底和 2011 年底分别为 27926 亿元和 24127 亿元，总负债率在 2012 年底和 2011 年底则分别为 62.23%和 60.63%。

有媒体分析，铁路债务的高企，与中国投资建设铁路里程不断增长，投资额度不断加码有关；而铁路工程的投资资金中，银行贷款和债券占据着绝大多数的比重。即便有这样的来自于行政支持的优势，原铁道部 2012 年实现净利润 1.96 亿元。

早在 2008 年，一些国家部委就被合并。当时的不足之一是铁道部没有和交通部合并实现“大交通部”。5 年后的“两会”弥补了这个缺陷，并且宣布深入推进“大部制改革”。其新闻公报连续用了五个“减少”（减少和下放投资审批事项、减少和下放生产经营活动审批事项、减少资质资格许可和认定、减少专项转移支付和收费、减少部门职责交叉和分散）。

就属性而言，这次“改革”属于行政审批制度变革。至于“改革工商登记制度、改革社会组织管理制度、改善和加强宏观管理、加强基础性制度建设、加强依法行政”基本上属于行政制度变革领域的范畴。正是基于此精神，从 3 月到 5 月，国务院宣布深入改革。这意味着改变半拉子“改革”局面，拒绝这种不以公平正义为导向的制度变迁。半拉子“改革”的特点是一些公益性的部门改组成了“公司”。由于“市场化”，这些“公司”可以随意要求物价部门批准其“定价”，却仍享有行政审批制度所保障的垄断利益。

也就是说，这些部门的领导人可以变化自己的身份，从而实现利益最大化。例如，高等教育“产业化”后，大学校长既是教师、又是政治人物，还是商人。

如果不彻底行政审批制度，进而打破“央企”和国家部委的“官官相护”的利益裙带关系，已经废除了的铁道部或许也可以这样变异。很可能，因为铁路“市场化”了，底层民众所享受的“低价”不见了，但过去的腐败和低效率却怎么也改变不了。以往石油销售部门的高价就是证明，以至于有人说，负责国家改革业务的国家发改委专门是为中石油、中石化涨价进行“服务”的。“服务”的逻辑是，希望

“涨价”的时候向国际社会看齐，应该降价的时候就祭起了“国情”的“旗子”。其根子当然在于以行政审批来限制、甚至禁止民企进入市场。

“小政府，大社会”

刘铁男的故事在很多地方很多部门都在发生，因此就有太多权力亟需被规范。

用顾海兵教授的话来说，“‘基本没有’‘教育部’”是美国教育发达的制度保障。如此，教育何以发展？靠的是这个国家的分权制衡制度。这里的分权倒不是说横向的分立，而是纵向的联邦与州的分权。或者说，是法治了的地方自治。当然，美国还有颇为发达的民间教育体系。著名的哈佛大学就是教会大学发展而来的。

提起欧美发达国家的经验，是想指出，如果行政审批制度和“大部制改革”仅仅立足于权力的重新分配，那么这种“改革”不能对民营资本和一般实体经济的发展带来多少好处。

地方行政制度的问题也不少。例如北京、广州、武汉等城市一再被重用的城管等部门，由于违反了政府的组织法等国家律法，可以确认为“非法组织”。撤销这些机构，或者让这些机构合法起来，就制度的规范性和科学性而言，是比行政审批制度更重要的命题。这样叙述，意在指出：当前的行政审批制度转型涉及制度经济学一个最基本的话题，正确处理国家和社会、政府与法人及个人之间的关系；进一步地说，目标是建立亚当·斯密时代所确立的、促进公平正义的“守夜人政府”和“最小的政府”。

可以朝着两个目标迈进。在市场领域，行政主导的国有企业应该从竞争性领域中退出来，、关系到国计民生的项目，为了提高效率，方便消费者，扩大对外出口，也应该给民企的进入提供良好的服务。这还意味着应该有计划地减少民企的赋税，扶持实体经济。尤其重要的是，尽快开放金融领域，允许民间自主创办银行与国有的大银行竞争，实现利率市场化。这对中小企业的创业至关重要。从某种意义上说，自由的金融已经是中国经济发展的攻坚战。

在社会建设领域，无论是新闻出版事业，还是教育领域，或者法律服务领域，都应该创造条件让这些行业的社会组织活跃起来，互相竞争，实现自治，丰富民众的生活。组织起来的民众，可以在社会民主化和政治法治化的框架下，大胆监督各种贪腐官员。

只有当行政审批制度转型直接进入当前被行政垄断合法化起来的种种领域，将权力关在民主法治的笼子里，企业界屡屡顿胸垂足的恶劣投资环境才有可能改变，文化教育等各领域的全面发展才有可能。而从宏观经济来说，其相应制度改革，可以视为下一步发展的风向标。只有这样，刘铁男这种贪腐的恶习才会改变，也就是以好的制度杜绝官员变坏。

要知道，历史也曾经如此无情：“总理衙门总署大臣”作为清朝领导“洋务运动”的中央改革协调机构，由于总览外交、通商、海军、翻译出版，业务范围远超今天的任何国家部委，可谓“大部制”；可是由于缺乏战略，并不能使清朝政府免于在中日甲午战争中的战败。可见，“大部制”的好也是有条件的，良性配套的框架有利于产生好的绩效。

（《廉政瞭望》2013 年 5 月下）

以进一步的开放来化解经济困难

2011 年以来，以珠江三角洲和长江三角洲为代表的中国外向型经济和劳动密集型产业正在经历改革开放以来严重的困难。由此，8 月 22 日，国务院常务会议决定取消和调整 314 项部门行政审批项目，其中取消 184 项、下放 117 项、合并 13 项。此次会议特别批准广东省“十二五”时期在行政审批制度改革方面先行先试，授权广东省对国家行政法规、国务院及部门文件设定的部分行政审批项目在本行政区域内停止实施或进行调整。

在今年“两会”期间，来自广东的全国人大代表充满忧患地表达地方改革遭遇到的种种阻碍而导致陷入困境。实际上，这并非广东独有的局面。在浙江等其他省份，地方性改革中缺乏授权而陷入困境的局面不断出现，温州的金融综合改革不顺利便是一例。

从危机应对的角度来说，浙江和广东的地方改革是对中央宏观调控和“保增长”措施的巨大支持。国家领导人多次呼吁解放思想以全力支持地方政府进行力所能及的各种改革，这其中就包括对民营企业的支持，对地方政府权限内的行政审批制度的变革，以便为地方经济发展注入新的生机与活力。由此来看，8 月 22 日国务院常务会议的决定，尤其是对广东的授权，体现出了中央与地方在经济遭遇困境的关键时刻，对进一步改革具有可贵的共识。

经济体制改革的宝贵经验是：开放既包括对外开放，又包括对内开放。对内开放则意味着权力逐步下放到地方政府；而从社会的角度来说，对内开放还意味着，原来被政府及其各种国企通过行政审批制度而确立的权力，逐步让位于市场和社会，从而让社会发展真正被激活，实现对市场主体制度上的全方位的保障。

事实上，也只有建立在逐步废除行政审批制度基础上的对内开放，才能让中国真正走向对外开放，让中国的民族产业富有竞争力，从而在国际经济舞台上占有一席之地。而今，当世界性经济危机发生，欧美国家在逐步调整自己的消费结构，从而让中国原先以“劳动密集型企业”为主导的外向型经济遭遇困难，在过去引以为豪的“中国劳动力低廉”的竞争优势已不存在。而单纯依靠基础设施建设和房地产等刺激经济发展的办法已经证明存在问题，不能重复。总之，中国经济需要正本清源，理顺结构，中国市场经济需要更大的生存空间，政府必须转换职能，回归裁判员角色。一再被强调的落实民资 36 条，强调要调整经济结构，也是看出问题关键。

国务院授权广东地方政府对“国家行政法规、国务院及部门文件设定的部分行政审批项目在本行政区域内停止实施或进行调整”，这可以视为“倒逼改革”逻辑的体现，但更是执政者掌握改革主动权的举措。期待改革能够落实，健全的市场经济和体制形态能够在危机过后出现在中国社会。而这均需要地方政府能够在实际层面得到更多的支持，需要决策层避免权宜性地应对经济乃至其他困难，需要真正坚持“改革开放”，让中国的发展与改革成果继续下去。

（《时代周报》2012年8月30日社论）

企业如何推进专业性投资风险评估

随着国内外经济形势的变迁，新一届中共中央将推进“经济体制改革”，各领域都面临着结构调整的新契机，因为风险收益比率失衡，一些企业主希望改行进入到其他产业，甚至希望到他国办理投资移民。鉴于中国有独特的产权体系、经营方式和财政制度，形成了独特的企业与市场、与政府间的关系，这种政商关系决定了特定企业与企业主的生存状态。对那些愿意留在地产行业的企业来说，不同地方的投资就会有相应的风险。

多起重大司法案件证明了这一点。近年来，房地产企业主的财产与人身安全中司法保护欠缺所导致的社会问题日益突出。除了湖南曾成杰案，在重庆，多位民营企业主针对“打黑”案件申诉，时隔一年之后，地产商彭治民案等案中曾轰动一时的案件的受害人“部分资产得到返还，但仍有众多遗留的资产债务处置问题不知所终，而刑事方面的申诉更是悬而未决”。

今日中国面临着“改革开放”30年以来最为复杂的产业经济变迁。如此投资背景下，对企业主来说，提供专业性的投资风险评估服务已经迫在眉睫。然而，由于客观因素，例如高等教育研究机构的致命问题，企业的这一需求难以得到满足。我们需要分析究竟是哪些因素阻碍了国内投资风险评估服务的发展，如何在现有制度中以民间互助和分工合作的方式，多角度地深入讨论专业性投资风险评估体系的营建。对企业来说，这是三两拨千金的大事。

是什么因素阻碍了专业性投资风险评估的发展

所谓风险评估（Risk Assessment），根据维基百科的解释，作为风险管理的一个环节，风险管理国际标准ISO31000定义风险评估的过程为：风险评估是风险识别、风险分析及风险评价的全过程；在国际标准ISO31010 风险管理——风险评估技术中，给出了风险评估过程需要解决的5个基本问题：现状是什么？可能发生什么（事件），为什么发生？产生的后果是什么，对目标的影响有多大？这些后果发生的可能性有多大？是否存在可以减轻风险后果、降低风险可能性的因素？风险等级是否是可容忍或可接受的？是否需要进一步应对？

该词条继续解释，“在所有类型的复杂系统工程都利用先进的风险评估系统来增加工程的安全性和可靠性，尤其在涉及到生活、环境或机器运转领域。核工业、太空、石油、铁路、军工等行业使用风险评估有着悠久的历史”。为何风险评估较早发展于一些军工等大型行业？原因在于这些领域信息不对称更加明显。只有掌握更多的信息，才能打破信息不对称对自身理解和行为能力的伤害。然而，信息作为一种资源，对信息的掌握，也可以成为一种“特权”。尤其是在意识形态领域制造了一些“敏感问题”被严禁讨论之后，信息不对称就被加剧。直到有一天，信息不对称的推动者本人，也成为信息不对称的牺牲品。

笔者分别载于《廉政瞭望》的两篇文章《为什么地方官员“怕”内参》和《智库多元化：避免政府决策片面性》曾就此进行系列探讨。其共同背景都是意识形态所导致的敏感问题的设置以及国内智库对相关问题的研究不足。当时举例就是中石油等能源巨头在中东的投资挫折。提到中石油，我们不能忽视最近这个央企所发生的巨大人事震荡，也不能不提到该系统在过去 10 年内与中央高层的复杂关系。本来该系统具有全国最为强大的信息收集能力。然而，当进入到更为复杂的国际领域，这个极有权力的系统仍然难免受信息不对称的伤害。

理论上说，所有错误投资都可避免。我有一个朋友从事电镀行业。他一直叫苦，说地方政府打击这个行业，抱怨政府宁可折磨他这样的大型的、在环保上还说得过去的企业，而不是整治“小电镀”。我说地方当然喜欢绿色环保的民营企业，整治游击队式“小电镀”又要花费成本，实际背景是东南沿海发达城市如今已经不适合这些产业的发展，因此建议不要追加投资，而是伺机撤资。可是我的劝告晚了，因为他准备扩大再生产并刚刚投入了很多。

有个成功的案例。2010 年 5 月，一位朋友对我说：温州房价高过上海，这是极其不正常的；能否做个项目游说大伙换个投资方式？我说可以，但我们人微言轻，如果仅仅是靠直觉而不是认真的论证来游说，如何让他人尊重我们的体会？实际上这位朋友在国内具有相当能力的判断，他也在温州房价的最高点上抛售了他的房子。由此可见，且不说电镀行业的教训，重庆彭治民案、湖南曾成杰等大案，若分析得当，在案发之前本来就应该被成功预警。

回到理论分析。为什么在中国有用的信息必须是小圈子的？体制不鼓励对时政财政负面现象的批评，现实生活中却到处存在负面现象。企业需要制度空间谋取利润和发展空间。一些企业主喜欢和体制内人士交往，不仅仅在于官员具备行政审批权，还在于官员型学者能够为他们提供有利于投资的相关信息。这种信息具有某种形式的“小圈子话语”之属性，也可以是茶余饭后的谈资，因此缺乏公共承诺的压力来保障说语者承担责任。对系统的投资风险评估来说，必须将这些材料集中起来统一处理，去伪存真、去粗取精，实现信息的有效整合。

这就涉及到调查研究。其材料的用途是多样化的。有军事用途，也有民用，还可以为很多有政治意图的机构使用。正是因此，在一些国家，有些调查研究是需要资历的。几乎所有调查研究都是需要巨大的人力物力投入的，或者说，办复杂的事情更需要资金的进入。对企业来说，如何更多地得到这些信息，且明确限定相关信息的用途，非常重要。相反，如果让外人觉得这些调查研究动机不纯，难免给工作带来被动；这就需要清晰的角色定位。

高等教育机构整体上缺乏提供专业性投资风险评估能力

商会等系统的朋友对我最大的抱怨是，渴望知识的他们邀请来自北京等地的“经济学家”之后，发现这些人士给他们的伤害远远高于其所得的。在今天这是两个互相鄙夷、互相提防却仍然在互相利用的群体。中国客观上也存在两类人：一类是社会批判理论的支持者，认为现在黑暗得不得了，很快就不适合任何投资；另外一类是认为不断解说政府决策越来越好，以至于中国到处是黄金。他们各有道理，且充满偏见。人们如何恰到好处地使用这些信息？

对企业来说，另外一个苦处恐怕是难以招聘到满意的职业经理人员。原因就在于，如今中国的 MBA 专业的授课教师正是 80 年代留下来的素质最差的那些人员。熟悉社会行业发展史的人员都知道，在 90 年代“全民下海”的时代，不是下海发了财的，就是那些出国深造而拒绝回国的；令人啼笑皆非的是，那些在高等学校混日子迄今的，恰恰依靠他们的人脉关系，成为了今天 MBA 等专业的任课教师，常常教出更不负责任的学生来祸害投资界。

这是有结构性制度性病因的。由于高等学校已经是一个可以脱离社会实践领域而单纯靠政府财政拨款而赖以存在的利益集团，大量的从来未曾直接参与到社会性的分工合作体系的人员进入了高等学校任教。很多从事电影编导教学工作的教授博导，这一辈子都未曾导演过一部电影。我认识很多政治学原理方面的教授，他们一辈子都未曾在政府系统工作，也没有对任何群体突发性事件进行过调查研究和系统分析；面对具体的社会冲突及其风险评估，他们充满着书生式的想象主义，他们任教下的硕士生和博士生的局限就可想而知。

知识发展至今，分类越来越细，越来越体现出专业性和学科性。举例而言，对以色列的直接投资，由于以色列是个地处中东的犹太教民情为主导的国家，对这个国家的合理分析，显然涉及到地理学、希伯来语、宗教学等多个学科。若要投资以色列，企业需要有一个自己主导的内部性的分工合作体系，或者至少需要参与一个外部性的分工合作体系。可是，在如今高等学科设置里，犹太教、希伯来语等话题，其学科级别，不知要弱到几类中去。

如果说意识形态方面的敏感性所塑造的是中国特色局限性，知识的过度学科化则是全球化现象。世纪初期一些高校还可以以硕士学历被招聘为教师，2008 年前后几乎所有相关院校要求招聘博士毕业生，再过两三年这些学校又要博士后资历。为了满足高校的这些需求，一些习惯应试教育和论文粗制滥造的学生将大规模参与进来，直接摧毁高等教育机构的研究素质。我这样判断，是指想出，在中国，除了个别特别出色的院校中个别特别出色的研究人员，实际上，专业从事投资风险评估的“智库”，完全不要指望在高校中发展起来。

企业应该支持市场化研究机构，以提供专业性投资风险评估服务

令人安慰的是，这几年来，随着市场分工的细化，在高等教育体制和体制内官办学会之外，产生了大批的行业性、专业性刊物。这些刊物发表文章重视分析的实证性，而不受如今风靡全球的学科细化再细化这个局限的辖制，也不受国内官僚主义机制的过分伤害，其专业性是值得充分保障的。当然，由于市场化生存方式，也存在着明显的不足，例如刊物必须依赖自负盈亏的有限经营力来保障生存与发展。这难免会影响到刊物质量的进一步提高。

很多新闻媒体的大量记者和编辑人员都有非常优秀的调研能力，但我们迄今很难找到国内有哪位媒体从业者具备了强大的信息整理能力，以至于他在学院体系之中具有强大的范式性的解说能力。媒体的忧伤是，没有多少高校教师的研究能力是值得尊重的。在能够联系风险评估行业的专业刊物方面，我们发现，国内极其缺乏类似美国彭博新闻社（Bloomberg News)和《华尔街日报》这样的专业智库发布平台。既然如此，企业凭什么信任并且花费巨额资金购买这些自称依赖有效的调查研究和卓越的信息整理所形成的投资风险评估报告？

当前国内结社自由欠缺，由于《社会团体登记管理条例》对社会组织的“双重管理体制”，专业性的民间“智库”长期难以发展起来，但不意味着企业注定无法得到专业性投资风险评估报告。关键是企业以长远眼光来对待这项事业？其中的关键是企业如何在自己的利润中拿出一部分以入股或者某种合适的方式（例如出资指定课题研究）的方式给那些专业刊物，以刊物之名承担专业人士的生计责任，组织专业的研究，从而做整个行业良性化的领头羊。

为此，企业家要善于在各个行业中发现卓越之士，愿意为其才能发挥提供必要的支持。相关人士可以来自高校，也可以来自银行和基金管理机构等一线研究人员，事实上更应该包括那些由于各种因素而实际上没有依附于某个建制单位而自谋出路的独立研究人员。较之其他人员，独立学者更会具备自主探索能力，更会珍惜专业化刊物所提供的研究平台；也由于其更具备人身自由，会有更多的时间和精力参与相关报告的撰写。更为重要的是，对一些中小企业来说，无法方便地从一些知名财经机构那获得宝贵材料；那就先从小处做起。

由于赢利是企业的优势，出资给其他人群可谓是理所当然。道理在于，当企业主打开《华尔街日报》的电子版阅读的时候，他应该明白他已经得到了社会分工合作体系给他的好处；也就是说，这一好处绝不仅仅是直接的利润。既然如此，出资给专业性的研究团队，支持专业性的行业媒体的发展，可以被认为是他在广义方面的责任。尤其是当企业主以特定身份参与到这类机构的特定工作之中，他就可以广交朋友，从而获得更多的人脉和信息。

这也意味着企业主主动拒绝那种只愿意结交权贵、构建官商同盟而拒绝和社会各界交往的恶习。这种恶习的巨大伤害，不仅仅是道德意义的或者说是终极意义的，客观地也涉及到自身生命和财产安全。民营企业主（包括一批地产商）对此已经承担了足够惨痛的代价。

企业应该有爱。爱意味着甘心付出、忍耐被遗忘。社会批判理论对公义缺失的批判是有利于社会的。我们可以批评媒体，指责高校体制，痛恨一切我们看不顺眼的现象。但不能用批评来代替实实在在的参与和服务。爱是不加害于人，能够成全一切的公义，也能换来特定人群对自己友善的回应，其中之一就是让企业可以放心分享到专业性的投资风险评估服务。

（《智富》2014 年第 9 期）

第二部分　权力与社会转型

在市场体系和社会发展中，在各种游戏规则的运行中，政府既是“运动员”，又是“裁判员”。各行各业都可以见到一双不被制约的权力之手，由此社会陷入了巨大的扭曲之中。有必要在社会发展的细节之处理清权力乱象的逻辑。必须制衡、规范各级政府权力，将权力关在笼子里，进而在社会各领域促进以公平正义为宗旨的转型。

深圳，请别用特权玷污下一代

深圳一中学发给学生的关于中考的材料中，明确规定：“对于深圳金融界高层的子女，加 10 分投档录取。”校方教师表示，这是教育局红头文件规定的，学校只负责传达这一精神，而且这一规定执行很多年了。深圳招生办负责人表示，为留住金融界高层人士，政府规定他们的子女读书过程中享有深圳户籍的待遇，同时在中考中可以得到适当加分；该政策的执行控制得非常严格，每年中考能享受到这种政策的只有五六人，而且享受这种政策的学生名单及其家长的名单和工作单位都会在网上公布。(4 月 19 日《南方都市报》)

事实上，一些地方升学考试的特殊加分政策由来已久。烈士子女加分，因为烈士的孩子令人同情；少数民族孩子加分，是因为国家的民族政策。这都没有问题。而深圳的做法却令人疑窦丛生：这明明就是让一些有背景的人有机会搞特权。

相对其他考生，本文实在想不出金融界高层的子女究竟凭什么需要政府特殊照顾。更令人匪夷所思的是，什么样的人可以享有特殊的加分政策，完全是教育部门和金融部门说了算。也就是说，完全是自己规定、自己执行。虽然最后有个加分学生名单网上公示的程序，但每年获得加分待遇的“五六个孩子”究竟怎么选出？深圳市招生办负责人表示，加分学生名单由各金融单位向市政府金融办公室申报，并由后者进行资格认定。这位人士语焉不详，我们想知道的是，这种“资格认定”的依据究竟是什么？毕竟，深圳的金融机构可不少，每年有小孩要中考的“金融界高层人士”也不在少数，究竟如何认定哪一家的小孩可以享受加分待遇呢？

有关部门的逻辑似乎是，每年只有五六个人，享受这项政策的人数并不多，所以这政策就合法合理了。这个思维真奇特：难道享受的人少了，就不叫特权了？

将特权思想引入学校招生，后果不堪设想。由于招生政策是如此的家喻户晓，深圳每个参加中考的孩子都会知道，在深圳有这么一群同龄人，学习未必比自己好，也不是因为其他个人优势，仅仅是因为他们的父母比自己的父母职业要好一些，就可以享受中考加分的特权。无疑，有关部门的做法给学校教育带来了反面示范。

改革开放事业三十年种种成就值得欣喜；但我们也遗憾地看到，曾经是中国改革开放事业先锋模范的深圳特区，居然有这样一项执行多年、与我们建设法治社会主流格格不入的荒唐政策。看来深圳有关部门必须反思自己的思维方式和执政机制。

（《东方早报》2008 年 04 月 20 日）

中小学不必统一开设京剧课程

早年意识到电脑很重要，我们就说要电脑要从娃娃抓起。后来认为足球很落后，就说足球要从娃娃抓起。现在教育部认为京剧这个“国粹”很重要，所以京剧要从娃娃说起。从今年起，教育部将在全国 10 个省、市、自治区试点在音乐课程中增加京剧内容；作为参与试点的地区是北京，从新学期起将在 20 所中小学试点开设京剧课（《京华时报》2 月 1 日消息）。

“要从娃娃抓起”，这是当下非常时兴的一句话。这话看上去很有点道理。但有点道理归有点道理。人的一生是那么的有限。如果根据大一统的家长意志，从钢琴到绘画，到唱歌，到足球，到毛笔，到珠算，到一切的一切，看上去好的东西都让孩子学一遍，在繁忙的数理化英语语文等课程外，在目前的这个以高考中考为指挥棒的应试教育体制下，孩子又要增加多少的痛苦的负担？难道孩子们一天 24 小时，都要如此强烈地体现另一些人的意志，尤其是教育部门行政长官的大一统意志？

作为一个戏曲爱好者，笔者非常讨厌京剧的脸谱造型。小的时候，我就认为，中国人是黄皮肤黑眼睛的，又不是动物园的斑马，为什么非要把脸蛋弄成如此样子？当然，我现在意识到我年少时的看法有点搞笑。可是我那时的看法也是正当的，也是公民权利。我尤其反感样板戏。由于自小生活在南方，在中国的众多曲艺中，我比较喜欢的是南方的越剧、婺剧、昆曲，也喜欢安徽的黄梅戏。我还喜欢现代舞蹈，如芭蕾舞和交际舞。这些艺术样式无论是否有关中国传统文化，同样体现丰厚的美学精神，只是京剧的爱好者可能感觉不到罢了。

早在改革开放初期，邓小平就指出现代中国的教育要三个面向，即面向世界、面向未来、面向现代化。邓小平的话语充分表达了改革开放的中国如何发展出具有全球化考虑的现代教育，即将中国教育的重点转变到培育一个具有全球视野的现代公民这个角度上来。

对，我们要尊重传统。可是传统未必就是真理，中国的传统未必只是北京的传统。传统本身是多样的。具体到戏曲，它可以是各个地方自己的样式，如苏州可以有昆曲，绍兴可以有越剧，成都可以有川剧。这些与京剧艺术样式不一样的地方取艺，不是英国的，也不是朝鲜的，也是中国自己的文化传统。况且，严格地说，京剧也仅仅是中国北方的一个地方性剧种，不能因为它在北京很流行，曾经受到各个时代的中央领导人重视就成为全国性剧种了。

况且，从古到今，我们能说春秋战国才是传统时代吗？或者说明清的文化才算中国的传统文化？中华民族几千年来，有很多外来的文化，在漫长的发展过程中，由于其鲜明的普世性色彩，也被中国人给接受了，成为中国人生活方式的一部分。

在我看来，只要中国这个民族依然存在，中国文化的丰富内涵就可以不断诠释着，过去的外来文化成为今天的中国文化，乃至成为中国的传统文化。就此而言，面向全球化文明的中国与中国教育，不应该如此墨守成规，否则我们培育出来的孩子，将会是一个什么样的封闭心态和小老头状态？

教育要努力培养孩子的开放品格，让孩子适应这个现代化的世界。这些基本观点，其实早已成为中国教育界的常识和共识。对于世界来说，中国也仅仅是地方。出于对传统内涵的偏见式误解，教育部自以为是地将京剧作为全国性的课程以政府意志的面目强制推广。

退一步讲，即使京剧代表了中国传统文化，即使传统样式真的只有京剧，考虑到孩子的接受能力，教育部为什么不下放课程设置和课程选择权利，将课程设置权利还给学校，将课程选择权利还给孩子？难道，作为选修课的京剧这一艺术样式，就必然会在中国大地上消失了吗？如果真的可怜地消失了，怪京剧太故步自封，还是怪孩子太不爱传统文化呢？

（《中国图书商报》2 月 26 日）

高等教育高收费的不公平症结

1999 年 6 月 3 日，《中共中央国务院关于深化教育改革全面推进素质教育的决定》明确地提出要“发展教育产业”，中国随即开展了名为“教育产业化”，实为高等教育行业全面高收费的教育制度“改革”，高收费政策的实施确实减轻了政府的财政负担，却把高等教育开支转嫁给了民众。在医疗体制改革失败、医疗高收费造成患者负担过重，建立社会保障制度的承诺未能充分兑现的情况下，高等教育高收费、医疗高收费、公有住房商品化和社会保障落空这几个因素合在一起，造成了对占人口将近九成的中低收入阶层的“竭泽而渔”式的掠夺。

“教育产业化”的误读

“教育产业化”这一概念原本的含义是教学、科研、生产一体化，但在中国却被刻意地做了错误的解释。于是在国人的概念里，“教育产业化”的含义变成了以商业化经营思想为指导，把高等教育发展成盈利行业。

追根溯源，“教育产业化”的发源地是美国。1951 年，美国斯坦福大学开辟了学校工业园，使教学活动、科研成果与工业园的发展双向互动，彼此促进，后来形成了世界一流的知识技术密集型工业开发区“硅谷”。此后，麻省理工学院、哈佛大学和英国剑桥大学等，于 1980 年代开始了“教育产业化”尝试，开辟了一些社会效益，经济效益并存的研究项目，如新型材料的运用、制造业的技术革新，人工智能的研究和发展，生物化学的广泛应用等。从这些经验可以看出，教育产业化的本意乃是教学，科研成果与生产相结合，从而尽快转化为生产力的一体化研发模式。需要指出的是，这些推行“教育产业化”的大学从未改变大学的非盈利性质，也不曾为增加学费收入而盲目扩大招生数量，它们的教学质量和科研水平始终在世界上名列前茅。

而在我国，“教育产业化”口号实际上成了“高等教育高收费政策”的保护伞。在国民经济内需不足、大学毕业生就业日益艰难的背景下，以“高等教育高收费”为前提的高校“扩招”的主要受益者是政府和大学的教职员工。大学教职员工的收入大幅度上升，政府则不必为高等教育增拨经费，可以省下钱来为公务员加工资，安排更多的干部出国“考察进修”或为更多的干部配备私用公车。

虽然在校大学生的人数增加了，不少中低收入家庭的子女交纳高额学费后得以跨入大学的校门，但以如此高昂的成本完成了高等教育后，他们当中的许多人很可能找不到一份能够既养活自己又能偿还教育费用的工作。更令人心酸的是，一些家境贫寒的学生家庭里家长或学生由于学费无着而自杀。2003 年陕西省榆林县农民景统仕的女儿景艳梅被东北师范大学录取后，为了凑足1万元的学费，景统仕一连几天外出借钱，均无功而返。这位走投无路的农民，最后只好喝下农药自尽。

按照目前占人口绝大多数的中低收入家庭的收入状况，目前在“教育产业化”招牌下不断升高的大学学费已经大大超出了这些家庭的承受力。其结果必然是“大学校门向钱开，有能无钱莫进来”，一些中低收入家庭的子女因为学费门槛太高，无法通过努力学习而顺利踏上社会升迁的阶梯。这种局面是中国历史上自科举制度出现以来从未有过的现象。

正如南京大学社会学系教授张玉林所言：“尽管高等教育基于‘产业化’或延缓‘就业压力’的现实需求而大大增加了绝对的机会数量，但没有迹象证明，这种爆炸性的数量扩张同时伴随着‘公正’的内涵。高等教育的所谓‘大众化’可能只是一种假象：真正的‘大众’即工农子女多数仍处于边缘，而位于金字塔顶端的‘重点’大学依然主要面向强势阶层。”至于复旦大学那种EMBA专业23万元的学费，显然不是一般家庭所能承受的。

虽然在实行教育高收费政策的同时，也推出了国家助学贷款，但在实行中却是“两头热中间冷”，中央政府和贫困学生的期待很高，而银行却兴趣索然。以华南农业大学为例，该校贫困生比较集中，约占在校学生总数的20%，因为该校的专业以农业为主，毕业生在非农行业就业不易，银行担心学生无法偿还贷款，所以不愿意给贫困生贷款。出于同样的原因，湖北省2001年有800万元助学贷款贴息无处可花。

有了“教育产业化”这道“令箭”，高等教育系统放手敛钱，腐败现象屡见不鲜，而千百万父母辛劳一生为子女缴纳的学费却并未完全转化为学校的办学经费。虽然一些大学的办公条件大大改善了，高楼林立，田径场跑道塑胶化了，但大学的软条件并未有太多改善，很多教授终日忙于各种行政事务和商业性活动，鲜有充分的时间给研究生授业。在“盘活教育存量，扩大教育增量，提高现有教育资源利用效率”的口号下，高校高收费和低服务质量变得十分普遍。

高等教育高收费有违社会公正

“教育产业化”方现端倪，从主流媒体到大学讲坛，从网络论坛到官方场合，反对声便不绝于耳。

2002年4月，经济学家吴敬琏表示：“要把所有的教育活动一概变成赢利性活动的主张，我认为是不妥当的。”吴敬琏指出，教育分为许多不同的门类，其中一部分提供一般的技能训练，是可以商品化、市场化的；但还有相当一部分，如基础教育，具有经济学所谓的“外部性”，这类教育活动就不应当由市场导向。如果不区分情况一概提倡市场导向，将会使整个社会文化沦落，高校培养出来的学生只重技术而不讲操守，不讲道德，以粗鲁为荣，以升官发财为务，那么整个社会将成为“一切人对一切人的战争”，正常的社会生活将无法维系。目前不少学生过于急功近利，过于浮躁，放松了对基本素养的提高，这在专业选择和学习重点上都有表现。他认为，这些都与上述错误认识和错误导向有关。

国务院发展研究中心社会部部长丁宁宁指出：市场经济中不是所有的事情都能市场化；即使在新自由主义大行其道的英美，教育的主体也是公立学校，而且绝大多数的私立学校都注册为非营利机构。他针对所谓的“扩大内需”一说发表了这样的看法：以为“400 万个在校大学生每人每年交费 3 千元，就可以每年扩大内需 120 亿元”，这种想法是思维短视化，因为这样的算法没有考虑大学收费对家庭支出预期产生的负面影响。现在全国初中在校生约 6 千万，假定其中 1500 万准备考大学，加上高中在校生 1200 万，一共是 2700 万。如果平均每个家庭每年为准备子女上大学而增加储蓄 1 千元（实际上还要多得多），加起来就是 270 亿元。二者相抵，内需反而减少了 150 亿元。

至于“教育经费紧张”，丁宁宁指出，紧张的主要是基础教育经费这一块，原因在于国家投入过低。城乡教育附加税费一年也不过几百亿元，只要在总额超过 1 万亿的财政收入中挤一挤也就出来了。如果为弥补政府教育经费的不足，迫使中小学通过各种不规范的做法来挣钱，会带来许多负面的影响。例如，近年来，中小学各种名目的收费不断增加，已导致不少低收入家庭的子女辍学。高等教育虽然不是义务教育，但近年随着大学学费的大幅度上涨，大量来自贫困家庭的青年被挡在了大学门外。这种做法，不仅偏离了公立大学的办学方向，也违背了市场经济机会均等的竞争理念。大学可以收费，但对于录取分数线以上的学生，收费水平应控制在使他们在毕业后两、三年里能够还清助学贷款的范围内。

然而，这样的反对声音却一直被政府忽视，高校教工则多保持沉默，毕竟高校高收费能给许多人直接带来利益，在利益的诱惑面前，社会公正就被扔在一边了。

很显然，中国的“教育产业化”措施是公共政策制定过程排斥民意、损害社会公正原则的一个典型表现。在民意表达受到种种限制，民意对决策无法施加影响的威权体制下，发生这种情况并不奇怪。没有制度化保障，光靠少数声音的呼吁，是无法维护社会公正的。

毫无疑问，缺乏配套机制的经济市场化最后必然通向权贵经济，权贵利益集团很容易操纵公共政策为自己的群体利益服务。这一点已经在中国被现实证明了。

（《中国社会导刊》2005 年 11 月）

给自主权才能办好大学

《南方都市报》前天刊登了邓耀庆先生的评论《不要抛弃深圳大学》，建议有关部门全力协助深圳大学更上层楼。4 月 7 日新闻《深圳制度创新应有更多建树》一文则指出，在“两会”上，市政协委员杨子江建议允许香港大学来深圳办分校。

允许香港大学到内地办学，邓耀庆先生所称道的苏州地区其实早就已经开始实行了。苏州港大思培科技职业学院，是香港大学 SPACE 学院联合苏州科技学院等苏州地方教育机构创办的，坐落于苏州独墅湖高等教育区。高教区短短几年来，入驻了多所国内外优秀的高等学校，如中国科学技术大学苏州研究院、西安交通大学苏州研究院、苏州港大思培科技职业学院等。其中西交利物浦大学、复旦大学-新加坡国立大学联合研究生院正是中外联合办学的产物。

我们应该为杨子江的提案鼓掌。与苏州比起来，深圳的高等教育确实落后了，只是不知有关部门是否具有足够的紧迫感。

苏州没有世界一流的高校，中国也没有。中国高等教育问题多如牛毛：对外，高校并不具有独立的办学自主权，高校的发展往往是各级政府说了算；对内，高校行政化和官僚化严重，学生和教师的权利很难得到保障，学科设置也有问题，培育出来的学生不具备基本的职业技能和公共技能。上述问题在苏州同样存在，由此来看，虽然苏州在高等教育领域的确比深圳先进，可是深圳应该学习的不是苏州，而应向世界一流高校学习。

邓耀庆先生说，不要抛弃深圳大学，由于历史原因，要重视政府的作用。这话不错。但是，如果我们以全球化思维去分析，就会发现：抛弃了深圳大学又能怎么样？斯坦福大学半个世纪的办学历程里，美国政府并没有给他们多少拨款，也没有给太多特殊政策。作为一所自负盈亏的民办高校，它却发展起来了，并且取得了世界一流的水平。靠的是什么？靠的不是政府给钱和给政策。如果说有政策，这个政策就是不给任何政策。让高校自主发展，不浪费纳税人的钱，政府安心做一个称职的守夜人，这才是中国高等教育发展的健康之道。

中国有特殊性。公共财政有限，相对其他花费，两害相权取其轻，有关部门把这部分钱投入到教育事业中去。也不仅仅是高等教育，中小学教育和城乡教育的均衡发展也很重要。可是，如果财政拨款的结果是加强了高校对政府的依赖，促进了高校的行政化和官僚化，降低了高校自我发展的生机与活力，我们宁可希望政府不要给高校一分钱。中国教育的现状已经表明，高校发展最大的威胁，不在政府不给钱，也不是学校没钱花，而是民主法治的核心价值在高校发展中的严重匮乏。

我们期待，有朝一日，深圳市政府能告诉高校：政府该做的事情已经做完了，从此以后，你们的发展要靠自己努力了；至于和香港大学、还是和哈佛大学联合办学，那是学校自己的事情，只要不腐败，像个教育家那样去办大学。那个时候的深圳高等教育，无需鼓吹解放思想和制度创新，更无需期待有关部门学习苏州、无锡、扬州、镇江这几个教育发展仍然显明其落后性的城市。

（《南方都市报》2008年4月10日）

以破产促进高等教育法治化

上世纪九十年代末，伴随着高等学校的快速扩招，中国开始了全国范围内的高等教育高收费历程，美其名曰为“教育产业化”。教育产业化，在美国，如硅谷等地方，是教育、科学研究和生产的一体化。学校赚了社会的钱，还能促进产业结构的升级换代。而中国，在三农问题完全没有解决，国有企业改革陷入困境，社会保障制度没有建立的时候，高等学校们却经过物价部门的批准，利用行政力量收起了巨额学费。很多学校还将行政收费和银行当年度的借贷额列入了后勤集团的工作业绩，直接当成了学校的经营利润在学校工作会议上来炫耀。

因为穷孩子多，教育部曾经对全国公民承诺发放国家助学贷款。结果雷声大雨点小，有些地方干脆没有任何雨点，任凭学生渴学的心灵干涸。2005 年教育部副部长张保庆发火了，银行对学生的不信任和国家助学贷款的不作为，致使全国有 8 个省市没有发放任何国家助学贷款。假设每个学生一学年的学费是 10000 元（未必这么高），教育部长周济所说的 2400 亿可以让 600 万青年大学生读完大学本科。莫非银行乐意把债放给高校，不愿意给穷大学生？银行也很无奈。助学贷款不能及时回收——学校和银行把不及时还贷的学生名单公布在网络上，并且威胁，黑名单会永远保存，他们将因此永远难以从银行得到贷款。中国人民银行主要负责人就曾打算利用个人信用信息基础数据库全国联网扼制拖欠助学贷款。

穷大学生欠钱必须还，“穷”大学就不一定了。2007 年 9 月 12 日，教育部长周济说，“这两千多亿的高校债务……从根本上来说，还在加大财政投入，我们准备将来从中央财政到地方财政对高校的生均拨款都会增加投入，逐步偿还基本建设债务”。为什么学校的债款要让纳税人埋单？为什么允许学校欠 2000 多亿的巨债，不许学生欠 2 万的小债，还要让这些正在为生计奔波的学生上黑名单、永世不得翻生？为什么学校可以理直气壮地把学生纳入到激烈的教育市场中去，而这个时候教育部就如此积极地促进学校超然地、以奇怪的方式地对待自己的经营业绩，对这些犯了严重错误的高校爱护有加呢？对公民个人的信用要求是如此严格，但对国有单位却没有这样的要求，而任由他们糟蹋纳税人的血汗钱，无论如何都是说不过去的。

回想起来，在意识形态上，他们是党政的一级机构，负责学校里的舆论塑造、管理和维稳大业；收高额学费的时候，高校是个商人；欠债款的时候，它摇身一变为公共事业部门，说是为人民办教育，“传道授业解惑”，“一日为师终生为父”。

公共事业部门靠公共财政支持。这没什么。问题是，为什么它在当初大规模推行“教育产业化”的时候，忽视了自己是公共事业部门呢？难道，它是一个变色龙，多面怪，可以言行不一、出尔反尔？这样的思维方式，这样的高校管理，怎么能经营好高校？9 月 12 日那次记者采访，周济还说，“创新精神和创新能力不足，是中国教育中很致命的一个缺点。要解决这个问题，必须全面推进素质教育”。

不诚实、不勤劳、没有爱心，一个永远不需要承担责任的体制，一个老实人被欺负的体制，搞了素质教育又能怎么样？难道培育出一帮高素质的投机分子？

在如此计划经济体制下，这样的高校是非欠下大量债款不可的，如此体制下的学生是非效仿他们的师长们不可的；可是这样死皮赖脸的高校不会破产。例如浙江大学，今天的高校可以因着上级部门的一个文件分了再合、合了再分。正如当年的国有企业，无论经营是多么地不善，政府却可以把这个企业的财产往那个企业无偿调拨。可是，这样让公共部门负责人干了坏事放心睡大觉的公共政策，正如当年让那些国有企业所曾经经历的，怎么可能会产生良好的经营业绩，怎么产生负责任的管理层和大学老师，怎么培育大量的遵纪守法的普通公民？

1986年8月3日，沈阳市防爆器械厂宣布破产。这个厂负债五十万元，拍卖所得的二十万元将按比例偿还给债权人。八十年代的国有企业宁可破产也不做无赖，在中国的国有企业发展史上可谓开天辟地。当时有工人流着泪给心爱的工厂献的花圈，在今天却成为批评计划经济思维的一个谈资。为了规范破产行为，保护债权人权利，1986年12月2日六届全国人大十八次会议就通过了《中华人民共和国企业破产法（试行）》，2006年8月27日十届全国人大二十三次会议将这部法律升级为今天的《中华人民共和国企业破产法》。国有企业破产的国家立法极大地促进了国有企业改革，增进了社会信用评价体系的发展，为民营企业提供了发展空间和优良的市场环境。

国有企业可以破产，为什么公办高校不可以？中国的很多高校，几十年来培育不出一个诺贝尔奖得主，在人文社会科学方面也没能多大促进文明的进步。教育部门反而成为了中国少数几个仍然顽固地完全计划经济体系化运转的部门，由此导致了教育部门的行政化和官僚化现象的日益加深，以最近围绕着张鸣先生和邹恒甫先生等人展开的几起公共事件为例，包括高校欠下了2000亿的债款等等问题，所体现的出来的一个深层次问题就是中国高校的经营不善、管理机制的不灵活，以及中国相关公共政策的失败。这个问题可以归结到制度层面上去。

部分高校如此不中用，一边做奸商，还要浪费纳税人的血汗钱，不如破产了之。

为了规范破产行为，免得国有资产流失，免得破产行为侵犯了学生和普通教师的相关权利，同时也是为了惩戒那些不负责的、没有管理能力高校负责人，我认为，中国应该尽快制定和颁布《中华人民共和国高等学校破产法》。这个法规的制定过程中，要充分体现立法民主，广泛听取在校生、毕业生、学生父母和普通教职员工的相关意见。在文本规定方面，不妨规定：凡是导致学校破产的相关负责人，承担相应的领导和法律责任，在中国范围内永远禁止担任相关管理职务。至于涉嫌腐败的人士，那一定要依据《刑法》相关规定移交司法部门依法处理。

在市场的竞争和权力的制约面前，高校的管理层可以变得谦卑起来，内心深处有所畏惧。为了可持续发展，学校就会狠炼内功，而不是把精力花费在收费和贷款、以及学校内部的争权夺利中去。老师们也会把精力花费在教学科研，以及把教学科研转化为现实的生产力、转化为名副其实的利润提升上去。如此，中国高等学校的体制，才能真正建立在教育独立、学校自治、学术自由和专家治校上去。这样的大学，才是真正的现代大学，而不是嘴巴上和文件里的世界一流大学。公办学校受到了制约，民办学校也能取得和公办学校一样的办学地位，一起促进中国教育的发展。

有了针对公共权力的严刑峻法，才能督促学校负责人提高管理水平，真正促进中国高等教育的良性发展，为中华民族在人类文明史上争得应有的地位。这一切都可以寄希望于《高等学校破产法》的颁布与执行。

制定《高等学校破产法》最现实的法理意义就是，让每个高校都成为真正意义上的自负盈亏的独立法人。现在的高校还不是。2008年3月14日，教育部长周济继续为自己的错误决策诡辩，“不要总是指责高校负债问题，债务也不能赖在校领导头上，高校债务实际上是政府为人民教育发展借下了债”。

教育部长这话不讲逻辑。首先，为人民办教育的主体，哪怕是政府，在宪法意义上也是一个法人，政府应该是责任政府。其二，责任政府要依法行政，依法花钱，如政府花钱要经过立法部门批准，即预算和决断，不能先斩后奏。第三，高校应该是责任高校，这就意味着它的花钱也应该进入法治轨道，同样不能先斩后奏，先把钱花费了再麻烦政府，事实上是麻烦了纳税人。这就要求，高校必须改变过去的行政化和官僚化体制，寻求一种自己养活自己的教育管理机制。国有企业所提供的经验足以给高校建设性的参考。

教育部宣布政府为高校的欠债埋单，意味着政府不是责任政府，高校不是责任高校。“办人民教育”这样的政治高调是政府在推卸自己的治理责任。

《高等学校破产法》的颁布和落实可以一举改善高校的治理环境。以高校破产意识的形成为契机，法治意识和责任意识就进入了教育部，并能尽可能地启动实质意义上的政治改革，建立一个法治的责任政府，落实在宪法中的一系列庄严承诺。这个话题我们说得太多，一是要激活公民对政府的监督机制，尤其是激活人大对政府财政预算和决断的监督权，让钱袋子的决策权回到人大，二是要激活独立的司法体系，确保依法行政，严厉打击乱花钱、乱给高校拨款的政府官员。因此，中国的教育治理问题，可以说是民主法治价值之落实的制度问题。

其实有关部门更应该把同样的公共财政投入到基础教育中去，尤其是投入到农村和中西部地区中去。如果非要用财政和纳税人的血汗钱为这些学校埋单，那些大学毕业生所欠的国家助学贷款（不管是因为自己长得笨，长得不够漂亮，还是品质不太好），无论社会地位如何，干脆在法律面前一律平等，也由公共财政无偿负担好了。只是，这虽然符合教育部的逻辑，却不是社会问题建设性解决之道。

（删节版见《东方早报》2007 年 9 月 17 日，

见报标题为“负债的高校还了债后怎么办”）

雪灾呼唤民间自救机制加速形成

因雪灾，交通大受影响，人们普遍感到出行困难，能源供应也一时吃紧。正逢春节将到，于是，深圳的火车站等处一时聚集了众多的滞留旅客。归乡之情又是何等的切切，漫长等待是何其的痛苦。究竟是什么因素导致了这个现象？仅仅是恶劣的天气吗？

其实，恶劣天气并非中国独有。如果说到政府的原因，我们则陷入了一个政治学常见的误区，那就是政府本身也不是万能的，指望政府面面俱到地为社会提供公共服务是理想状态。那么更深层次的原因是什么呢？

我们认为，长期以来，政府越俎代庖地管理了太多太广的领域和范围，即使历经 30 年的改革开放还是存在这个问题。结果是政府想做又做不好，政府能做的又未必去做，公民想做的、能做的，政府又没有政策鼓励他们去做。更为糟糕的是，在某些极端情况下，人们居然不知道如何去表达自己的爱和温情。人人都需要爱，人人都呼唤理解与爱，却找不到爱在哪里，并将缺乏爱与互助的尴尬局面视为常态，觉得自己生存的城市其实仅仅是一个赚钱的工具，而不是一个温馨的家园。越是这样，春节这样的周期性家庭聚会就显得更为重要，人们就非回故乡不可了。今天的中国，包括深圳，其实就面临着这么一个公共伦理困境。

笔者几次去香港，感觉两地最大的区别在于，香港有成熟、发达的公民社会体系。在香港，无论是在街道、地铁站或者其他地方，到处都活跃着热情的义工。无论遭遇 SARS 那样的公共危机，还是其他各类危机，人们对自己的生存环境都有浓厚的归属感和幸福感。

香港的经验告诉我们，真正的爱是具体的、是行动的，也是需要组织和管理的。组织化的爱可以更强大，更为高效。譬如，深圳火车站前有众多滞留旅客，有各种各样的困难，不是几个人的自发行动就可以去解决的。焦虑中的人们需要医疗专业人士的心理辅导，维权技能有所欠缺的人们需要律师等职业人群的法律辅导，饥寒交迫的人们则需要应有其他公益组织提供物质性的帮助。如果医生、律师等能够以一种公益组织的形式集体出现在大街小巷，对社会来说，那将是一种极大的鼓舞。

以本次春运为例，我们认为，这样的公益组织在深圳还不够多还不够活跃，一旦他们在数量和活跃性方面更提高一些，很多公共困境本可避免。政府本只需要负责必须由自己承担的事务，其他一些事务则可交给公益组织自己来处理。这样，政府在科层制组织形式运转中所出现的弊端，就可以在发达的公民社会体系中被有效化解。由于公民、社会和政府各司其职，深圳自然就可以变得更为活泼动人。

冰冻三尺非一日之寒。深圳的这次遭遇不是偶然的。作为一种公共困境，民间自救机制的缺乏有其历史原因，也有制度性原因。公民结社自由的权利有待落实和保障，政府管理模式有待进一步转变，向体现现代政治文明的服务型制度转变。如果政府完成这样的体制性转型，即使再遭遇类似这次的大灾难，只要有了充分发育的公民社会，深圳就可以以文明的姿态高速运转，而不至于面临目前的困境。

（《南方都市报》2008 年 2 月 1 日）

大灾当头，每个公民都应有所为

由于通信和交通中断，汶川地震中的伤员在抢救过程难免遭遇种种磨难，想必遇难者还会持续增加。这次大地震是近年来发生在中国大地上最大的自然悲剧之一，面对这场灾难，政府应该如何承担自己的责任？

发动全国上下抗震救灾无疑是最重要的事情。每个灾民的生命都是宝贵的，都是应该被珍惜的。政府要不惜采取一切措施，将灾民从死亡和饥饿的恐惧中抢救出来。要给他们吃饱，给他们穿暖，让他们得到最及时的治疗，包括给予及时的心理辅导。

在地震多发的日本，政府的救灾经验很是老到。首先是预测：早在 1978 年，日本政府便制定出《大规模地震对策特别措施法》，规定一旦预测到大地震，在发生前两三天，将由首相亲自发表《警戒宣言》，政府随即启动全面避难救援措施。然后是应对：除了面向全国各界的平时的防震知识教育外，中央防灾会议所提出的方案要求，居民储备最少三日的食物和饮用水；为了有效率地拯救被埋在倒塌建筑物下的灾民，地震发生后将有一段“安静期”，全城保持安静，直升机、挖土机和大规模广播等一律禁止使用。

政府要做的事太多了，不仅仅是让人不死不饿不生病。2005 年 10 月 8 日，巴基斯坦发生 7.6 级强烈地震。巴总理阿齐兹表示：“我们还制定了灾难中孤儿的长久安置计划，其中包括他们的教育问题……我们已经为大多数孤儿安排了监护人，政府将会负责抚养这些孤儿。我们还将颁布一条法令，禁止任何人前往医院领养这些孩子”。为此，巴基斯坦政府建立了一些专门安置孤儿的国立学校，并且专门成立了一支工作组，负责寻找医院中失散孩子的亲人，尽量帮助他们过上完整的家庭生活。

抗震救灾，决不只是政府的事，它需要全民参与，只有这样才能收到更好的效果。救灾应该成为每个公民自觉的行动。譬如，对生还者，医疗志愿者应进行必要的心理干预，法律工作者应施加必要的法律辅导。也是在巴基斯坦，人们利用艺术治疗手段帮助孩子克服地震恐惧，对当地的儿童开展艺术治疗，孩子们可以画出自己心中的感受。这都是为了帮助受到创伤的孩子们走出心理阴影，而这些事情必须依靠人们的爱心和耐心去做。

5 月 12 日晚 11 点半，香港一家慈善基金会的负责人很激动地打电话告诉我说，他们正在向特区政府申请一笔 500 万港元的资金，购买衣服和大米进入灾区赈济灾民，希望我成为他们组织的志愿者。我很感动。去过香港的朋友都知道，在香港，大街小巷、地铁口都有数不清的志愿者为人们提供各种各样的服务。

我相信，现在四川灾区的无数同胞，在突如其来的危急时刻，更需要来自每一个普通公民无微不至的关怀。抗震救灾，总是具体的、行动的、有组织的爱更加高效与强大。这位朋友是我在香港认识的，我在一家基金会参与事工。我告诉他，我个人的努力太有限了。重要的是，我现在人在江苏，不在四川。我很想以个人名义参与到救灾事业中去。但是，我更希望将这位朋友的要求转达给我所在的基金会，大家一起为灾区做更多的事情。

（《东方早报》2008 年 5 月 13 日）

把心理辅导和干预纳入救灾体制

2005 年 10 月 8 日，巴基斯坦发生了 7.6 级强烈地震。当时的巴基斯坦总理阿齐兹认为那些在地震中受到伤害的孩子是国家的财富，“我们还制定了灾难中孤儿的长久安置计划，其中包括他们的教育问题”，“政府将会负责抚养这些孤儿。我们还将颁布一条法令，禁止任何人前往医院领养这些孩子”，以免可爱的孩子被不法分子贩卖。

为此，巴基斯坦政府建立了一些专门安置孤儿的国立学校，专门成立了一支工作组，负责寻找医院中失散孩子的亲人，尽量帮助他们过上幸福完整的家庭生活。

一个灾民最大的痛苦往往不是物质上的匮乏，而是心灵上的恐惧，以及失去亲人之后的痛苦和愧疚。灾难中，人们难免会出现思维、情感、行为三方面的剧烈波动。严重者，可能会出现反复回闪、重复体验的创伤性回忆和经历。这种心理如果不能及时疏导，当事人就很容易产生无助、抑郁、绝望等负面情绪，最终造成无法弥补的心理创伤。由于心理上的创伤，那些肉体上遭受巨大折磨的伤员，其医治效果便会大大降低。真正的痛苦不被外人重视，即使一些灾民看上去健康起来了，由于孤独感和无助感没有得到解决，也会导致种种社会问题。反之，心理健康了，也能够极大地促进人在肉体上的健康。

尤其是孩子，心灵上的创伤幼年时期得不到医治，将会给他们带来一辈子的危害。在巴基斯坦，地震后，国家有关部门对当地的儿童进行艺术治疗，帮助他们走出心理阴影。

我国也有这样成功的案例。2006年8月12日，一支由12名心理危机干预专家组成的心理干预小分队一早就奔赴温州苍南县，对遭受台风“桑美”袭击的当地民众开展紧急心理危机干预。当时，在桥墩镇，一名12岁的男孩亲眼目睹了自己的4位亲人被洪水卷走而无法施救，自责再加上无法面对丧失亲人的痛苦，陷入严重的心理危机。专家立即对他进行了心理辅导和危机干预，效果显着，该男孩很快就摆脱了心理危机，过上了正常的生活。

可惜，这是浙江省首次组织专家对台风灾民开展心理危机干预。也仅仅是过去不久的前年。当时是12位专家，现在需要多少位？

笔者阅读了互联网上各大新闻网站的相关报道，政府和媒体几乎很少从这个角度来关注灾民工作。其他救助的确很重要，在特定时刻可能显得更重要。随着抗灾工作的深入，灾民心理辅导和危机干预必须提上议事日程了。我希望更多的心理工作者能够进入四川灾区。至于数字，由于这次灾害的严重危害性，当然不是12个或者120个，而是越多越好。

如此一个庞大的心理工作者队伍一旦进入灾区，势必需要巨大的成本去为他们提供后勤服务。在这场灾害中，我希望政府在这方面能够采取更多有力措施，派遣更多的公立医院的心理工作者进入灾区；同时，为海内外的专业心理救援队进入灾区提供更方便的快捷通道。

必须将心理辅导和干预机制纳入到抢险救灾体制中去。抢险救灾是一个大的危机应付体制，这个大体制还应该由诸多的可操作的小机制组成。为此，我建议政府制定一个长远的高效的心理辅导和干预机制生成规划。和平时期，政府应该提供更多的财政支持，培育更多的心理医生参与到心理辅导和干预事业中去。此外，政府还应该鼓励民间成立更多的心理辅导专业组织，以弥补国家力量的种种不足。这样，一旦危机降临，我们就可以避免很多忙乱。

（《新快报》2008年5月15日）

燃放烟花爆竹是需要改变的传统

一些城市一直禁止燃放烟花爆竹。然而据媒体报道，除夕夜仍是烟花爆竹声此起彼伏，凌晨时分更是达到顶峰。各区都有市民投诉违法燃放烟花爆竹现象，甚至有市民在网上发帖，质疑执法部门查处不到位。据各地公安局 110 报警服务台透露，燃放烟花爆竹引起的小火情数量比平时明显上升。为此，有市民建议，燃放烟花爆竹是中国人的传统，希望政府“变堵为疏”，组织定点燃放。

燃放烟花爆竹虽然是传统，却是一种毫无理性支持的激情“传统”。追问下去，燃放烟花爆竹能带来幸福吗？这里面没有任何逻辑。理性的答案必然是否定的。即使对燃放烟花爆竹有特殊爱好的民众来说，这种习俗也只是一种未经审思的偏见性爱好。自古及今，有多少的传统被新风尚代替。凭什么烟花爆竹的燃放就享有特权？

有人会说，这是一个民族的文化自由，这是一个个体的生活自由。事实上，在文明社会看来，自由是有限度的，那就是不要侵犯其他公民的自由。燃放烟花爆竹，是公民自由吗？不是，这是一种习俗性的强制，一种侵犯他人幸福权的作为。

有人还会说，政府组织定点燃放。凭什么政府来组织？政府组织定点燃放的经费怎么产生？公务员大年三十上班领取平时三倍的收入，就满足这部分人的特殊爱好？哪级代议制机构讨论和批准该项经费？凭什么不喜欢烟花爆竹的市民要承担纳税义务来支持定点燃放？万一公务员也反感烟花爆竹呢？在人口密集的都市中划定一块区域组织燃放，如何保障污染不影响到其他地区的人们？

燃放烟花爆竹是一种必须被移风易俗的传统。因为它是几千年的“传统”，所以不要相信这是一个不被强制性引导就可以改变的习俗。如果说，一部分市民的“特殊爱好”应该受到文明社会的照顾，最大的照顾就是给他们一个过渡期，逐步养成良好的文明的新年喜庆方式。

本文建议，中国内地一盘棋，采取以下措施：1. 烟花爆竹是奢侈品，不是生活必需品，增加烟花爆竹行业的市场准入条件，对该行业收取高额税收，税收用于治理环境污染；2. 在任何人口密集的地区全面禁止燃放烟花爆竹；如因造成社会伤害被市民投诉，公安部门查证后依法处理；3. 在大中小学校内，组织学生自愿宣传燃放烟花爆竹的危害性；4. 准许民众到人烟稀少的地方燃放烟花爆竹。

（《南方都市报》2011 年 2 月 7 日）

移风易俗需要国家立法跟进

2 月 8 日，南方都市报发表了针对拙文《燃放烟花爆竹是需要改变的传统》的回应文章。作者徐先生表示，他不认为燃放烟花爆竹是“一种毫无理性支持的激情‘传统’”，认为“燃放烟花爆竹，移风易俗重在‘易’”，并认为关键是让燃放烟花爆竹回归到传统应有之意上，而不是被现代人扭曲，成为攀比的工具与管道。

比较两篇文章的差异，主要在于两点：第一，徐文认为中国传统是很可爱的，讨厌的是扭曲传统的现代人。第二，徐文认为要找到一种新的过年习俗，以逐步代替燃放烟花爆竹这种“恶习”。只是作者不愿意指出这种行为是“恶习”。因此，可以说，第一点差异与第二点差异是一脉相承的，出于同一个思考思路。

我们由此能确认徐文的偏见：即使意识到传统习俗的巨大危害，为了满足某种类似宗教性的、“不证自明”的文化主义的教条，一定要将习俗的危害归结为现代人的堕落，而古人曾经是那么的天然“政治正确”。结合徐文对燃放烟花爆竹的危害的叙述来看，这位作者其实陷入了自相矛盾的逻辑。

在一个开放社会的价值观语境里，本着对所有人的自由权利与生活习俗的尊重，政府行为的合法性应该放在社会生活的系统分析中进行全面的考察。

这里可以有个简单的分类思维，如果一种习俗，它并不侵犯其他人的自由，不危害到这个社会的公共安全，那么即使我们可以基于个人观念上的自由去反对它，但绝对不能用国家立法、政治手段予以任何强制性改变。但是，如果这种习俗是侵犯公共安全的，实质性威胁到他人自由与幸福的，那么一定是必须被限制以致被禁止的，哪怕是使用国家权力。

燃放烟花爆竹就是这样一种陈俗旧习。基于对所有人的更广泛的幸福的尊重，政府有必要立法在合适的范围内予以坚决严禁，并严厉打击那些知法犯法的行为。

（《南方都市报》2011年2月9日）

万元邀市长坐公交为表达民意

据本埠（广州）媒体报道，2月25日，奥一网友“毗邻香港”在网上发帖称，由于遭受了被11辆356路公交车拒载的经历，所以他希望花万元邀深圳市副市长张思平坐公交车。

相信这位市民是严重地生气了，所以他要拿出10000元，邀请副市长在百忙之中乘坐公共汽车。言外之意是，副市长先生的生活离普通人已经太远太远，还有公共部门工作人员对普通人的自以为是和极端冷漠态度。

我们认为，对公共部门进行道德批判是没有用的，开出高价邀请地方政府领导人放下身段，只能说是民意的一种情绪化表达。相信副市长先生未必会亲自去坐这趟公共汽车，更相信副市长绝对不会要市民的这10000元钱。

在苏州等城市生活过的朋友知道，那些地方公共汽车不会呼啸而过不理人。那里的公共汽车同样人满为患，但是，那里的汽车不会呼啸而过，而且非常耐心。当人我们自己在车上时，客观上车子也非常拥挤再也无法上人，我们建议司机不要停下来给每位客人解释，司机的回答是“我一旦被投诉就要被扣钱”。

由此来看，良好的待客服务，从来都是一个制度问题，尤其是民意表达畅通的机制以及公共交通部门的内部管理问题。此外，在城市安全与城市秩序的考虑之外，还要寻找到一种让多元主体来提供公共服务的制度创新和都市文明之道，如打破公共服务垄断，引入行业内部竞争机制。只要这样，公共部门绝对牛不起来。

当然更重要的还是政府角色。伴随都市的日益繁华，一个城市的交通发展滞后问题，可以采取的对策至少应该包括，由有关部门搜集城市（也包括郊区）的一个地段的行人流动数量，然后将此数据提供给政府的公共交通决策部门，由该决策部门根据这些数据来规划城市交通的公共路线图，然后据此进行城市建设和城市管理。

其实，不仅仅是公共交通服务，城市的其他公共服务，如邮政、通信、菜篮子问题，民情的反馈机制都应该是定期的，而且是周期性的，最好是在周期性反馈之外，还有即刻的反应机制，以及危机应付机制。现代都市发展太快了，如果缺乏民情的定期反馈和应对机制，公共服务必然适应不了时时刻刻都在发展变化的城市环境，市民真的只有效仿这位网友情绪化表达来引起政府部门的注意了。

（《新快报》2008 年 2 月 27 日）

整治“红灯区” 联合协作是选项

2006 年 11 月 29 日，深圳警方公处了百余名涉嫌卖淫、嫖娼的犯罪嫌疑人员。时隔一年半，深圳曾经的“红灯区”整治成空巷，不过战斗还在继续。沙头派出所所长李笑杰表示，“没有鸡头了吗？肯定还有一小撮在观望，沉淀在暗处，伺机而动。希望有一天，我可以用党性和乌纱帽担保城中村根除涉黄问题。”（见昨日本报 A49 版）

深圳警方此次对涉嫌卖淫、嫖娼非法行为的严厉打击，有其合理性。然而，即使如此，还是需要政府对自己的公共治理方式进行深入思考。相关治理的过程中存在瑕疵，比如，让环卫工人扮演“活探头”，成为警方的助手，难逃混淆环卫部门与公安部门权限的质疑：环卫工人协助警察维护社会治安，环卫和公安部门各自的主体性何在？

如果缺乏公民积极有效的配合和自律，当政府对社会的丑陋现象非要打击不可、尤其是冒险去打击的时候，社会治理常常就会陷入一个怪圈，即“一收就死，一放就乱”。公共政策学称之为“两难困境”。深圳的公共治理在某些时候呈现了上述困境，以至于派出所所长表示，“用党性和乌纱帽担保城中村根除涉黄问题。”本文丝毫不怀疑所长的决心和能力，可是，个人的党性和乌纱帽难道真的厉害到了可以让卖淫嫖娼现象彻底根绝的地步？

性工作者的公民权利和人格也应该被尊重。她/他们的生活方式应该被引导。

为此，本文认为，较好的根除涉黄的办法是警方、教育、文化、妇联、工会、工商以及劳动部门联合协作，从法律、心理教育、就业、权益保障等方面釜底抽薪，不仅要让从事“黄色产业”的人员在道德上增加“耻感”，也要还这些人员一个彻底脱离这一行业的可能机会。一旦相关人员获得这种希望和机会，将极大地降低“黄潮”再次泛滥的可能性。

当然，提供现成工作机会的难度很大，那么，如何结合其自身特长和深圳的特点，让相关人员走一条虽然艰难却不乏动力的小本创业之路，则完全是可行的。这就涉及到个体经营者创业环境的问题，还是需要政府部门积极改进目前的市场秩序和营商环境。

（《南方都市报》2008年4月17日）

居委会直选查违纪应更多依靠司法公正

2008年深圳市社区“两委”换届选举工作会议前日召开。今年6月底，深圳将完成全市社区居委会换届选举，各区居委会选举直选率不得低于70%，非深户居民只要具备相关条件也具有选民资格，并且规定候选人必须体现老中青梯队，学历也不能低于高中学历，且规定候选人之间不得有夫妻、父母、子女、兄弟、姐妹关系。

在突破户籍制度以落实公民选举权的呼声日益高涨的今天，深圳有关部门的这一举措有其积极意义。不过，对诸如“各区居委会选举直选率不得低于70%”，以及对候选人年龄特征有所限制的一些做法，本文有不同看法，提出来与大家商榷。

众所周知，选举是现代民主政治一项重要的制度形式。选举哲学有个基本的认定，那就是一个公民只有自己最了解自己的意志，也只有自己才能代表自己的意志来说话。选举必须体现选民意志。为此，选举必须符合普遍、平等、定期、秘密投票等四大规定，才算合法有效。

《宪法》规定：“中华人民共和国年满十八周岁的公民，不分民族、种族、性别、职业、家庭出身、宗教信仰、教育程度、财产状况、居住期限，都有选举权和被选举权；但是依照法律被剥夺政治权利的人除外”。《城市居民委员会组织法》则规定，“年满十八周岁的本居住地区居民，不分民族、种族、性别、职业、家庭出身、宗教信仰、教育程度、财产状况、居住期限，都有选举权和被选举权；但是，依照法律被剥夺政治权利的人除外。”这些规定从法理上宣告了中国选举的普遍性，即中国公民具备普选权。因此，在选举人和候选人资格中，不能有学历、年龄等人为限制。这种人为限制，不仅涉嫌学历歧视和年龄歧视，事实上也涉嫌对公民被选举权的变相剥夺。

在选举程序的相关设计中，有关部门所规定的“各区居委会选举直选率不得低于70%”也有可以商榷的空间。根据相关惯例，凡是直选比率高达50%以上的，选举都被认为是合法有效的。评论者有充分的理由追问：相对69%，70%有何更高更重要的价值意义？为什么会有这样的价值意义？

我同时注意到以下规定，即“换届选举前，区、街道要对现任班子及其成员任职期间的财务收支、集体资产情况进行检查和审计，开展民主评议”，在选举过程严查诸如贿选、造谣中伤、向选举人承诺私人利益、私自散发各种宣传材料等八类违纪行为“。我理解有关部门保证选举公正的善意。然而是否必须采取这些措施？

对此，其实我们完全可以参考浙江、广州等兄弟省市的相关做法，而没必要自创一套有争议的做法。如防止腐败和家族政治，未必需要倚靠候选人资格限制这一措施，只要在法治基础上确保司法公正就可以了。一旦选举结果不合理想，出现家族政治导致腐败现象，对相关人等只要依法处理即可。

基层民主自治无须人为设置太多的条条框框。中共十七大报告就认为："人民依法直接行使民主权利，管理基层公共事务和公益事业，实行自我管理、自我服务、自我教育、自我监督，对干部实行民主监督，是人民当家作主最有效、最广泛的途径"。相关表述已经表明，基层民主自治是人民群众自己的事业，可以通过"自我管理、自我服务、自我教育、自我监督"来修正基层民主制度不完善的地方。

对基层的民主化，应该去除那些不必要的担忧。负责选举组织工作的相关部门只要提供基本的安全秩序和公正程序即可，在选举的其他环节上其实可以超然一些。

（《南方都市报》2008 年 3 月 21 日）

多角度推进措施，增强选举参与性

此次居委会换届选举直选出现了诸多可喜的现象，不过，也有需要反思与改进之处。如户口与实际居住地分离导致选举投票率过低，部分选民不知道选举程序中有个选民登记环节、导致自己丧失选举资格，有的候选人选民不认识，选举过程中准官方色彩过浓导致选民积极性被压抑，年轻人选民参与积极性极低等等。

作为公民当家作主的壹项最重要的制度设计，选举的民主程度壹直备受人们的广泛关注。一场理想的选举必须具备下列因素：就人数而言，参加选举的公民越多越好，投票率越高越好；选民参加的深度越高越好，即要在各个环节中充分吸引选民参加选举，以扩大选民参与的积极性，而不是简单走过场；选举本身的公正性尤其受人关注，如不能突出特定人群的特定优势，无论是年龄、性别还是学历，哪怕是选举组织者的有意无意引导。此外，公民自治组织的民主选举，选举活动本身减少官方背景也是非常受人欢迎的。

在现代组织学看来，对组织活动的理想而言，最容易操作的是程序本身的优化。这次选举的观察员提出了诸多卓有成效的建议，如在选举中增加候选人公开演讲的环节，在投票结束后增加现场公开唱票的环节，候选人要广泛向选民介绍自己。

在我们看来，针对选民登记的不到位和人户分离导致的投票率过低这类现象，选举之前要广泛动员。选举委员会应该广泛联系在外地居住的选民回户籍所在地参加选举。上述建议，无论是本文还是观察员所提出的，都可以在未来的选举程序中有所体现。

这样，在将来的小区选举组织中，深圳可以有更多积极有效的作为，以增强选举本身的参与性。不过，制度运行是需要成本的。越是复杂的程序，越会增加运行的成本，对公民选举技能和素质的要求就有更高的要求。尤其是在基层民主自治和选举过程中，我们千万不能有将复杂社会问题简单化的制度决定论思维。

社会学家托克维尔指出，民主制度的良性运行有赖健全的法制和良好的民情。法制体现了程序的重要性，民情反映了小区氛围的重要性。

有观察员指出，以往的选举委员会准官方色彩较浓，导致选举变味。假如小区多承担点责任，假如居民之间多点爱与互助，假如小区的公共生活更加丰富壹些，让居民觉得自己必须奉献、积极参选是公民的责任感和成就感的体现，公共生活冷漠而导致的投票率过低问题就可以得到有效的解决。

这样，选举环节中，就不用官方事事包办，而是体现更多的居民自治。如果小区公共生活丰富多彩壹些，减少行政干预，放手开展选举，诸多选举问题完全可以迎刃而解。

最后应当指出，报道中的“热心市民未登记错失投票”是一个假命题。错失登记的选民绝对不是一个优秀的选民，也很难说得上是一个热心市民。选民登记日从来都不是国家机密，登记地址是在自己所在的小区内，虽然选举程序有待改进，居民本人也有不可推卸的责任。

国家需要更多的公民教育以促进良好民情的形成。如果特定人不珍惜选举权，还要高调强调自己的热心，只要选举合法有效，可以任其自然。既然是居民自治，居民当然有权放弃权利。这次失去了机会，以后会珍惜。

（《南方都市报》2008年4月29日）

两会闭幕，代表委员如何履职

2008年“两会”已经闭幕，代表委员们又将重返自己的工作岗位，这已成一种制度化的安排。不过，由此所造成的后果就是：因为平时事务缠身，他们在第二年的某些议案、提案和建议往往远离市民需求。

对此，代表专职化的建议就值得称赞。不过，有很多代表委员通过个人努力，也建立起了自身特色的选民联系渠道。上周，有市民在本版呼吁学习苏州的高等教育经验。可是，作者忽视了苏州曾经有个学者型副市长朱永新。朱永新担任苏州市副市长期间，在组织新教育试验时，就自费建立了教育在线网站。每年“两会”召开前夕，他发动自己的研究生，通过网站和个人博客，征求教育提案。

而且，就代表委员而言，不是自己提交了好的议案、提案和建议就完成了任务。现实生活中，那些平时努力做到了制度化联系公民的代表委员，提出了一些非常优秀的提案，但某些部门以各种理由敷衍塞责。这就要求这些代表委员努力跟踪自己的提案，并给有关部门施加合理合法的压力，进行及时的权力监督，让其落到实处。

我们必须再次提醒，《地方各级人民代表大会和地方各级人民政府组织法》第八条对县级以上的地方人大的职权做了详细的规定，总共涉及到十五点。如第一、二点即规定了人大代表对公共财政的监督权和预算批准权；第三点则授予了人大“讨论、决定本行政区域内的政治、经济、教育、科学、文化、卫生、环境和资源保护、民政、民族等工作的重大事项”的权利。

然而，恐怕相当一部分代表并不具备财政监督与各项决策所应具备的专业知识。由于看不懂相关财政文件，有关部门很容易瞒天过海。至于一些专业化问题，如涉及到教育、经济等公共非常关心的话题，审议政府工作报告时，代表委员常常只好跟着自己的感觉走，跟着舆论的呼声走，缺乏专业化考虑，也缺乏权力监督的力度和效度，对公共决策的形成带来很大的危害。这就要求代表委员们从繁忙的日常事务中抽身出来，谦卑起来，认真学习各项专业知识。

“两会”结束了，代表委员应该做的事情太多了，并不比两会期间的事情少。诚然，代表委员的产生过程和工作机制还有提升空间，但在体制还没有完全转型之前，代表委员个体的主观能动性显得非常重要，他们有责任在“两会”闭幕期间更加努力地为市民服务。

（《南方都市报》2008 年 4 月 16 日）

从文明升级换代看蛇口精神

最近《南方都市报》“重温蛇口精神”系列评论很有意义。在“改革开放”30 周年之际，在中国变革进入深水区、再也不能“摸着石头过河”的历史关头，我们很有必要站在文明更新的角度来总结蛇口精神的核心本质。

深圳为什么能成为改革开放的先锋城市？从表面看这得益于当时的解放思想大潮。可是解放思想的根源却是当时中国社会思想的不够解放。个人自由是文明进步的保障。

正如经济学家哈耶克在《自由秩序原理》里说：“一种文明之所以停滞不前，并不是因为进一步发展的各种可能性已被完全试尽，而是因为人们根据其现有的知识成功地控制了其所有的行动及其当下的情势，以至于完全扼杀了促使新知识出现的机会。”由此来看，当时人们鼓吹的“解放思想”的实质就是要冲破旧思想和旧文明体系的牢笼，通过思想与生活方式的更新，带动文明体系的升级换代。

需要强调的是，“文明”的升级换代并非必须放在民族文化背景下分析。文明还有另外一种分析法：如果说中国改革开放之前所追求的文明是革命文明和阶级斗争文明的话，那么以蛇口成为中国第一个开发区、深圳成为中国第一个经济特区为例，当时的“解放思想”就是要实现中国从传统的革命文明向现代的物质文明的升级换代。有幸的是，深圳走出了令人满意的这一步。

在认识到了自身不足、扎扎实实地进行经济建设之后，尤其是 1992 年提出建立市场经济体制之后，中国很快就将依法治国与政治文明写入了宪法，确立了这些原则的治国方略地位。在规范政府权力运作方面，深圳再次走在了全国前列。

回顾中国社会对文明的这段认识史，我们发现，它与深圳的改革开放发育史完全重合：1979 年 1 月 31 日，刚刚摆脱了十年浩劫，中国第一个成片开发区蛇口工业区在深圳正式成立。蛇口精神和蛇口模式随后影响和复制到了中国的大江南北。

究竟是什么因素确保了蛇口精神与深圳改革开放和人类文明的进步方向互相兼容、互相促进？在本文看来，那就是“海纳百川，有容乃大”的开放社会精神，这种精神以个人自由和民主法治为核心价值，并将这种对个人自由与民主法治的热爱落实下去，转化为人的生活方式、社会的组织体系、政府的管理模式与国家的法律体系，实现物质文明、精神文明和政治文明的协调发展。

（《南方都市报》2008年1月31日）

在中国建立政治特区，如何？

在2月1日的“深圳如何再当排头兵”的民间学术沙龙上，深圳市副市长张思平指出深圳必须研究体制问题，坦言官员们其实与民间一样渴望中国的制度创新。从制度变迁的高度出发，郑永年的文章则指出中国这一次“杀出一条血路”就是要实现国家的政治民主化，最终完成中国这个后发国家的政治转型（见昨日本报）。因此，我们不妨引入“政治现代性”这个概念，从现代化的角度来分析上述观点。

亨廷顿曾从实证角度指出了以国家制度化吸纳民主化参与的观点。在《变革社会中的政治秩序》一书中，亨廷顿提出了一个著名的观点：现代性带来稳定，现代化带来不稳定。亨廷顿指出，世界上最为动荡的国家恰恰是那些经济快速发展、政治尚未实现现代性的国家，也就是所谓“现代化国家”。

经济高速发展后，如果旧制度不能吸纳爆发性的公共参与，社会就有可能发生冲突。唯一能阻止悲剧发生的方法，就是通过政治创新，完善优良的政治制度，废除和改革落后的政治制度，建立以保障个人自由这一核心价值为目标的现代国家制度，吸纳民间政治参与的愿望，并通过法治化和民主化来规范政治参与，最终建成一个公共权力、公民社会和公民个人三者各司其职的社会分工合作体系。

经过三十年的改革开放，在以个人自由和民主法治为核心价值的蛇口精神的引导下，深圳的经济建设和改革开放取得了巨大成就。事实也证明，人均GDP达到1000美元以后，社会往往伴随着阶层分化、民主意识增强、社会公正诉求扩大等现象，目前深圳就处于这个阶段。如果没有政治民主化制度保障，亨廷顿“现代性带来稳定，现代化带来不稳定”的警告很有可能成为深圳的现实。为此，深圳完全应该争取成为中国政治改革的试点特区。

在中国的经济体制改革中，深圳政府拥有同级的地方政府并不具备的公共权力。在劳资关系处理等方面，相对其他地方政府，深圳特区政府具有更丰富的经验，这些经验是深圳经济改革和政治改革进一步进行的基本智力资源。

深圳邻近香港，长期接受全球化思想的熏陶，深圳市民逐渐具备政治特区公民应有的素质，这能够确保作为政治改革的地区性试点不至于威胁到社会稳定和国家正确的政治发展方向。

作为一个发展中大国和超大型社会，在史无前例的改革开放和政治民主化浪潮中，中国的进一步发展同样呼唤地区性的政治改革试点。如果奉行完全的理想主义思维，一刀切地盲目改革，中国社会转型的确有些风险。在政治改革方面，物质和公民素质率先现代化了的深圳特区理应为整个中国的可持续发展做出更大的贡献。

（《南方都市报》2008 年 2 月 19 日；

见报标题为“大胆推进制度创新 深圳直面关键契机”）

自由迁徙是户籍改革真方向

2月23日，国务院办公厅公布《关于积极稳妥推进户籍管理制度改革的通知》。通知总的精神是继续开放中小城市与户籍相关的迁移自由。当然以直辖市为代表的大城市则仍旧实行计划经济时代的“严格控制大城市规模”的政策。被舆论普遍肯定的则是这一规定：今后出台有关就业、义务教育、技能培训等政策措施，不要与户口性质挂钩。

应该说，在城乡二元制必须被终结这个问题上，由于搁置了意识形态差异，社会各界基本上已经达成了共识。目前争议的焦点，不再是要不要终结，而在如何终结，以何种方式终结这个计划经济时代限制和限制公民迁徙自由的政策和制度。

这恰恰是这次户籍政策变迁的令人遗憾之处：与过去的一系列户籍政策变迁带有巨大的同构性，也就是这次户籍政策变迁仍然具有强烈的当前地方财政困难的短期对策之嫌。具体说来，最近几年来，地方经济发展的确遇到不少难题。首先是，受制于全球经济困难，全国范围内，出口、消费和投资“三驾马车”对经济发展的动力已经日渐式微。

其次，国务院掀起了一轮又一轮的以房价调控为目的的实体经济拯救运动。也就是说，对决策者来说，既要打击投机性的房地产发展，又要鼓励农民进城扩大消费，好维系过去的土地财政，客观也为“新农建”之中可能出现的土地兼并后的农民提前准备好出路。

换言之，如果试图拒绝更大范围内的制度变迁，显然必须小心翼翼才能有所作为、有点作为。事实也是，愿望未必等于现实。从公共政策的角度来说，任何决策都可能有其悖论所在。举例而言，打压房价，本身也会对实体经济产生一些危害，在大范围内也是拯救实体经济的必要之举。关键就看其中的利弊之权衡了。为此，有关部门经过深思熟虑，就采取了中小城市和大城市互相区分的分类政策。

如果搁置一些重大的话题，将视野放到底层社会的变迁来考量，我们还能发现，到了今天，对绝大多数中小城市来说，除了孩子就学这一特殊的功能来说（因为义务教育实行学区划分制），城市户口已经完全失去了计划经济时代的福利功能。

尤其在东南沿海的一些郊区，那里的农村户口反而较之城市户口具有更大的福利功能。相比国务院的这个户籍新规，在这些地区，必然完全失去了对居民消费的激励功能。而大城市对外来人口的限制，并不能改变北京等地的大量“蚁族”青年们的翻身做主的梦想，也就是人满为患的继续人满为患。

透过这个新规，对比当下中国在经济领域、社会领域发生的一系列变迁来看，我们发现“改革”已经陷入了一种头痛医头、脚痛医脚的境地。因此，这次户籍政策变迁，人们普遍看好的几乎仅仅是户籍将与就学等政策措施脱钩这一点。即便如此，这个规定也仅仅是“愿望”层面上的一种精神寄托。具体到实际工作中，在大多数中小城市，如果孩子就学能够与户籍制度脱钩，对义务教育领域的现有布局的“冲击”将是难以想象的，也必然受到地方政府的较大范围内的抵制。

今天的中国，区别于上世纪50年代，那种以中央统一的“宏观调控”为特征的计划经济体制已经失去了它的生机与活力。对这个“微博议政”等生活方式逐步兴起的时代来说，公民的迁徙自由的落实已经是大势所趋。无论是户籍制度，还是体现在任何一个环节的单一“改革”来说，必须寻找相应的配套措施了。

由于现有的户籍制度变革，仅仅是以国务院的一纸通知方式而出台的，我们的信心并不充分。今天的中国，已经到了一个必须为任何单一层面的政策变迁提供制度化保证和法治化救济的时候了。搁置更大层面的话题的探讨，具体到户籍制度的变迁，我们希望未来出台的不是国务院的通知，而是更高层面上的人大立法，甚至形成相应的宪法性文件。

对比众多基于公民迁徙自由精神的城乡一元制国家的成功范例，我们希望中国的户籍改革重申这样一个关乎公民基本权利的精神：既要维护地方有效治理，又要实现迁徙自由。具体来说，如果北京、上海等地愿意继续维系当前的如此严格的户籍准入限制，那么第一要将户籍是否放开的决定权交给通过代议制而产生的地方人大进行民主表决，一旦当地形成了这样的决定，必须在财政拨款等层面，完全切断中央财政对这些地方的特殊性照顾。

就此而言，户籍改革的确需要拿出壮士断腕般的勇气。而从另外一方面来说，无论多么充满激情，我们也得承认，城乡二元制的形成有其历史性。无论过去是否公正，这已经是基本事实。首都与一般省会城市之间，省会城市与省会城市之间，省会城市与一般城市之间，一般城市与一般城市之间，由于政治、经济、文化中心的同构局面的形成，是任何一个政治现实主义者都必须承认的基本国情，我们也可以努力坦然面对这个事实的形成。

可是，这是有条件的，那就是，从今以后，中国必须学会尊重各地的改革与发展的自我探索权。反过来说，一旦建立起一种充分考虑到公民迁徙自由与地方治理权利的两难选项、基于深思熟虑的理性的制度，我们相信，这种导向地方自治和公民更多自由的户籍制度变革，各地在教育（包括高等教育）、经济（包括地方性优势产业）等领域的发展困境也会迎刃而解，并且能够促成国家在更高层面的财政民主化和分权制衡结构的初步形成。

（《时代周报》2012年3月1日社论）

财政收入超速增长及其官民冲突

据国家财政部9月13日数据，8月份全国财政收入7546.37亿元，同比增长34.3%；1-8月全国财政收入74286.29亿元，同比增长30.9%，参照往年财政收入规模测算，全年财政收入超过10万亿元基本没有悬念。国家财政收入年年疯长，在全球经济危机纵深发展的这几年，直到今天这个规模，是一个可以被多角度多层次探讨的话题。

如果我是税务人员，意味着工作兢兢业业；如果我是公务员，当这个国家财政民主化和财政法治化毫无进展，意味着可以继续大手大脚，“三公消费”的真正解决并非亟不可待。而对纳税人来说，意味着企业和个体生活步履维艰，意味着不得不为的偷税漏税，意味着开饭店不得不使用地沟油，意味着人们不得不“缺德”，意味着中国政府更多治理危机的产生。

什么是最大的“治理危机”？从文明变迁的角度来看，答案异常清晰。1642年英国内战，导火索是查理一世缺钱，不得不召开议会向自由派贵族要钱；1789年巴黎攻占巴士底狱，原因在于路易十六缺钱，不得不召开三级会议向第三等级要钱；1773年的波士顿倾茶事件，原因在于北美殖民地人民反对英国政府背景的东印度公司的进出口贸易垄断。这些都是社会动荡，用法国大革命中的一句名言来说，“不，陛下，这是一场革命”。

如果中国特殊论者企图否定这些证据，那我可以继续举例：1895年中日马关条约签订后，国家背负沉甸甸的外债，为了对付国内日益严重的政府财政危机等综合性危机，中国不得不放松了对民营企业的管制，导致了中国民族工业的一个“春天”的来临；与此相伴随的是，中国的制度变革没有进展。1901年签订《辛丑条约》后，中国再次放松对民营企业的控制，革命派和立宪派在赛跑，直到由于财政困境，清朝政府在内忧外患中忘乎所以地将铁路收归国有，四川兴起了“保路运动”，辛亥革命在一种“蝴蝶效应”中出乎意料地成功。

对这个基于中国自己历史的论证，当然还会有论者会指出：这是晚晴，和今天中国的政治社会结构很不一样；全世界最成功的革命传统，给中国留下了最为灵活的统一战线，留下了分类控制的维稳体系，留下了最为坚强的危机动员机制，还有全世界独一无二的“中国模式”。对“中国模式”议论纷呈；但确定的是，这个社会大体上保持了三十多年一贯的稳定，原因在于革命传统成功地接纳了中国社会重视民生的儒家传统，并且在多年国有企业改制（有人说成功，有人说失败）之后开启了10年之久的“国进民退”。看来，只要维持现状，加大民生投入，中国永远不会有真正的抗议，也就永远不会有真正意义上的社会不稳定。

事实上，政府也是这么做的。仍然引用国家财政部的数据：前8月，住房保障支出增幅最高，达1814.04亿元，增长68%；医疗卫生、城乡社区事务、交通运输和农林水事务支出增幅也较为明显，增幅分别为58.3%、43.5%、39.7%和37.7%。从这个数据，我们不难得出，政府在民生方面的投入，远远大于同期全年财政收入的增长。从中，我们能够得出的几个结论是：1、今天政府比过去更加体恤民生疾苦了；2、今天政府意识到，为了国家的长治久安，应该通过对民生疾苦的体恤，来缓解社会矛盾的加深。就决策而言，两个因素都可能有。

不过，政治经济学是去道德化分析的，也就是第一个因素，一般来说，不予考虑。第二个因素则是有据可证的。最近几年与财政收入年年增长相伴随的是，中国的群体性事件一年比一年多，每年都被学界称呼为“群体性事件高峰年”。

2010年上半年到2011年下半年，中国发生的几起比较大的事件有与环保相关的公共安全事件，与农民土地相关的群体性事件，紧急期间个别地方甚至实行了全城的戒严。事件的参与者不再如过去是单一个体、特定职业的维权，而是跨阶层、跨地区的集体抗议。

一切政治最终都是地方的，为了增加地方财政收入，一边向中央要拨款，一边挖空心思掠夺性开发。整个国家陷入了那种互相比赛谁的财政收入增长得更快的、涸泽而渔的、恶性循环的逻辑之中。地方政府被既得利益群体绑架，由于民主和法治的欠缺，激化社会矛盾，引起了民众的集体性抗议。

困境还在于，我们无法用简单的“敌我矛盾”来分析这些抗议。表达不满的人们，其抗争方式是温文尔雅的，是基于非暴力原则的。就性质而言，这些群体性事件仍然是“人民内部矛盾”，但却不是简单地如一些领导干部所说的，“人民内部矛盾是可以用人民币解决的矛盾”。由于国家财政收入的有限，能够安稳解决的“人民内部矛盾”也有限。国家财政收入的分配，也不一定是本着集约化方式进行的。这样，政府管理就存在着巨大的合法性危机。

谈到合法性危机，我们必须分析不受遏制的腐败的三个层次的必然性。

第一层次的腐败是低级的，例如“文革”末期针对知识青年的城市准入的限制，伤害的是部分阶层中的部分人士。当这些人士被伤害之时，另外一些人士可能是乐滋滋的。分类控制的维稳体系的有效性、统一战线的有效性在这个时候特别明显。

第二个层次是在第一个层次基础上的，对部分弱势群体的侵害发展为对全民的伤害。拆迁本来只伤害拆迁户，房价的疯狂上涨却伤害了社会的更多人员。最为典型的是有关食品卫生的公共安全，除了有权享受特供的特殊人员，谁都受害。“温州7·23动车案”，由于伤害到了会大声说话的“中产阶层”，导致了全国3亿条的微博抗议。

第三个层次则是类似1895年的腐败，骄奢的那拉氏居然动用海军军费修建颐和园，激起了社会各界——无论是革命派还是立宪派——不约而同的“下课”呼声。

政府决策一直有个悖论，发展顺利的时候，政治人物常常不思进取，认为一切都好。国家日渐增长的财政收入数字，似乎给这个信心提供了最好的论证。“中国模式”就是在这种局面中出笼的，并且正在严重误导中国的决策者。骄奢淫欲一旦成为家常便饭，迟早会促使财政危机发生，那时体制内外都会依据自己的判断作出新的选择，正如袁世凯对清帝的倒逼。

对今天来说，要趁早吸纳民意。当财政还能增长之时，加快减税步伐以促进民营经济发展，通过司法制度创新保障社会公正。重要的一点是激活人大的财政预算决算审批权，督促党政机关依法治国。基于“无代表，不纳税”的原则，必须保障公民的独立参选权。还是那句老话，“与其信访，不如诉讼；诉讼不成，就去选举；选举不成，我也不知道怎么办了”。

（《改革内参》2011年第36期；

《时代周报》2011年9月22日）

取消公费医疗的制度文明意义

12月8日，南京宣布从2013年1月1日起取消公务员公费医疗制度，将公务员医保纳入到职工医疗保险之中。南京是江苏省最后一个宣布实行此项政策的。早于南京一年，北京市决定，市级机关、市级事业单位、市级高校员工共22万人的公费医疗全部并入城镇职工医保。当时国务院常务会议已确定，中央在京机关33万名公费医疗享受者将于2013年纳入北京市城镇职工医保体系。截至2011年底，全国31个省区市中，已有24个省市取消公费医疗制度，全部参加职工医保。

公务员公费医疗，相对于城镇职工医保，门诊和住院报销比例过高，公费医疗享受者无须个人支付参保费，公费医疗完全由国家财政兜底（也就是国家财政为公务员医保提供无限责任）。因此可见公费医疗待遇，是公务员的一种特权，是这个群体高人一等的表现。

12月11日《21世纪经济报道》的一篇报道对此提供了证明，“谈起公费医疗的弊端，南京某高校的财务处处长对记者表示，因历史原因，一个战功显著的将军级干部的医保被安置在该学校，每年大量耗费的医疗费用严重挤占了该校其他教职工的额度。‘我们不得不在近些年投入巨额资金为教职工购买商业保险以弥补。’”而据广州市人保局数据：2012年广州市公务员公费医疗预算资金为14亿元，占人保局50亿元收支预算近3成，同期广州市210万农民医保费用安排不到8.2亿元，城镇居民和农民的补贴总额仅为公费医疗的52%。换而言之，同样是体制内工作人员，特权性医保侵犯了更多人的基本福利权利；如果不是造成了大量的财政性浪费，至少也导致了公务员与城镇一般居民、农民并不均等的福利权利。

我们注意到：1998年国务院出台的《关于建立城镇职工基本医疗保险制度的决定》规定“城镇所有用人单位及其职工都要参加基本医疗保险，实行属地管理；基本医疗保险费由用人单位和职工双方共同负担；基本医疗保险基金实行社会统筹和个人账户相结合”。该决定将“城镇所有用人单位”解释为“包括企业（国有企业、集体企业、外商投资企业、私营企业等）、机关、事业单位、社会团体、民办非企业单位及其职工，都要参加基本医疗保险”。换而言之，南京在内的整个江苏省，乃是在时隔14年后，才姗姗来迟宣布决定此项政策。

对此，南京有关部门指出，这项政策的出台，在南京范围内并非引起太大的反对。这个现象多少令人欣慰。这么多年，我们发现了一个规律，哪个地方的公费医疗制度被废除得早，当地的“医改”推进就会被大大提速。其中的逻辑是，公务员公费医疗制度的废除，意味着以医保为代表的整体福利制度之确立等方面，公务员不再是简单地思考如何从巨额的国家财政中为自己切到一块更大的“蛋糕”，而是转变为一个普通的“运动员”。由于制度应有的普遍规范性，这位“运动员”必须开始思考：究竟何为民众的普遍利益，“裁判员”和“运动员”的身份应该如何被分开，市场经济和公共决策应该如何树立程序正义之规范。

人类法制史有个经典命题：如果缺乏法治，那么国王或者幕后的国王就是这个国家为所欲为的最高统治者；法治的确立则让法律和背后的程序成为这个国家的“国王”。英国等国的立宪君主制的意义就在于，以“君主虚位”的方式，将法律与程序确认为国家真正意义上的“王”，法官等审判人员则成为被动地、消极地、中立地、居间地执行法律与程序的一颗螺丝，从此法律与规则成为这个国家的“裁判员”、政府成为公平正义的“守夜人”。

将“裁判员”与“运动员”分开的市场经济规则，与古老的罗马法、教会法、普通法的一项基本原则也是完全一致的。一场合格的司法审判，不能法官本身就是原告、被告，而且法官的利益不能与该案件本身有任何瓜葛，否则必须强制性“规避”。实践充分证明，如果缺乏这种将“特权”与“责任”合二为一、从而让“特权”成为岗位责任和法律义务的制度，也就是让“特权”成为官员高人一等的特权（通俗地说就是“人治”），一个国家就不可能有体现公平正义的政治文明、市场文明和司法文明。

回到当代中国的“改革”语境来谈，改革就是要消除这种个人高高在上的“特权”，“改革红利”之再发掘就是在要国家政治社会生活的方方面面，探讨如何系统地摧毁既得利益集团的个体性、阶层性、地域性特权，将“特权”还原为普遍公民的基本道德底线，还原为个体的岗位性责任、法律性义务。

正因此，当前全国范围内的废除公务员公费医疗制度，具有重要的制度文明意义。我们当以此为契机，思考如何系统地促进当下中国的公平正义，从而为国家整体上的自由市场之拓展、民主政治之培育、正义司法之彰显，全面地推进中国制度变革的步伐。

（《时代周报》2012年12月13日）

以行政诉讼变革激活政府限权

近日，“东星集团诉民航中南局停飞行政处罚无效案”终审被广州市中级人民法院判败诉。在二审终身制的我国，如不出现异常现象，东星集团的“维权”是彻底失败了。

被告民航中南局作为民航行政管理部门的特殊身份，决定了这个案子在性质上是“行政诉讼”。由于历史文化传统和当前特殊的政治社会结构的某些影响，在我国，“民告官”一直胜算不大。1990年10月1日起施行的《行政诉讼法》规定，人们只能就行政机关及其工作人员的“具体行政行为”提起诉讼。

以“东星案”为例，只能是民航中南局的相关行政强制措施，而不是该行政机关此次行政决定背后的相关法律依据，也不包括相关法规依据。如果认为相关法律法规不合法而侵犯了其相关权利与利益，只能付诸2000年7月1日起施行的《立法法》。

不过，因为宪法至今并未有真正意义上的司法化，以《立法法》为依据的“民告官”，在中国罕有司法案例。这就深刻地体现了当前官民冲突中民间的弱势地位。

《行政诉讼法》从颁布至今，已经走过了23个年头。在这23年中，“民告官”实行“二审终审制”。事实上也意味着，如果从区级法院开始算起，一般到了中级法院，司法程序就走完了。由于相关法院的低阶地位，“行政诉讼法”第三条所规定的“人民法院依法对行政案件独立行使审判权，不受行政机关、社会团体和个人的干涉”，这在党政权力独大的今天，很有可能仅仅是一个理想。例如行政首长，就可以以党的领导干部的身份名正言顺地否定法院的“独立行使审判权”。

今天的中国，官民冲突早已司空见惯，例如与土地权利、住宅权利相关的维权抗争，各种各样的抗议事件、群体性事件、甚至是大规模的街头维权运动彼此起伏。

如果我们深爱这个国家的和平与稳定，深盼这块大地的公平与正义，我们有义务努力让《行政诉讼法》等行政法律被激活起来，降低“民告官”的制度门槛，使基于程序正义与司法独立的“民告官”成为中国社会的基本维权之道。

我们盼望这种维权之道，不仅在于我们相信“程序正义”本身的弥足珍贵，还在于我们知道，唯有这种机制，才能让街头运动中的愤怒与可能失序转化为法庭上的理性与保守，并最终培育起体现出立宪时代高贵品质的“法学家精神”。

就此而言，中国有必要兴起一场有关行政诉讼的司法变革。

首先，降低行政诉讼的门槛，可以扩大《行政诉讼法》对诉讼范围的限制，规定“公民、法人或者其他组织”可以以《立法法》为依据提起有关立法的行政诉讼。这意味着赋予法院的违宪审查权。由于“违宪审查”是国家行为，且以司法决断为最后决定依据，因而并不具有“社会运动”层面上的“危险性”和意识形态层面的“敏感性”。其次，可以规定突破《行政诉讼法》原有的“二审终身制”的限制，改变为三审终审制，并依据司法现有的民情基础，逐步确定为国家最高法院的终审制。待条件成熟，中国就可以建立起全国统一的宪法法院和行政法院系统，或者在现有的法院系统中增加独立性的宪法法庭和较之当前更具独立性的行政法庭体系。

具体到“东星集团诉民航中南局停飞行政处罚无效案”，以行政诉讼的司法变革激活政府限权的法治机制，可以极大地规范民航领域的行政权力，让航空公司可以不用担心现实中和想象中的非法行政和“为所欲为”，从而全心致力于航空业的专业性发展。

如果说案子有意义，结合具体情况，那就是让我们看到《行政诉讼法》和其他行政法律的变革及其相关制度保障已经显得如此重要。当然仍要强调，这绝不意味着支持或者反对原告东星集团，仅仅意味着我们理解弱者那份显而易见的无奈。

（《时代周报》2012年4月26日）

城管执法权必须由政府垄断

效仿新加坡多元化城管模式，深圳市宝安区西乡街道启动了一项名为“花园街区”的改革，在全国率先引进企业参与城管执法。西乡街道曾为这项改革的“合法”性专门召开专家论证会。据称，广东及深圳发动的一场“解放思想”的大讨论，鼓励改革宽容失败的氛围，终于使改革的设计者如释重负（见2月22日本报A50版）。

有学者指出，“促使政府改变原来不合理的规则，通过立法、决策等程序，把民众创新的新规则变成法律、政策。如果没有这种反思，那民众创新的规则就没有机会变成法律，也就没有改革可言。”可以说，三十年中国改革开放史，很大程度上的确就是一部创制性违法史。例如，当年家庭联产承包责任制就是创制性违法的一个典型案例。由于旧体制的弊端，安徽的那些农民情愿冒着坐牢危险，也要杀出一条血路。然而，此时违法和创新的主体不是政府，而是公民，目的是建立一个自由公正的文明秩序。换而言之，解放思想和制度创新的本意是促进自由公正，不是让政府扩大权力。由此可见，“花园街区”改革与时代精神背道而驰。

深圳大学副教授唐娟表示，在深圳移民城市“小政府，大社会”的困境之下，这种改革是国际最先进的PPP（公私合营）模式的一种尝试。她还说，这其实在国外已有出现，如美国、澳大利亚就将监狱管理承包；委托执法并非不可以，但应该加强监管，以防权力被滥用。对此，需要指出，与中国相比，美国、澳大利亚等国的法治制度已经非常完善，它们是将政府已经相对比较文明的部分业务转给了社会负责，而不是将已经倍受舆论批评的某些执法权交给社会。此外，美国的公民社会之发达，与中国公民社会尚待发育的基本国情相比，就管理素质和社团管理等方面，可以说是天壤之别。如真有心培育中国公民社会，不妨先从其他角度着手，如改革登记制度促进社团自治，而不是在一个敏感问题上动手。

已经被批评为非法的权力的再次转让，并不会改变权力的本质属性，反而会产生更大的争议。涉及到公民财产权和人身权限制的执法权，必须由政府来垄断，必须接受法治精神的严格审查。接受了政府授权的这些企业，是政府的派出机构，并非唐娟所说的“社会”。对此，《立法法》第八条明确规定，认为“下列事项只能制定法律”：……（二）各级人民代表大会、人民政府、人民法院和人民检察院的产生、组织和职权；……（五）对公民政治权利的剥夺、限制人身自由的强制措施和处罚；（六）对非国有财产的征收；……“。可是，如此严肃的事情，西乡街道居然连一个宪法性法律都不去尊重，反而还非法地授予给了企业。

如果引入契约观念，“花园街区”改革的荒谬性更是可见一斑。没有公民授权，就没有政府的合法性。政府与一个企业的契约，遵守的主体是契约订立的双方，而不是未曾参与此项契约订立的其他主体。政府是法律意义上的普通主体，不是公民的监护人和所有者。将城市管理执法权交给企业，公民就有足够的理由质疑：自己既不是这个企业的员工，从来也没有与这个企业签订任何合同和契约，凭什么必须接受这个企业的强制性管理？更何况，对企业的这种授权，本身就可能存在腐败隐患。源头不正的权力，将会导致什么样的执法结果？

宝安区曾经组织法律专家进行合法性讨论，这多少体现了权力对于权利与法律的尊重。这种精神很值得欣赏。这次合法性论证本来是促进政府依法行政的一个良好契机。令人失望的是，这样一个契机最终南辕北辙：在国家主义思维的支配下，在解放思想和制度创新的口号下，反而导致城市管理工作的合法性遭受更多的批评。在如此一个趋向文明的开放时代，我们必须坚定地认为：小摊贩和乞讨人员也是公民，他们的人格与我们天然平等，他们的权利同样应该被政府重视。

我们期待专家在实证法意义上的讨论会，更期待政府组织小摊贩、乞讨人员参加的一个听证会，寻求中国都市文明治理的应对之道和制度创新共识。

（《南方都市报》2008 年 2 月 26 日）

权力被非法转让犯下致命错误

就拙文《城管执法权必须由政府垄断》，深圳大学管理学院副教授唐娟昨日在南方都市报发表了回应。读罢该文，我并没有找到对拙文在点对点层面上的商榷，反而强调这一改革是新制度主义管理学思维下的一种尝试，完全符合国际惯例。

我很欣赏对新制度主义这一发达国家比较流行的制度创新之举。在西乡的这一改革举动中，很多做法在国内也的确比较有开拓意义。争议在于企业被授予的第四个业务。“公共秩序方面，如进行街区管理宣传，劝离在交通要道等重要公共场所经营的小摊贩和乞丐，向公安部门通报现场违法犯罪信息并协助制止违法活动、协助抓获犯罪歹徒等。”对此争议点，唐娟认为，“在西乡城市管理的制度创新中，企业只能行使告之、提醒、劝导的责任，而不享有行政处罚权”。

城管执法大队究竟是一个什么样的组织？对此舆论界比较一致的看法是，它并非一个在法律意义上有明确规定的部门。这就意味着，关于城管执法大队的职责，以及相关的规范，法律并没有明确的说法。每个人都希望自己的城市变得洁净畅通，变得文明有序。可是，如果牺牲国家的法制统一和法治尊严，以使一个城市成为人居好环境，此举对于对法治文明有充分认可的人来说，是不可接受的。面对法治文明这一在现代社会不得不尊重的核心价值，无论是新制度主义也好、旧制度主义也好，也无论是制度创新，还是解放思想，都必须“退居二线”。

其实，从功利主义的角度出发，只要政府还在认可依法治国的治国方略，只要政府基本上还处于一个遵守法律的状态，城管执法大队在事实上的存在，虽然我们看着它很不舒服，但也能允许它在一个特殊状态下存在。但是，这只能是一个权宜之策。对这种权宜之策的暂时默认，并不意味着它真的就具有了合法性，更不意味着它的具体行为就可以享受法治时代的免责特权地位了。

更重要的是，对它的具体改革措施，我们绝对不能允许“错上加错”、“乱上加乱”。在城管执法大队这一组织的法律地位缺失这一基本事实之上，执法权力又进行了非法转让，更为具体地说，是以“公私合营”名义进行非法销售。

政府究竟凭什么授予企业“行使告之、提醒、劝导”的责任？正如我在前文中指出的，引入契约观念，一个公民凭什么必须忍受这个企业的“告之、提醒、劝导”？这个公民可不可以感到厌烦，并拒绝这个企业的“告之、提醒、劝导”？

相信在西乡街道办事处的思维中，公民可以拒绝，但是企业也可以寻求“城管执法大队”的强制执行。问题的吊诡就这样产生了，一个公民“有权利”，但是公民权利是不充分的，随时可以受到自己并不乐意的打扰，另一些公民还有权利请求政府机关进行强制处理。不仅仅是有权利请求，而且是有义务请求。

企业就这样成为城管的派出机构。由于这一体制化的规定，也由于企业追求利润最大化的身份规定，“告之、提醒、劝导”最终成为有强大的利益驱动背景的强制性执法的前奏。接着，这一前奏事实上就是强制性执法的准备过程，最终必然地演变为了强制性执法的一个环节。究竟什么是执法？只有执法部门对当事人使用了强制手段、对当事人下了执法处理书之后才开始算吗？

对此，我是持否定态度的。执法是一个完整的过程，它包括执法前期的调查取证阶段。由此来看，此时的企业，其实是在系统地参与城管部门的执法过程，是执法主体的一种特殊存在状态。不仅如此，这个企业还有另外一个职责，也即唐娟所说的“向公安部门通报现场违法犯罪信息并协助制止违法活动、协助抓获犯罪歹徒等”，超出了城管的职权范围，它又迅速衍变为了公安部门的附属或者派出机关。整个国家政法部门和暴力机关，除了军队，依据职责，似乎它都有份。

作为行政组织的“城管执法大队”，与司法权力相比，天然就有权力扩张的特点。其领导下企业追逐利润的本质属性，以及保障其利润的区别于政府的考核机制，更是必然极大地促进这一权力的扩张性的发挥。可是，有了权力本性的企业，由于改革设计本身的模糊色彩，并没有改变它的“社会”背景。

最终，我们发现了一个更大的吊诡，由于它的“社会”与“政府”的双重属性，公民未必承认这个企业的强制化管理的合法性，企业工作人员却要频频体现其业绩，必然产生更多更频繁的“暴力抗法”，社会矛盾将会进一步激化。由此改革，我们还被呼唤起了民族集体记忆深处的一个伤痛，那就是政府居然可以制度化地引导一部分公民监督另一部分公民，作为自己的“眼睛”和“口舌”，此时，公民的恐惧感必然大大加剧，这种不可预期感又将进一步导致公民对公民、对政府的激烈对抗。

我们可以有种种制度创新，如邀请乞讨人员和小摊贩参加的听证会，寻求给小摊贩提供更好的人文帮助。然而有一种应对之道是最糟糕的，那就是权利、安全和政府权威三者在一个法政文明如此缺失的社会中进行零和博弈。

西乡街道作为政府机关的一个派出机构，就在解放思想的口号下，提供了这样一个答案。最后一点，我似乎更应该指出，制度创新中尝试搬用国际经验时，我们是否准备好了更加完整地、更加精确地理解西方文明国家的种种制度设计呢？

（《南方都市报》2008年2月29日）

全国城管联谊会，NGO 还是 SGO？

目前国务院直属机构并没有“城市管理执法部门”这一编制，省级行政机构也缺乏这一对口编制。就这个角度说，城市管理执法部门是地方政府自己发明的大部委。因为这个部门天然与小摊贩、乞讨人员为敌，加之其基层工作人员多系临时聘用，整体素质参差不齐，常常导致“暴力执法”与“暴力抗法”的恶性循环。

各地政府对此看来没有任何体现法治文明的有效反思。也许人天性就有集合和交流的本能。没有全国性的业务指导部门，在国务院系统之外，他们就自己组织了一个“全国（部分城市）城管执法联谊座谈会”。不仅如此，他们还在全国范围建立很多网络社团。网络社团建立后，还要到现实落地生根，“现正申报主管单位批准，注册后将召开全国城管联谊大会”。

不过，全国城管联谊会的注册，并没有改变城市管理执法部门的非法属性，反而会导致更大范围内的混乱。

《社会团体登记管理条例》第三条规定，“成立社会团体，应当经其业务主管单位审查同意，并依照本条例的规定进行登记。社会团体应当具备法人条件。下列团体不属于本条例规定登记的范围：（一）参加中国人民政治协商会议的人民团体；（二）由国务院机构编制管理机关核定，并经国务院批准免于登记的团体；（三）机关、团体、企业事业单位内部经本单位批准成立、在本单位内部活动的团体”。

显然，城市管理执法部门不是社会团体。更何况，国务院机构编制管理机关并没有核准“全国城管联谊会”这一组织的成立，此组织也非在单位内部活动，所以它必须注册登记。这个现象颇有意思：本来自身组织的合法性就大有问题，却还要在全国范围内注册。于是直接走出错误的第二步。

更大的问题在于全国城管联谊会的主管部门。既为“全国城管联谊会”，其登记管理机关自然应该是国家民政部。可其业务主管单位呢？这就有意思了。教育部？教育部只管教育不管打架。外交部？城管是内政。国防部？虽然有些城管执法大队武装到了牙齿，但好像与国防也不搭界……好像跟谁都攀不上亲。搞不好，最终只能麻烦全国人大常委会和国务院为它网开一面，“法律、行政法规对社会团体的监督管理另有规定”。

如果全国城管联谊会这个奇怪的团体能注册，它还将一举创造诸多奇迹。我们都知道，在现代多中心治理的社会，除了政治国家之外，还有其他自治部门。不同自治部门拥有不同的宗旨，如政党是以争取政权为宗旨的。公民社会其他部门如红十字会、绿色和平组织，各有自己特殊的功能，但都属于“非政府组织”即NGO。

可全国城管联谊会的会员均代表各地城管执法部门，虽涉嫌非法，城管执法部门到底还是被认为是行政部门的。这么一来，全国城管联谊会其实并不是严格意义上的NGO。那它是Government Organization亦即政府组织吗？看来也不是。倘若是，它也没必要跑到民政部门去注册。

全国城管联谊会很有可能是个SGO，亦即Super-Government Organization，中

文称为“超政府组织”。需要强调，SGO一词是本文最先使用的。只是，我们仍无法在中国法律体系中找到SGO的合法性与正当性，一如其生身父母城管执法部门没有合法性与正当性。

《社会团体登记管理条例》第十条还规定，“成立社会团体，应当具备下列条件：（一）有50个以上的个人会员或者30个以上的单位会员；个人会员、单位会员混合组成的，会员总数不得少于50个；（二）有规范的名称和相应的组织机构；（三）有固定的住所；（四）有与其业务活动相适应的专职工作人员；（五）有合法的资产和经费来源，全国性的社会团体有10万元以上活动资金，地方性的社会团体和跨行政区域的社会团体有3万元以上活动资金；（六）有独立承担民事责任的能力。”

法律法规学习到这里，我们最终还要质疑，“有合法的资产和经费来源，全国性的社会团体有10万元以上活动资金”，全国城管联谊会所需的这些资产和经费到底来源于谁呢？是地方城管执法部门领导多得没地方花的个人积蓄，还是多得没地方花的国家财政拨款呢？

城管执法部门是一个怪胎，即地方行政权力缺乏制约和规范的产物。今天，它的为所欲为的权力还在进一步扩大，并且开始冲击国家社团管理制度。

实践表明，如果不落实法治制度，不保障公民对政府的监督权，人大不能有效监督行政部门，不论政府机构如何改革，政府机构的精简与效能化都有可能失败。所谓SGO这一庞大“利维坦”，一旦呱呱坠地并茁壮成长，摧毁的必然是中国的法制统一和法治尊严。

写到这里，我们真心希望全国人大常委会，能组织宪法学者、行政学者，包括小摊贩和乞讨人员在内的立法听证会，给全国各地的城管执法部门一个名分，让城管执法部门被明媒正娶，而不是做地方政府的月下情人。如果不愿意给这个名分，不如干脆光明正大起来，逐步废除各地的城管执法部门，让国家政治生活回到法治轨道上来。

（《南方周末》2008 年 3 月 12 日）

“大城管”改革更要回到法治轨道

近日，由住房和城乡建设部批准立项的《中国城市综合管理体制及其运行机制研究》课题组就该课题大纲开始向公众征求意见。此项研究建议，各地成立由市长牵头的城市管理委员会。住建部政策研究中心城建管理研究处处长翟宝辉称，将一个城市多部门的城市管理职能协调统筹，形成“大城管”格局，有利于建立城市管理的科学概念体系。

这个课题要解决的是一个历史难题。长期以来，中国城市管理一直是个老大难问题。据说因小摊小贩太多且无证经营，给城市卫生、交通、治安带来了大麻烦，损害了城市形象，于是各地方政府纷纷组建了具有地方特色的城管执法队伍。与国家统一编制的“公安局”、“教育局”等部门不一样，这个部门爱怎么叫怎么叫，在广州叫做“城市管理综合执法局”，在北京叫做“城市管理综合行政执法局”，在武汉则叫做“城市管理局、城市管理执法局”；并且各有各的挂靠部门。

区别于其他执法机构，城管执法机构的特色在于，在国务院它找不到对口的领导机构，地方政府的城管执法机构一直缺乏全国性的立法管理。这就产生了悖论：一个被地方政府寄予厚望的执法机构，居然没有法定地位和严格的执法规范。此外，非公务员的外聘来源，导致城管从业者来源混乱，素质不一。为表现自己的工作业绩，这些非法执法者往往与为了生计奔波的流动人员发生尖锐冲突，由此引发的暴力冲突层出不穷，令城管队伍整体上承受舆论的巨大压力。

就上述问题，课题组有针对性地提出，城管的职责由住建部归口管理，以城市建设司为基础，组建城市建设与综合管理司，或单独设立城市综合管理指导司；大城管主任由市长兼任，分管副市长任副主任，城市管理委员会办公室设在城市综合管理局内，局长兼任办公室主任；化解多头管理。

课题组还提出，“城管应该管也只能管城市基础功能和城市公共空间，而衍生功能即人类各种政治、经济、社会活动，则不应当由城管去管理”，“化解城市公共空间管理矛盾的关键点，在于给予弱势群体尽可能多的实际可分享空间”。

相对过去很多治标不治本的建议，这个建议直面了城管的合法性和制度性问题，有明显的进步意义。作为最高一级政府部门，住建部能如此认真地提出维护公民权利和保障弱势群体的这一体现公平正义价值取向的观点，值得被舆论界充分肯定。

对这次城管改革，我们当然还抱有更高的希望。那就是好愿望的落实：必须从《国务院组织法》和《地方各级人民代表大会和地方各级人民政府组织法》等国家立法层面，彻底解决中国城市管理执法机构的合法性问题。

具体说来，首先是将城管执法人员纳入到《公务员法》的管理范畴中去，改变过去那种聘用城管人员无法可依的局面；

其二，要彻底解决城管执法的合法性授权问题；

第三，如果城管必须有执法权力，一定要明确城管执法的规范和限制问题，对城管执法中的非法行使，要充分确立民权救济机制，在制度上为行政复议、行政诉讼提供足够的司法空间，使民告官有成功的可能；

第四，基于精简政府机构、建设“小政府”的目标，应考虑发展社会中介组织，加强民众自我管理、自我组织、自我监督的能力，这样城管的矛盾焦点就不会集中在政府身上；

第五，无论全国人大及其常委会，还是其他国家机构，以及社会各界，都要认真探讨这个课题，以推动在制度层面完成城市管理朝向法治轨道的真正转型。

（《东方早报》2009 年 8 月 16 日）

保护工薪族和中产阶级的个税原则

税收的合法性在于能保护和促进公民的自由与福利。这个言简意赅的表达概括了人类文明传统中关于政府与税收的最传统的说法。

关于自由与福利，在西方政治思想史上则区分出了两种不同的思想流派。前者认为“管得最少的政府是最好的政府”，这个政府只要保障和平与秩序，实现基本的公平正义就可以。

后者认为政府还有义务保障公民的福利与幸福，因而主张政府以必要的手段（包括税收）来减少贫富差距。这种思潮的一种变种则在北欧福利国家异常流行。在西方各主要发达国家，无论其流行的政治经济学学说有何种差异，税收主张有多么大的差异，这些社会在基本的政体精神和正义之道上具有相当高的一致性。它们都共享一种最基本的底线性原则，那就是以司法独立为保证的公平正义原则，将税收与公民代表权结合在一起考量的代议制政府原则。

与此相伴的另外一种解说则颇具“中国特色”：将税收简单地当成减少贫富差距、促进公平正义的手段。在这种手段看来，只要从富人那里征收一定数量金额的税费，政府就有能力、有道德，公平地从事教育、医疗、养老等各种福利事业，最终促进每个社会个体在社会经济地位上的平等权。

每当中国要增加一样税种，总有一种声音谈论其意义是扩大财政收入，减少贫富差距，促进公平正义。例如，最近重庆和上海开始征收的房产税这项财产性税收的一个理由就是能降低房价，增加限价房和廉租房。在他们看来，扩大财政收入、减少贫富差距，就能促进公平正义。

无数的政治经济学分析方法可以证明这种对期待“好人政府”的看法必然无法达成他们所鼓吹的那种美好状态。近十余年来，中国的税收增长和贫富差距扩大局面的同时存在、互相促进的现象，可以构成对这个结论的一个有力证明。

根据2007年12月修改的《个人所得税法》第一条规定，“在中国境内有住所，或者无住所而在境内居住满一年的个人，从中国境内和境外取得的所得，依照本法规定缴纳个人所得税。中国境内无住所又不居住或者无住所而在境内居住不满一年的个人，从中国境内取得的所得，依照本法规定缴纳个人所得税”。

这部法律体现了中国一贯的税收原则，例如第二条“下列各项个人所得，应纳个人所得税”的最后一点是“经国务院财政部门确定征税的其他所得”，第四条“下列各项个人所得，免纳个人所得税”最后一点是“经国务院财政部门批准免税的所得”，第五条“有下列情形之一的，经批准可以减征个人所得税”最后一点是“其他经国务院财政部门批准减税的”。也就是说，在中国大陆，对公民税收具有征收权和免征权的具有生杀大权，看似在全国人大及其常委会，事实上在“国务院财政部门”。也就是说，国务院相关部门（其实是国家财政部和税务总局）具有说了算的法定权利。

正是因为具有征税的一言堂的权力，2011年2月1日财政部公布的“2010年税收收入增长的结构性分析”指出，2010年全国税收总收入完成73202亿元，比上年同期增长23%。2010年我国个人所得税快速增长，实现收入4837.17亿元，同比增长22.5%，比上年同期增速加快16.4个百分点。个人所得税收入占税收总收入的比重为6.7%。2010年个人所得税快速增长，实现收入4837.17亿元，同比增长22.5%。

而国家统计局1月20日公布的2010年全年经济运行数据则表明，2010年全年国内生产总值397983亿元，按可比价格计算，比上年增长10.3%，增速比上年加快1.1个百分点；全年居民消费价格（CPI）同比上涨3.3%，12月CPI为4.6%。全年城镇居民家庭人均总收入21033元，比上年增长11.5%。”财政部和统计局两个部级单位公布的数据表明，中国的确在加剧“国富民穷”。

必然有人会指出政府的税收将会“取之用民，用之于民”。事实上，根据国家财政部网站公布的“2010年财政收支情况”：“主要支出项目情况如下：教育支出12450亿元，比上年增加2012亿元，增长19.3%；医疗卫生支出4745亿元，比上年增加751亿元，增长18.8%；社会保障和就业支出9081亿元，比上年增加1475亿元，增长19.4%；住房保障支出2358亿元，比上年增加553亿元，增长30.7%。”

也就是说，中央财政用于民生的增长，仍旧低于税收的增长。虽然这个数字相比过去，令人尚有欣慰。但麻烦在于，这组支出数字，并没有令人有生活细节上的愉悦感。也就是，支出中究竟有多少平等分配仍然令人怀疑。

《南方周末》2010年12月2日的一篇文章曾经指出，“我国当前的个人所得税并不能起到多少控制贫富差距的作用……目前的所得税累进制，主要适用于工资，而高收入人们的主要收入来源并非工资，而是其他所得”。这篇文章建议说，“最重要的是把义务纳税人从付款人转变为受款人，也就是得到收入的个人……纳税人应该按年度申报自己的收入。税务局按照他一年的总收入和累进制的税率评定他的纳税等级和纳税数量。如果发现瞒报个人要负全部责任。这种办法实际上也是现在发达国家一般采取的办法……即使现在没有完整的个人档案，但采取个人申报加抽查的办法，同时保留现有的征收制度，也应该比现在的办法更合理一些。”

应该说，这篇文章仍旧没有考虑到政府寻租的可能性，认为改进征税方法就能促进个人所得税的合理征收。而导致其产生这个盲点的因素在于作者自觉不自觉地认为：公民具有绝对义务养活政府，政府具有绝对权利向公民征税；政府有义务思考的，仅仅在于它应该向公民“公平正义地”征税，而不是实现财政的民主化和法治化。因而，即使带有某种美好期望，由于国家主义层面的技术性思考，实际上导致政府权力的过分扩张而伤害经济发展。

放在一个更大的社会发展和文明转型的背景下观察，还难免伤害中国正在成长的中产阶级队伍。公民有了点工资性收入，政府就必然要征税；那些具有多项收入来源的公民，税收的原则是让他们绝不被落下……这篇文章所要达到的目的就是，在中国境内消灭任何可能的合理避税。这里的意思还是，因为个人所得税的存在，工薪族每一笔收入的第一笔支出，就是国务院财政部门的收入。

这等于说，那些想投身实体经济的潜在的中小企业主，在这样一种税收原则下，除非他们合法地买彩票得到一笔巨额资金，他们将必须每个月算计自己手上的包括工资性收入在内的所有收入，扣除各种税收后还有多少，接下去则是各种衣食住行费用的支出，然后才能够自由地支配那些承载自己投资梦想的微薄收入。

尤其是今天当个人所得税的起征点被定为区区的2000元。北京市区五环内的商品房价格动辄在30000元以上，在海淀区60平方米的两室一厅的月租是3000元上下，以致更高如四五千。这意味着，如果一个工薪族的月收入是3000元，他就是传说中的“蚁族”，还要随时准备被北京市政府千方百计地、“合法地”、以市场的和行政的方法驱逐。这些“蚁族”什么时候成为小康之家、成为中产阶级？

我们都知道，在中国，对很多人士来说，必须买了商品房，才能从原来的强制性集体户口（农村孩子上大学后，户口曾被强制性地转到城市）转变为以商品房为载体的非集体户口。由于农村缺乏西方国家意义上的全民社保制度，这些“城里人”仍然要赡养农村里的老人，还要承担自己的婚嫁、孩子抚养义务。

在我们周围，既有无法实现小康生活的“蚁族”，也有各种看似拥有高收入的白领阶层。外资企业员工可能年均收入在十万元左右，由于北京居高不下的房租和商品房价格，他们被迫承受一笔非常无奈的巨额支出，成为“房奴”。

根据北京市统计局1月份公布的数据，全年城镇居民人均可支配收入29073元（扣除价格因素后，实际增长6.2%），结合整体物价（包括房价），我们更是可以确认：中国制定的几年不变的以2000元为起征点的个人所得税的实际性效果是消灭70后、80后、90后的潜在的中产阶级。

综上所述，如果中国个人所得税要想能够实质性意义上促进中国的公平正义，必须具有一系列条件：

首先，这个国家必须大幅度提高个人所得税的起征点，不是2000元，也不是3000元。

第二，某些税收应该根据地方经济发展经济程度来确定，实现省级独立治理。如北京，必须在6000元以上，越高越好。如浙江省杭州市，同样的高房价，应该在6000元以上。某些二三线城市，则可以确立为4000元的起征点。这个起征点的确认，必须经省级及以下代议机构的讨论和批准。

第三，政府可以对巨额遗产征收严厉的遗产税。那种根据血缘来确定财产归属的做法是违背平等原则的。良好的公共政策应该大面积地减少官二代、富二代的存在。为此，政府应该为各种公益和慈善事业减少税收，落实并扩大类似事业的免税机制。

第四点，鉴于中国特殊的以家庭为单位的社会保障体系，个人所得税应该以家庭为单位、根据家庭的全部收入与支出进行征收。由于个人生活与家庭生活可能陷入某些临时性或者永久性困难，政府应该完善退税机制，实现动态性征税。从技术操纵角度来说，必须有完善的个人信息和家庭财产信息档案。

最为重要的是，这个国家必须实现“无代表，不纳税”的现代税收原则，必须将政府从“善”的促进主体转变为“正义”的保障主体。由此，政府必须实现机构的精简和效率的提高，严厉杜绝人浮于事的官僚弊病。从而精简财政支出，将各种不必要的浪费转变为实实在在的民生方面的投入。如果纳税人不能享有与其义务相一致的权利，公民就会认为逃税漏税是天经地义。

反之，如果继续苛捐杂税，这个国家通过经济变革形成橄榄型社会、促成政治变革的中产阶级基础的发育就只是一个梦想。英美法等国经济危机促成财政危机，财政危机导致公民抗税，进而导致大规模动荡局面的历史，可谓是前车之鉴。

（《新产经》2011年第2期）

民间化：避免政府决策急性子病

什么是智库？不少人第一印象是神秘、高深、专业。

我们看到，一些机构的研究成果未必在各类学术刊物和大众媒体中发表，而是以多种方式内部阅读、研讨，为党政机关提供决策咨询服务。根据通行的解释，“智库又称智囊团，是一个对政治、商业或军事等政策进行调查、分析及研究的机构，通常独立于政府或政党，不少与军事、实验室、商业机构或大学等有连系，部分以‘研究所’作为名称”。

认真对待这些“智库”的现状与问题，对政府决策和国家治理有基础性作用，也有利于我们在实际层面对中国社会的发展有一个理性的反思。

“学术无禁区，宣传有纪律”

在1949年后的革命与建设传统中，知识分子是比较特殊的一个群体。对这个群体的态度，究竟是“统战”的成分多一些，还是“限制”的成分多一些，很大程度上体现出了这个国家的开放程度。

1956年4月28日，中共中央政治局扩大会议指出“百花齐放、百家争鸣”，是中国发展科学、繁荣文学艺术的方针。5月26日，当时文化领域的主管部门指出：“在学术批评和讨论中，任何人都不能有什么特权，以‘权威’自居，压制批评，或者对资产阶级思想熟视无睹，采取自由主义甚至投降主义的态度，都是不对的。”

这个方针到现在，其基本精神一直没有改变。2013年5月底，教育部印发的《关于加强和改进高校青年教师思想政治工作的若干意见》强调，坚持学术研究无禁区、课堂讲授有纪律，杜绝有损国家利益和不利于学生健康成长的言行。

由于国家整体的“改革开放”和“市场经济”，“禁区”的内容一直在变化。80年代“市场经济”是个敏感词，到了1992年“脱敏”了；上世纪九十年代初期“法治”和“人权”是敏感词，到21世纪初期这个词语也“脱敏”了。“脱敏”词语的扩大，体现了国家的进步。

2009年，我参加社科院组织的“底层研究”的培训班。一次讲座后，来自地方高校的一位青年教师提问，“您觉得中国未来县政改革的出路是什么”。听到提问，来自社科院社会学所的“权威学者”脸色立即发生了变化。青年教师意识到了问题，马上解释，“我说的是县级政权的改革，关于乡镇政权的改革与‘省管县’”。误解澄清后，这位“权威学者”继续侃侃而谈。

如果说“宣传”涉及到价值观问题，价值观涉及到某些重大而“只可意会不可言传”的深层次话题，那么有一些社会问题，也会因此“敏感”起来，以至于社会上为类似话题争论得“面红耳赤”的时候，外界发现体制内的智库似乎仍然假设这些问题不存在。

学术研究是有课程设置的。例如国务院直属事业单位中国社会科学院这一“智库”的相关部门，是根据学科设置来分工的。有一些社会问题，明显看是某学科的问题，实际上却涉及到其他学科。为了立项方便，就由某智库中的某个部门来操作。有些部门和特定的国家部委有密切的业务联系，因而容易受后者所影响而丧失独立性；其他部门却无法对此立项。

研究若不足，政府就被动

很多社会问题本不是敏感问题，是底层研究的“实证”话题。“没有调查就没有发言权”。全国性的大型课题动辄需要上百万资金，这些研究的良好进行必须由国家财政来提供财政补贴。然而，由于一些既得利益集团动辄以意识形态之理由阻止相关课题立项，导致在一些重大问题上，国家财政提供资金支持的“智库”无法体现其职能。

国内话题缺乏研究所导致的问题未必过分严重。“智库”的“局限”可以由一些负有重大任务的国家部委来弥补。

举例而言，最近几年来随着“社会管理创新”这一话题的屡屡被提起，中共中央政法委系统内的一些国家机关，由于具体业务中具有调查权和执法权，可以命令各地部门收集整理当地和全国范围内的相关数据。由于这些部门的业务明显属于《国家安全法》所规定的业务范围，因而不受“学术无禁区，宣传有纪律”支配，反而颇有成果。

可是，这不是一个正常的现象。至少说明了，相关的“智库”对不起国家给它们的财政支持和各种行政地位。由此导致了另外一个现象，那就是政府机构改革无法深入下去，以至于改革到了关键环节，总觉得为了稳定不如不改。

这种制度性困境是会给国家带来难以化解的治理危机的。我们可以举例。

大约在2010年年底，突尼斯发生了“茉莉花”街头抗议运动，直到政府垮台。接下去是埃及和利比亚的政权更迭。有资料显示，中石油在建和投资项目潜在损失约为人民币12亿元。由于中非经济合作项目多以双边政治关系为基础，其安全性很难被保证。北非动荡时，外交领域的“智库”和相关部门颇受国家重点部门之指责。

相对其他国家部委收入低，作为业务部门的外交部很难留住人才。国内公务员的非工资性收入，主要取决于该部门的敛财能力。外交部在省级及其以下，几乎没有下属单位，且在国内没有多少业务，因而不具备和“市场经济”相关的太多额外收入。就整个国家而言，专门研究“北非”的也就几个官方“智库”，最主要的就是社科院的“西亚北非研究所”。

如果说有些问题会被认为是“敏感问题”，北非西亚研究并非敏感问题。今日中国处于一个信息化的时代，互联网络发达，其他国家的政治上的变动不难与中国发生联系，以致于在国内转变成了“敏感问题”。互联网上的喧嚣与实际街头的变动未必有正相关关系。可是，这种喧嚣直接导致了相关部门的警惕和过分反应。究其原因，在于“智库”们没有就此提供充分的调查研究，而由于涉及到全球，又远远超出了国家部委的调查能力。

相反，美国在对北非变局的反应远远比中国主动。与中国数目仅为几十人的团队相比，美国对阿拉伯地区有数万人同时在研究。单单高校内就有二十多所大学设有中东研究所、研究中心或研究室。除此之外，美国还有一系列的跨国公司、驻外媒体，以公民社会和对外援助为目标的“非政府组织”从事相关研究。对这些研究成果，政府可以有计划地进行商业采购。多家研究机构为了竞争，必须对研究成果的可信性予以重视。这种市场化的运营方式，避免了中国官方智库的局限。

政府治理和危机应对中的被动局面，有更为系统的制度性、结构性成因。关键就是研究的不足。笔者一次和中央党校的蔡霞教授交流；蔡教授一针见血地指出，如果中国有什么难以克服的危机，的确很有可能出现在某些不让研究、不愿意研究的重大问题之中。

因为研究的不足，政府的反应往往会超乎预料的被动。关键时刻，政府手忙脚乱，急性子解决问题，内外交困，这样就不是缓和矛盾，而是制造问题、成了“麻烦制造者”。

愿意做“冷板凳”的人更值得尊重

社会治理与政府危机应对中最糟糕的就是“恐惧”。“恐惧”缘于对未来的深刻的不确定性以及对其他人群的深刻不信任。人与人之间减少不信任的最好办法是加强交往，互相了解，在最基础的底线性正义上达成共识。减缓“不确定”而来的忧虑之道是调查研究，认识到未来发展的必然趋势，相信人类在这种大趋势中有一种对道路、对真理、对生命的敬畏和顺服。

这个世界本没有“敏感”话题。与“恐惧”在一起，“敏感”实际上是缺乏信心而产生的一种幻觉。古老的中国寓言中有个“扁鹊见蔡桓公”而后者“讳疾忌医”的故事。我们一再提到“调查研究”与“脱敏”对党政决策的基础性意义。不得不承认，在如此一个全球化和社会交往日益网状化和“网络化”（前者是就社会交往的组织形态而言，后者指的是互联网络对公共交往的影响）的时代，以官方为背景的体制化“智库”已经无法为政府决策提供充分有力的信息来源和资料整理工作。

这还意味着中国到了一个在官方“智库”层面如何促进这些“智库”务实研究的问题。而从市场竞争的角度来说，当民间“智库”发展起来，给官办“智库”足够的压力，足以让官办“智库”减少由于行政化而来的官僚化等恶习。

不要对民间“智库”在价值观和实际运营中有那些不应有的不信任。“智库”是有利益的，彼此制衡，其竞争整体上导致其研究趋向主流话语，主动迎合体制和大财团的需要。

美国外交关系委员会副总裁卡伊・金曾提出，对于智库而言，应该依赖于里面的专家的宝贵知识，才能够让政府更加有资源制定长期的战略，引导整个国家和社会向前发展。

换个思路来说，那些愿意“坐冷板凳”的“智库”更值得尊重。这些为主流媒体制造新闻分析“范式”的“智库”，往往为国家危机提供宝贵的“预警”。政府应该主动采购这些“智库”的研究成果。不要担心这些“智库”会做一些超出体制承受力的事情。

为了营造智库竞相出现的良好局面，要进一步使政府背景的各种事业单位民营化，督促他们直接进入“智库”市场。这是事业单位改制的重要环节，也是社会建设的关键所在。

另一关键则是为民间“智库”松绑。探索以何种方式修改1998年颁布的《社会团体登记管理条例》，实现该条例第一条所承诺的“保障公民的结社自由”，例如大大降低“智库”的运营条件，使一般公民无需寻找主管部门即可直接在民政部门注册“智库”，且在税收上得到优惠乃至被减免，就显得特别重要。

（《廉政瞭望》2013年第13期）

为什么地方官“怕”内参

一南一北，2013年的中国地方政治出现了两起具有标志性意义的事件。

首先是云南的假冒中央机关工作人员的事件。3月下旬，曾多次冒充国务院政策研究室司长等身份赴湖南、云南、辽宁、山东四省多地考察调研的赵锡永被抓获。事发后，被骗的地方政府纷纷说没有产生财务损失。另一起则是发生在内蒙古的假“内参”事件。2012年10月，呼和浩特市建设委员会收到假冒“全国思想政治工作委员会（中央）构建和谐社会课题组”的一份“要情通报”。

这份假冒材料反映该市在建项目拖欠农民工巨额劳务费情况，并如此恐吓：“由于上述事宜涉及政策性强、社会影响面宽，且紧临十八大政治敏感期，课题组暂以《要情通报》形式，首发当地党委政府，且特别补发呼和浩特市建委，二十个工作日后，视情而定作为典型材料上报国家相关部门和领导参阅批示。”

无论地方官在基层民众中具有多么“一言九鼎”的地位，假“内参”还是让他们低下了头，并在半年间被折磨，直到2013年春天。

内参能“通天”

在中国，拖欠农民工工资，各种伤害普通民众的权力和利益的案件，可谓是“铺天盖地”。普通公民“有冤无处申”。由于社会不公中地方政府的不作为，甚至地方政府本身就是问题制造者，让各门户网站及其“微博”网站取代法院成为了民众的维权机制。

然而，一旦与“内参”联系起来，对地方官来说，民众的维权案件，就有了那种内心隐隐作痛的压力感。无论曾经多么趾高气扬，一旦想着即将面对国家部委以及更上头的中共中央和国务院，话题的“性质”对地方官员来说，就发生了重大的变化。因为在他们看来，到地方调研的那些“官员型学者”，形形色色的“内参”，就是这种能够“通天”的联系机制。

著名作家高晓声在《极其简单的故事》一文这样叙述：“那信的屁股后头，居然有两个县委书记加了批示。一个认为‘意见很好，应该支持’；另一个则批道：‘建议在内参上发表。’”

发表于香港《凤凰周刊》2005 年《内参揭秘》一文中，作者谌彦辉这样介绍这个国家的“内参”体系：“大陆官方新闻机构都有专为各级领导采写和编译国内外重要新闻的任务。这类新闻统称内部参考资料，简称内参，大都被定为国家秘密，有多种秘密等级，只供相应级别的官员阅读，为他们的决策提供参考。普通人没有机会阅读内参，一旦得到并透露给境外媒体或人士，就可能犯泄密罪而入狱。下级官员没有得到允许而获得或阅读了上级官员可以阅读的内参，也可能泄密。”

让内蒙古地方官寝食难安的就是后者，中国特色政治的一种，地方官员眼中能够“通天”的一种具有“保密”特点的新闻材料。

过度阐述和过度解释

“内参”让地方官员心惊胆战到什么地步，我可以以我的工作经历来举个例子：某地的地方性改革陷入困境，为了推动改革深入持续下去，好促进市场经济和经济的公平正义，我建议当地决策咨询委员会组织一个课题，在《改革内参》的“高层报告版”发表。当时完全没想到，当地官员经层层请示给我答复，怕中央领导看到“改革建议”后不满，还是不要发了吧。

其实，大凡在内参系统中工作过的媒体工作人员，例如新华社、人民日报和《改革内参》这三个国家最主流的内参工作人员，都清楚知道自己在的体制内决策咨询地位的实际影响力。用钱钟书《围城》的观点来说，里面的人觉得自己不过如此。正如《凤凰周刊》这篇文章所介绍的，“资深内参记者说，内参取舍新闻，依据一些模糊的政治尺度，没有一个硬性框架。政治尺度的设定取决于两方：一方是中央文件和中央领导的指示，另一方则是新闻媒体负责人的判断”，“曾经写过内参的前官方媒体一位资深记者介绍，国内内参主要报道重要时政动向、负面新闻、争议话题、突发事件、重要技术突破、基层民意等敏感内容。官方宣传部门一般认为这类内容不适合公开报道，但又必须让中央知道”。

类似的事情在中国真是不少。正如 2013 年 1 月 6 日《中国青年报》发表评论员曹林的《让“人民日报评论员”不再神秘》一文指出，“在很多人的心目中，‘人民日报评论员’不是一个评论员，写的也不是评论，而是代表着一种政治规格和政治风向，代表着中央的声音和高层的取向……过度阐释‘人民日报评论员’和过度解读‘人民日报评论员’已经成为一种习惯，这当然是不正常的……很多时候就是编辑部想对某个热点表明报社立场和态度，发出自己的声音而已，哪里有那么多的背景。”作为曾经的中央级媒体工作人员，我的经验告诉我，同为中央级媒体工作人员的曹林这个说法是完全符合实际情况的。

诸多事件充分了证明两个现象。第一个是当今的体制仍然奉行一种“内外有别”的“小圈子”文化。这里的“小圈子”，有别于社会层面的小圈子，而是说这个国家被迥然有别地区分为“体制内”和“体制外”。伴随着严重的分配不平等，是难以填补的“信息不对称”。另外一个则是体制内部的上下级关系中体现出“金字塔”特点的“信息不对称”。有些“内参”是“绝密”的，连部委领导人都不容易看到；有些“内参”保密期为“半年”，只要“处级”就能看到。

根据《保密法》，一般的省辖市并没有权力形成“秘密”文件。也正是这些地方机构，由于基于维稳等考虑的“一票否决制”，以及这个权力体制的封闭和家长制，地方官员对那些打着中央名义的“内参”充满恐惧，唯恐影响自己的乌纱帽。

“内参政治”的后果

解决这些问题，从大道理和大方向来说，是比较简单的。首先是国家规则的法治化，然后是政府活动的公开化，最后是政治参与的民主化。然而，任何理想主义的制度设计，要成为被体制认可并且大力推动的现实政治，中间有一个漫长的过程。

正如媒体指出，“从内参上送到问题的最后解决，都为秘密操作。如果处理结果公开，则会形成同类问题的解决，甚至推动一项政策出台。如果处理结果不公开，则解决的只是单个问题，不会在社会上形成舆论压力。处理结果不公开，也可能是领导批示了也没解决问题，或根本就没有批示。事实上，后两种情况更多”。

这里是说，只要体制不致力于以“改革”来推动法治，从传统的付诸于官员人格的“事件正义”发展为普遍性的“制度正义”和“终极正义”，“内参政治”就有其土壤。甚至就权力本身来说，“内参政治”的这种独特后果之享受，可谓是官员身份及其权力的象征。

对遍布中国大街小道，与普通民众有别而又在体制内居于低等地位的基层官员而言，“内参政治”的这种特点，决定了“假内参行骗”这样的案件不可能彻底杜绝，也就意味着某些“小官员”必然终日生活在“恐惧”和“自大”的交替生活中。

而对媒体来说，“内参政治”也意味着这个国家新闻媒体的批评权、监督权和表达权没有得到切实的尊重。当他们试图为国家公平正义“鼓与呼”时，就不是西方媒体的“第四权”，而是政府权力的一种行政附庸。对他们来说，最大的风险莫过于，伴随着社会信息化程度的日益提高，对政府的作用日益降低，也意味着政府有可能放弃对他们的政策保障。

其实，从愿意为媒体写作稿子的学者来说，在“内参”频频发表文章，意味着他们及其关心的话题失去被体制内外公开地、大规模地讨论的机会（我在《改革内参》工作的日子里，几乎很难见到读者认真写邮件对“内参”内容发表重大的看法）。

被中国特色的“内参政治”伤害得最深的是依然体制外的那些底层民众。无论是公开的还是封闭的媒体平台，都很难解决他们的具体问题，更别说是普遍的痛苦。

（《廉政瞭望》2013年第9期）

"读书无用论"和底层年轻人的辛酸

我这样的"80后"，是可以借用"改革"时间表，来填写自己人生日历的。改革开放三十周年，我也就在开始逐步告别自己生命中本该最为阳光的10年。改革开放30年了，市场经济17年了，回忆起自己的人生岁月，当初无论如何想不到的是，短暂的三十年不到的生活，我居然经历了两次"读书无用论"的大发作，而且先后忍受了其中几乎所有的苦与痛。

1992年下半年，我刚上初中。南巡的邓小平发出了"谁不支持改革开放，谁就下台"的警告。紧随其后，中共"十四大"便宣布中国开始建设社会主义市场经济。那时，金华来了一位新的市委书记，代替那位尸位素餐的老书记。新来的这位仇书记年轻有为，充满干劲。在他的领导下，金华进入了江南时代，经济建设开始迅速发展。邓小平要求上海"一年一个样，三年大变样"，当时的金华也做到了。我们都为家乡发展的日新月异开心无比。出人意料的是，快速发展的金华，"读书无用论"盛行。全村上下都认为上学没前途。我刚念高中，有位老人善良地劝告我不要增加父母的负担，"你看村里的谁谁读了高中，又怎么样？"当时的农村初中，教师天天想着发财，或者转到城里去工作。我的学校管理混乱不堪：整个初中成为全乡治安最糟糕的地方。我所在班级53位同学，只有我考上了高中。初中毕业后，我的同龄人纷纷外出打工做生意。父亲回家就发牢骚，责备就我不会赚钱。我当时年幼无知，不知道如何和长辈交流，只好吵架，常常离家出走。好几次，我妈妈对我说，要理解她的两头为难，爸爸干活真的很累，她必须像哄小孩子一样哄他，否则家里靠什么过日子？

过了十几年，江时代结束了，"胡温新政"好几年。除了少数被表示不屑与之对话的"毛派"，中国的市场变革几乎成了共识。说是"共识"，也许那只是知识精英和政治精英默然达成的一个共识。中国社会，大多数永远是沉默的，他们常常游离在主流话语之外。这个话题暂且搁置。2004年，我大学毕业。我读的是师范大学，与我的同学不一样的是，我没有进入教育体制，而是自主选择体制外的独立生活。说独立也没有真的独立。有长辈学者对我说甘阳、汪晖如何地为体制说话，潜意是自己多么地独立。我哑然失笑：你有我独立吗？从出生到现在，人民政府的财政局没给我发过一分钱的工资。当然这个也打住，没什么好说的。

与我所经历的第一次"读书无用论"大发作相比，新的"读书无用论"有新的逻辑和表现方式。最近，重庆市招办透露，2009年重庆市应届高中毕业生中，有上万名学生没有报名高考，占应参加高考人数的5%。这些考生大多来自农村。重庆市招办人士分析说，是今年就业形势严峻使得"读书无用论"蔓延，并导致农村考生弃考。全国性经济危机的原因，不需要我们说明。大的危机下，总要有人受伤。除非试图走向动员，对谁道德批判都没用。

我从西南师大中文系毕业的时候，正好是2004年。危机前夕的那几年，我们发现，整个市场不是被权贵部门垄断，剩下的就是被先富起来的人瓜分完毕。年轻人想赚钱发现第一笔投资怎么也筹集不起来。文科生除了通过考试成为低级公务员、作为师范生成为一个普通教师，几乎没有更多的发展空间。找一份令人尊敬的工作，年轻人想着想着就要哭起来。所谓高校，无论在职教师多么地不学无术，招聘时开口就要人家拿出博士学历，最好是名牌大学学历。广州一位时评作家对我说，他不进入高校、进入媒体，就是因为广州和武汉的一流高校新引起的博士，也就2000一个月的工资，“简直就是羞辱人”。本校毕业的还好，可以傍着“学霸”，接老学霸的班，继续压迫年轻人；那些海外留学回来的，只能在祖国被变着法子羞辱。海归博士如此，那些没有多少背景的本专科生，自然更是如此。

所以，苏州大学的本科生，我所认识的，大多都参加过公务员考试；这是他们一生中少有的出人头地机会。结果可想而知。有一次，一个女孩子很高兴地对我说，“哥，我入党了”。我冷冷地回了一句，“我知道了”。我清楚，成为中共党员不意味着出人头地，和我交往的普通党员也对生活充满了失望。她从杭州一所本科院校毕业那一年，考公务员一直考到了江西上饶；杭州富阳的初试结果出来了，她得了第一名。她开心地把结果告诉我，“哥，我得了第一名”。我又很冷漠地说了一句，“别开心得太早”。我是个明白人，不想不开心装开心，我也不想给她塑造出那种弹冠相庆的假象。如我所料，心目中的职位依然不是她的。原因我不想多说，没必要多说。毕业那一年，曾经漂亮可爱的她看上去整整老了10岁。

一个除了当官和经商，别无其他求得他人尊重的时代，“读书无用论”当然盛行。老经济学家热情赞美改革的好。我知道他们是改革的受益者，其实我也是改革的受益者。没有改革开放，我到哪里上大学？我又怎么写出这篇文章来？

可是，文革不好，改革好，谁不知道？你把年轻人当成什么了，连这个都需要你“启蒙”？人们说文革好，很多时候不是真说文革好，而是借机表达对改革的不满：改革这么好，为什么我们必须考公务员才能改变自己的生存境遇？为什么相距20年不到，无论中国经济发展不发展，不变的是“读书无用论”？为什么无论蛋糕做大做小，80后总是不断遭遇“读书无用论”的困扰？我们究竟如何有幸福的人生？中国需要改革深入进行，和一加一等于二一样，这个说法无比正确。可是你要回答我谁来推动这场改革？万一改革就这样结束了，因为没有能力振臂一呼改变中国的社会体系，除了继续启蒙和在中国少数几个有文明倾向的媒体发文章，我们怎么办？

几乎所有答案都是理论意义上的。几乎所有人都感到苦闷。几乎所有人都在为生活辗转奔波。精英在体制中屈辱地活着，有空的时候讲着一些失落的底层人不屑一听的话。偶尔出来的底层人，能够发出声音的，也只能做编辑和记者；而这样的给予年轻人一丁点机会的媒体，大江南北，也只是集中在广州和北京两个城市。至于出版社，中国的数量凤毛麟角。由于学术文化被管制造成的凋敝，我们看不到多少这样的机构能够容纳年轻人的发展。

即使是一个被外人看上去充满光鲜味道的公民团体，看上去充满理想，除了大而空的口号，充其量只是执政党在体制外的一个个小模板。不，更为糟糕，体制内有官僚气还有秩序礼仪，体制外的那些小共同体，没有秩序礼仪却有官僚之气。我从事社团工作，深知畸形的社团体制孕育出来的人只能体现出丐帮性格：他们没钱没管理能力，却拥有无限的恨与狭隘。

老一辈知识精英谈及中国糟糕的现状和美好的未来之时，总是想当然地以启蒙和公民教育来连接现状与未来，以为中国人的伟大觉悟只要稍加点拨就能大大地提升。然而，一个盛行“读书无用论”的国家，一群为生计奔波的人，究竟何以接受他们那一套文质彬彬的价值观念？如果我们有时间，可以到全国各地的动车组高速列车上去看看，在那些曾经被寄予巨大期望的年轻中产阶级的手中，究竟是《南方周末》多，还是《环球时报》多？同样是这些人：一边阅读《环球时报》，一遍诅咒社会的不好，生存的不容易；老年人赞美改革，年轻人说改革已经死了，改革意识形态已经终结，你们凭什么对我们启蒙。另外一些年轻人在网络游戏的空余时间发几个帖子抨击美国日本，醉生梦死之时打发着自己很快就将逝去的青春年少。

作为一个至今还努力在底层生活的80后人，我清楚地知道，一个时代最愤懑的声音，常常不是老年人发出来的。中国人不能老，老了就自以为真理标准，听不进另外一些人、尤其是年轻人的价值诉求；而媒体总千方百计放大这些知名人士的声音，俨然年轻人是可尊重可不尊重的。新的话语总在体制内外以政治正确的名义被联合打压。如果说八九的遗产被邓小平部分继承，现在恐怕连年轻人都没有邓小平那样的创造精神。即使他们总想表达出富有青春气息的激情，他们会发觉：除了讨好成功人士可能别无他途。也许那样意味着平静。

但是，这种暂时的平静之外，究竟有什么样的逻辑依然在运行？这样一些必须开始直面失业和饥饿危险，一些被两个体制边缘化的到处流浪的小知识分子，加上那群“读书无用论”的支持者，聚集在一起，彼此窃窃私语什么，究竟会给中国塑造出什么样的未来？我所担心的，那样一个未来，不是我所曾经尊重的自由主义长辈能塑造出来的，而是另外一种价值体系所塑造出来的。必须承认我们不能确信未来中国可以凭空创造出一个让年轻人身心愉悦而不是焦躁不安的宪政环境。因此我所思考的是，在中国的重建和转型事业中，除了启蒙话语和学院媒体上的鼓吹，我们还能做些什么，如何为更多的底层年轻人提供个性呵护和成长空间。

如果说这个世界有一种专制，这种毫无水平的、比谁胡子更长的专制，在扼杀人的自由个性方面，比任何政治体制上的专断还要可怕几万倍，因为它深入每个人的心灵世界，并为政治体制上的道德败坏和治理上的无效保驾护航。

（《青年文化评论》2010年第13期）

农村知识青年的出路与中国社会的重建

作为农村出来的大学生，我一直在观察农村知识青年这个群体。对我来说，观察他们就是观察我自己。我曾经在《青年文化评论》中的发表一篇文章《“读书无用论”和底层年轻人的辛酸》，专门探讨这个问题。

网友对这篇文章的共鸣远远超出了我的预料，进一步引起了我的深思。在这篇文章中，我指出，在我的生涯中，曾经经历了两次“读书无用论”的大规模发作，体现出了改革开放三十年的变迁。

第一次大概在1992年，即邓小平南巡讲话之后。之后中国经济经历了重要的开放，这使得人们有更多的机会加入到经济发展的浪潮之中，有更多的机会去赚钱。三年后，我惊讶地发现，当时在我们班里我是唯一考上普通高中的。其他同学差不多都早早工作了。

在我所在的省一级重点中学浙江师范大学附属中学这个班，有三类学生：一是高师预科生，是以后定向升学到浙江师范大学的，如果高考成绩不合格，就进入金华师范学校进行半年的学习，转到各个小学工作；另外一批是不考大学的温州人；最后是金华本地，最后考上大学的人。高中毕业10年之后，生活条件最好的是温州人，主要是他们继承了父辈们所辛苦开创的相对好的市场优势；相对不好的是进入小学教书的那些同学。另外不伦不类的是我这样的角色，事实上也是考上了一个相对不差的大学、后来居然居无定所的、在各大城市谋生的人。

最近几年，中国出现了一次新的"读书无用论"。新闻中，重庆等地高考参考率越来越低，高中毕业生大多外出打工。现在，北大学生都在非常痛苦的找工作，那到一些地方的一些专升本院校的毕业生就业则难上加难。而这些人逐步成为一个令人关注的群体——"蚁族"。北京、上海、广州、南京等全国大中城市都大量聚居着这一群体。这些同学普遍是借着高校的扩招，进入了一些地方性院校。

毕业后，他们不仅没有找到一份较好的工作，而且由于"非转农"渠道的关闭，失去了农村户口，也就是说失去了农村福利。虽然他们的血缘、人情、历史和社会关系大多在农村，但是他们过着到处漂泊的生活，在大城市难以获得发展空间，在农村失去了他们父辈们那样的谋生条件。

那些连投靠现存秩序的机会都没有的年轻人，更容易选择一种对抗性的生活方式。党报的一个副主编在去瞿秋白的老家江苏常州时，惊讶地对我们说，瞿秋白参加革命的原因与其没落的知识家庭有很大关系。1899年出生的瞿秋白的经历是这样的：瞿父亲瞿世玮擅长绘画、剑术、医道，不治家业，寄居叔父家中，经济上依赖在浙江做知县的大哥瞿世琥的接济。宣统元年（1909年）春天，瞿秋白考入常州府中学堂（现江苏省常州市高级中学。辛亥革命后，其伯父瞿世琥弃官闲居杭州，停止了对瞿世玮一家的资助，于是瞿秋白家被迫搬到城西庙沿汀瞿氏宗祠居住，靠典当、借债度日。1915年冬，因交不起学费，瞿秋白被迫辍学，农历正月初五，其母金璇服毒自尽，瞿秋白一家人分别投亲靠友，瞿秋白先在杨氏小学教书。1916年年底，瞿秋白得到表舅母的资助，西赴汉口，寄居在京汉铁路局当翻译的堂兄瞿纯白家中，并进入武昌外国语学校学习英文。

彭湃、陈独秀等人也是没落的知识青年。洪秀全，他作为多次科举落榜的没落知识青年，借助圣经里的只言片语，引发了中国近代史以客家人为主体的大反抗。底层知识青年与底层社会之间有着非常紧密的联系。底层知识青年对中国近代社会起到非常重要的作用。

近代中国的底层反抗，其领导人大量都是来自中国南方的客家人群体，以及从这个群体中走出来的底层知识分子。客家人，又称客家民系，是广东、福建、江西等省的本地汉族民系，是世界上分布范围广阔、影响深远的民系之一。从历史上说，客家源流始于秦征岭南融百越时期 ，历魏晋南北朝、唐宋等朝代。他们逐步往江南、再往闽、粤、赣等地迁移。大约在南宋时期成形 ，然后又往南方各省乃至东南亚以及世界各地迁徙。

由于中原长期战乱，客家人是最经典的汉族人。目前，全世界约有 1 亿客家人。其中约 7400 万人分布在中国大陆的广东、江西、福建、广西、四川、湖南、海南、浙江等 10 余个省级行政区的 180 多个县（市）。其中广东省 2500 万左右，占广东本地族群的三分之一。另外约 600 万人分布在港澳台。起源于几百年前客家人的下南洋运动，约 1500 万人分布在印度尼西亚、马来西亚、泰国、新加坡、越南、美国、秘鲁、毛里求斯等 80 余个国家和地区 ，客家语也是当地语言的重要组成部分。

惠州、梅州、赣州、龙岩、河源、韶关、贺州、玉林、防城港、沙巴州、新竹是客家人重要的聚居城市，梅州、惠州、赣州、汀州被誉为“客家四州”。客家人在各个领域表现突出，如洪秀全、朱德、叶挺、叶剑英、胡耀邦、陈宝箴、陈寅恪、张弼士、李光耀、何子渊、薛岳、胡文虎、他信·西那瓦、英拉·西那瓦、张国荣、林丹、范文芳、何雯娜、邓丽欣、刘惜君、王心凌。

甚至有说法，毛泽东、刘少奇、邓小平的祖先，是江西光安客家人，分别迁移到湖南、四川。毛泽东的祖先毛太华是吉安客家，朱元璋时当兵在云南，定居长沙，五子传后。刘的祖先是吉安迁福建宁化县石壁村人，后代迁湖南宁乡花明楼，只是有客家血缘。邓小平祖先邓鹤轩，明洪武十三年（1380）是兵部员外郎，到四川广安县，任职定居姚平里。邓小平也是客家血缘，是邓氏第 19 代孙。

当然，区别在于，朱德等自传第一句就说：“吾客家族人也”。叶剑英是客家元帅，共产党十大元帅中有两帅是客家，仅江西井冈山就出元帅 5 名（朱、叶、林彪、陈毅、罗荣桓）、大将三名（粟裕、黄克诚、谭政）、上将若干（肖华、黄永胜等）、中将 21 名、少将 12 名。井冈将帅 56 名，红军之魂在井冈，上下八井点是客家人居住地。林彪的祖先千一郎，是福建永定西坡客家林见川的大儿子，南宋绍兴三年官江制置使，定居湖北黄冈林家山，林彪是千一郎的第 22 代孙。可以说，中共的大多数领袖除了一部分明确说自己是客家人的，其余的常常虽然不称呼自己为客家人，但至少也有客家人的血缘。

客家人在多族群社会中经常被另外一些族群欺负，长期被不公平对待。作为大家族，客家人与其他族群很容易发生冲突。客家人是华人世界较早接触基督教、天赋人权、宪政民主、共产主义等西方思想的。与大多数中国人一样，客家人的这种基督教思想，常常蜕化为社群主义性的区域性的结社活动，目标是满足在物质生活、公共交往中一些经济政治方面的现世诉求。这样，在大家族、海外华侨和巨大的财富的支持下，客家人很容易成为近代中国社会变革尤其是底层运动的“鲶鱼”。

在中国，政治学界，包括广大的知识青年都非常愿意讨论一些问题，比如，“主义与问题”、“改良与革命”等。最后大家达成共识，革命在当今中国行不通，革命的成本非常高昂。然而，底层年轻人看到，他们也没有参加改良的机会。这种情况下应该怎么办？这与另外一个问题相关，即一个正常的社会应该如何运作？它应该具备什么要素？如果因为诸如环境恶化等问题导致大量流民，民主的社会是如何解决这些问题的？通过三权分立、司法独立、选举就一定能解决好吗？我不是反对这些理论上的一般学术探讨，而是认为应该提出一些具体措施。

今天中国主流的学术界，从1949年开始，基本上不知道客家人这些命题，也不知道族群冲突为什么会引起一个社会如此大的变动。这样，他们实际上也不能有效关注今天在广东等地基层社会发生的各种事情，以为政治哲学讨论、启蒙主义方法能解决底层民众的这些基本诉求，给中国带来一个至少有底线的美好社会。

具体说来，这样他们就无法有效地讨论广东等地的族群冲突，无法明白为什么广东等客家人集中的地区基层党组织与其他地区的党组织在组织性意识形态方面的差异性，难以有效地分辨广东乌坎农民夺取共产党基层政权事件背后所表达出来的中国传统儒家与“改革”不到位维权机制缺失所导致的一种特定机制的抗争方式。

地处海陆丰的乌坎是彭湃的故乡，是中国第一个苏维埃政权的所在地。2012年这块地方发生一场持续好几个月的抗议事件。8月香港《亚洲周刊》署名为“方骏”的《乌坎传统村庄的现代性风貌》一文指出，传统、现代和新中国革命传统的结合，造就了乌坎的独特“模式”。宗族背景，以及体现在宗族中的祭祀仪式，保证了乌坎基层抗议的秩序井然。这篇文章最后问：“其中村民的自我组织能否维系下去，恐怕是最重要的因素。”根据我们对中国农村基层在宗族传统下的民主选举秩序的长期观察，答案可想而知。可以说，在乌坎抗议成因的分析方面，由于缺乏对底层社会运作状况的理性分析能力，内地各种类型的媒体都是失败的。

身在其中，却不认识自己的处境，人们就也无法明白为什么广东的《南方周末》和《南方都市报》那么倾向“儒家宪政主义”。2013年引起了中国一场意识形态性的“宪政梦”“中国梦”大冲突的、那篇被撤稿了的文章，主基调就是“儒家宪政主义”与“社会主义宪政”的奇怪结合。这是我见过有关宪政的、最不可思议的一篇奇文。“南方系”之亲和“儒家宪政主义”，与中国文化人“修身齐家治国平天下”的抱负有关，更以客家人在广东所营造的丰厚的大宗族、大家庭传统为根基。

在这样一种社会环境中，年轻人的“中国梦”在哪里？他们对此是近乎绝望的。我身边曾经先后有几个朋友。他们由于出生在农村，与辛苦劳作的父亲很少交流，在小学五年级或者读初中的时看了对中国人思想塑造非常大的《毛泽东选集》（第5卷）。由于农村生活的不幸福，他们立志考上大学，出人头地。大学考上了，出人头地却遥遥无期。那他如何办呢？通过上网的方式发泄自己的不满。当然这样说不是鼓吹网络管制，在我看来，网络的管理必须尊重公民的表达自由。

在网络江湖，他们人称“毛左”，“毛愤”。另一个侮辱性的词语我这里就不提了。丘吉尔说：年轻的时候不左倾，那是没良心；年老的时候不右倾，那是没头脑。随着年龄的增长、阅历的增加，一些人就会从“左倾”，转化为“右派”。大多数中老年自由知识分子可能都有这个经历。八零后九零后特殊一些。随着高等教育的逐步普及，有关自由民主的出版书籍越来越多，加之父辈们讨论历史、时政时的耳濡目染，在这个互联网时代，他们可能在观念上是原生自由主义者。

曾经的“毛左”也会参与基督教会，却“三心二意”。我认识一个网友，他欣赏教会中查经小组那样的功能，却认为基督要人们顺服掌权者是基督要我们记住爱，是策略性的，如果人们不与共产党等专制统治者做斗争，就会被撒旦消灭。他仇恨那些不和他参与同一个活动、同一个组织的网友。当以“各自珍重，彼此祝福”被拒绝，他开口大骂拒绝他的人是“狗屎”，“你出的书有屁用”。和那些要学习旧约中的先知“反抗专制”的同伴一起，他们组织的是以户籍自由、民主普选为目标的“非暴力不合作”。了解他们精神气质的人能明白，这完全是因为条件有限、无法革命。最近，他们被广东一个城市的公安刑事拘留了，罪名是口袋罪“寻衅滋事”。

他们被捕后好几个月，一次，我和几位朋友闲聊。一位在江浙一带从事基层维稳工作的官员就对他身边的朋友说，“你看，可怜之人，必有可恨之处”。听到这句话，我想起了四福音书中的耶稣布道团队，12 个门徒中既有“奋锐党的西门”、还有体制内的“汉奸”级的小税吏马太（《马太福音》的执笔者）。直到如今，一想到远离福音的人的生存境况，我仍然甚是忧伤。

江苏省历史科新课改，要学生写建议。有的学生可能模仿《九评苏共二十大》，更也可能是模仿互联网时代流行的其他文件，写下了《九评历史教科书》。年轻人喜欢打网络游戏，游戏的网站被屏蔽，他们就会彼此交流如何翻墙。或者出于对体制所提供的政治教育的不满，翻墙看一些新知识，“提升自己的境界”。

这样，这些在生活中遭遇困境、又有一些现代知识的人，在网络启蒙下，经常会参加一些社会活动。他们试图裹挟宗教组织。原因在于教会能给他们归属感，另外一个原因则是据说教会有组织、有力量。这种复杂的个人动机给教会和政府都带来了很大的恐慌。这又回到了洪秀全的故事。这里边的内在逻辑令人深思，即农村孩子——父母冷漠在家和村子里被欺负——要出人头地——大学毕业却发展受挫——对社会不满投入“救国救民”。

托克维尔在《旧制度与大革命》中描述了法国底层知识青年如何在启蒙主义的思路下，由对社会的不满转向了对革命的热衷，转向了雅各宾专政、拿破仑军事独裁，以及持续动荡的社会状态。在《论美国的民主》中他探讨了美国社会良性运转的原因。有三点：一是美国得天独厚的自然环境，本土自然资源丰富，周围没有大国；二是美国社会有着丰富的“民情”，包括良好的教育、开放的宗教、发达的经济、乡镇自治传统等，这就导致每个人可以自由选择生活方式，这也就是“美国梦”；第三才是今天政治学界所热衷谈论的普通法系、共和传统这些政治要素，而且这一点必须以第二点为基础，也就是说立足于“民情”基础上的合适的政治制度。

法国大革命式的这类事情在中国历史上更是多如牛毛。基本的机制都是底层知识青年与社会大规模流民以某种方式，比如宗教、主义结合起来，导致持续的社会动荡。美国成功化解了这种现象。

需要探讨的是，在中国这个自然资源相对匮乏的国家中，民情结构与司法政治制度显然与西方国家有别的中国社会，如何提升底层年轻人的发展机会，化解他们的现世激情带来的某种公共参与性危机？

（2010 年 10 月 30 日中国改革网第二次论坛纪要发言稿；

2014 年 7 月 27 日再次修订）

谁来关注、如何关注底层知识青年？

每次招聘之时，和用人单位谈条件时，驻京大学的毕业生最关心的话题就是这份工作是否有留京的户口指标。有了户口，从此他们就有了北京市民的福利，从此他们就与北京之外的人（也就是过去的自己）迥然有别，从此他们即便不是人上人、至少也是有了些特权。

与一般人的观察很不一样的是，我一直认为户口不仅仅是简单的城乡二元结构的问题。中国的确存在很严重的城乡贫富差距问题，亟需通过户籍制度改革进而深入开展以城乡资源配置公正化的公共财政制度改革。但实际经验告诉我们，城乡差距从来都是表面问题，背后的单位差异及其体现在具体单位内的岗位差异才是这个国家所存在的最大的不平等。

大学毕业生关心北京户口的背后，实际上是关心某个岗位给他们的福利含量。众所周知，能被分配有进京户口指标的单位几乎都是“体制内”的。这些机构主要是驻京的党政机关、驻京的事业单位和驻京的国有企业。如果不相信，谁能轻而易举地说出哪个民营的或者外资的单位有这样的特权？当然也不是所有的“体制内”单位的每个岗位都有这样的户口指标。

中国提倡“和谐社会”已经十余年了。这十年的重要特点是体现货币超发量的广义货币（M2）不断增加，由此导致物价不断上涨。以北京城为例，房价已经从过去的三四千一平方直奔现在的数万一平方。只有这些驻京的“体制内”单位，才有可能掌握土地进而提供与一般北京市民不一样的住房福利。也正是这个因素，这十余年来，被称为“国考”的全国公务员考试年年热，比八十年代“千军万马齐过独木桥”的“高考热”还热闹。

上个世纪八十年代为什么热闹？道理很简单，那是考上大学就意味着有国家的分配，从此他们就有了“体制内人”的福利也就是所谓的“铁饭碗”，从此他们就与“体制外”的人也就是过去自己的生活迥然有别，从此他们不是人上人、至少也是有了些特权。

换而言之，“改革开放”三十余年，在这方面，中国没有发生本质性的变化。本来在九十年代，在1992年之后，在一次“人人下海”的浪潮中，这个局面有了一些缓解。可是，随着近几年来在经济领域的“国进民退”和“房地产热”，历史似乎在重演。

种种现象证明了：且不说政治和文化权利的差异，单纯在民生意义上，比城乡特权更实质的是单位特权，比单位特权更实质的岗位特权。人们可能无法成功叙述自己的主观愿望，但这种基于个体生命经验而来的本能性诉求大体上还是能反应一个时代的社会结构特点。

体制似乎也意识到了问题。2013年“国考”的“申论”题目极有意思：一方面倡导不要考公务员，另一方面提倡大家要“过慢生活”。可是，事实就是，只有考上了“公务员”，人们才有条件才有资格“过慢生活”。如果没有衣食住行的根本解决，谁敢“过慢生活”？

扩大视野来思考这个话题。就政治社会的一般演变规律来看，我们注意到一个重大问题：几乎所有国家在经济起飞的时候，如果缺乏来自宗教信仰等方面的调整和干预，这个国家都容易在随之兴起的房价上涨浪潮中牺牲一代或者几代年轻人。

上世纪六七十年代之后的香港曾经如此，所幸由于大陆的“改革开放”避免了香港经济的沉沦。差不多同时的日本曾经如此，由于缺乏良好的地缘环境，在韩美等国的竞争下，日本经济一蹶不振。同时代的德国更是如此，由于一战前后的巨大失落，底层知识青年希特勒本来希望做个优秀的画家，高高在上却自以为是的德国主流社会深深地打击并在一个邪恶的体系中“成全”了这位年轻人“出人头地”的梦想，从此有了后来一系列故事的发生。

我不能确切地说接下去的中国会如何。或许答案简单，就看中共十八大的精神能否得到落实，就看这次十八届三中全会的决议能否在后续的国家部委的政策文件中得到进一步的深化。逻辑也是，“全面深化改革”的成功取决于“国家治理体系和治理能力现代化”的形成。

中共十八届三中全会“国家治理体系和治理能力现代化”的提出，的确是1982年中共十二大提出的工业、农业、科学技术和国防“四个现代化”之后的第五个“现代化”。这个现代化是以政治为中心的。放在中国特色的国家理论中，可以说是中国特色的“政治现代化”。我们可以为这个新的“现代化”终于摆脱了“四个现代化”的“物质至上”“利润挂帅”而感到欣慰。

更重要的是在行为中落实，在效果中展现。从来国家治理必须回应“谁来关注、如何关注底层知识青年”。如果说“如何关注”涉及到国家治理的技艺命题，涉及到治理的“智慧”与“方法”，“谁来关注”则涉及到行为的主体问题，是比“如何关注”更重要的命题。

由此，底层知识青年的诉求才有可能真正意义上被回应。这不仅仅是涉及到国家以结束国企垄断、发展民营经济为指向的经济体制改革，涉及到以开放社会组织、促进宗教信仰和新闻媒体的民营化为目标的社会体制改革，当然还涉及到更广泛的司法与政治体制改革。

国家发展愿望的提出从来不是问题，改革和治理的“理论”本身也不是问题，风险从来出在有能力者不承担国家和民族赋予他们的责任这一政治社会结构之中。

（中国青年政治学院《青春报》92期）

第三部分　底层维权与变革

当前以土地维权为代表的群体性事件和民众集体维权事件日益增加。长期悬而未决的一系列社会矛盾也在增加。司法不公案件容易引发集体抗争。大多数维权斗争都以非政治化诉求为目的。为了化解社会矛盾，不能满足于具体个案化解为手段的“社会管理创新”，更应立足于政治与司法制度变革，制度化民主、制度化法治，吸纳底层维权。

转型社会中律师的责任与局限

九十年代“依法治国”和“人权保障”入宪后，中国形成了独特的“人治—法治”的双轨制的纠纷处理方式。法治化目标决定了中国律师的责任和使命，尚未改变的社会结构则明确塑造了律师的种种局限和悖论。全社会既要尊重律师在法治化进程中的重要角色，又要认识到律师作为弱势群体的无奈状态，从而保障律师职业权利和律师作为自然人的权利。

处于“双轨制”状态的中国

法治双轨制是一个来自经济学的概念。中国长期实行计划经济制度，大量的商品由政府定价。七十年代末开始推行市场化变革，市场经济至今多少还是个理想，中国并没有终结计划经济。

例如今天，物流市场已经市场化了，汽油价格却仍然由政府的行政指令决定。如果油价过高，基于成本考虑，当油价节节上升的情况下，物流企业就只能消极怠工。价格的双轨制是一个不平等竞争和高度垄断、且政府权力过大的价格形成机制，效率往往不高，却容易被既得利益者所珍爱，严重损害相当一部分公民的权利。基于公平正义的自然法理念，良好的市场经济必须努力实行价格的“单轨制”，也就是某种形式的市场经济的正义一元论。

显然，市场经济并不必然等于司法正义。这是公平正义原则在经济运行过程和利益纠纷决断两个不同领域的不同表现。中国“市场—计划双轨制”的经济制度结构，也严重地体现在了中国的法律政治生活里。最近几年来，中国开始重视交通安全，一种非常严厉的“醉驾”惩罚观开始形成，主张醉驾者应该根据刑法处以刑罚。作为一个纠正措施，最高法院通知称，醉驾行为常见多发，各院应高度重视，具体追究刑事责任，应慎重稳妥。这话从原则上讲并没有错。但是，如果缺乏明确的量刑标准，这个通知就等于宣布针对醉驾，中国司法机关有了多样性标准，就可以选择性执法，欺软怕硬，最终严重败坏法治的正义性。

不过，中国的进步多少仍然可圈可点。市场经济在1992年被“合法化”，意味着政府正式承认应该有明确的产权。产权是一个经济法学概念。五年之后，中共“十五大”宣布中国应该建立法治国家。

从革命时期的“不在一部分人民家中一时地打烂些坛坛罐罐，就要使全体人民长期地打烂坛坛罐罐。惧怕一时的不良的政治影响，就要以长期的不良影响做代价”开始，到“依法治国”和“保障人权”被写入了宪法，作为宪法性文件的《立法法》的颁布，直到体现“依法行政”原则的一系列行政法的颁布，可以说是这个国家一个跨时代的进步。

然而，从立法到司法到行政，中国基本的结构没有改变。司法机关的地位在广义政府中的序列仍然远远低于行政机关，更遑论执政党党务系统。在中国，宪法和法律，以及与之相关的程序正义并没有成为共识，更没有真正落实在司法生活中。“社会主义法律体系基本形成”，但依法治国事业任重道远。中国法制也处于这样一个“人治—法治”的双轨制中。

由此，在新世纪，法律的声音响起来，以律师为主的法律人逐步走入中国政治舞台，新的维权和维权运动开始深刻地塑造了中国人的法治国思维。当然，同样符合逻辑的是，这个价值观的宣告并不足以塑造出一种真正依法治国和保障人权的政治社会结构出来。

律师职业面临的正义悖论

改革开放初期的中国，对律师这一职业，并没有太多重视。当时人们对公平正义的关注，主要还不是法治意义上的。当时的知识分子，对中国转型命题的关注，主要在于几个话题：第一个是民主。何为民主？就是人民当家作主。程序如何？废除领导干部职务终身制，实行民主选举。具体如何实施，也就是程序如何，由于这个话题已经进入法学领域，人们对其的探讨便戛然而止，俨然这个话题并不重要。

第二个话题是自由。自由意味着什么？与民主有什么区别？人们对此没有分析，俨然自由就是民主。即使有分析，也是一种奇怪的文艺美学式思维。真正的政治科学、法理学和政治科学、政治社会学这些话题，还没被思考。

律师特别被人提起，始于新世纪。在此之前，1998年的中国，兴起了一场自由主义的启蒙运动。肯定不是巧合的是，同在此时，中国开始了“依法治国”。究竟是知识分子的启蒙，还是法治国的规划本身，抬高了律师在中国司法中的地位？

对此，不同的人有不同的看法。事实是，这二者在中国社会密不可分。在当时，建设法治国家，是执政党与中国一些自由知识分子的共识。在此之后，中国开始了被称为“维权运动”的法治化进程。在各种维权活动中，有一个新的名词，频频出现在大众视野和海内外媒体中，那就是“维权律师”。

作为一个概念，很容易令人百思不得其解。何为维权律师？这个世界上有不维权的律师吗？我们不是常常说律师的使命就是为当事人辩护从而维权吗？这样的追问，颇有成熟的法治思维的体现，而对中国人来说，则体现了一种理想主义情结。

“维权律师”这个词语意味着，在这个国家有一些律师并不维权，而是为虎作伥。这个概念还意味着，在这个国家，这群叫做“维权律师”的人，被寄予了高度的期待，折射了转型时代的法治不彰。“维权律师”这个概念还意味着，相比几千年来的人治，有一种法治的政治文化正被翘首以待。

在中国的传统中，律师被称为“讼棍”。汉语中能够享受这种公然被歧视待遇的有“神棍”、“恶棍”、“党棍”和“光棍”。在古典文学中，讼棍是这么一群人，他们专门帮助恶人欺负穷人。为穷人说话，在某些价值观那里，道德就显得比较高尚。那么，为富人说话呢？为官员说话呢？为强奸犯说话呢？为汉奸说话呢？为十恶不赦的歹徒说话呢？

类似“打倒黑心律师”这样的观点（俨然为这些人辩护就是律师的罪），有意无意地忽视了：一个公民之所以必须有被辩护权，在于公民未必有能力自我辩护。被辩护权这样一种不可剥夺的基于程序正义原则的权利，与“无罪推定”原则的确立息息相关。为什么必须“无罪推定”？在于人的权利在世俗社会中至高无上。对此，与中国强调“性善论”完全相异的西方文明强调说，人都是有罪的，且具有神圣的形象，没有一个人有权凌驾于他人之上。

在基于人权的普世价值和程序正义体系看来，律师在司法过程中，必然成为关键一环。这样说，并不意味着律师的任何言行都是正义的，更不意味着律师本身就是正义的标准，自然也不意味着律师所参与的过程必然是促进公平正义的。

就此而言，“维权律师”这个概念所表达出来的对某些律师的不满是正确的，是体现出法治精神的。确切地说，不是从事律师职业的自然人（这个自然人有七情六欲，也会腐败，也会专制）促成了法治，落实了正义。

由此衍生出来的话题就显得异常冷峻。程序正义一定会促成实质正义吗？美国也不是一个法治的乌托邦。法治不是人的幸福的全部的答案，而是人的幸福的外在保障。不能代替程序正义却同样不可缺少的还有爱、怜悯、宽恕、和解与忍耐。但我们绝不能因为某个人没有在程序正义中实现实质正义而否定整体性的程序正义。这是文明转型不可回避的代价。

律师的局限及其在体系与结构中的分工角色

正义的不是律师及其作为，而是律师这一角色所处的司法制度与程序正义体系。从事律师职业的，一定是个自然人。自然人一定有他的局限。抬高任何一个自然人的能力与道德品行，都很容易陷入一种非法治的思维。

法治思维必须正视人的局限，去除个人崇拜和取巧心理，建立起基于利益和权利的分析框架。人们如果对法律人还有期待，不是因为法律人的个性和道德素养，而是因为法律人的“客观存在”所存在于的这个政治社会结构中的绝对的、不可替代的逻辑性。简单地说，不是相信某个主体可能做什么，而是必然做什么。

从这个角度来看待转型社会中的中国律师的责任与局限，答案就相对比较清晰：在一个完全区别于英美普通法系的国家，中国律师不是人们所说的“立法企业家”。能够立法的，不是律师，甚至也不是法官。在一个大陆法系的中央集权制的国家，法官不具备违宪审查权和“造法”的功能。他们只能被动地去争取公平正义。

很多时候，律师和法官的意义在于显露程序是否正当、法制是否良善，以激起特定的博弈。至于结果如何，不是律师和法官能够去改变的。从某种意义上说，法律人的所作所为是“知其不可为而为之”的悲怆行动。

对现在的中国来说，即使是人大这个机构，立法权也相当有限。我们应该激活人民代表大会制度，激活《宪法》以及作为宪法性法律的《立法法》。人大要主动审查各级立法，看看是否符合《宪法》。如果立法明显有违上位法，一定要及时加以修改，或者直接废除。鉴于司法机关的居间裁判功能所导致的节制性和超越性，必须授予法院以违宪审查权。

只有在这样一个大结构下，中国律师，才能在改良了的制度轨道下，能够有卓越的表现。否则，一切的表现，可能最多仅仅是道义层面的。换而言之，正如舆论监督，律师的法律人监督，在今天的中国，更多也只是舆论上的监督。他们的确能塑造出一定的政治压力。然而，这种压力，从来不是直接的、结构性的、必然性的。

这一切最终依赖于特定政治角色的觉悟。

正如我们总是试图以法治来代替人治，升级中国的政体原则与政治精神，我们发现我们必须直面一个巨大的悖论。我们期待实现法治的，是一种超乎体制的力量。

作为法学研究者，我和我的朋友反复讨论过这个问题。我的朋友说，实现法治要靠人治。我反对这个解释，因此修正说：实现法治需要超越于体制的政治决断；这个决断要异常果断，最好只有一次。这个决断必须终结阻碍法治的既得利益和维稳体制。如果这个局面没有改变，那么“司法改革”一定会陷入裹足不前的地步，司法正义就会可望不可即。人们也必然失去耐心。失去耐心的人会采取法外的抗议行动。这就是目前国内司空见惯的各种群体性事件及其变异版。

就此而言，无论未来中国走的是众星拱月般的改良，还是今天被无数人谈虎色变的其他变革方式，转型社会中的中国律师，作为整体变革中的一个特定的群体，既负有巨大的理想主义精神从而被无数的人所肯定，又具有显而易见的局限。事实上，除了那些的确为虎作伥的律师，无数律师的主动选择都是以技术性参与与法治启蒙为变革服务。这是说，在法治文明的体系建设中，他们是一个参与者和合作者，而不是很多人所过分期盼的领导者。

全社会都来保护律师职业的权利和作为自然人的权利

律师职业的权利，乃是那些在国际上被广泛认可、且由多种立法予以充分保障的程序正义意义上的权利。例如，律师在法庭上的辩护言论具有特定意义上的免责权。律师有权依据特定的程序抗议公诉机关和法官不公正审判。这种抗议，不仅是公民不服从的权利（即使有所不当，也不适合立法予以限制），更是达成保护公民免于被不公正审判的基础权利。

除此之外，律师还有为当事人保守秘密的权利和义务。不检举当事人，是律师继续为当事人辩护的前提条。说是义务，就是当事人必须享有被辩护中免于恐惧的权利。为了保障当事人和律师的这种权利，必须有明确的立法，不折不扣地保障律师和当事人充分交谈的权利，保障律师在各种案件（尤其是刑事案件之中，特定的可能泄露国家机密的案件除外，即使如此，政府仍然有必要特别立法）之中事先介入法院调查、监督法院调查是否合法的权利。

当然，个别律师的违法犯罪行为，媒体可以大力监督。不宜单独对律师立法，而应就性质同一的、针对多种公共服务行业进行统一立法。这样，法治社会的多种机制与逻辑，例如法律人共同体的职业伦理、律师同行之间的商业竞争机制，足以规范律师的某种行为。

对律师，应有综合性的保护。行使辩护职能的自然人，和每一个人一样，都带有与生俱来的肉体上的脆弱与精神上的尊严。基于自然人的这些人身权利不仅不可剥夺，鉴于律师从事的是维权和博弈这样的可能“你死我活”的事业，律师的人身权利应该格外地被保护。

需要强调的是，律师群体和其他各种职业一样，应该享有自主组织群众性自治组织、为行使律师职业的自然人提供维权机制的权利。一个非常值得探讨的话题是该自治组织如何处理与政府司法部门（尤其是司法局）的法定关系。

显而易见的是，作为群众性自治组织，律师组织应该实行民主化和法治化的制度，司法局与该律师自治社团应该是服务与被服务的关系。根据中国的社团条例，建议律师组织在民政部门注册，由地级及以上人大常委会主管。自治化了的律师社团，就要承担起与建议废除《刑法》306条相关的律师职业建设事宜。

如果正视个体在整体中的状态，不能不说，我们每个人都难免处于弱势地位。在中国的政治社会结构中，律师的地位远远低于他们应该拥有的。一些不知程序正义为何物的人仇视律师。的确有一些律师过分地为某些特权阶层中的人士辩护。由于政治科学的缺失，部分人士将这种结构性话题转化为了个人恩怨和特定情感体验的表达，从而必然客观上被利用。

这种来自特定人群的仇视，是弱者因为某些盲点而产生的对其他弱者的仇视。政治社会结构对律师职业的权利的制度性忽视，律师自身的种种局限和特定律师的某些令人失望的做法，必然强化律师职业的行使者这一自然人的弱者地位。令人遗憾的是，一些海外媒体的报导，更是多少将这些自然人纳入到了一种被体制必然视为“麻烦制造者”的尴尬境地。

历史上，一个重大的教训是，由于缺乏尊重与被保护，律师罗伯斯庇尔成为法国大革命中社会运动的领导者。在“雅各宾派专政”之中，托克维尔的曾外祖就挺身而出为法王路易十六担任辩护律师，连同外祖父被处死；托克维尔的亲生父母则在新婚蜜月时期被处死刑，所幸在等待处决时雅各宾派专政倒台，但母亲因此终生惊恐。为此，托克维尔求学于法国“空论派”学者基佐等人。在一生的事业中，托克维尔坚定地鼓吹美国的“法学家精神”。在他看来，无论是立宪君主，还是民主共和，都是为了在他的祖国实现人类应有的法治正义。

我们每个人都爱好和平，都期盼和自己的父母老小在宁静的小家里平平安安地生活与歌唱，同样期盼我们所并非如匆匆过客般的、而是终老一生的祖国“公平如大水滚滚，使公义如江河滔滔”，那么，请基于为人的理性、情感与信仰，像保护大猫熊一样保护中国律师。

（《凤凰周刊》2011年第19期）

进入2010年的拆迁及其风险

在宏观经济层面，2010年的中国最关注两件大事，直接考验国家治理的合法性与正当性：一是最近看来越来越恶化的物价上涨，二是到了下半年越来越猛烈的“拆迁”及其引发的社会矛盾。如果说物价上涨是最近一两年才成为社会热点的，关于“拆迁”的立法及其落实，则是中国多年来伴随着城市化和房地产业发展而形成的老话题，只是最近变本加厉。

通过“拆迁”以促进农村的升级换代，通过农民的城镇集中化安置来改善政府财政收入状况，进而促进经济加快发展的做法，日益成为公共权力的集体行动。然而，这种被学界普遍认为是“对农村的又一次掠夺”的政策性选择，必然直接影响到政府在农民心目中的形象，乃至引起巨大的群体性事件。对此，最近几年发生的几起重大公共安全事件足以证明。

全国经济最发达的苏州通安，今年夏天发生的波及几十万当地失地农民的上街散步案件，高潮中当地一名区委书记被就地免职。发生这起案件的这个地方的民情，数百年以来一直号称“温和忍耐”，然而仍然难免发生如此震惊中外的集体抗议。

分析当时的治理困境，至少有三：一是政府主导的工业园建设，产生了大批失地农民，抗议的矛头完全针对政府。二是当地采取了相对比较简单的思路，这些民众大量被集中安置于某地。为此笔者曾经观察，这个地方的小区，几乎都是成片安置，某个小区居民动辄达到上万。从人群管理学的角度来看，这样一种流水线式的拆迁及其安置，看上去暂时减少了政府的工作量，却为抗议的动员创造了非常便利的物质条件。第三，当地城市化加剧后，大量大企业的进入，贫富差距的进一步扩大，工业园区式的民工集中居住安排，则容易导致外来民工和原住民抗议的合流。

上述三点，完全是技术型分析，并不涉及任何意识形态判断。坐落于号称中国经济最发达地区，作为副省级城市的财政收入，就超过了西部一个省的财政收入，政府给予了拆迁户相对其他地区更好更多的经济补偿；后期当地工业园蓬勃发展的经济更是较好地促进了失地农民的市民化过程；民风也一向温和忍耐。然而，即使如此，光光政府主导的集中型拆迁，已经导致了如此严重的群体性事件。我们无法想象，今年在经济欠发达地区骤然升级的这次大规模拆迁，将会导致什么样的经济结构和政治后果，其中又隐藏着多么大的稳定隐患。

对此，我们逐一分析。假设发达地区当初政府主导的大规模拆迁的做法曾经促进了当地的经济在相当长一段时间内是完全可接受的，我们也无法保证同样的经济发展政绩会在欠发达地区出现。

至今没有任何经济学理论能够证明，类似长江三角洲、珠江三角洲的经济发展是政府主导的制度选择的结果。相反，我们有足够的史料可以证明，这些地方的经济发展，是当地得天独厚的区域位置和改革开放的自由竞争而带来的。道理很简单，从南宋以来，除了1956-1978年这20年多年的计划经济时代，这些地方就是中国经济最发达的地区。

第二，发源自美国华尔街的金融危机迄今，西方世界经济发展并未见明显的恢复。这次中期选举中，美国选民以实际行动表达了对奥巴马执政的不满。整个国际社会，以农产品、生活必需品和基本生产资料为代表的物价上涨正在加剧。而对国内就业率的考量，势必会强化美国的贸易保护倾向。作为经济发展“三架马车”的国内投资、对外出口、居民消费，当出口会受到人民币升值和贸易保护的打击时，居民消费在必需品物价上涨的压力下更加紧缩，除了政府投资这一块外，推动经济的其他马车几乎完全不可期待（其实政府投资受物价上涨压力，继续维持今年的力度也难以想象），那么就业市场将靠什么维持？

2010年，已经不可能建设有当年东部那样的工业园，以吸纳就业。如果说发达地区是相对富裕的不满民众，欠发达地区将充斥无业可就的不满流民。面临着物价上涨的大背景，这次拆迁将会有更多的官民冲突。道理不难，物价急剧上涨的预期，当地居民只能从更多的拆迁补偿中得以安抚。然而，欠发达地区的财政支出能力，能否抚平民众的颗颗失落的心？

第三，很多证据可以表明，单从政府工作人员的素质和依法执政来看，欠发达地区也没有那样的高素质的公务员队伍。即已存在的腐败现象，这些地区更加不可避免，还会有所加重。2012 年，中共“十八大”就会召开，中央领导人的换届就会开展，由于对国内同行的政绩意识，相对过去深思熟虑、有条不紊的精细规划局面，欠发达地区自然也不会存在。

类似华东某地区即已出现的三点“忽视”，相对经济发达地区必然出现的三点劣势，将会给未来中国的经济发展和社会稳定带来什么样的恶果。我们只要认可最简单的经济发展理论，就可以顺理成章地论证出。我们最严重的估计在于，如果中央政府不尽快加以严禁，恐怕将会导致地方黑社会化，在政治上带来数百万、甚至更多民众的集体抗议。

实际上，近年来随着民众维权意识的日益增强，大众高度评价的“最牛钉子户”、以暴抗暴（如自制燃烧瓶）的反抗日益见诸于大众传媒。“风能进，雨能进，国王不能进”的私有财产权意识更是深入大众之心，成为了这个社会当之无愧的“自然法”。对此民心之变，地方政府不可置若罔闻，不可掩耳盗铃。否则，这个国家将对这种竭泽而渔、杀鸡取卵的经济发展路径承担天文数字般的“维稳”经费。届时，国家是否能够承担这种维稳支出，还是个巨大的问号。

好在仍然时常会有一些正面消息。11 月 8 日，《国务院关于加强法治政府建设的意见》发布实施。对此意见，人民日报评论员文章说，“这是国务院在新时期深入贯彻落实依法治国基本方略，全面推进依法行政，加强法治政府建设的又一重大举措，对于发展社会主义市场经济、促进社会公平正义、深化政治体制变革、推进政府建设和反腐败具有重要意义”。

从立法正义和司法正义的角度来看，这个意见颇为令人期待。因为意见指出，要严格依法制定规范性文件，制定对公民、法人或者其他组织直接产生效力的规范性文件，要公开征求意见，进行合法性审查，以切实维护法制统一和政令畅通。这等于宣布激活颁布了多年而未见多少效果的《立法法》。这部宪法性法律第八条指出，“对非国有财产的征收”只能制定法律。根据宪法规定，法律只有全国人民代表大会及其常务委员会才能制定。地方政府无权未经住户同意而野蛮拆迁，中央政府有义务保障公民的合法非国有财产不受侵犯。

因此，国务院有义务根据宪法所确定的依法治国和人权保障精神，系统反思 1991 年 1 月 18 日通过的《城市房屋拆迁管理条例》是否能够顺理成章地在农村集体土地上的“小产权房”上得到实施。这么多年来，城市房屋的拆迁曾经带来什么样的问题。针对这些问题，政府在依法行政、公平正义、人权保障和社会和谐方面有何需要改进，又有哪些是坚决不能再出现的。有些是财政上的技术问题，可以说是老话题。

例如学术界一直关注的何谓公共利益的法治化界定问题。有些则是新问题，不仅体现为经济问题，还是社会建设的问题。既然拆迁了，就要认真考虑当地社会的重建问题，而不能简单得以为经济补偿、住宅重建就可以安抚民心的。从而在宪法学、政治学方面，对拆迁工作进行理性化引导和落实。而不是将拆迁工作暴力化，简单地当成一个改善政府财政收入、促进地方经济发展的财政学意义上的机会。

不仅如此，《国务院关于加强法治政府建设的意见》还对行政系统提出了更多的要求。根据普遍的法治精神的要求，行政系统及其公务员必须绝对尊重以法院为核心的司法制度，司法制度则必须以保障公民权利的程序正义为核心。

这意味着，结合《行政诉讼法》、《行政处罚法》、《行政复议法》等行政法，公民不仅有权在法院起诉任何一级地方政府。任何地方政府绝对没有权利干预司法机关的独立审判权，必须绝对尊重法院的司法正义形象。换而言之，在良性拆迁及其社会治理这一块，保障公平正义的司法成为这种政治决断的最后手段。

最终，结合经济发达地区曾经出现的拆迁所留下的隐患的成因分析，我们能够确认，良性拆迁及其社会治理不仅要实现经济的可持续发展，还必须兼顾国家的政治稳定和司法正义。“兼顾”的确切含义就是，政治稳定和司法正义二者不可偏废，以司法正义推进良性拆迁，从而实现政治稳定和经济的可持续发展。如此，方是政治发展系统视野下的国家善治。

（《新产经》2010年第1期）

司法正义才是农地保护的根基

2010年，中国“拆”声一片。从云贵高原到东北平原，从锦绣江南到黄河上下，以拆迁为基础的城市化进程中的中国，从来没有这激烈。一句话，野蛮拆迁而引发的中国土地问题和官民矛盾从来没有这样尖锐过。2011年以来的一系列拆迁事件以及在这个过程中中国公民的悲壮而难免无效的抗争足以表明，这个局面并没有在产权保护和制度运行上得到任何意义上的缓解。

部分意识到了这个现象的危险程度，3月25日，中央纪委、监察部发出通知，要求各级纪检监察机关加强监督检查，进一步规范征地拆迁行为。该通知明确要求，在《土地管理法》等法律法规作出修订之前，集体土地上房屋拆迁，要“参照”新颁布的《国有土地上房屋征收与补偿条例》的精神执行。大陆评论认为，新条例适用于城市范围内国有土地上的房屋征收，对于集体土地上的拆迁仍然依据《土地管理法》；同样是房屋征收与补偿，城镇与农村适用不同的法律法规，造成了立法和执法上的不公平。

对此，宪法学教授姜明安认为，“既然土地的产权是属于农民集体的，为什么一定要政府强制征收后才能卖掉？农民自己为什么不能卖呢？所有权人不能处分自己的土地，这是没有道理的”。土地产权不明确造成权利保障缺失，保护农民的土地必须立法确保其所有权。姜明安教授的观点无疑是非常正确的。然而，这事实上，农地保护面临着比私有制立法更重要的司法正义问题。

地方政府为什么喜欢野蛮拆迁？

中国宪法规定，农村土地实行集体所有制。然而，长期运行的规则（这不是潜规则，而是法外的明规则）是农民不能自主处分土地。这等于说，名为集体所有制，转变为国有制，落实为地方政府所有制。由此，必须由"村民委员会"以集体的名义，被动地与政府签订一个不平等条约，真正的主人成为强制拆迁的整治对象。

这里的政府，由于参与了房产商的土地开发过程中，作为房产业的推动者和保护者，深深地嵌入了经济运行，成为一个超越于整个产权体系和法治规则的利益集团，成为圈地运动中的非自然人的"大地主"。由此可以确认，政府作为房地产和城市化的中介这一违宪事实是中国土地财政的制度保障。

近年来的中国的野蛮拆迁主要集中在农村，原因在于农村的拆迁成本不高。一是地价和安置成本的不同，用经济学的观点来说，农村的"级差地租"远远低于城市；二是城市的发展很大程度上已经达到了用地的极限；三是，城市化的一个标准是用地规模的扩大，农村的城市化正好满足地方政府扩大城市面积的政绩需要；四是，农民的组织程度远远低于市民，加之农村精英的大量外流，对农村的这种拆迁容易避免引起城市那样有组织的集体抗争。

农民捍卫家园的抗争

农民仍然在以多种方式反抗。第一种对地方政府的反抗方式是上访。一个农民、多个农民，千里迢迢地到国家信访局和全国人大等国家机关，请求中央为他们做主。这样的事情不是个案。根本的问题不解决，地方的纠纷被聚集到了北京。为了维护稳定和形象工程，地方政府无所不用其极，官民矛盾进一步尖锐化，地方政府与开发商的权贵共同体进一步强化。

今天，访民已经成为中国社会运动的一支重要力量。访民认为，中央的立法是好的，糟糕的是地方政府站在了资本家的一方。这是有部分道理的。在一个更大的治理体系中，农民的思维和一些认为光有立法、不需要司法的思维共享一种"去法治"的前文明的思维逻辑。区别在于，一向缺乏民主化参与的农民是这种非法治观念的接收者和最底层的牺牲品。第二种方式则是针对暴力拆迁的暴力反拆迁。暴力反拆迁并非没有正当性。毛泽东就说，哪里有压迫哪里就有反抗。然而，同样急剧地加深官民对立，进一步弱化执政体系的正当性。

无论是上访，还是暴力反拆迁，由于中国固有的制度运行特点，其共同特点在于：1、它们都最终导致了官民矛盾的尖锐化，导致了社会对抗，加深了社会的毫无意义的不稳定；2、在制度运行规则上，它们都毫无例外地冲击国家的司法正义形象，侵蚀了国家的司法公正与程序正义为核心的事关公民权利保障、政府权力制约的"法治"的最高最后决断地位。

有一位河南朋友面临拆迁。她问我怎么办。我说我也不知道怎么办，但我能确定的是：第一不要上访，上访会成为维稳的对象；第二，媒体的作用微乎其微，类似重庆"最牛钉子户"那样的案件，是靠我们单个人的力量很难操作的，所以可以联系媒体，但不要期待媒体；第三，无论遭遇了什么，你至少不能自焚，来日方长，作为朋友我希望你平平安安的。知其不可为而为之，我还是帮她联系了一位曾在《南方周末》工作的记者朋友。这位记者耐心地告诉我们，媒体最多就是一个压力，找媒体基本不能解决问题。过了两周，拆迁现场传来消息说，她和她的爱人坚持到了最后，拆迁人员知道说理说不过多年自学法律的人，干脆找了个小混混给她家断电了。孤军奋战后，他们比邻居多得了一万元的补偿金，挽回了面子。

类似的问题，我曾经反复换位思考，如果我家遭受了这种困境，怎么办？对此，一位一直在鼓吹民主法治、从事群体性事件研究的政治学者和我的回答异曲同工，就让他们拆迁吧，大不了找个地方再赚钱，大不了移民到其他国家去。

可是，关键的问题在于，不是所有人都像我们这么豁达的（更多应该是懦弱？），一个人一生中也没有多少房子可以被拆迁。看似轻松的回答，表达的更多是愤怒。民心一旦群体性转变，拆迁就必然不是简单的法律问题。

警惕非法治取向的私有制浪漫主义

每一阵的拆迁热潮中，总有拆迁户因为愤怒自焚。一些舆论动辄指责他们不理性。正如那些暴力抗击拆迁的人士，也被动辄批判为“民粹”。曾经有一位著名民法学家，就批评为这些弱势群体辩护的学者为“民粹主义”。这种大帽子是不合适的。即使真有经典哲学里说的“民粹主义”，解决办法也不是对弱势群体进行道德批判，而应该在制度轨道上，寻求突破口。

如果我们进入田间地头，认真和农民交流，就能发现，他们对我们这个国家的良性治理是多么期盼。他们的要求很简单，就是希望政府能节制起来，尊重他们的集体土地，让他们有一个安居乐业的生活环境。这是公民基本的权利和最起码的生存呼唤，自古是天经地义的。

诸多评论指出，中国农地保护的这种困境，关键在于私有化。私有化能促成农民对土地的珍惜，也能让司法机关基于明确的产权有清晰的责任。然而，私有化的这种作用，如果不和农民的自由结社、自主维权结合起来，如果缺乏严格落实的一元化决断的司法正义，私有权同样不能被保护。第二，私有化过程中，同样存在一个公平正义的问题。第三，农地的私有化难免面临关于宪法修改的一个敏感问题。集体所有制是中国根本经济制度的根基，废弃农地的集体所有制的产权属性，是一个比保护集体所有制下的农地更为复杂的政治问题。

中国农地的私有化，是在修宪程序上比司法独立拥有更多意识形态阻碍的话题。中国的立法精神并不必然否定程序正义和司法独立，但执政党一定会因为中国的社会主义立国原则，而否定私有制的所有制选择。社会主义的天经地义就在于，它要创造出比侵犯人权的“羊吃人”的圈地运动更为文明的生活。除非试图为社会运动寻找意识形态辩护，如果相关学者试图在制度内有效解决问题，不如放弃私有制建议，改而鼓吹司法公正显得更富有建设性。

非常重要的一点还在于，私有化事实上未必必然能够解决农村土地的拆迁问题。道理很简单，司空见惯的各种违法犯罪行为（例如抢劫、盗窃等侵害行为）会发生，并不是这些行为所涉及的相关财产的所有权属性决定的，而是这些财产没有受到合适的保护。私有制企业同样存在贪污腐败现象，并没有因为私有企业主而让腐败不发生。历史上英国发生过“圈地运动”，解决的办法并不是深化私有制属性，而是在民众的抗争压力下强化法治。

能够确认的是，简单财政学化的“经济学帝国主义”没有用，光有立法没有公正司法、严格执法的非法治中心主义的社会体系建构也没有用，关于技术性治理的国家稳定思维更是没有用，基于社会控制的政治逻辑更是这种司法文明与现代治理的不同戴天的敌人。我们可以这样简单而确信的总结，关键不在私有制还是公有制，而是明确的产权、严格的司法。

司法正义才能保护农地

农民理想中的国家是，正如宪法序言所说，“全国各族人民、一切国家机关和武装力量、各政党和各社会团体、各企业事业组织，都必须以宪法为根本的活动准则，并且负有维护宪法尊严、保证宪法实施的职责”。无论是开发商，还是地方政府，或是中央政府，或是执政党，都能毫无条件地尊重农民的土地权利和房产权利。

农民没有义务接受任何一方的单方面定价，更没有义务因为“公民不服从”被最后通牒、被野蛮拆迁、被维稳、被跨省劫访。不仅如此，农民天然地享有与开发商和地方政府就土地是否被出卖、被拆迁、以何种方式被出卖并被拆迁以及限定未来如何规划和使用他们世世代代谋生的土地的使用方式的权利。

如果他们的权利被侵犯了，他们可以在法院起诉任何个人和组织，法院完全站在司法正义的立场上，不折不扣地保障每个公民的权利与幸福。如果有谁胆敢有法不依，那么司法机关可以保护他的权利。

如果法官胆敢贪赃枉法，这个国家的媒体、人大代表会群体而攻之。在舆论的监督下，法官和律师知道他们之所以为法律人的最起码的伦理与底线。换言之，社会各界对司法的监督，乃是对这个国家法律人共同体的坚定保护和深深祝福。一句话，这个以维护公民权利为立国根基的国家，就是公民权利的钢铁长城和铜墙铁壁。

个体性的自焚必然无法产生更大的政治压力。这种行为要想产生影响，只能依靠新闻媒体的密集报道，以引起更多人的同情，在此基础上产生新的政治压力，才能在个案上督促拆迁部门改弦易辙。至于要想达成拆迁制度的根本性变革，其难度更是可想而知。要相信，民众的权利意识不会因为自焚而放弃。自焚是弱者的反抗。经验表明，自强者的反抗模式是，通过串联与结社，改变社会机制。压力由此从单纯的经济诉求转变到政治方面的诉求上来。

此时，理性回答下列的问题就显得日益必要：面对大规模的野蛮拆迁，当法治不彰、正义找不到之时，是否需要民众的集体抗争才能有效解决问题？如何评价民众这些针对拆迁部门的抗争行为（包括暴力抗争行为、集体暴力抗争行为）？如果政府对此的回答是放弃司法正义，那要多大程度上加强维稳体制？

为了维系这个体制，政府应该承担多少的相应财政支出？若想让中国的社会体系可持续运转，配合维稳体制的一个办法常常是在民生方面对民众有个交代。这也涉及民生方面的财政支付。那么政府有多大能力应付民生、维稳方面的直接支出？因为权力不受制约，“三公消费”和贪污腐败经费在财政支出中将占到多大比重？不受制约的权力将在多大程度上破坏市场经济的活力，从而减少政府的财政收入？

无论抗争会达到一个什么样的效果，确定无疑的是：在世俗政治领域，法治是超越于所有社会主体上的唯一的正义机制。只有作为政体运行的最高决断手段的司法及其正义体系，以及组织起来能够与开发商和地方政府平等谈判的集体谈判和集体博弈机制，才能真正保护农民的土地权利。

也只有作为治理评判标准的法治，才能让政府名正言顺地回应民众为了捍卫自己的土地和家园而兴起的、有可能异化成某些波及无辜者的社会运动，基于公平正义的共识，以法治的名义，规范并引导民众的维权抗争成为对民族美好未来的促进。

这正是法治的魅力所在。法律面前人人平等，出于保护每个人的公民权利限制并规范所有人的行为的机制本身，能够让各种公共行为理性化，进入到一个可预期的轨道上来。

因此，相对于各地掀起的暴力拆迁浪潮，要求各级纪检监察机关加强监督检查，进一步规范征地拆迁行为，并希望农村土地和城市土地采取同一机制的做法，非常值得表扬。我们进一步的期盼是，中国整个体系在司法公正上做出更大的努力，从而在根本制度上彻底终结中国的野蛮拆迁。

（《凤凰周刊》2011 年第 16 期）

开发商主导业委会导致维权困境

由于不满业委会的长期不作为，深圳市南山区沙河街道办东方花园小区近 200 名业主召开小规模业主大会，宣布启动罢免程序，并临时成立业主维权委员会（简称“业维会”）。（4 月 7 日《南方都市报》）

在目前的法律意义上，究竟是常设的业主委员会、还是临时的业主维权委员会具有更高的法律地位，相信经过业主们的长期博弈，很快便会有一个明确的说法。

在批准之前，尤其是赞成罢免的人数未达到合理比例之前，“业维会”自身难免具有种种尴尬地位。不过，“业维会”所体现的权利意义却是我们不可忽视的。无论这些业主体现的是个体意志还是代表着多数人意志，我们都期待开发商和政府有关部门能够站在公民权利的高度，对业主们的理性维权行为有个正面的交代。

公民只有自己才是自身利益当之无愧的了解者和代言人。运动员同时担任裁判员，体现了一个组织和一场游戏的规则和角色混乱，是非常糟糕的组织方法。东方花园小区就是如此：据业主们介绍，现任业委会 9 名成员中，只有 1 人出面参与此事，其中有 6 人在开发商的公司工作。到底是开发商提供的工作重要，还是业主的利益更重要，精打细算之后，这些委员如何行使职权便是不难想象的了。

业主们提出了三个要求：罢免现业委会主任，更换不作为的业委会委员；新业委会产生前，选举成立正式的“业维会”，并授权“业维会”展开维权活动，适时召开业主大会；委托“业维会”与现物业管理公司交涉，保证业主权益。

很显然，让开发商来主导业主委员会的工作，将永远无法改变业主在维权中的制度性尴尬局面。对公民来说，通过博弈形成新的体现业主意志的组织规则，无疑是自身利益得到制度化尊重的基础所在。如果业委会中没有业主自己所信任的委员，那么即使维权看上去成功了，就更长远的权利保障角度而言，仍然是失败的。

具体的对策其实并不太难，那就是制定新的规则：规定业主委员会中不许有开发商的工作人员，委员任职期间不得与开发商发生任何非正常的经济联系；一旦发生类似的现象，经过过半数的业主民主投票决定，必须马上辞去业主委员会中的一切职务。这样，不但促进基层民主自治，也能促进开发商尊重业主，赢得更多的信任和市场。

（《东方早报》2008 年 4 月 9 日）

以管理创新应对群体事件

据 10 月 30 日《南方日报》报道，广东省将为《省信访工作责任追究暂行办法》制定相应实施细则，政府职能部门决策失误引发群体性事件将被追责；此外，广东信访局将对“用群众工作统揽信访工作”进行试点，届时可能制定重大项目事前信访风险评估机制。

多年来，围绕着信访、司法与维稳等相应的话题，相关研究机构和决策者对此议论纷纷。由于中国特色的司法结构存在，这个争论并没有达成一个令更多人满意的共识。为此，有关方面的对策是以搁置争论的方式继续“完善信访制度”。而另一方面，基于各种因素，一些地方政府的决策不科学不民主，被某些既得利益所绑架，很少考虑到社会的接受程度和民众的忍受程度，产生了一系列社会矛盾。最近发生在浙江湖州的、围绕着“童装税”分歧展开的、并转向所谓浙江与安徽的地域之争的群体性事件就是典型。

事实上，倘若地方政府能够在决策前认真走访，深入了解民意，并通过制度性的方式吸纳民意，制度化当地的民主和民众自治，很多令人尴尬的社会矛盾和群体性事件并不会发生。

就此意义而言，有关建立重大项目事前信访风险评估机制的做法，可谓是在“完善信访制度”与“废除信访制度建议司法制衡制度”这种争议之中所寻找到的一个既考虑到体制现状、又力所能及地开展地方制度创新的明智之举。

这个重大方向就是，在“社会矛盾化解、社会管理创新、公正廉洁执法”工作要求之下，就“社会矛盾化解”这一宗旨，从被动式执法走向了主动式立法，从对民众的“维稳”走向了强制政府“创稳”，从传统的“官本位”思路转向了现代社会的“民本位”体制。实实在在地说，这是“社会管理创新”的一个好方法。由此，我们也能期待，在此基础上，地方政府能做到“公正廉洁执法”。

当然，这个决策作为现行体制下的“亡羊补牢”之举，仍有一些地方是需要厘清的。例如，“重大项目事前信访风险评估机制”中，“信访”被认为是风险，将“信访”与“风险”两字放在一起，是否合适？也许决策者已经有了这样的考虑，并乐意力所能及地保障民众权利。然而，作为制度安排，不得不承认，这个说法本身，多少还有一种“维稳”思路之嫌疑。此外，“信访”作为公民特殊的表达方式，如果纠纷处理方式不明确、系统，或者说，正义的落实方式不是“一元”的，裁决就必然执行多重标准，以至于走向“人治”。

在此意义上，广东省需要沿着善治的思路进一步探索。正如我们知道的，由于各种原因，即使是在最为民主最为法治的社会里，即使在这个社会里决策是最为科学和最为民主的，民众仍然有不满，仍然会以宪法赋予的“表达自由”这一宪法权利来表达对政府决策的不满。由此，延伸到另外一个话题：在制度安排中，公民的信访权利究竟应该纳入什么样的程序之中？

对此，持司法制衡观的学者，事实上主张一种“正义一元论”的思路。其思路是，让司法基于程序正义的方式来保障民众的权利；无论司法实行几审终审制，司法过程一定要终结至少永远搁置一切矛盾与纠纷，进而在制度性的司法公正之中培育起民众的司法认同。信访过程中，如果的确有重大的社会矛盾需要化解，通过一般性立法（不能溯及既往）的方式来“创稳”，个案性的、相对简单的纠纷则直接交给法院裁决。执政党则坚决承诺，保障司法的最后裁决功能，让司法逐步强大起来，成为社会矛盾的裁决者、社会稳定的创造者。

这些内容，则是广东省地方政府没有做的，或者说是限于其创新空间而暂时没有做的。

（《时代周报》2011年11月3日社论）

乌坎维权的底层设计意义

一群村民，在世世代代的家园，与武警长期对峙。难道警察要攻占这个村庄？

发生在南中国的一个乡村的集体维权活动及其带来的丰富想象牵动了社会各界的心。乌坎维权事件高潮中，诸多关心中国改革与发展的观察者与学者都对此提心吊胆。而当广东地方政府宣布和维权民选代表对话并宣布承认维权民选组织为合法组织的时候，大众心中的一块石头终于落地了。

回忆80年代的激情岁月，我们发现，变革的几乎每一步，都是民众远远走在了政府和体制的前面。

有学者指出了一个特殊的现象：创制性违法。顾名思义，民众和地方政府的某些说法，并没有明确的法律依据，因而是可以被理解为“违法”的；然而，鉴于国家的意义在于维护民众的权利、增进人民的幸福感这个基本命题，违反某些落后的制度、法律和政策，就具有正面意义。

在2012年谈及底层创新，具有特别重要的现实意义。时至今日，改革开放30多年赖以取得成绩的“人口红利”已经所剩无多，欧美同样陷入了结构性经济危机，对东部沿海地区的一些省份来说，指望过去通过大规模的经济发展来为国家治理提供民众认同的优势已经在日益降低。可是，由于制度性的一些问题没有解决，例如地方治理出现的腐败等现象，民众的维权抗争却越来越多。在体制内外，也弥漫着彼此不信任的敌对态度。

改革需要“顶层设计”，可是，更需要尊重“底层设计”。对底层设计的尊重，如果称之为“顶层许可”，借着这个名词，我们发现我们能更多了解中国变革的某些事实。改革开放30多年，在我看来，最值得珍惜的就是制度对民众和地方政府的“创制性违法”的“顶层许可”的想象力和创新力。如果缺乏“顶层许可”，“底层设计”中涌现出来的某种激情和冲动，难免给人以冲撞整个国家体系的“幻觉”。没必要过多指责这些幻觉感。理性的立法者应该承认，一旦这种幻觉感蔓延开来，将会极大地影响到自己的合法性与民众认同。

因此，最近广东发生的变化所体现出来的最弥足珍贵的经验就是，如果体制对民众的抗议总是置之不理以至于怒目以示，民众对国家的信任危机就有可能产生。

与此相反，一旦地方政府下定决心致力于问题的解决，摆脱问题村官对政权的裹挟，放下身段和维权民众对话并与时俱进地承认维权民众的制度外诉求、将之纳入到秩序化和制度内的轨道上来，我们也发现，持现实主义的社会舆论对此是多么欢欣喜悦。

这种“顶层许可”的实践具有更大视野的时空意义。当年之所以能战胜国民党政权，就在于革命战争年代的一些基本方法符合中国国情，例如，对农民土地权利的尊重，以换取农民的尊重；善于清晰地分辨出何为执政党的基本认同者，极大地扩大“人民内部矛盾”的范畴。

具体到乌坎的维权及选举事件中，广东地方政府最终清楚地认识到，即使上万的民众在游行示威，并且组织了一个制度曾经无法包容的维权民选村组织，那也是“制度外人民内部矛盾”。

对这种体现制度外人民内部矛盾的“制度外非政治性社团”的最好办法，就是通过顶层许可的方式予以承认，推动村民自治。

我们不知道“顶层许可”究竟有多大层面上的宪政样本意义，甚至于这个话题本身就属于政治学上的“想象主义”。我们也不知道这种尝试到底将探索出什么样的制度模式。但我们清楚地知道：当体制不断强调社会管理创新的时候，广东地方政府在尊重维权民众的权利与诉求、促进国家和政府的良性运行方面走出了值得肯定的一步。

至少，到了今天，乌坎民众在和平选举而不是流血冲突。这就是对国家的祝福，也就实现了社会管理创新的宗旨（“化解社会矛盾”），并且实现了社会管理创新实践中有利于限制和规范政府权力的那一面，即促进国家的政法系统的“公正廉洁执法”。换言之，在这方面，广东仍然走在了变革的前列。

（《时代周报》2012年2月9日）

白宫上访潮的几项评估

2011 年美国开设了“We the People”网站。目的是帮助美国公民向政府“请愿”。其依据是宪法第一修正案，美国政府不得“确立国教或禁止信教自由；剥夺言论自由或出版自由；或剥夺人民和平集会和向政府请愿伸冤的权利。”

白宫没有想到，中国网民会就“豆腐脑应该是甜还是咸”、废除中国的英语四六级考试、重新调查 20 年前的投毒案件等事件请求他们做出裁定。总统奥巴马更是无论如何都没有想到，本为方便美国民众的一项措施，居然会让其被中国网友戏称为“中国驻白宫信访办主任”。

以前文所提到的几项内容来看，“投毒案”涉及到民众对本国司法公正的质疑，因而其签名书很快就超过政府所要求的 10 万。而废除英语四六级考试之提议，的确体现了国内一部分学生的愿望，因而具有某种程度的合理性。至于豆腐脑之提议，虽然也算是公民“表达自由”之结果，没有多少现实意义。

白宫上访潮，显然不是某些网民“吃饱没事干”之结果，也不应该如 60 年代被认定为“敌我矛盾”。理性评估该事件所体现的时代背景，有重大的政治社会学意义。

首先，需要重新评估国内这么多年的信访制度。我们都承认，司法正义对社会矛盾具有根本性的疏导作用。信访制度之存废，国内一直争论不休。信访潮的出现，已经对北京等地造成了巨大的人群聚集压力，需要化解。没有国内上访潮，绝不会有白宫上访潮。

第二，如何评估信息化时代的公民诉求表达之结果？与过去时代相比，信息技术改变了中国民众的诉求表达方式，新技术导致了民意诉求的集中化爆发成为可能，以至于有“网络群体性事件”之说。网络群体性事件是否会导致网络下的群体性事件？

第三，如何评估中国国内民众的境外联络活动？这是一个敏感话题。政府不欢迎外部干预，美国政府也会小心翼翼地评估如何干预中国。但部分民众没有这个忌讳。政府会认真了解。调查不一定等于“打击”，目的是主动了解以打破“信息不对称”之恐惧。白宫上访潮的出现，丰富了国家安全部门的业务范围，但这种行为本身不直接危害国家安全。

第四，如何评估中国国内治理的成本和绩效？政治社会学和制度经济学都承认，治理（尤其是涉外事务的治理）是需要成本的。社会矛盾之激烈化，难免导致治理成本之提高。减少成本的好办法是在国内确立一个政通人和的“自由表达”和“保障权利”机制，让民众在自己的国土上通过制度化民主和制度化自治来解决自身面临的问题。

美国政府一直认为他们的宪法建立了一个“民有，民治，民享”的政府治理体系。中国没有必要抽象地反对这种体现出人类文明进步的价值体系和治理体系。

一个让民众理解的政府有利于促成一个被境内外的人民热所爱的命运共同体。我们希望有那么一天：亚非拉和欧美大洋洲的民众内心有什么忧伤和痛苦，中国是他们遭遇的倾听者。

（中国青年政治学院《青春报》2013 年 6 月 26 日）

发挥社会组织的稳定器功能

3 月 5 日，全国人大代表、重庆索通律师事务所律师韩德云做客人民微博“直通大会堂”栏目，以“我国的法制建设”为题与网友在线交流。回答网友提问时，这位人大代表表示，现实中有不少影响稳定的事件，恰恰是因为民众权利受到侵害，没能得到合理救济才引发的，只有维权才能真正地维稳。

大约在刚刚过去的 10 年间，由政治社会学界总结出来的“群体性事件”和“社会泄愤事件”等概念越来越成为中国治理系统的焦点话题。随着维权参与者的日益集体化和维权诉求的日益系统化，“维权”逐步被意识形态化对待。一些关注中国民主化法治化的学者和各界人士，开始从社会转型这样的宏大叙述来理解并试图推动中国的变革。而在另一方面，由于既有的意识形态话语没有被终结，一些问题官员和腐败官员，动辄以“敌我矛盾”的处置方式对待民众的利益诉求。这种粗暴的方式，既增大了政府的财政负担，又严重伤害了政府的民众认同。

从改革话语自身的系统性来说，这套逻辑实质是将“改革、发展、稳定”命题的三大环节割裂为碎片。在这些人看来，稳定压倒一切。可是，在中国压倒一切的，其实不仅仅是稳定，还有改革和发展。早在上世纪 80 年代，一个基本的共识就是，中国必须坚持改革开放，中国必须坚持发展一百年不动摇。

认为“稳定压倒一切”，并以“稳定”之名否定人民民主、否定改革开放、否定依法治国、否定政治文明、否定人权保障，无异于否定这个国家的立国根基。要捍卫这个国家的立国根基，进而确保政治治理的正当性和有效性，就必须彻底否定这套一度被某些官员挟持并用以逃避法律制裁的错误做法及其背后的行为逻辑，进而尊重民众的维权抗争的基本权利。

然而，就难度而言，中国任何一个小系统的变革，经常是与大系统的变革具备某种相似性。维权权利的落实，更是如此。如何将维权与维稳这两个曾经被误解的命题提供一个体制内外都能接受的框架，从来都是一个大难题。

首先，无论内心深处多么具有宪政民主的理想主义激情，正如我们不得不承认的，这里不是美国。其次，即使如此，稳定也不是说社会停止流动、国家拒绝发展，更不是腐败官员应该得到表彰、维权民众应该被粗暴阻止，也不论某种维权运动的抗争烈度有多高、其参与抗争的民众有多少，宪法所允诺的公平正义，在中国大地上必须得到不折不扣的落实。正是对这套悖论的中国式掌握，各地在治理与社会管理创新方面，逐步摸索出来了一系列卓有成效的地方性治理经验。苏州通安由失地农民参与的波及数万民众抗议的一场群体性案件之后，地方政府总结经验教训后得出结论：事件爆发导火索是政策变动得太快了，让先前被拆迁的居民感到被不公正对待；哪怕是进步，一些民众都受不了。

之所以说广东等地，基于社会管理创新，在处理某些地方群体性事件时仍然能达到某种积极有利的效果，并非说这些地方放弃了维稳诉求，而是它们的确在以一种力所能及的方式，展现了体制本来应该具有的变革性和开放性。在这方面，广东的变革是体系性的。大约从去年开始，国内外媒体就高密度地报道了广东所启动的社会建设。

广东的社会层面的变革直面社会组织的建设这一核心命题，逐步认可了民众的结社自由而规定：社团组织可以不需要主管部门的批准而在民政部门直接注册，单一行业可以由多个行业协会平等竞争。如此种种，对比那种动辄以国家暴力机关来面对维权民众诉求的野蛮行为，广东的这个举措具有何等重大的意义。

在我看来，广东关于社会建设的系列举措，结合最近各种群体性事件的治理的经验教训、结合这次两会期间韩德云代表提出的“维权才能维稳”这样如此鲜明具有法律人思维特点的言论来分析，我们发现“发挥维权组织的社会稳定器功能”这个命题已经开始成为体制性话题。

（《时代周报》2012年3月8日）

制度创新呼唤更多法学家精神

2月19日，基于长期的司法经验，深圳市司法局原副局长、全国首位直选产生的律协会长徐建提出了一个建设性政治改革方案。在接受记者专访时徐建指出，在接下去的民主改革中，应该更多体现法律专业人员的作用，如给每位人大代表和政协委员配备一位律师做法律顾问（见昨日《南方都市报》A46版）。

我们赞成徐建先生的观点。民主的确很美好，可是民主必须可行。实际生活中可行的民主体现在生活的细节中。无论是直接选举还是间接选举，也无论是等额选举还是差额选举，没有法治提供的秩序保障，这样的民主就没有多少真实性。此外，民主必须从理想转变为技术理性。如果没有基于细节的程序性保障，民主就很容易在现实生活中变味。另外，需要强调的是，民主决不仅仅是一种选举制度，民主有更为丰富的内涵。

有太多的案例能够表明，快速民主化后，一些地区一些国家社会变乱了，这是这些国家缺乏法治秩序、缺乏民主技艺、缺乏对民主程序认可的恶果。当然，这些惨痛的教训不是我们放弃民主改革的理由，而是我们应该以法治精神审慎地推进民主化进程的反面教材。

每个人都有自己的理想、幸福观和利益诉求，这些个体情感和个体利益都不是可有可无的，是在组织生活中必须被尊重的。同样地，由于世界的多样性，这些利益诉求有时是互相矛盾的。此时，立法者必须依据审慎的态度，进行更为完整的思考，以免有限的政策不是促进了社会公正，而是维护了部分人的特权。

公共政策之存废，利益涉及之广，常常超乎我们的想象。公共政策要出台，人大要对此进行表决，表决前要举行听证会。由什么样的人组织听证会？邀请什么样的人员参加听政？不同意见的听证人士如何产生？在听证过程中，谁可以发言，可以发多长时间的言，各自拥有什么样的权利义务？旁听者有什么样的权利义务？当听证结果产生后，拿到代表大会表决，又有什么样的程序？这些规范看上去无关高调的道德理想，却是民主的基本保障。

西方国家的立法表决有个很有意思的程序，即“三读制”。任何议案都必须经过议会三读审议：一读阶段宣布议案的名称和要点，表决通过后把议案送到有关委员会进行审查，如果通不过议案就算胎死腹中；二读阶段宣读议案内容，在专门委员会审查和修改的基础上进行辩论；三读阶段一般只进行表决。“三读程序”是一个既自由又高效的民主程序，本身不带有任何意识形态色彩，看上去很美好。

然而，中国的改革多大程度上能援用这一套程序，仅就这个问题，我们就需要一系列的法律考虑。很有可能，我们要么修改法律，要么不改革，否则就必然极大地破坏法治尊严。给每位人大代表和政协委员配备一位律师做法律顾问，增加他们的法律素质是如此重要。

谈到律师和法律专业人员的作用，社会学家托克维尔指出：“法学家秘而不宣地用他们的贵族习性去对抗民主的本能，用他们对古老事物的崇敬去对抗民主对新鲜事物的热爱，用他们的谨慎观点去对抗民主的好大喜功，用他们对规范的爱好去对抗民主对制度的轻视，用他们处事沉着的习惯去对抗民主的急躁。”可以说，法学家阶层和法学家精神是政治民主化的稳定器。

如此思考，我们不难发现，到底是区长还是镇长进行直接选举，反而是必要但又次要的事情。我们应当承认，只要有了现代法治政治，严格依据程序进行，政治改革未必一定闹哄哄。即使闹哄哄，天也不会塌下来，因为基本的秩序坚如磐石。

如果真能给每位人大代表和政协委员配备一位律师做法律顾问，人大代表和政协委员自然对法律条文的运用更加熟稔，全国的代议机关和参政机关会有积极变化，深圳的面貌就会发生静悄悄的却是翻天覆地的变化。

（《南方都市报》2008 年 2 月 21 日）

以自治与法治为灵魂的乡镇变革之道

乡镇官员也曾热血沸腾。低一点的希望做个县长市长，能够造福地方。高一点，还想成为国务院副总理。上个世纪 80 年代的大学生，由于天然是“国家干部”，常常会有这个念头，觉得做个副省长都是委屈自己。

入职乡镇政府之后，他们发现，如果自己没有多少社会关系，最多只能做个副处。一旦被“一票否决”，就会耽搁升迁好多年。至于成为副总理，屈指一算，如果官运亨通，根据相关的程序，可能也要花个五十几年。这就是说，基层公务员年少时期“修身齐家治国平天下”之梦几乎彻底破灭了。

然而，中国的乡镇政权仍然在运作。他们仍然被授权治理这片国土，仍然有义务面对一群公民。根据国家民政部《2010年社会服务发展统计公报》，2010年底全国共有乡镇行政区划33981个，其中乡14571个、镇19410个、街道办事处6926个、区公所2个。乡镇是中国政府体系的基础。

他们的工作绩效与政府形象，直接影响到政府和执政党在乡村社会中的认同感与合法性。认真面对数百万的基层官员的生活状态，将他们的治国安邦梦纳入到一个健康的轨道上去，乃是中国这个发展中大国的“治国安邦”的必由之路。

多头受气的乡镇官员

假设我是个小摊贩，可以在大街上轻而易举地把我骂一顿。但如果放大分贝强调：“我是乡党委书记。”看看舆论倾向谁，如果有人路见不平拔刀相助，看看被砍杀的是谁。不要觉得这仅仅是个假设。2004年，在重庆万州发生的群体性事件就是如此。2009年，湖北巴东县刺死镇政府招商干部的邓玉娇案件，也是类似群体性事件的一个版本。

只有面对一个个农民，乡镇官员才有那种主人翁的感觉。在一些文学作品之中，他们常常被塑造成脑满肥肠、作威作福的形象。这种素描是有一定道理的。长期起来，在农村税费征收、计划生育、农地征用和拆迁、乡村社会稳定维护（例如针对农民上访的劫访）方面，乡镇干部的确就是这个表现。然而，如果从国家治理的全局来看，这些官员是苦不堪言。

在农民眼中，他们就是政府，就是共产党组织，就是这个国家。而对官员自己来说，生活的苦不能对外倾诉，怕被领导说自己能力不行，怕被农民耻笑而丧失了治理农村的权威。尤其是面对领导，在这个强调等级秩序的中央集权治理的国家，自己随时可以被免除职务。

这种主人翁的感觉，是乡镇干部装出来的，也是他们面对更高一级领导的委屈的转移和发泄。“有人抱怨自己身上的‘第一责任’太多，假如当官不想做事，不想承担这些‘第一责任’，那你就应当连同‘第一责任人’的身份一起交出来!”2010年《人民日报》一篇文章报道，某市委书记在一次大会上这样的严厉讲话，让不少乡镇官员颇感紧张。

从传统的农业单一经营走向现代的商业化、工业化多样性经营，随着“撤乡并镇”，乡镇政府的规模日益扩大。以2001年6月广东省机构编制委员会《关于乡镇机构设置和编制配备的意见》为例，一般乡镇设综合性办公室5个（党政办公室、经济发展办公室、负责维稳的社会事务办公室、农业办公室、计划生育办公室），较大的镇还设有规划建设办公室、农业办公室），特大镇单设人大办公室、维护稳定及社会治安综合治理办公室：负责社会治安综合治理工作，协调政法工作；一般乡镇行政编制25—35名；较大的镇行政编制40—50名；特大镇行政编制65—75

名。这些办公室分别拥有 2—13 名工作人员。镇一级政权更加五脏俱全了，闲人也更多。随着部门的逐年扩大，乡镇的人事更加复杂化，升职也日益困难。当然，财政支出也水涨船高。

同时，日益复杂化的中国社会在日益走向专业化治理。中央政府日益强化对地方治理的垂直治理。垂直治理意味着乡镇政府里的公务员既要接受本地党政首长的领导，也要接受上级部门的专业化指导，意味着上级对乡镇治理的单一事务越来越有高标准的严格要求。

乡镇官员日益感到自己多头受气，这是乡镇在政府体系中的基层地位决定的。根据《公务员法》，领导职务分为国家级正职、国家级副职、省部级正职、省部级副职、厅局级正职、厅局级副职、县处级正职、县处级副职、乡科级正职、乡科级副职。一般说来，乡镇干部的最高级别是“乡科级正职”。所有相关上级都有权力对乡镇官员进行“一票否决”。靠近县城、市区和省城的，经济发展较好的乡镇第一把手，可能是“县委常委”和“县处级副职”。然而，这并不意味着他们可以免于被上级领导“一票否决”的程序。

力不从心的乡镇治理

中国过去遗留下来的一系列政策并没有改变，目前也看不到被废弃的可能。例如一对夫妇被强迫只能生育一个男孩或者只能生育两个女孩的计划生育政策。这是中国社会能够想象的最引起农民反感的国家政策了。不仅传统的儒家社群反对，基督教教会更是视之为上帝主权的侵犯和对人类生命的亵渎。根据“一票否决制”的干部考核机制，为了坚持计划生育，乡镇官员就是要与人类文明为敌。农民的回应也简单，只要有机会，就要和政府玩捉迷藏。

原来中国有非常严重的农民集体抗税问题。多少农民组织农会，结果是，有被劳动教养的，有被精神病的，有被关小黑屋的。2003 年之后，中国全面废除了农业税，中央领导被农民高声赞美。可是，地方仍然有自己的痛苦。恰巧在此之前，中国实行了分税制。根据分税制，加之现在的废除农业税，地方的财政收入大大减少。地方政府感到很无奈。“驻京办”的生意开始红火了。换个说法是，地方政府对中央财政的依赖性大大增强，从而导致政府业绩和官员升迁更加依赖于对上级财政部门的关系。如果跑腿不勤快，地方政府会穷得悲惨。

为了解决地方财政困境，地方政府还有几个办法。一个是自己开办企业，支持本地人开办工厂。第二个是面对全社会招商引资，上级部门对乡镇政府的考核办法也很简单，“一票否决制”。前面两点都涉及土地征用问题。土地的公平正义问题是中国农村的老大难问题。第三个办法是，如果乡镇就在大城市周围，还可以开发房地产，搞土地财政。这样，乡镇政府就成为了开发商与农民之间的中介。这个说法只是好听点，事实是，乡镇政府成为了代表农民出卖土地的“大地主”。2010 年下半年，北方一些省份，如山东、江苏、河北、河南，大量农民被拆迁、被上楼，中国基层社会好多年来没有这样血雨腥风，刀光剑影。

不仅维稳、计划生育、招商引资、农地拆迁等方面实行“一票否决制”，在环境保护和义务教育等问题上，上级政府也动辄对乡镇官员实行“一票否决制”。改革开放以来实行以九年制义务教育为目标的农村教育发展目标。长期以来，农村盛行"读书无用论"，农村一些贫穷的家庭被迫让自己的孩子辍学务工、经商。为了提高农村素质，保证义务教育入学率成为乡镇政府的义务。这是就业市场和农民经济收入自然选择的结果，单靠乡镇官员的行政手段也总是难以完全解决。于是，乡镇政权只好制造假数据给上级政府，以避免被"一票否决"。结果是，该解决的义务教育问题仍然没有被解决。

如果缺乏基于大局的更全面的政治变革，很多问题本来就是"二难困境"。为了落实招商引资，必须拆迁以提供建设用地。这样难免引起社会稳定问题。反过来，为了避免稳定问题的产生，最好的办法是无所作为。环境保护与招商引资也是这样一组"二难困境"的问题。笔者考察苏北很多乡镇，那里的地方领导为了发展经济，只好将一些被从苏南驱逐出来的高污染企业引入，结果产生了严重的环保问题，引发了当地民众的上访和群体性事件，且因此造成的生态环境恶化付出的是全体居民的健康和未来的巨大治理成本。

农民肯定会维权，维权就有可能被维稳。农民权利之道，中央一直的说法就是要"完善信访制度"。农民如果对基层不满了，根据中国的清官意识和"好人政府"思维，有权利上访，官员有义务为农民做主。可是，信访机构本身不是国家执法机构。信访制度会造成访民逐步聚集到政治权力中心，进而有可能造成这些人员在政治权力中心的联合与结社。于是，乡镇政府就有压力去劫访。因此，北京市海淀区东升乡信访部门的另外一块牌子就是"维稳"。

这压力未必来自中央。但是，中央也没有告诉大家除了劫访还有哪些办法。有问题是乡镇的错，而没有看成是国家司法出了大问题。有劫访就会有摩擦，有摩擦就会有对抗。冤冤相报何时了。公民权利就事论事的司法救济机制，被"信访"的可望不可即的海市蜃楼代替了。没有法治认同，乡镇干部只好被"一票否决"。"一票否决"制造了更大的官民冲突。

否定民主法治的"一票否决制"

换而言之，这种动辄"一票否决制"的考核机制，已经将乡镇官员纳入到一种进退两难、哭笑不得的治理困境。面对这种困境，乡镇官员合适的处理办法，与其说是勤奋地工作、专业地治理、谦卑地面对当地的农民，不如说是与上级官员搞好关系。也就是说，乡镇公务员必须将自己有限的精力，浪费到和领导搞好关系这样本来对国家治理毫无必要的事情之中。

就这样，乡镇干部考核的"一票否决制"与国家信访制度的完善结合起来，成为压在乡镇干部身上的一座大山，让他们喘不过气来，整天生活在"被下课"的恐惧中。更何况，他们仍然有自己的理想。不仅仅是政治上的理想。是人都想发财。为了解决地方财政困境，却加剧了政府的市场化干预倾向，促使他们与企业家等人群开展更多的交往。乡镇官员的钱权交易等现象进一步严重，农民对他们的不满日益增多。然而，权利意识仍然在加强，官民矛盾导致的对地方官员的警惕性与日增多，乡镇官员的恐惧数值在急剧增高。

强调领导人意志和权力属性的国家信访制度，彻底否定了司法独立和公正为路径的现代机制。这是一个除非依赖传统中国的亲情伦理和江湖规则而无法改变的政治体系。在这种体系中，乡镇官员日常工作的维系以及日后的升迁，基本上取决于他们从农民身上攫取的物质财富的数值的大小，取决于他们个人对上级人事关系的依附与投靠，上级则依赖于更高的上级。中国之所以单靠行政体系解决不了“三公消费”，就因为这种消费是中国整个政治体系运作的基本分配机制之一。“三公消费”与强调忠诚感的人身依附关系互相促进。

经验表明，一个国家要有良性运作的政治制度，一定要有两种机制作为基础与保障。第一是以司法独立和正义为中心的民权救济和官员制约机制。这里的说法是，这个国家的所有人，都必须被严格限制在一种我们称之为“正义一元论”的治理之道上。正义一元论的意思是说，这个国家的纠纷最高处理机制，不是多元的。多元就会有比较，弱者就会被强者根据丛林法则的特定逻辑，被强制纳入到对他对不利的那种纠纷处理之道中去，没钱的更没钱，没权的更没权，从而激化官民矛盾和社会矛盾。

今天很多学者强调“多元主义”，却不反对司法为中心，这是因为他们认识到，作为纠纷处理机制的一元性能够保障人们生活方式的多样性和价值实现的多样性，也就是达成“善”的多样性。只是人们习惯在这种多样性中寻找一样自己最喜欢的，另外一些人寻找另外一些，有了“多元性”的假象。

其二，一个国家一定要有自己的充分被尊重的公民自治生活。我们今天的体制，一切都以维稳为第一要务。在我们因为自身的缺陷而造成的恐惧之中，任何一群人的独立生活都可能构成对现存秩序的反对和对现行政权的颠覆。事实上，这完全是一个幻觉。道理就在于“正义一元论”的原则本身。根据这种原则，如果谁胆敢在司法正义外建立自己的最高秩序，那么谁就会被国家强制力给制裁。

正义不是简单的宽容和多样性，正义事实上意味着对宽容和作恶这两种看似相反的人生方式的规范，让人们知道宽容该宽容的，对作恶的则一定要惩罚。正义还意味着，多样性是有前提的。这个社会不允许存在侵犯自由的多样性。有了正义的强制性落实，人们就不用担心自己的生活被侵犯，更多的自由结社的公民，反而因为自己的生命、财产、健康和幸福权的被尊重，而深爱这个正义体系。

中国学者王希《原则和妥协：美国宪法的精神与实践》一书引用法国政治社会学家托克维尔《论美国的民主》的话指出，在美国，人们习惯将道德问题和政治问题转变为可以和平讨论的法律问题。对比这种“法学家精神”，让中国33981个乡镇行政区的无数官员心惊胆战的“一票否决制”的问题非常清楚。个人的幸福与升迁完全取决于更高一级长官的意志。几个常委或者委员在一起开个会，只要有个常委或者委员对其不满，官大一级压倒人，就得强迫被检讨，甚至丢失自己的工作。

就此而言，“一票否决制”完全违背同级会议的民主原则。那不是“多数人暴政”，而是“单个人暴政”，单个领导对下级的暴政。结果是，地方官员为了自己的好处，必须讨好每一个领导。面对基层，为了取悦这些领导，必须不择手段。民众本来就没有司法的救济机制，恶性循环之下处境只能更坏。更加糟糕的是，多年的为非作歹和娇生惯养，竟然让官员除了为官之道什么都不会了。

无法回避的方向：乡镇自治与司法正义

就中央集权治理的逻辑而言，乡镇治理的这种困境，是单一地方政府没有能力避免的。官员道德无法确保高尚，高尚的道德也无助于解决问题。不仅乡镇官员可能被“一票否决”，除了国家最高决策者，任何以治理为业的官员都有可能被“一票否决”。在一种不试图从制度上根本性地解决问题的治理模式那里，由于意识形态的保守和政治变革的裹足不前，官员即使具有更大的理想，他仍然只能面对一个尴尬的困境：人们倾向直面单一的问题，而试图回避普遍的结构性的问题。“一票否决制”集中暴露了这种治理思路的病症。

中国乡镇机构变革经历了先行试点、扩大和深化试点、全面推开等阶段。全国有十几个省份全面开展乡镇机构改革工作。例如：简政放权，提高乡镇政府服务效能，实现乡镇干部观念和作风从经验型向学习型转变、从权力型向能力型转变、从指挥型向参与型转变、从随意型向规范型转变、从管制型向服务型转变。这些文字很“学术”，就是要规范乡镇权力运作，逼迫他们转变为服务型公务员。结果是“乡镇权力在缩小，任务和责任却在不断增加”。

中国建设有全世界最大型的政府体系。从中央到省级和部委，再到地市级和县处级，一直到乡镇级别。地方政府，就有四级。根据宪法，中国不应该有地级市。地级市成为压在了县级政权上的一座大山。在美国和台湾等地，乡镇政府仅仅是类似县政府的派出机关，人数极少。中国的街道办事处，号称是地方政府的派出机关，也担负着一级政府的行政职能。庞大的行政机构，成为纳税人巨大的负担。然而，乡镇官员过得并不幸福。

关于乡村政权变革，在中国政治学界一直是个争论较大的话题。除了前面所说的司法正义为中心的治理之道外，还涉及乡镇政权的存废问题。有学者主张取消乡镇政府，把乡镇政府改变为县级政府的派出机构，也有学者建议将村民自治向上延伸，实行“乡镇自治”，撤销乡镇政府，“村自治组织直接对县”，还有学者主张保留乡镇政府。争论的理由五花八门，各有各的理论支撑和价值立场。三者的观点中，至少有两个主张认为至少应该削弱乡镇的行政规模与职能。最接近现代政治文明一般特点的主张就是实现乡镇自治，村级直接对县。

结合中国乡镇政权运作层面的“一票否决制”等内容，吸取先发国家的经验，本文建议废除乡镇政权，实行包括原有乡镇范围的全面的乡镇自治。认真清理乡镇政权被“一票否决”的内容，能够发现其中的一些规定是很不应该的。

例如，计划生育政策，且不说这个决策是多么的不合理；而今天中国也已经进入了老年化时代，这种人口政策不要也罢。对信访的一票否决制，本身就违反信访制度的初衷；根据人类文明的一般规则，这种制度也是必须被废除的。从经济发展的角度来说，只要不把民营经济逼死，招商引资这种做法就显得多余。

今天乡镇官员感到痛苦，是因为在他们一个充满二难困境的决策体系内，做了大量力不从心、只能靠潜规则才能彰显政绩的事。人生是如此的丰富多彩。不是除了乡镇官员这个职业就没有可以做的。我们这样说，不是在道德上否定乡镇官员的人品。在一个以法治为导向的时代，道德品质固然重要，但并没有重要到可以否定法治、代替法治的地步。

这里的意思是说，中国的地方变革必须快马加鞭了，关进就在于实现乡镇自治与落实司法正义。

如果乡镇官员实在希望自己在政治上有更大的作为，法治当能解除他们的后顾之忧，不用战战兢兢地思考何时何地会得罪某位强权。对特定人的依附与讨好，由于人的个性的千差万别和情绪的千变万化，是人生最痛苦的事情之一。

尤其是对低级公务员来说，基于法治这个大原则，每个人只对自己的良心负责，只对自己的选民负责，是从政最幸福的事情之一。

（《凤凰周刊》2011 年第 24 期）

企业主维权为何需要分工合作秩序

这一年来，关于企业主是否应当参与公共发言，国内商业精英分为两派，其导火索是某企业主的“在商言商”：大环境好的情况下企业就往好处做，相对不好就创造条件做，实在不好就不做；至于参与变革，不是“我”作为企业家的社会责任，也不是“我”会傻到牺牲自己的地步去做的。由此反对声音脱颖而出，认为“在商言商”制造了企业家责任恐慌。

拙文《如何构建“公平正义”的竞争体系》（载《21 世纪地产》2013 年 5 月号）曾对此命题进行分析。《市场双轨制下的房产调控》（载《21 世纪地产》2013 年 7 月号）一文则指出，中国有自己的财政运行方式。本文以上述研究为基础，以湖南的曾成杰案和浙江的吴英案的维权方式之对比为依据，探讨企业主参与中的分工合作之参与方式及其可能性。

曾成杰吴英个案对比：企业主维权不能脱离社会性的分工合作

基于社会意义上自发而成的“分工合作秩序”，学者以自己的研究、写作为社会各界（“社会各界”是由“利益群体”组成的）服务，相对于学者的知识型和思想型创新，企业主则以物质型和管理型创新达成某种客观性的合作分工之价值。即便他们都有自己的利益、理想与激情。也有人不关心这些。奉行投机主义思维的“江湖社会”就指出：识时务者为俊杰。

曾成杰就是在这种江湖竞争体系中败下阵最终付出了生命的一位。这位出生于 1958 年 11 月的湖南新邵县人，曾任湖南三馆房地产开发集团有限公司总裁。2008 年 12 月，曾成杰因涉嫌集资诈骗被逮捕；今年 6 月 14 日，最高法院维持长沙市中级法院一审判决；7 月 12 日，长沙市中级法院在没有通知其家人的情况下被执行死刑。曾成杰人生阅历中有几个重要的时间点：1986 年就进入当时新兴的房地产业；在 2003 年以后通过官商合作，逐步成为一个资产过亿的私营地产商。“成也萧何败萧何”，在湖南吉首的发家令其卷入了一场大风波。

卖地收入和相关的土地财政是地方政府的主要收入来源。这是地方政府自主开展基础设施建设的保障。日后被控有“集资诈骗罪”的曾成杰其实是地方政府债务平台的参与者之一。最早当时地方党委政府支持这类集资行为。然而，2008 年 9 月 3 日，因福大房地产公司未能按承诺兑现付息，引起民众到州政府上访。当晚 22 时，部分民众向火车站聚集，时任中共湖南省委常委、政法委书记、公安厅厅长赶赴现场劝说。用政治社会学的词语来说，吉首的案件引起了“群体性突发事件”。根据“一票否决制”的维稳机制，“事情正在起变化”。

从此曾成杰卷入了一起超出其个人控制力的司法案件。根据法院提供的材料，“2008年7月，三馆公司集资款退本付息出现困难。2007年10月和2008年7月，吉首市房地产商会和吉首市政府分别开会要求集资企业降息自救，并要签订协议执行，曾成杰拒绝签订协议……”。很快，曾成杰夫妇和三馆公司就被政府控制，并进入了司法程序，直到被处死。

对比曾成杰，浙江吴英案就是典型的“刀下留人”案。当然有个案性的差异。重要的是，吴英的父亲是个社会活动能力颇强的人。救女心切的父亲，奔走于北京和浙江多地，尽最大能力将包括“凤凰卫视”这样的大众传媒与“北京天则经济研究所”这样的知名NGO动员起来，以“市场经济”和“金融市场自由化”为旗帜，将个体维权与国家命运联系起来，在一个特殊的时代发动起了一场以服务自己为中心的没有多少深邃思想的思想解放运动。

阅读曾成杰的遗书，我们看不到吴英父母的那种精神气质。对曾成杰来说，他“在商言商”；即便进入了看守所，他的遗书对自己的判断，只是一个没有遇见开明官员的倒霉蛋，“天公不作美”。曾成杰也不太擅长理解维稳体系中官员的喜怒哀乐。在他看来，官员愤怒在于没有“烧高香”。曾成杰后来的悲剧，正是他这种金钱至上的“自信满满”的恶果。

缺乏底线正义，民企越来越可能被用来为地方债务平台埋单

今年7月18日，由于无法依靠税收承担义务，著名的“汽车之城”底特律被申请破产。这是美国第四件，也是规模最大的城市破产案。2012年，美国加州三座城市斯托克顿市、圣伯纳迪诺市和猛犸湖市相继破产。当然，这样的故事不可能在中国大陆上演。倒不是因为中国经济好于美国，而是因为中国政府具有美国地方政府不具备的中央支付能力。

根据年初1月29日数据，2009年以来中国的货币供应量先后超过日本、美国和欧元区；2012年新增量之26万亿元人民币，中国占近一半。7月底广义货币（M2）余额105.24万亿元人民币（年增长14.5%，分别按月和按年高0.5%和0.6%）。即便如此，这个夏季仍然发生了史无前例的“钱荒”。由于金融远离实体经济投资，并未产生应有的经济刺激效果。

另外，根据国家审计署数据，“针对18个省本级及省会城市本级地方政府性债务的审计显示，一些地方变相融资现象突出，部分地区债务增长较快。其中，负偿还责任的债务率超过100%的有9个省会城市本级，最高达189%。截至2012年底，18个省本级及省会城市本级地方政府性债务余额为3.85万亿元，两年来增长13%，其中2011年以后举借的占46%。”

目前，中国国民收入约为48万亿元人民币。地方政府债务估计约14万亿元人民币，不到国民收入的30%。政府债务总额是国民收入的44%左右。在具体的城市排名中，地方政府债务比率最高的 10 个省会城市分别为：南京、成都、广州、合肥、昆明、长沙、武汉、哈尔滨、西安和兰州。单纯从数据而言，中国的政府债务总额并不比美国高。

因而有分析指出，中国城市不可能如美国底特律那样破产。这个分析的结论是符合事实的。不过，理性之处不在于中国的地方政府遭遇了美国那样的债务危机才会破产。而是说，中国政府有自己的化解之道。这种化解之道在美国是不可能的：第一，中央银行的"货币增发"很大程度上能缓解各级政府的债务压力；第二，根据网上流传的"李佐军博士内部报告会全文"中的说法，"到 2013 年前后，有一部分地方政府可能要破产，当然，有军队，把枪杆子往这里一放，谁说政府破产？政府就不破产了。破谁的产？破银行的产，钱来自于银行，银行的钱来自于哪里？来自于广大企业和老百姓，是破他们的产"。

作为国务院发展研究中心的研究员，李佐军这一内部谈话基本上还是符合国情的。我们这里不是在讨论金融体系，而是企业主与地方政府之鲜活博弈。例如地方政府利用企业建立了地方债务平台，随着地方官员之升降，或者地方政府的决策思维的改变，在这样一个"过渡"（不论是向良善转变，还是继续沉沦）过程中，企业主究竟如何实现利益最大化？如果利益最大化做不到，究竟如何保护企业的财产安全与企业主个人的人身安全？

曾成杰并没有敏锐地观察到这种变化。"非法集资"的企业主不少，因此被判处死刑的却越来越少。曾成杰案子，尤其是其遗书之发布，由此引起了轩然大波。据腾讯财经报道，8 月 13 日，在北京天则经济研究所召开的曾成杰案研讨会上，"意外到场"的地产商王石用"兔死狐悲"号召企业界建立救助基金进行自救。一位经济学者附和着解释，"兔死狐悲就是孟子所说的恻隐之心，也是亚当·斯密所讲的同情心"。

这一担心是有道理的。即便中央以增发货币来缓解地方的债务危机，由于地方政府不可能破产，总体上越来越倾向用打击民营企业主的方式来为地方政府解决发展资金的不足。中央政府也不是毫无条件地直接给所有地方政府充实银行账户的；财政拨款是需要理由的。曾成杰案子中所爆料出来的巨大评估差，以及执行的非程序性，充分证明了这一点。

"非法集资"最大的风险就在这里。通过打击"非法集资"，参与群体性事件的民众很容易就将愤怒转移到企业主个人身上，地方政府正好可以借此完成民营财产的国有化过程。就逻辑而言，在这种"暗箱操作"中，地方官员满有寻租的机会。无论是政绩冲动，还是财政冲动，或是地方官员的腐败冲动，地方政府都是有极大动力的。一旦引起了群体性事件，由于维稳的"一票否决制"，又增加了"乌纱帽保护"之冲动。就此而言，曾成杰非死不可。

与其依赖日益不稳定的官商同盟，不如主动建构中国式分工合作秩序

关于"民间借贷：怎样避免曾成杰式悲剧？"，有法律学者提出了五点意见：要加快民间资金周转的合法渠道建设；规范政府行为，整治干部融资获利问题；保障民营企业的经营自主权和财产独立权利；坚决禁止违法处分和拍卖民营企业的查封扣押财产；学会用民法、行政法手段处理民间金融危机（参看 7 月 18 日《南方周末》）。道理很正确，实际上过去也不断有学者提出。以目前的司法与政治发展进程来看，这五点在未来基本注定会落空。

当前学术界有种愿望压倒实证的叙述方式，其特征是认为“只要怎么样，就会怎么样”。而人类社会经常出现的状态是，“无论怎么样，都不能怎么样”，或者是“即便这样，很长时间内也不会怎么样”。换而言之，权利的落实是个动态过程。“在商言商”论者的理性之处就在于充分认识到了这一点，所以他们希望“搭便车”，由此也放弃了具体岗位的社会责任。曾成杰同样“在商言商”。在遗书中，即便承认“孩子呀，你们要多学法律呀”，最后仍然寄希望于体制内的新上来的国家领导人和“好人”来为其鸣怨和平反。确切地说，他的思维方式，不是现代意义上的分工合作思维，而是传统意义上的道德性的巫术思维。

或许是家族性基因的缺乏（明显有别于欧美的贵族之家），曾入狱的四年多时间里，其维权之道是“上访”，委托一个业务经验不足的律师进行“有罪辩护”。上访是无休无止的“踢皮球”过程，足以把人的一生耗费在来来回回的过程之中。曾家似乎忽视了近年来中国司法主张的“三个至上”，其中一点是民意制衡司法的“人民利益至上”。没必要在个案中过分批评“三个至上”。集聚民意，并以此制衡作为统治权的地方司法权，常常是底层维权的最后机会。擅长官商合作和小圈子运作的曾家却不擅长更广泛的社会动员。虽然曾经有企业主愿意提供金钱帮助曾女为其父维权，还有维权律师主张通过更丰富的机制来解决问题。

出生于1958年的曾成杰，其人生历程与我们熟悉的现代文明性的思想和学术没有多少关系。也可以说，曾成杰缺乏足够的政治敏锐感；在他身上，或多或少还有一种底层发家而来的自负。曾成杰不会谦卑地说，“我的财富是在一个特殊的时代里上帝的恩赐，我本来不配有这些财产”。面对在群体性事件中焦头烂额的宋姓市长，在争吵中他甚至拍案而起：“什么狗市长，吸人民血汗的市长，当官要为民做主，我唯独错在没与你烧高香，对吗？”

地方官员没有人格？地方官员生活在一个由他说了算的秩序之中？曾成杰是一个至死都不知道何为“分工合作秩序”的暴发户。他也曾以为与某个官员的关系能维持其不败人生。这个结论缺乏足够的实证依据。正如一篇评论所指出的，“纵然有政府背景如刘娟，又能走多远？想当年周正毅、想当年黄光裕、想当年袁宝璟，哪一个政府背景不比刘娟更强百倍？但下场又如何？没有法治，没有政治文明，再强大的官商关系都保不了你的人权和财权。”

对仍然活着的我们来说，这里有个基础判断：为了重建国家意识形态的合法性和国家整体治理的有效性，未来10年，中央将会逐步瓦解并收拾地方性的官商同盟。地方性的技术官僚，将更加受制于强大的中央集权，权力基础将更加脆弱，政治博弈将会越来越复杂。

我们不知道具体的企业主如何营造并且参与社会的分工合作秩序。但我们知道，企业主必须承认自身不足，必须学会在秩序之中尊重每个人（无论是“狗官”还是被认为“好人”的官员，或者是较企业主地位更低下的其他人），必须清楚地知道这个社会的运行法则，企业主也必须学会承担力所能及的责任从而被大众认同，好在有一天当他遭遇困境时被社会各界谅解，以至于体制内外那些客观上能够为他维权的人士乐意依法或者合理地为其辩护。

曾成杰案值得更进一步反思。这篇献给所有活着的中国公民的文章，也不试图暗示"一旦参与营建分工合作秩序，企业主的人身及财产必被保存"，而是旨在指出，比"功利主义"更打动人心的是昔在今在永在的、客观存在的"爱人如己"这一道德律与自然法则。

（《21世纪地产》2013年第8期）

基督教家庭教会之社会管理创新

当前被认为与国家稳定息息相关的各种社会问题之中，有一种颇为特殊的人民内部矛盾，即制度外人民内部矛盾，较为集中地体现为制度外非政治性社团治理困境。有必要探讨如何社会管理创新，理性对待以基督教家庭教会为代表的制度外非政治性社团。只有制度化民主和制度化自治，才能积极地"化解社会矛盾"。

基督教家庭教会属于制度外人民内部矛盾

基督教问题从来就不是中国革命的首要问题：既不能说是敌人，又算不上核心的"自己"。基督教是个边缘话题，它从属于中国革命逻辑。只有当执政党基于自己的革命激情，要在全国建立纯正的意识形态信仰之后，基督教才显得更加重要。这样中国就成立了与西方教会决裂的、接受执政党直接领导（包括政治领导、组织领导，也包括思想领导）的中国"三自"（自治、自传、自养）体系。

出于特定的理解，一些信徒认为，共产党是应该被尊重的，基督徒理应接受共产党的执政，但是拒绝顺服其无神论体系。他们认为"三自"是政治组织而不是属灵机构，拒绝接受"三自"组织的登记和管理。为此，他们在家里聚会、读经、祷告、做礼拜。由于聚会模式，这样的教会被称为"家庭教会"（House Church）。

由此，中国执政者的眼前出现了一个复杂的人群：这个人群不是自己的核心力量、不是政权的基础、也不是传统意义上的人民内部矛盾，可是这个群体在政治上也并不以自己为敌。他们从不倾向主动给政府带来任何敌对性的政治活动，在"改革开放"的三十年甚至不参与任何群体性事件。教堂被拆毁，因为《圣经》要求"爱你的仇敌"、"为掌权者祷告"、"为压迫自己的人祷告"，他们没有任何积极的肢体抗争。在社会治安、慈善救济等方面，他们系统地为政府分忧解难。

官员开始对基督教睁一只眼闭一只眼。中国社会也开始惊讶地发现，"三自"发展成一个为了控制而控制的既得利益群体：它们对基督教的管理，越来越不再主要是基于宗教价值观的考虑，而发展为对教会财产和"十一奉献"的觊觎。

截止到2008年秋天，根据政治社会学家于建嵘学术团队长时间的调查研究之后的分析，"西方有一些宗教组织，说中国家庭教会有一亿二千万，国内也有一些家庭教会说它有八千万，七千到八千万，根据我们的调查，大约四千万左右的这样子，全国的基督教徒应该在七千万左右"。几百万个未登记的家庭教会，政治学家李凡强调，是中国最大的非政府组织，也有可能是中国最大的公民社会。

这些数字是否符合事实，不同的人有不同的评价。只有一个数字是朝野共同承认的，那就是中国的基督徒人数至少不低于2305万。数字是“三自”所提供的：那些被称为“未登记教会”的“基督教家庭教会”的信徒不被计算在内。这意味着，家庭教会困境的治理，变相地被推卸给了国家公安部门和安全部门。

在今天，基督教家庭教会的“非法生存”，让中国的社会矛盾变得复杂起来。在人们司空见惯的制度内人民内部矛盾（例如党内矛盾、城乡矛盾、东西部矛盾，等等）外，中国社会出现了一种制度外人民内部矛盾，相应地，基督教家庭教会则是制度外非政治性社团。传统的分化瓦解、取缔消灭基督教教会的方式不再奏效。面对涉及数千万人、可能数百万个教会的庞大社群，政府感到左右两难。

制度外非政治性社团问题呼唤社会管理创新

多个不以人的意志为转移的结构因素有助于基督教家庭教会的可持续发展：第一，有限开放的中国只能实行“分类控制的维稳体系”，大量的被定性为“敌我矛盾”的事件，以及制度内各种更具爆发力的结构性问题，转移了政府控制的激情；第二，“三自”具有二元性（同时接受无神论体系），两种“教会”之间存在诸多模糊地带和过渡地带，就社会结构而言，“三自”有时客观上反而是家庭教会与政府之间的“隔离带”。

《人民日报》下属《环球时报》4月26日的“社评”也表达了体制的这种复杂心态：“基督教近年在中国发展很快，各地出现大量‘家庭教会’，他们普遍游离于社会原有的宗教管理系统之外。由于宗教自由受到中国宪法保护，‘家庭教会’的情况又千差万别，对于该怎么对待这一现象，政府一直很谨慎。……彻底解决它并不容易，很难‘一刀切’，这当中‘家庭教会’自己的行为方式很重要，如果它专注于宗教信仰，高度重视不与社会发生冲突，行为低调，就容易得到理解。相反，它就有可能给宗教管理制造麻烦，而这种麻烦也会绊住自身。”

《环球时报》含蓄地提出了分类控制的维稳体系。如果承认社会乃是确定的系统这个基础话题，就会发现，分类控制意味着分类开放。关键是看开放的数量。引用哈耶克的逻辑来说，从分类控制的外延变迁来看，我们能看到中国社会自由自生自发秩序的逐步拓展。制度外人民内部矛盾和制度外非政治性社团的出现，既给中国发展带来了巨大的动力，又给中国政府的社会治理带来了巨大的挑战。

如何促进社会稳定，2009年年底全国政法工作电视电话会议所强调的“社会矛盾化解、社会管理创新、公正廉洁执法”的系统思想体现了强烈的官方诉求。似乎可以这样总结：“社会矛盾化解”是宗旨和目标，“社会管理创新”是政策和制度保证，“公正廉洁执法”则是对公务员群体、尤其是对政法系统的要求。关键是落实并确保执行过程中不走向反面。具体到基督教“三自”体系的变迁及其一系列社会问题的成因和后果来分析，在本文看来，如果我们能够在政教关系理解上做到“解放思想”和“与时俱进”，这8个字的指导思想能够给我们一些建设性的丰富联想和系统探索的启迪。

社会管理创新需要系统化的执政理性

宗教制度的基础原则和基本方向就是制度化民主和制度化自治。制度化意味着原来不被制度所保障和吸纳的，应该被制度所保障和吸纳。原先在“三自”体系外被认为是非法生存的家庭教会及其聚会点和相关教育机构，既可以在制度内予以登记（注册）乃至备案。登记（注册）、备案各有其内涵：登记（注册）意味着政府批准了才被认为是合法的；备案则意味着教会可以合法地制度外生存。

中国的社团管理实行“双登记制度”。宗教组织必须经宗教事务局批准，例如以“三自”为主管部门。这是家庭教会矛盾的成因。社会管理创新呼唤授予基督教家庭教会独立的“法人”地位，可以直接在民政部门注册，而不需要申请其他部门为主管部门。一定有某些学者指出，这意味着授予其他类型的 NGO 同等的制度准入条件。事实上也未必；对宗教部门适度进行制度倾斜是国际通行的做法。

本来，根据国际社会通行的宗教制度安排和中国宪法所强调的“依法治国”和“人权保障”条款，基督教教会只要采取备案制即可。基于这个制度精神，当前诸如“教会聚会点不能‘私’设”、传统的对家庭教会成员进行“转化”（甚至不惜动用国家公安机关）、党政机关甚至介入教会神学和信仰理解的是非判断等工作方法，由于并不具有宪法意义上的正当性，已经逐步被国家有关部门放弃。

当然，制度内人民内部矛盾，呼唤更加人性化的决策智慧和工作理性。有些地方采取居委会参与的邻里监督办法，甚至动辄将基督教传道人和平信徒遣返回原籍，或者通知工作单位从派出所领回因宗教活动而被问话的平信徒。由于官民信息的不对称和政策理解的多样性，这些粗暴的办法必然加大了社会矛盾。

长期以来，各级政府“睁一只眼闭一只眼”，必须承认，这是一种“两害相权”可以“取其轻”的做法。即使制度暂时不能创新，社会管理可以创新，哪怕相关人员力所能及地人性化对待制度外生存的公民，也是对中华民族美好未来的一个积极促进。

这也对基督教教会来说提出了合乎信仰纯正性的要求。即使问题暂时没有解决，只要坚持信仰恒久忍耐，一个将“人民民主”、“依法治国”、“保障人权”和“政治文明”写入宪法的政府，对基督教发展即使有不安也不会轻易情绪失控。

（《凤凰周刊》2011 年第 32 期，见刊标题为“如何实现社会管理的创新”；
本文曾被人民日报《思想理论动态参阅》转载）

司法民主化：公民维权与普遍正义的中介

当前，法治共识看似日益加固，然而只要具体到细节，各种分歧就呈现出来。2011年发生的几次刑事大案（例如药家鑫案、李昌奎案）及其司法过程，引起了广泛的辩论。这些辩论涉及了一些重大的理论问题：程序正义与实质正义的冲突，司法民主化和司法专业化之争论，个体正义与普遍正义之间的矛盾。

由于涉及个体和群体性维权，这也是一个有关“社会管理创新”与“社会矛盾化解”的命题。在当前司法变革迫切深入开展的时代，这些争论焦点的学理性探讨，及其在公民维权与司法正义框架下的基本共识的达成与否，对中国的社会稳定和人权保障具有重大意义。

司法专业化和司法民主化

在成熟法治国家司法正义的制度框架中，司法专业化与司法民主化之间的关系，其共识颇为坚固。在美国辛普森案一案中，辛普森被指控于1994年犯下两宗谋杀罪，受害人为其前妻Nicole Brown Simpson及其好友Ronald Goldman。辛普森聘用了众多知名律师作无罪辩护。洛杉矶县检方自信该案证据确凿，在律师Johnnie Cochran的努力下，虽然普遍认为辛普森有罪，辛普森还是被陪审团判定为无罪。

就此案而言，人们争论的是如何兼顾司法专业化和司法民主化，推进并改善程序正义以促成实质正义，而不是期待实质正义在权力干预下的促成。如果辛普森案件发生在中国，民众的争论将会转移到如何在制度性公正之外“维权”，指望领导人的道德高尚，也即所谓“清官”。

首先，辛普森邀请了大量的知名律师组成了律师辩护权为自己作无罪辩护。在中国的语境下，由于巨额的律师代理费，弱势群体（如穷人）更加难有能力邀请优秀的律师为自己辩护。这是说，抗辩制度引入中国，与西方国家本身一样，很有可能不是助成司法公正。对此，中国政府也建立了法律援助制度。制度性的法律援助有其门槛。在此之外，人们也期待一些公益律师为自己维权。这样的期待，由于不是期待司法正义所体现出的制度理性，而是制度之外的自然人，因而总是显得相对悲壮而无奈。

其次，在英美这样的普通法系国家，是法律相对不专业的陪审团，而不是法律如此专业的法官来承担确定当事人是否有罪；法官的任务是维护法律的秩序，判定程序的是否合乎规则，证据是否可以被法庭采纳，并在陪审团的决定的基础上判定如何给当事人进行量刑。

这是有巨大的逻辑支撑的。赋予陪审团这样的义务，乃是他们相信，司法正义必须建立在习俗和传统之上，不能对抗一个民族和社会的常识、良心和自然德性，司法正义必须有民众的参与和信任，必须建立在民众的参与与制衡之中。西方人拒绝了这样的简单看法：法律之治，乃是法律人之治。换而言之，司法正义不是简单的司法专业化，也不是简单的司法民主化，而是司法民主化与司法专业化的合一；司法正义不是用来对抗底层社会的政治参与的，而是必须吸纳底层社会的政治参与、维权和维权运动。

正是在如此框架下，在陪审团的集体裁决下，辛普森被认定为无罪。这样的制度逻辑，我们可以称之为“司法民主化”。司法民主化，并非在任何意义上否定了司法的专业化、程序化和职业化。专业化乃是体现在程序正义这一角度：例如法庭审判必须保证当事人有被辩护权（专业化和职业化的律师制度正是这一制度保障），必须保障当事人有沉默权和拒绝回答某些特定问题的质询的权利。这些是在法庭之上的。事实上，程序正义的内涵更为广泛，还包括任何政府和政党组织、任何个人和社会角色，都无权干预司法过程。这样的基于司法专业化的程序正义，是制约所有人的。然而，这样的“司法专业化”，并不必然否定“司法民主化”；美国的陪审团制度就是证明。

可以这么说，陪审团制度就体现出了狭义的司法民主化。广义的司法民主化则包括了公民维权对司法公正的参与、监督与制衡，当然也包括司法内部的权力制衡，例如律师对当事人的权利辩护。就律师的职责而言，在相对封闭、趋向保守的司法官僚体系里，市场化的律师和其他辩护人的参与，加强了司法的民主化特点，专业的律师又体现出了司法的程序化、职业化和专业化。

舆论对司法不公的谴责，作为新闻专业主义对司法专业主义的结构性和制度性捍卫与张扬，由于建立在法治认同基础之上，在任何意义上都不构成对司法公正的直接干预。即使看似并不建立在专业性基础之上，倘若建立在自然德性基础上，民意仍然有其自成一统的、相对独立的、必须为法律人所尊重的价值。

辛普森案没有被“公正审判”，错在司法权被滥用。在大众意识看来，辛普森案就是实现了程序正义，却没有实现实质正义的一个典型案件。其意义在于，为了普遍的正义，基于“政府是必不可少的恶”这个基础命题，不得不首先立足于限制统治权（包括公诉权）而牺牲个别正义。个别正义的牺牲，绝非司法正义之可荣耀之处，而是人们为了坚持普遍正义所必须面对的无奈和必须承担的代价。

回应并吸纳底层维权抗争

著有《法律与革命》、《法律与信仰》等法制史著作的法学家哈罗德·J·伯尔曼则指出，“法律既是从整个社会的结构和习惯自下而上发展而来，又是从社会中的统治者们的政策和价值中自上而下移动。法律有助于这两者的整合”，“法律是习惯的一种派生物，一种根源于社会共同体的历史价值和规范的产物”。

2011年发生的药家鑫案和李昌奎案，情节够恶劣，社会影响够严重。且不说有没有必要废除死刑，如果要废除死刑，为什么不从邓玉娇案、杨佳案、夏俊峰案而是从李昌奎案开始？大众表达的是弱势群体对社会不公正的抗议。人们期待，能得到一次正义的机会就创造一次的机会。因为普遍正义的不可得，人们珍惜当下的正义。单个公民的维权、更多民众的集体维权，目的乃在于形成强大的民意压力，进而影响中央决策层，进而对司法腐败和不公有所制衡，民众的做法就应该被认为是“维权”，而不是侵权。

只有在权力的互相制衡中，在精英的互相制衡中，基于维权的团结互助精神，公民社会才有可能成长起来。我们不能假设公民社会靠谁的恩赐或者某种突变性事件就能够顺利生长出来，必须尊重各个主体的坚忍奋斗。

尤其需要指出的是，如果地方法院明显因为某种权力干预（或者金钱干预）而司法不公，激起了民众的广泛抗议，从而导致了国家权力中心的批示和干预，本身也是对司法公正的捍卫和促进。有了这种国家干预，司法权会有实实在在的敬畏，从而在下一次的审判中知道何为符合正义的民意不可违，从而对人权的落实有所反思与落实。

也许有些学者会说，这种批示或干预公正审判。这种担心具有一定的道理，然而不能因此苛求具体情境下维权空间极其有限的公民，尤其是当“批示”本身就是为了促进大众所认同并追求的司法公正之时。

民众的公正诉求，是中国“社会矛盾化解”与“社会管理创新”必须面对的实实在在的呼声。不能因为出于对宪政民主下的司法独立制度的热爱，就以“司法独立”之名来袒护当前中国的某些“法律人”的不作为和胡乱作为。

维权行为如何不演化成冲突

我国有不少法律条文，对维权的合法性，进行了确认。最典型的就是1979年颁布并屡次被修订的《刑法》。其第二十条规定，“为了使国家、公共利益、本人或者他人的人身、财产和其他权利免受正在进行的不法侵害，而采取的制止不法侵害的行为，对不法侵害人造成损害的，属于正当防卫，不负刑事责任。正当防卫明显超过必要限度造成重大损害的，应当负刑事责任，但是应当减轻或者免除处罚。对正在进行行凶、杀人、抢劫、强奸、绑架以及其他严重危及人身安全的暴力犯罪，采取防卫行为，造成不法侵害人伤亡的，不属于防卫过当，不负刑事责任”，接下去的一条则规定了“紧急避险”这一不可剥夺的权利。

这就是说，公民维权，在《刑法》中具有最高合法性。不仅如此，维权作为法律权利的合理性，乃是这个国家的立国根基，也是这个国家的司法必须走民主化道路的法理所在。的确，中国司法还应该坚持专业化、程序化和职业化。但是，司法的专业化、程序化与职业化，应该建立在司法民主化的基础上，而不是用以否定司法民主化。

最近几年来伴随着土地财政制度的推行，中国出现了诸多野蛮拆迁事件。民众的抗争方式多种多样。如果类似事件发生在法治体系之下，解决之道就异常清晰明确。1787年颁布的美国联邦宪法在第二条修正案中规定，“管理良好的民兵是保障自由州的权利所必须的，人民持有和携带武器的权利不受侵犯”。并在第十条修正案中强调宪法未赋予政府的权利都属于各州和人民，作为被保留的“自然权利”，因而也是宪法权利。

这是“公民不服从”的权利。公民不服从的权利乃是自然法意义上的不可让渡的基础权利。如果个体的抗争无法成效，类似拆迁这种人权案件，在发达国家一定会引起其他公民的集体维权。他们会认为，对某一公民的侵权，意味着对所有公民权利的侵犯。由此，社会舆论基本上会倾向于保护弱者的权利。此时，法院也会排除干扰为社会公正背书。

因此，在法治国家，大规模的流血冲突并没有成为对现存秩序的实在威胁。吸纳民意的司法正义机制最终化解了这些国家暴力冲突的土壤。或者说，基于司法制衡原则，以法官为主题的法律人真正做到了“公正廉洁执法”，“社会矛盾”就化解了。辛普森案看似并不公正的审判，之所以没有形成大规模的群体性抗议，就在于平时形成的司法权威认同为此做了制度性担保、担保性引导。

在中国，这是一个理想，一个从康梁维新变法运动开始直到今天还在梦寐以求的理想。个别正义仍然需要争取，而不能反其道而行之，以牺牲个别正义来成全尚为理想的普遍正义。

当前，要化解风险，就是要实现司法公正，以制度化的程序正义机制吸纳民意，落实保障个体正义的普遍正义。就“社会矛盾化解”而言，如何确立对司法权的有效制衡，并实现“社会管理创新”，颇为值得探索。

（《南方都市报》2011年11月28日；
曾被《凤凰周刊》转载）

社会管理创新的核心：法治，抑或是民主？

2011年中国体制内的关键性词语，除了“顶层设计”就是“社会管理创新”。最近国内媒体上出现了一系列文章，有的认为社会管理创新的核心是法治，有的认为核心应该是民主。由于关涉社会稳定和人权保障，针对社会管理创新的核心的讨论之中，我们清楚地看到不同话语者内心深处的理想图景。

社会管理创新的核心标准，这是一个重大的、与每个人的幸福息息相关的、应该多层次全方位认真讨论的话题。首先，如果不是简单的经济发展和国家强大，政治文明的一般性标准是民主还是法治？其二，在当下中国，社会管理创新的核心是法治还是民主？单一的以法治或者民主为标准，存在哪些致命性问题？如果试图落实政治文明以促进政府善治，社会管理创新应该以什么为标准？

尊重民主还是法治？

1978年以来，中国形成了一系列错误不堪的观点：底层民众就是愚昧的、粗暴的，那些为底层民众的权利辩护的思想就是民粹主义，法国大革命、纳粹、斯大林模式、“文化大革命”都起源于民粹主义；西方历史则被简化成欧洲大陆的理性主义、民主主义与英美的经验主义、自由主义的分野史；启蒙的重头任务就是指出民主是手段、自由是目的，并认为人民民主必然导致多数暴政。

这种自由主义，正好和上世纪八十年代末期九十年代初期发育的新权威主义结合起来。后者的观点是，国家的长治久安是个人自由的保障，强大的政府有利于培育市场经济，形成一个强大的中产阶级，在此基础上吸纳民间参与，转型困境就能迎刃而解。简单地说，新权威主义认为应该通过威权促进法治，通过法治保障自由，通过自由促进民主。新权威主义是体制内改革派的共识，例如认为政治体制改革必须有权威、有规划、有秩序地进行。

从某种意义上说，新权威主义是体制内改革派的主导思想，自由主义是体制内自由派的主导思想。由于工商注册，企业是体制化的；由于事业编制，媒体是体制化的；NGO则是民政注册的体制内。体制本来容易脱离民众，作为共同的体制性话语，其表现出来的共同思维特征就是，拒绝承认不被注册的社会，拒绝面对底层社会的非制度化非政治性抗争，拒绝面对非体制化的各种小共同体。在他们看来，这个社会不是政府的就是反政府的，不是体制的就是反体制的。

传统的大一统思维，与长期以来的“敌我矛盾”思维结合起来，让社会形成一个错误的共识：体制外的一定是反体制的，至少也是体制的威胁，从而认为“刚性稳定”才是真正的社会稳定。这种稳定观念是今天中国提倡“社会管理创新”在思想上最大的敌人。思想解放、实事求是，就必须不遗余力反对这种偏见。

所谓刚性稳定，用它的提出者于建嵘教授的观点来说，“这是以政治权力的排他性和封闭性为基础的政治稳定。中国社会的稳定首先是政治稳定，政治稳定的核心不是国家的法律怎么实施，法院或者人大、政府怎么依法运转，它的最大的特点是具有排他性，把垄断政治权力作为政治体制最高甚至终极目标”。

然而，很长一段时间以来，体制内对刚性稳定的重视一年超过一年。最为典型的就是在维稳上对地方官员（主要是一把手）实行“一票否决制”。地方官员只好动用一切手段将一切看似影响稳定的因素消灭在萌芽状态。贪官污吏，则以“维稳”为理由，动辄对网上言论者进行“跨省追捕”，以满足个人私欲。于是，社会不稳定的真正因素，被这些官员无限扩大化。结果，“维稳”与中国特色的“法治”结合起来，就发展为这样一个逻辑：对民众讲“法治”，是“法家之治”，是选择性执法；对官员则讲“民主”，讲“宽容”，讲“改革”，也就是讲特权。

地方政府深深地嵌入了社会各领域。只要有利益可以捞取的地方，我们就能见到政府及其工作人员和他们的家属的影子。最近几年来，中国各大型国有企业蓬勃发展，中央直属企业仗着行政化特权，掀起了“国进民退”浪潮。利用土地权保障缺位的制度空间，大江南北发起了一波又一波的拆迁运动，制造了一批又一批的失地农民。河北聂树斌案证明了，即使最高法院批示，地方想司法不公就司法不公。

可以这么说，即使我们以中国宪法本身为参照系来观察，也能得出在刚性稳定战略下，中国社会无论是法治还是民主，都非常有待发展。

现代政治普遍强调“依法治国”，“法治”成为这个时代的“政治正确”，被公认为是普遍的价值。当一个人士说出“社会管理创新的核心是法治”的时候，其正当性似乎是不言而喻的。尤其是将法治与人治相提并论之时，强调“社会管理创新的核心是法治”具有毫无疑义的正确性。

可是，若有学者针锋相对地提出“社会管理创新的核心是民主”，话题就变得复杂起来。看来，那种以是否符合普遍的价值、拔高其中单一价值元素的分析方法，潜在遮蔽根本性问题的风险。

以社会管理创新培育民主法治的韧性稳定

与“刚性稳定”相对应的稳定状态，是“韧性稳定”。除了维护稳定功能外，政治必须疏导功能。承认“韧性稳定”，就必然面对底层社会各种抗议的合理性，就必然承认体制外各种社团本身的合理性。例如，中国的信访事件，绝大多数不带有任何反政府的价值观，并不是所谓“敌我矛盾”。最近几年国内此起彼伏的各种与土地、拆迁、环保相关的“群体性事件”，都是人民内部矛盾的体现。

其实个别非政治性群体事件的法治化解决，有利于让执政者意识到这些问题，从而在个案层面就解决好这些问题。如果一些人权侵犯案件，仅仅因为个别官员的个体素质问题，就通过个案将这些人员从体制内清除出去；如果是大规模的制度性问题，通过对问题成因的分析，政府可以解决问题，例如通过及时的立法、解释法律等手段加以纠正，从而在一般性层面上解决问题。这样政府的影响就可以大大好转，也可以让政府养成专业分析问题、及时解决问题的能力。

社会管理创新的整体部署，目的在于将社会稳定与社会建设结合起来，形成大众参与的民主化局面；当然，这里的“民主”一定是体制视野中的“社会主义民主”。作为全国政法工作指导方针的“社会矛盾化解、社会管理创新、公正廉洁执法”，事实上，也与作为普遍的价值的“法治”带有某种联系。这点也符合“三个至上”的政法工作指导原则，因而是党的革命传统与法治诉求的某种结合。

就此而言，社会管理创新的目标是将原有的刚性稳定局面发展为中国特色的韧性稳定结构。谈到人类社会至今曾经出现的，且持续至今的韧性稳定，我们能够找到的案例实际并不多。二战前的日本和德国经历过军国主义和纳粹的溃败，因而并不值得我们学习。最为合适的例子当属英国和美国。美国自1787年颁布宪法之后，除了南北战争之后，几百年间没有发生过大的社会动荡。美国的确有过很多社会抗议，例如黑人民权运动，但这种抗议并非针对美国的政体和国体，而保留在维权运动的层面上。英国也是如此，除了17世纪经历过政权更迭之外，基本也是保留了稳定局面。分析其成因，这些国家既具有法治传统，同时又在自治的基础上，发展符合自己国情的民主，也就是法治和民主的统一。

相反，有一些国家，曾经依靠国家主义价值观建立法治却拒绝民主的国家，最终失败了。例如，19世纪晚期的德国试图建立二元君主制下的法治制度。其特点是既要法治，又要控制。为了吸纳民意，德国通过立法建立了世界上最早的工人养老金、健康、医疗保险和社会保险制度。1900年颁布的《德国民法典》，可与拿破仑法典相媲美。然而，这种努力，虽然为德国建立起了当时欧洲一流的国民经济体系，却没有为德国迎来未来。

可见，如果社会管理创新不是发展为保障民主的法治制度，而是盲目强调“社会管理创新的核心是法治”，在以控制为特征的中华法系、大陆法系和计划经济时代的法制传统没有得到有效反思的情况下，就难以将刚性稳定局面转型为韧性稳定局面。

因此，如果试图解决中国的问题，将矛盾缓和到社会可以接受的程度，社会管理创新的核心就不能仅仅是法治，还应该是民主，而且更重要的就是民主。必须将法治和民主结合起来，只要民众的创新、抗议活动（包括一些街头运动）没有发展为大规模的流血冲突，我们就要学会面对“人民内部矛盾”。

最好的办法是，对政府和官员我们不妨多讲法治，对公民多讲民主和权利，努力在群体性事件和社会抗议活动的分析上，找出可以为体制所吸纳的制度创新的建设性意见；即使是那些看似一时无法接受的观点和行动，除非实在忍无可忍，也要学会尊重。

国家的发展，本来应该有一个缓冲机制。在英美普通法系国家，陪审团制度是这么一个减压阀。陪审团依据习俗、传统和习惯法在法庭上所作的裁决是有法律效力的，当事人的权利就获得了保障。普通法系国家还有一个建立在普通法之上的衡平法制度；根据这个制度，严重的司法不公，即使某种符合程序正义原则，也可以推翻重审。中国不是普通法系国家，却可以吸收普通法系的某些长处，局部采纳某些做法，发展司法民主化，为韧性稳定的营造创造局面。

社会管理创新如何面对政府的“良性违法”

认真分析人类政治发展的各种状态，我们会发现那种“对官员多一些法治和规范，对民众多一些权利和民主”这种民主主义看法存在一个很大的盲区。如果严格根据现有的法律规范来操作，政府及其官员本身如何在一些紧要关头当机立断，进行制度创新？中国的国有企业改革、地方行政机构改革过程中，就存在着大量的类似问题。对此，评论界辩论说，改革事业必须允许改革者“良性违宪”。

我们都知道，现代政治必须承认依法治国，强调宪法至上。宪法至上意味着违反宪法的事情是绝对不能做的，做了就应该被追究、被惩罚。根据严格的宪法规范学的观点，不存在着任何形式的“良性违宪”。既然如此，那种以“以威权促进自由，以自由发展民主”的道路就必然在这种严格的规范之下被宣布为非法；所谓做最后一个专制者、通过最后一次专制开启民主的做法，也就不可能了。

这个话题涉及政治发展中的一个悖论。这个悖论，在政治哲学语境中，就是霍布斯在《利维坦》里说的“利维坦困境”：一个统治者只有力量达到足以消灭其他力量的情况下、合法地垄断一切暴力手段之后，才能真正保护公民权利。美国废除奴隶制之所以进程缓慢，从1787年一直到19世纪60年代，就因为美国实行的是联邦共和为特征的地方自治制度。这种制度极大地阻碍了美国联邦政府主导废奴运动的可能性。只有当南方发动叛乱战争的时候，联邦政府才能顺理成章地废除奴隶制。相反，很多具有大陆法系传统的后发国家，在终结这种不公正秩序上，政府权力越是集中，反而越干脆有力，也就是具有所谓“后发优势”。

法治国家的宪法本身就是以保障公民权利、营造多中心秩序为宗旨的。很大程度上，我们甚至说，法治国家并不存在良性违宪命题。由于多中心秩序和司法正义、分权制衡体制本身的存在，即使这个国家有一些违法行为，也不会严重到一种大不了的程度。因而，对这些国家来说，宪法可以慢条斯理地予以修改。

因为早就存在自由的“自生自发秩序”，美国最早拒绝将公民权利写入宪法；后来在以杰斐逊为代表的民主党人的努力下，才将权利条款以修正案的方式写入宪法，并在第十条修正案中强调法无限制即为权利这个原则。没有成文宪法传统的英国也颁布有《权利法案》。大陆法系的诸多国家，纷纷将公民权利写入宪法。

出于对以自由和权利为代表的现代性浪潮的尊重，各个国家的诸多宪法性文件，无论是如何颁布的，几乎没有一个文件拒绝声明自己坚持的是民主。因此，“良性违宪”在这样的社会，由于宪法本身从来未曾得到真正的尊重，一直都是一个伪命题。能够确认，这些国家的转型，最终都取决于危机时刻的当机决断。

回到现实来分析，就系统论而言，由于社会管理创新理论更多存在于一个“子系统”之中。这个“子系统”的存在意义就是如何从技术上和方法上改善工作，加强维护社会稳定。因而，社会管理创新理论是附属于其他大系统之下的。

为了减少各类国家工作人员基于维稳战略而被“一票否决”的种种不安与恐惧，我们期待国家实质意义上的管理创新，尊重《宪法》序言所强调的革命传统，尊重底层社会和各种制度外社团所表达出来的不满和抗议，从而改善国家的运行和政府机关的工作。

可以这样总结，民主政治与司法正义，理应成为中国社会管理创新的目标。《宪法》列举的公民九大权利，无论是政治权利，还是经济社会权利，以及其他权利，必须得到尊重。"人民民主"、"依法治国"、"人权保障"和"政治文明"，既然写入了执政党的党章和国家的《宪法》，就理应成为执政党和这个国家的底线。

（《南方都市报》2011年10月9日，《改革内参》2011年第37期；曾被人民日报《思想理论动态参阅》、《领导文萃》等转载）

社会管理创新：不能以个案解决代替制度创新

根源于长久起来的公平正义缺失，尤其是当前国内外经济发展陷入困境，2011年、2012年中国多个地区发生了系列性的、大规模的群体性抗议事件。个案解决不可或缺。然而，在个案看似解决之后、结构性正义落实前夕，一旦抗议产生的震荡力超出了地方政府的承受能力，在政府稳定诉求与民众权利诉求两种诉求之间，依然存在着巨大的治理风险。处理不好，很容易酿成流血冲突。在此期间，如何制衡地方政府的权力，并将民众的各种维权与抗议行为纳入到制度轨道上，也就是规范官民冲突的治理，成为一个不可回避的重大课题。

韧性的冲突：三种群体性维权

当前中国最为严重的社会问题体现在一系列结构性的治理困境。这些困境出现在各个社会环节之中。例如，以首都北京为核心的信访及其冲突，在当前的政策空间内，基本上处于无解状态。当前劳工队伍日益呈现出年轻化趋势，在80后、90后成为主体的前提下，这些在信息时代中成长起来的新公民，权利意识远超其前辈，当经济发展陷入困境，由他们所参与的劳资冲突也日渐频繁——在特定时空内，工人罢工问题仍然可能处于无解状态。

在经济发达地区，招商引资并不难，为了维护稳定，政府常常强制企业加薪；结果是，整个地区水涨船高，造成新一轮加薪压力。只要不伤及和平秩序，罢工并没有任何危害。在某种意义上，还有利于促进整个地区的产业结构调整和经济增长方式的转变。相反，在特定时空中，基于地方经济发展愿望，忽视劳工的权利诉求，一些官员应资方要求协助恢复厂矿秩序，劳资冲突才演变为官民冲突。由于参与主体的外来性和流动性等特点，这些冲突相对复杂、略显激烈。不过，对地方来说，虽然"危害"也较大，矛盾的解决成本却相对不高。

与种种流动型冲突相区别的是社区型官民冲突。根据我的长期观察，在当前中国，大致存在几种类型的社区型冲突。一是民族、宗教类的社区型冲突，二是以环境保护维权为特点的社区型冲突，三是以农民土地权利诉求为特点的社区型冲突。与流动型冲突相反，种种社区型冲突带有如下的特点：一是参与的主体几乎都是本地人；二是这个群体的联系和组织方式经常体现以特定的血缘与文化为纽带。环保维权与农民土地诉求这两种诉求，还有一个共同点，也就是参与处理和应对群体性事件的地方官员也常常为具有地方情感的本地人。

相对说来，环保维权的群体性事件，官民容易达成共识。此类群体性事件，常常会呈现出一个特点：地方政府可能对维权采取一种“外紧内松”的特点。具体说来，在现行公务员聘用制度中，根据惯例，除了各个部门的主要负责人，绝大多数的公务人员都由本地产生。在党政体系中，无论多么强大的个人决定制，决策的落实都有行政和执法两个环节。“县官不如现管”，由于这些地方公务人员的家族来源，加之他们的居住环境（本地化居住导致“大杂居，小聚居”），他们也期盼环保维权能够成功。结果是，地方政府利用强大的民意，和涉事主体做幕后的交易与妥协，这种跨阶层、跨职业的、跨价值观的维权抗议活动就容易平息。

然而，以农民土地权利诉求为特点的社区型冲突，这类矛盾的处理是最为令人纠结的。原因在于，特定人员利用土地出售的“剪刀差”带来的超额利润，可以轻而易举地收买公务人员，也可以分化维权农民，在这个群体中培育出一些“维权权贵”。这种办法看似能够缓和矛盾，实际上并没有在任何意义上解决农民的土地诉求。因此，在一些地区，农民直接将对基层干部的不满，转移到对地方政权体系的不满，然后直接提出“反腐败”、“反独裁”等口号和诉求，并付诸于集体上访等街头运动。加之中国政府长期实行维稳的一票否决制，负有“劫访”等义务，腐败一方就可以以维稳知名，胁迫地方政府压制维权运动。

事实上，以一村一乡为根据地进行的维权运动，还常常具有与中国农村长期存在的、在“文革”结束三十年后逐步复兴的农村宗族性。宗族性的特点是，在这样一个小共同体中，献身精神得到了鼓励。相反，那些出卖家族和社区的人，必然被族人、乡人群体而鄙视之。面对着生他们、养他们，一生赖以依靠并深爱着的家园，民众常常表现出你死不屈的气概。这里面，既有普通人自由迁徙困境的限制，又有各种类型的宗教与信仰的文化之激励。

面对这种集体维权，地方政府很多时候束手无策；甚至大规模动用武警力量来逼迫民众停止抗议活动，这种办法也于事无补。一言以概之，社区型土地维权是最具有韧性的抗议活动之一。

危险的应对：以政策代替制度

当这种抗议发展到一定程度，如果不满足民众的诉求，地方政府就会陷于被动。首先是信息时代的大众媒体所带来的舆论压力。包括以电视台、报刊媒体为代表的传统（包括海外的大众传媒，无论是否被认为是“境外敌对势力”），还包括互联网时代发展起来的以博客、微博等形式为载体的新兴传媒（参与者是一些颇具个体性的维权民众和“公民记者”）。新兴媒体的兴起，更是使得每个公民可以成为独立媒体的制作者和新闻发言人，让监督和参与无所不在，陷入了“人民战争”的汪洋大海。对地方政府的第二个压力则来自于维稳体系本身。

腐败官员常常夸大维稳体系对自己的保护作用。事实上，政府的维稳目标，对维稳行为本身也有一个节制作用。节制点在于，维护稳定不能以制造更大范围的不稳定为前提。如果维稳加大了民众的大规模抗议，地方政府不能主动解决矛盾，即使相持不下，更高一级的政府就必然以一种显性的方式介入，并试图求得民意对介入本身的支持。此时，个案就有可能很快得到解决。

例如，一些腐败官员就可能会绳之以法，哪怕更高级别的腐败官员寻找到替罪羊，于是民愤得到了平息，对农民土地的非法掠夺现象在个案层面得到而来解决。甚至也有可能，民众的一些额外要求，例如维权组织的合法化等诉求也会得到正面的回应。

应该说，这是官民冲突良好互动的开端。某种积极局面的出现，并不等于说政府必然会满足民众的所有要求。民众的诉求是否能够满足，带有很大的个案性。不过，即使个别诉求未必得到满足，民众也有可能于此散去。地方政府必然主动被动地塑造一个依法行政和文明执法的形象，各种媒体也会以特定的方式对此进行各种各样的肯定。应该说，这是可以理解的。此时，对政府来说，最好的莫过于以此为契机，尝试在结构上、制度层面上落实地方治理的公平正义，保障维权民众的制度内参与权利（例如主动对非政治性的维权组织进行制度化民主和制度化自治），从而开启一个后发国家的地方治理文明落实的新渠道。

然而，这仅仅是一个可能。更大的可能是，制度变革不会马上而来，“社会管理创新”仅仅停留在一村一乡的个案层面。此时，社会各界就会出现不同角度的解读。鉴于土地财政和土地腐败是结构性、制度性难题，腐败官员必然心存侥幸心理，认为某个村乡的问题的解决，仅仅是地方官员想表达自己的开明形象而已，也就是说所谓的“表演”。在他们看来，更有可能的是，在自己的社区，农民不可能再有这样韧性的抗争力，大众舆论也不会再有这样的关注度，而且自己的腐败经营能力也远远超出某些人的能力，于是腐败行为仍然继续。

与此逻辑相反，民众俨然从他人个案的解决中看到了自己的希望，尤其是地方政府从“个案解决”中“大规模”地总结社会治理的“新模式”、并由媒体和部分对体制变革具有更多想象的知识分子开展大规模宣传和过分解读的时候。

与此同时，并受此鼓励，民众就会以口口相传等形式交流维权经验，无论个体素质和社群团结程度具有多大的差异，他们会认为，只要持久抗争，吸引本来就和他们站在一起的中央政府的支持，问题就会迎刃而解。如果暂时得不到解决，说明他们的动员力不强、团结度不够、抗议烈度有待大大加强以吸引更多人群的支持。基于这样的认识，就有强大的心理暗示，让民众主动升级抗议行动。

这就是说，“个案创新”所体现出来的局部“开明”政策所导致的多样性解读，尤其是在信息的不对称下特定群体的想象主义思维之激励下，民众的抗议难免进一步升级。种种抗议活动，既有可能为进一步改革塑造动力，又有可能强化当前的维稳与控制体系，由此引起更大的抗议。这是腐败分子与维权民众之间的两种截然相反的诉求所决定的。之所以出现这个局面，在于这种“个案创新”所体现出的封闭性、保守型和模糊性等特点。必须指出，问题出现在地方，责任却在这种“个案创新”的决定者那里。“解铃还须系铃人”。

可是，迄今没有任何证据表明，制度困局的制造者必然是制度创新的实际落实者。经验和逻辑表明，二者常常是互相对立的两群人。这就是改革陷入困局的制度性、结构性成因。由于这种对立局面的形成，加之传统体系下经常存在的政策和制度的模糊性等特点，官民冲突势必陷于信息不对称所导致的“囚徒困境”和“零和博弈”困局。此时，倘若“社会管理创新”不发展为更大范围内的制度创新，不吸纳民意，将“维稳”发展为基于维权、保障正义的现代治理模式，以政策代替制度的“个案创新”，反而容易成为新一轮官民冲突的开始。

现实的对策：发展制度性权利救济

经济行为学的大量分析告诉我们，作为理性的经济人，除非为了换取更多的利益，没有人愿意牺牲当前的利益。“权力寻租”，作为制度性腐败的一种方式，也是必须充分考虑其成本和收益。从另一角度来说，如果腐败分子认为自己贪污几十万元，在被处理之后，可以不被判处死刑，那么理性就会告诉他没有必要对维权民众使用虐杀性手段。然而，如果存在制度性漏洞，可以使虐杀免于道义与司法责任，那么腐败分子就必然寻求突破口以自我保存。

这就是海外的干预（包括并不负有政治诉求的独立媒体的干预）容易引发地方官员对民众抗议采取高烈度维稳的原因。海外因素的介入，俨然让腐败分子有了可资利用的自我保存结构。事实也是，将民众维权这种“人民内部矛盾”歪曲为你死我活的“敌我矛盾”，成为腐败分子的“理性”选择。由于维稳的“一票否决”，加之对街头运动的恐惧心理，为了尽快息事宁人，地方政府中的一些相关部门，也会基于特定的逻辑，采取“一刀切”的强力维稳手段。两个逻辑在同一体制内的合一，结果是地方政府直接成为民众维权的直接对象。

暴力维稳和暴力维权，体现为流血冲突，难免成为常态。这就意味着，参与群体性事件处理的地方政府的负责人，无论是否直接参与了腐败案件，在维权民众看来，已经完全丧失了作为政府应有的合法性与正当性。一旦出现这种现象，怎么办？对此，理想主义的建议就是实现中国的宪政民主，实现三权分立，落实新闻自由和结社自由，实现农村土地的农民所有权保障，以制度性的、普遍性的公平正义制度为维权民众提供权利救济。不能说这个建议总是行之无效的，西方发达国家就普遍依靠这套制度在根本上解决了公民的权利救济问题。

可是，我们必须正视这个时间段的客观存在：个案看似解决之后、结构性正义落实前夕。无论中国未来多么美好，这个时间段都会客观存在。在未来的制度创新期内，诸如暴力抗法、强力维稳、暴力维权、集体抗议也一定也是会存在的。

美国建国之后，就曾经爆发以谢司为代表的农民起义运动。当时的杰斐逊总统指出，“自由之花必须时时用爱国者和暴君的血来浇灌”，“但愿每隔二十年来一次这样的叛乱”。我这样引用，无意于在价值观方面肯定街头性的暴力抗争行为，而是指出，中国必须承认民众抗议这样一个客观行为，并立足于在特定的程序正义之上，吸纳民众的维权诉求，实现官民冲突的良性治理。

因此，有这么一些逻辑，是政府必须全面考虑的。

首先，必须改变长期存在的将民众维权行为无限上纲上线的阶级斗争思维。民众维权与政权革命，具有属性上的本质不同。如果混淆这两种性质截然不同的矛盾，无异于客观上鼓励腐败行为，将严重损害国家肌体的生机与活力。在此基础上，必须建立一种动态的维稳机制，将对民众的惩罚性维稳改变为司法正义的制度性维稳。

其次，在过渡阶段，必须确立一种严格的程序正义保障机制。在程序正义方面，有两件事情必须完成：

基于国情，如下是可以而且必须落实的：制定国家武装力量的规范使用法。面对和平抗议，国防军、武警力量的调配权力，必须让更具大局观念的中央政府垄断；严禁地方党政机关使用任何武装力量（包括公安部门和其他执法部门）对和平民众使用杀伤性武器，严禁迫害维权民众（包括维权领袖及其代理人，如律师）。一旦有此现象，由中央政府予以惩办。

司法地方化是当前中国司法的主要问题之一。具体来说，就是“书记管着帽子、市长管着票子、政法委管着案子”。这正是一些地方党政可以为所欲为的根源之一。为确保司法的统一性和独立性，如果出现对和平民众的暴力执法行为，鉴于地方政府权威的暂时失落，必须剥夺当地司法机关对该群体性事件的治理权。为此，由最高法院建立全国性的巡回法院异地审理这些案件，建立全国性的巡回检察院担任国家公诉人，确保司法制衡，为维权民众提供权利救济。

第三，当政府承担底线性责任之后，相关的社会建设显得格外重要。一旦启用了基于第一点和第二点的程序正义保障机制，新闻媒体就有义务保障社会的和平稳定和公平正义，为此，需要大力加强新闻媒体的内部监督功能，但严禁涉案地方政府参与管理相关媒体。对民众维权过程中产生出来的“非政治性维权组织”，建议采取制度化民主和制度化法治的方式，如采取与新建的村委会实行“一套人马，两套班子”的制度创新手段，以此发展、探索中国的基层自治和社会组织新模式。

必要时，完全可以吸纳这些维权精英进入地方政府的核心决策机制，利用其聪明才智为国家和社会服务。这就体现了国家的开放性和发展性。

（《改革内参》2012年第42期）

构建以底层社会为核心关注的政治科学

于建嵘先生是被其他知识分子毁誉参半的公共知识分子。浙江发生震撼全国的群体性事件后，著名艺术家艾未未在微博上说，于建嵘发起的打拐是为执政党“转移危机”。几天后，大艺术家从宋庄东书房出来后，说要为于建嵘平反。于建嵘幽默地说，“我好好的，平什么反？”“为执政党说话”，类似的指责，在这位学者身上一直不断。

取而代之的应该是另外一种可以被就事论事的思考，应当研究于建嵘几十年学术研究究竟遵循了什么样的思路。从较早的《岳村政治——转型期中国乡村政治结构的变迁》开始，直到后来的《中国当代农民的维权抗争：湖南衡阳考察》、《底层政治》，再到最近连续出版的《抗争性政治》、《底层立场》、《安源实录——一个阶级的光荣与梦想》，于建嵘都在关注一个非常实证性的政治科学问题，那就是真实的中国究竟如何，对底层社会究竟应该采取怎样的人权保障措施，从而促进中国社会的韧性稳定，而不是那种通过维稳体制才能确定的“刚性稳定”。

即使这样的思考，如果真正要尊重于建嵘的学术自由，就要避免关注那些过分激烈，且无法实证的无效话题，比如像于建嵘究竟为谁说话之类的问题。在当前价值冲突日益加剧的时代，这种"溢美"将会对这位学者寄予远远超出其能力的肯定。

还有一些赞美也存在类似问题，例如于建嵘具有底层智慧。何谓"智慧"，其实也是一个颇为混乱的问题。像于建嵘那样研究敏感性问题，而不成为敏感人物，这就叫做"智慧"？那么历史和现实中另外一些学者呢？他们追求正义，而失去了人身自由，甚至牺牲了，难道就是愚昧？这种议论，仍然是将于建嵘放置于一种动辄被众人圣贤化或妖魔化的恶劣处境。

关注底层社会

如果要给于建嵘的学术研究一个合适的分析，一定要明白，于建嵘所努力的，正如他自己所强调的，是在构筑一种以底层社会为核心关注的政治科学。这种关注，不论其后果是什么，能够确定的是，第一首先是符合政治发展的一般特征。如果我们支持普世价值，我们就不能假设一个国家可以脱离底层社会的认同，其宪政制度还能良性运行。

同样，对政府来说，如果要维系经典政体学说中所说的君主政体和贵族政体，一个明智的统治者无论多么精英主义也不会漠视底层社会。儒家学说，今天普遍认为是某种精英政治，它仍然要求自己实行某种仁政，以确保政权的长治久安。因而，底层社会，从技术性层面来说，是在正常的政治科学研究中，应该被充分重视的一个话题。可惜，在今天，在被一些学者动辄以"左""中""右"这样的政治意识形态代替实证研究的学术生态中，于建嵘这样的学者太少了。

例如，以《安源实录——一个阶级的光荣与梦想》为例，于建嵘介绍说，他"在研读恩格斯的《英国工人阶级状况》一书时，被恩格斯详尽的描述和深刻的分析所震撼。这种震撼不仅由于我出身在中国南方的一个工人家庭，我的亲人大都是工人，对工人这一社会群体有着一种天然的亲近感，更主要的在于，我为恩格斯运用的研究方法所吸引。在我看来，恩格斯的这种实证主义精神是中国社会科学界最为缺少的"。这样一个角度就比较准确。

第二，除了这种技术性研究之外，还应关注于建嵘的研究中究竟有哪种特殊的价值观。这个其实比较敏感，非常容易被道德批判。有一次，一群知识分子仍在争论这个无聊的问题，批评他的是一位我们都非常尊重的学者。听到这个消息后，于建嵘非常伤心，给传达消息的朋友发去短信说："他是共产党员，我在为他说话"。这个说法很震撼。因为我们不应生活在仇恨中。

事实上，在于建嵘的著作中，他曾经为农民阶级的生存权和幸福权辩护，为工人阶级的生存权和幸福权辩护，曾经为中国基督教家庭教会辩护，当然，也曾经在中国的劳动教养制度、涉诉信访制度等方面为所有人的人权辩护。作为一个从法律工作者向实证性学术转型的知识分子，于建嵘对得起他自己的底层研究了。

研究问题与现实对策

同样以《安源实录——一个阶级的光荣与梦想》为例，于建嵘指出："安源煤矿作为中国最早的近现代企业之一，有着一百多年的历史了。它在事实上是农业社会向工业社会转型的缩影，既经历自然经济又是典型的计划经济体制，现又面临市场经济冲击和知识社会（新经济）的挑战。这三种社会形态和矛盾交织在一起，是解释中国许多社会现象和问题的根源。特别重要的是，在这一社会转变中，与农村联系最多的煤矿产业工人的命运最为独特。他们主要以体力劳动为生，又缺乏城市文明的陶冶；他们是农民中的工人，工人中的农民。可以说，安源是中国社会最具典型意义的、一块丰富多彩的社会活化石。我们不去好好调查研究，实在遗憾。”这就是说，以安源产业为代表的工人，在一个转型时代，由于其身份的特殊性，理应在人权意义上得到同等的尊重，从而不阻碍他们面对现实困境追求幸福生活。

当然，具体路径不同的学者可能有不同的看法。例如，如果让儒家学者来选择安源工人的出路，答案就是民本和仁政。对这类问题，甘阳先生提出了一个颇为有意思的说法，叫做“儒家社会主义共和国”。鼓吹精英政治的康晓光先生在此基础上竭力反对于建嵘的相关观点，主张加强信访制度，一定不能有程序正义和司法独立或者司法制衡。

而被现代文明洗礼的学者说，应该赋予工人以集体抗争的权利，来制衡资本和强权的逼迫。所以，于建嵘有另外一本书，标题很醒目：“抗争性政治”。这事实上是否定了儒家的政治想象主义。

在现实的对策中，于建嵘俨然有意回避了一个被很多学者珍视为根本性问题的对策，那就是实现宪政民主。对此，于建嵘不断对他爱护的所有年轻学者和朋友说，要多研究问题，我们只研究问题，我们不参与党派，不学一些退休老人，从事口头政治。对我，于建嵘也这么提醒：“你还年轻，一定要保护自己，那些人退休了，你和他们不一样。”作为一个读大学就接受了西方知识的年轻人，我不是“文革”过来人，我不需要退休老人启蒙我中国应该有宪政民主，我们年轻人当然不能犬儒主义，而应该通过自己的工作来成就民族美好的未来。但也因此，于建嵘承受了人们对他的巨大批评。

对这样的批评，很多人只好沉默无语。人是不能自证无罪的。法理学的基本知识告诉我们，除非我们能够依据确定的程序，以不可否定的证据链证明一个人有错，那么这个人就必须被“无罪推定”。此外，于建嵘不参与某些政治活动，如果我们真如自己所标榜的是“多元主义”，就应该明白，于建嵘所鼓吹的，并没有构成对我们的强制。

也就是说，他的言论，仍然是个体性表达。正如，没有参与浙江那起全国闻名的群体性事件，没有将这种事件转变为街头政治，那也是于建嵘的基本权利。

更为重要的是，他以他的努力，正在构建以底层社会为核心关注的中国政治科学。他也试图在哲学层面上，通过实证研究，证明宪政法学以程序正义为核心、从而保障所有人的公民权利的“正义一元论”这一基础结论。这里的公民，不仅仅是今天的底层民众，也包括在人类你死我活的政治斗争中难免失势的统治者。

当然，于建嵘的有些看法，很多人都是不赞成的。人们对他的中国研究，既可能有嫉妒，也有复杂时代投射在这个特殊人物身上的爱恨情仇。在这个意义上，就他表面上叱咤风云的日常生活而言，他很有可能是个悲剧人物。这种命运，有时是个体智慧难以改变的。

也因此，当他给自己的研究范式取名为“问题研究”，一些学者就有截然相反的观点，我也是不大赞成的。作为政治哲学爱好者，我不是一个简单地认为必须就事论事的人，就事论事有时是美德，却未必是人类的核心价值。于建嵘也知道这些大道理。可能是他太忙了，有时忘记了思考政治哲学的细节，也有可能他对此不懂，因此这些重要话题从来没有进入他的视野。

他对我说：“我只是一个学法律的人，你的研究我非常支持，一定要坚持做下去，做个几十年。”意思是，文明的促进需要分工，人人都应该有自己独特的学术。听完这些，我知道了，事实也是，有些地方我们的确不必太把于建嵘当一回事。

（《凤凰周刊》2011年12期）

第四部分　追问中国房市及国家变迁

是“丈母娘”还是户籍福利推动了房地产市场的刚性需求？中国法律不承认任何形式的土地私有制。“土地财政”后面的土地政府专营制度才是房价居高不下的真实答案。外来农民工、底层知识青年和“蚁族”难以在工作地市民化。实体经济深受其害，金融危机迫近。“新型城镇化”注定进一步强势改变社会结构。纵深之处，中国的国家结构形式和政府模式都在发生显著变化。

房价为何无法让穷人期待？

对中国这个具有安土重迁传统的国家来说，“家园”具有无比重要的意义。这种重要性至少体现在一系列的环节。首先，中国人必须有个 house，有了 house 才有 home。否则就是流浪汉，就是无家可归的人。当美丽的姑娘到了谈婚论嫁的年龄，经常问小伙子你买房子没；如果有，“爱情”与婚姻的可能性就会大大增加。否则，即使女孩子还有点爱情的幻想，步入黄昏的妈妈也要告诉她放弃幻想重新开始。所以，有房地产商认真却遭人愤怒地说，高房价就是中国的丈母娘推动起来的。

但是，有了家园未必能有家庭，单纯的家园情结并不能完全支撑起中国的高房价。中国的高房价也不是一直以来就是的，而是在这几年才进入视野的。一个普遍流传的结论指出，中国高房价源于土地财政，土地财政源于 1994 年开始实行的分税制。有经济学家论证说，实行分税制是市场经济国家的一般惯例，因而今天的中国必须实行基于分权与制衡原则而落实的分税制。当中国特色的“分权制”开始实行之后，地方政府很快发现自己没分到多少财政收入。于是就打起了城市土地和郊区土地的主意，由此各种类型的房地产商人介入，大江南北的野蛮拆迁和“刀光剑影”也就发生了。

导致过去几年房价不断攀升的因素是系统性的。依据中国宪法，中国没有任何私人产权的土地，所有土地都是全民所有制和集体所有制的。具体说来，城市的土地属于国有，乡村的土地原则上属于集体所有（公路、河流所覆盖的土地一定要除外，这些土地属于国有）。

根据中国的相关法律规定，对农村来说，承担土地集体所有制下的所有者功能的，是建立在村民自治基础上的村民委员会（依法应该遵循特定的程序）。可是，正如我们所知道的，村民自治在众多地方形同虚设。鉴于中国特色的政治社会结构，当地方政府基于土地财政机制介入土地征收和相关拆迁工作的时候，我们发现，在这个问题上，农村基层自治组织未必是农民利益的维护者。即使基层组织想维护农民利益，它发现影响和主导政府决策的能力几乎是非常有限的。由此，无论多么试图同情基层政府由财政压力而来的地方发展激情，我们不得不承认，中国的土地制已经演变为了伤害普罗大众基本人权的地方政府土地所有制。

这就决定了，当 80 后、90 后的小伙子进入谈婚论嫁年龄的时候，他的女朋友、尤其是他想象中的丈母娘的面目必然、必需变得如此狰狞。很多人有苦无处诉。的确，具体到个人，我们无法选择自己的生存环境，我们只能改变自己的生活方式，甚至不得不降低自己的生活理想。例如，一定要努力多挣一些钱，只能租房就不要买房，只能买小房就不要买大房，只能住郊区的就不要住市中心；再退一步，只能换女朋友，或者说服自己做个大龄青年。不要生气，这就是中国的现实。——可以说是推动中国房价可持续发展的一个重要因素。

推动房价上涨的因素还有更多。最近十几年来，中央政府很少推出支持民营经济发展的实际性举措。世纪之初，当国家经济体制改革委员会在国务院系统逐步转变为一个司级机关下属的民间机构之后，这个命运其实已经彻底注定了。经过90年代末期国有企业改革的“抓大放小”之后，中国社会进入了一个“国进民退”的阶段。中国绝大多数的高利润行业，例如金融、电信、能源，彻底被国有企业垄断。民营实体经济的利润几乎被这些上游产业所吸纳。当“血汗工厂”不能维系其可持续发展的利润之时，“炒房”成为个体的理性选择。这是温州市区的新房价格一度上涨到7万一平方米的根本原因。当然，这也与温州人的“安土重迁”“衣锦还乡”传统有关。土地财政和国企垄断的同时存在，结合这个完全区别于西方民情的中国特色的家园传统，无异于为中国的高房价提供了最基本的“制度供给”。

当然，有无数的穷人期待中国房价的下跌，甚至有幸灾乐祸者期待中国房地产的崩盘。这样的言论不断出现在国内的互联网和平面媒体之中。国务院每次宣布对房价进行“宏观调控”，每次都激起了穷人们的这种期待，每次期待最终都落了空。逐步地，民众将不满的情绪发泄到了一些不断预言中国房价要下跌的三流经济预言家身上。这些三流预言家的确令人反感，他们的确让一些穷人失去了本来可能拥有（必须强调，仅仅是“可能拥有”）的理性消费时机。可是，这就是现实；无论多么令人心碎，发生在自己身上的，该承受的就得承受。

2011年由国务院直接部署的对房价的新一轮的宏观调控，正是一系列可能让穷人期待、最终却不得不再次让穷人感到心碎的举措之一。道理很简单，当初房价上涨的重大因素，无论是政治社会结构，还是基本产业格局，到了今天，几乎一个都没有改变。依据市场交易最基础的供求平衡原理，这种局面可能让房价大规模下跌吗？在2011年到2012年期间，温州等地的房价的确从每平方米7万跌到了两万，2011年内蒙古鄂尔多斯的房价甚至崩盘了。但是，这只是区域系统的局部现象，并不意味着全国范围的房价也会发生这样的“悲剧”。

为此提供一个小注脚的案例是，2月23日由国务院办公厅公布的《关于积极稳妥推进户籍管理制度改革的通知》。这个通知总的精神是，继续合理控制直辖市、副省级市和其他大城市人口规模，继续开放中小城市的与户籍相关的迁移自由。如果我们从国家房地产业发展的大背景下来考虑这个局面，就能理解中央决策的用心良苦。的确，北京、上海等地的房价不能再涨了，接下去必然引导“炒房团”们到内地和边缘的、尤其是中西部地区的三四线城市去炒房。

在这方面，制度经济学家方绍伟在《中国的房市要崩盘了吗？》一文中通过货币政策等角度的分析提出了一个观点：“中国城镇化进程刚刚过半，十二五期间，城市化比率仍会以每年1%的速度增长……2012年中国的房市不可能出现崩盘，未来几年的房价会保持‘高位震荡’的态势，部分城区的高房价下滑不会影响总体房价的相对稳定。”

正是基于一系列来自制度性和结构性的、包括民族心理的系统性因素，2012年房地产无论在任何意义上都不值得穷人期待。2012年中国房价不可能跌到让北漂人员都可以欣然接纳的地步。在某些区域，主要是中西部地区的三四线城市，那些地方的房价甚至还会持续上扬。小伙子和女朋友及其父母之间的爱情与现实的拉锯战还会持续进行。

在本文看来，中国房市不可能崩盘。不仅如此，只要强大的中央政府乐意，过去、现在和未来的中国，无论是股市，还是任何的单一产业环节，都不可能如一些幸灾乐祸的观察者所期待的那样发生“崩盘”。退一万步说，即使具备了那样的预兆，强大的、常常不受法治规则制约的政府，也有能力以西方政府完全不可能操作的方式来对微观经济进行直接调控。

因此，无可摆脱的结论是，中国必须终结以土地财政为基本路径的发展模式了，实体经济不能再如过去那样被反复折腾了。我们国家的普遍就业，必须建立在实体经济良性发展的基础之上。为此，我们必须以立法、司法、行政等各种手段来保障中国民营企业的健康发展。

换而言之，即便房地产不会崩盘，中国的实体经济仍然值得我们珍惜。中国社会的稳定不能只靠政法系统领导各级政府进行“社会管理创新”，而是需要实现从经济领域到整体性的社会和政治领域的良性运行，来为国家的发展提供坚强的基础。要知道，一个政府的治理能力再强大，它也不能在国民经济总量的份额之外拿出一个米粒来奖励它想奖励的人。

（《新产经》2012 年第 3 期）

中国房地产：行政垄断下的市场双轨制

区别于西方那种“自生自发秩序”下的市场经济，中国特色的“双轨制”是从体制的缓慢“放权”这一“改革”过程中逐步发育起来的。“改革”从来不是根源于法律人主导的规范化市场经济之努力，而是起因于长期实行的计划经济体制而导致的中央财政之压力，因而“放权”的结果是在财政政绩冲动下形成了“行政垄断主导下的市场双轨制”。

由于地方政府对土地的实际垄断和集中支配权，房地产发展概莫能外。从行政垄断来看“双轨制”，并思考发展经济学中的“马太效应”（“好的愈好，坏的愈坏；多的愈多，少的愈少”）在中国如何形成，是解读中国 30 年“改革开放”、20 年“市场经济”、10 年“房地产宏观调控”的一把钥匙。借此，我们能研判未来中国发展尤其是产业经济下一步的发展。

奠基于分税制“改革”的 10 年房地产“宏观调控”

还记得上世纪50年代初期民国留下来的那些商人是如何看不起新政权的吗？当他们希望通过银元交易来阻止人民币进入上海市场流通，上海军管会干脆关闭了上海证券大楼，并拘捕了250名商人，收缴了数万枚银元。引发物价上涨后，政府组织了“米棉之战”，从而初步确立了上海计划经济体制的基础。

从此可见“国家意志”在中国发展中所起的重要作用。经过几十年的努力，中国政府拥有世界上最强大的财政汲取能力、资源动员能力和社会控制能力。

这也意味着经济激励效应会失效。经过10年“文革”和“两个凡是”，中国经济到了崩溃的边缘，由此倒逼中国进行“改革开放”。1980年到1990年间，中国国内生产总值平均增率为9.5%，财政收入占GDP的比重则从1979年的28.4%下降到1993年的12.6%，中央财政收入占全国财政收入的比重则由1979年的46.8%下降为1993年的31.6%。甚至发生了两次中央向地方"借钱"而不还的事：1980年代中期"能源交通基金"，1989年的"预算调节基金"。

宣布建立"社会主义市场经济体制"的第二年，国家财政特别是中央财政全线吃紧：整个财政收入一季度比1992年同期下降2.2%，而当年上半年GDP增长达到14%，比1992年12.8%高出不少。就在这一年，中共十四届三中全会将"分税制改革"正式写进《关于社会主义市场经济若干重大问题的决议》，确认了一种中央主导的"共赢税制"：承认地方税收基数全部返还，中央与地方按照75：25的比例分享增长增值税，按照1：0.3系数返还办法激励地方增收。核心原则是"保地方利益，中央财政取之有度"。

"分税制改革"取得了巨大的效果。在最初10年间，也即1994年－2003年，财政收入年均增长17.4%，其中中央收入增长16.1%，地方收入增长19.3%，财政收入从分税制改革前的5000多亿元增加到2万多亿，全国财政收入占GDP的比重也由1993年的12.6%提高到2003年的18.6%，2003年中央财政收入占全国财政收入的比重为54.6%，比1993年的39%提高了15.6个百分点。然而，从中央财政占总财政收入的百分比增长不断加大的趋势看，如果地方政府还想有所作为，例如基建和福利任务越来越依靠地方政府支付，地方政府就得寻找财源。

以此为基础分析关于房地产10年"宏观调控"就有了清晰的线索。2003年8月《国务院关于促进房地产市场持续健康发展的通知》中的"确定房地产业为支柱产业，搞活住房二级市场"，实际是"土地财政"的一个动员令。之后，2005年3月开始，国务院下达若干次的宏观调控的通知，效果可想而知。

2007年之后，始自美国、逐步向欧洲过渡的"2007年－2013年环球金融危机"开始爆发。2008年12月，为了阻止危机蔓延到国内，《国务院办公厅关于促进房地产市场健康发展的若干意见》宣布"二手房转让免征营业税由5年改为2年；首套房和二套房享受贷款优惠"。

但就在这一年，"四万亿"投资计划拉动了银行信贷，M2（广义货币）快速增长，货币溢出，房价继续上涨，反而制造了温州等地的借贷危机。2010年1月《国务院办公厅关于促进房地产市场平稳健康发展的通知》宣布"二套房贷款首付款比例不得低于40%"，4月《国务院关于坚决遏制部分城市房价过快上涨的通知》则规定"二套房首付款比例不得低于50%，贷款利率不得低于基准利率的1.1倍"，2011年1月《国务院办公厅关于进一步做好房地产市场调控工作有关问题的通知》规定"二套房首付款比例不低于60%，贷款利率不低于基准利率的1.1倍"；2013年3月的《国务院办公厅关于继续做好房地产市场调控工作的通知》规定"二手房交易的个税，能核实房屋原值的，严格按转让所得的20%计征"。

系统整理这段历史，能发现一条线索：因为分权制，地方政府面临财政压力；为了解决财政困难，地方政府就利用政策空间"卖地"，"土地财政"格局产生；由于土地集中供应，中国人以房子为"家"的特殊情感，形成了"刚性需求"，房价持续上涨；为此，中央就采取了以"限购"之措施，而不是开放土地市场（保障农民地权，让“小产权房”合法入市）。到了2013年3月，干脆以“税收”来“限购”。转了一圈，还是体现为“财政冲动”。

作为“改革话语”的“双轨制”为何必然塑造房地产领域的“马太效应”

房地产领域的“双轨制”比比皆是。城乡二元结构制下，农民自建房作为集体土地产权，被称为“小产权房”，依据法律不能在市场中流通。农地必须被“国有”、经政府批准才能流入市场。也即，这里的土地市场被“行政垄断”。只要行政控制了土地的供应，一些稍微进入小康生活，且愿意离开农村的“新市民”和城市中试图进行改善性住房的居民就足以支撑起房地产的“刚性需求”，除了温州和鄂尔多斯等局部地区，从而确保房价不至于“大跌”。

80年代末期就有“价格双轨制”一说：计划经济指标内有一种价格，指标外另有市场价格。木材、钢铁、金属原料等物资均须从政府那购买凭证，才能购买并出售。这就为“寻租”提供了空间。当时人们普遍反对并引起了社会动荡的“官倒”即成于此。今天的“土地市场”，无论我们是否乐意承认，就价格形成机制而言，其实是更大规模的“新官倒”。

另一“双轨制”是以北京、上海等地的户籍制度。户籍常常是与福利捆绑在一起的。北京的措施是，“对已拥有2套及以上住房的本市户籍居民家庭、拥有1套及以上住房的非本市户籍居民家庭、无法提供本市有效暂住证和连续5年（含）以上在本市缴纳社会保险或个人所得税缴纳证明的非本市户籍居民家庭，暂停在本市向其售房”。要害在于对非北京居民的限制措施，其市场经济的合法性何在？在政府减少土地供应的情况下，结合第一个类型的“双轨制”，结果是北京的房价不断上涨，进而带动房租和服务业成本的不断上涨。

社保领域中也存在双轨制。1992年起实行“养老金双轨制”：政府机关和事业单位退休实行由财政统一支付的退休养老金制度；企业职工则实行由企业和职工本人按一定标准缴纳的“缴费型”统筹制度。“养老金双轨制”的废除，到了今天还是没有更多进展。一些市场化了的事业单位，例如媒体，在同一个岗位上实行“老人老办法，新人新办法”的“双轨制”。正是基于这种身份差异，“体制内”人轻而易举地拿到了体制供应的低价产权房。在不断上涨的房价中，可以销售给“体制外”人，谋取到普通劳动者几辈子都不能得到的丰厚“暴利”。

再强悍的国家也不能在实际拥有的财富之外拿出一粒米来奖赏“忠诚”的卫士。无论何种所有制为主导的国家都可能面临公共财政危机。由此，相对“文革”局面，上世纪八十年代知识分子“端起碗来吃肉，放下碗来骂娘”。原因在于社会经济的整体发展与知识分子来自于财政收入的相对停滞不前局面中所产生的焦虑，让人感觉“造原子弹的不如卖茶叶蛋”。

“分税制”和“土地财政”俨然避免了上世纪八十年代局面的再发生。前者让中央级国家机关和事业单位有了令人羡慕的收入，后者则保障了地方政府及其事业单位的收入。从2003年开始算起，这一体制已经走过了10年。这10年的房价上涨，的确是在中央的“宏观调控”中度过的。每次“调控”的结果，完全打破了试图代表“房奴”发出抗议之声的人士的愿望。

张立伟在“‘调控演出’如何谢幕”一文（《21世纪地产》2013年第4期)指

出：基于房产杠杆的“马太效应”成为中国两极化的重要原因，体制内的人员无疑是中国城市化过程中财富分配的最大赢家。作者也提出了简单的具体建议，却不令人惊讶地、一针见血地指出：“我们有理由怀疑，这些能让房价回归合理水平的措施，均会遭到政府官员的反对而无法实行，因为他们需要土地财政，因为他们拥有的住房最多，因为他们是这个国家的主人”。

这样一种利益结构的分化局面，看似仅仅发生在经济领域。可是，只要经过一定手段的“操弄”，就可以影响政治文化，并体现为价值观冲突。然而由于价值观背后反映的是一个国家的利益结构，除非我们严格就事论事，又能超越单一视野，就无法进行理性分析。

由于“双轨制”的现实（体制内外差异，体制内机构的“新人新办法、老人老办法”），哪怕是对那些在上世纪六十年代出生的体制内自由派学者来说，年轻一代的房价上涨之痛苦也不是他们容易感同身受的。即便都对现实生活有所不满，由于个体生活的差异，付诸于“文革诉苦”情绪的老一代自由知识分子的启蒙话语无法对年轻一代产生真正有效的影响。例如，茅于轼先生对廉租房建不建厕所这个话题所发表的观点，在经济学视野中看似具有逻辑性，却与底层民众的愿望诉求差异过大而不能得到理解，这与他是否自认为为民众谋福利无关。

不能简单地指责一些“民众”表达的是“民粹主义”情绪，茅于轼的仰慕者对这位社会活动家的“辩护”陷入了一个说理困境：对“文革”罪恶的声讨无法为如今的“改革”困境提供免于被批评的理由；为市场经济辩护的出色的学者言论比比皆是，为什么在意识形态领域却更容易操作“茅于轼”这个话题，而不是选择另外一些自由派学者来进行妖魔化？

答案也在这个“双轨制”之中。体制内意识形态保守者、以央企权贵为代表的既得利益者在“改革话语”中自我标榜“摸着石头过河”，实际上已不属于制度文明意义上的“改革”谱系。而那些体制内的宪政鼓吹者，看似与普通大众一样具有公平正义的“诉求”，可是由于关于“改革”的路径取向仍然有重大差异，“改革”共识同样只能体现在“话语”层面。

继续实行“双轨制”的中国房地产市场向何处去？

2013年4月10日，湖南凤凰古城启动“整合收费”，将原来免费的古城景区和南华山神凤景区合二为一，向游客收取148元的门票，导致店家惨淡经营，引起商家“罢市”，政府强迫商家开门营业。据凤凰县政府介绍，“门票新政”是为“改革”的举措。

一旦进入到“土地财政”和“拆迁”领域，类似凤凰城的逻辑就转化为另外一种表现形式：暴力拆迁，自焚，枪杀（例如辽宁盘锦）……如果不是“群体性事件”，就是绝对的力量不对称。“新型城镇化”启动第二年的3月底4月初，仅仅10天不到，全国范围内就发生了三起村民被碾死的案件：3月27日，河南中牟村民宋合义被碾死；3月30日，湖北巴东村妇张如琼被碾死；4月3日，四川西昌村民宋武华被碾死。面对这些悲剧发生的必然性，我想说的是，没有超出我们的想象，甚至大体上在哪些地带发生也没超出我们的想象。

缘何发生类似事件，也在这个“双轨制”的逻辑中。过分强调“城镇化”作为保增长（GDP）和财政贡献上的作用，过高估计了中央在某些方面令行禁止的能力。而从细节上来说，土地及相关收入，对开发商利益过大，又事关农民基本生存，双方很容易进入“零和博弈状态”；作为当事人的政府纵容了开发商施暴；而在体制上由于司法的严重缺位，告状无门的农民只好以命相博；在更高决策层层面，这些矛盾的良性化解从未真正进入到“议事日程”中去。

行政垄断主导下的双轨制下，房地产业面临着十多年来最大的危机。2012 年浙江法院企业破产审判报告显示，当年共受理企业破产案件 143 件，同比上升 85.7%，破产企业资产总额 120 多亿元，负债总额 243 亿元；审结企业破产案件 89 件，同比上升 64.8%。从行业看，纺织、服饰、电子等传统制造业企业是破产企业主体，光伏、造船、房地产等行业的破产企业增加；从地域分布上看，破产案件主要集中在温州、宁波、嘉兴和杭州地区。其中，房地产企业破产案件明显增多，2012 年浙江省法院共受理了 10 家房地产公司破产案件。

根据北京恒天财富测算，2013 年房地产信托面临兑付本息高达 2800 亿元，超过了上一年的 1759 亿元，其中二季度的兑付规模就有 1301 亿元。2013 年，那些由资金挪用、民间借贷、经营不善等种种原因造就的企业将被淘汰（例如被兼并，或者直接破产）。“体制”对此当然是有一些准备的，早在 2012 年 6 月，银监会就要求各相关金融机构进一步加强对房地产信托业务监管，严格落实房地产信托事前报备制度，提前防控项目到期清算风险。

民生证券研究院副院长管清友“美元长期升值 中国如何应对？”一文（5 月 7 日《华尔街日报》）总结说，“地价房价维持稳定上升，是保证中国债务链条不断裂的前提，尽管这一链条的持续性是个问题……中国地根决定票根的体制，货币供应具有内生化的特点，除非发生突发的外部冲击或国内大面积爆发债务风险，否则货币政策不会突然大幅紧缩”。

这里实际上是在论证，中国能否稳定，人民币能否健康发展，就靠那些大型的房地产企业了。这已经不是“土地财政”如何简单地伤害实体经济，而是“土地财政”已和中国的金融体系捆绑在一起，“一荣俱荣”，“一亡俱亡”。本文则试图指出，这个隐患早在 1993 年就已经被埋下；1993 年的隐患在更早更深的结构中被孕育。“冰冻三尺，非一日之寒”，改变需要“壮士断腕”，可是被期待断腕的“壮士”正在移民，或许曾经、正在为“行政垄断下的市场双轨制”做辩护，告诉大家“腐败”可以推进“改革”，是经济发展的“润滑剂”。

为了规避风险、寻找机会，“中国富人一直向美国房市倾注资金，中国国有银行也大幅提高了针对美国商业地产项目的放贷。如今，中国房地产开发商也紧随二者之后，到美国试试运气”（英国《金融时报》5 月 8 日“中国开发商掘金美国楼市”一文）。就制度经济逻辑而言，美国的房地产市场受明确而系统的规则的监管，不存在中国式的“暴利”机会。如果破坏了那边的游戏规则，2011 年占领“华尔街”的那些市民，和一些素来珍惜自由传统的人，加之本来就不喜欢中国这个民族的人，将会联合起来反对来自中国的房地产企业。

这样，对外投资的地产商就进入了一个新的“双轨制”，面临中外投资环境、经济文化和行为规则“冰火两重天”的局面。当然不是说他们必然失败，而是说风险重重，可能超过能承受的。当然，这也意味着中国房地产业终于有了一个真正“向西方学习”的转型机会。

叙述至此，我们不禁想起了“新兴古典经济学”、“超边际分析方法和理论”的提出者、制度经济学家杨小凯先生曾参与的“‘先发优势’还是‘后发优势’”的辩论。杨小凯的观点无疑是中国房地产这十几年来的历程所证明了的，本文由此试图指出某种“后发优势”理论下主张“双轨制”道路的“改革”对一国经济的深远伤害。道理在于，市场鼓励创新，规则却应力求系统而自洽、明确而利落。这正是“民主”“法治”化的“市场经济”的魅力所在。

（《21世纪地产》2013年第6期）

追问中国房市：五个问题及其解答

在北京等地，面对房市低迷，房地产商们被迫降下了房子的价格。炒房团的可爱之处还在于，他们作出的第一反应就是找房地产商们要“公平正义”，以至于砸毁人家的售楼部。聪明的商人们也显得格外彬彬有礼，的确涉嫌自己主导了砸毁售楼部的做法。因为售楼部值不了几个钱，当务之急是把售楼部的惨状告诉房地产宏观调控的决策者们。

可是，对决策者们来说，房市要不要调控，首先是一个财政问题，然而才是一个市场问题。和炒房团们一致的是，政府其实也希望土地财政这个“无本万利”的买卖能够持续一万年。可是，政府毕竟还有更大的考虑，那就是国家的长治久安。于是，当前的财政问题，迅速转化为一个关乎“维稳”的政治问题。

就是在这样的背景下，中央政府不得不开始了外人称呼为“打压”房市的宏观调控。相关的政策是一系列的，例如限购限贷。有房地产商和评论者们说，这是有违市场规律的，是属于计划经济的政策。另外一个措施是在全国范围内建设保障房。经济学家又说，这是有违市场经济的，典型的杀富济贫，典型的计划经济。无论舆论多么反对，中央政府态度坚决，房地产必须坚持调控。这个精神，在2011年12月的中央经济工作会议中大书特书。

应该说，这是有道理的。最近五六年以来，中国经济领域发生了两大事件：一是整个经济领域的“国进民退”，二是房地产业的蓬勃发展。由于实体经济的利润率的一再下降，善于逐利的民营资本大量进入了“楼市”。

在民间金融业尚未合法化的中国，于是就发展起来了追逐楼市价格炒作利润的民间高利贷体系。而这不过是一个迟早要破灭的“庞氏骗局”。（本刊编注：“庞氏骗局”简言之就是利用新投资人的钱来向老投资者支付利息和短期回报，以制造赚钱的假象而骗取更多的投资。）

就是在这样一个背景下，2011年的鄂尔多斯“鬼城”的楼市的崩盘，与温州民间资金链的断裂，为这个“庞氏骗局”的破产做了一个住脚。换而言之，对中央政府来说，哪怕在一部分地区主动制造一些“不稳定”，也需要为中国经济的整体性稳定“刮骨疗伤”。

正是在这个意义上，我们可以回答现在还在观望要不要买房的那些工薪阶层：看来，中国的房价不会如过去五六年那样疯长了。然而，是否到了可以放心购买的地步了？或者更细节地分析，已经来临的2012年是不是买房的最佳时机，或者还要等待几年再买？

分析类似问题，一定要从最基本的制度经济学开始着手。倘若一个经济学者指出中国房地产业应该走向真正的市场经济，我们当然可以理解他对人类商业文明的热爱。倘若他真的相信只要中央放弃对房市的宏观调控政策房市就进入了真正的市场经济，那么，这位经济学者，不是对中国政治社会结构的无知，就是故意搅混水。我们一旦把中国房市的这些实质性问题说清楚，至少对消费者的消费理性和房地产企业的理性发展有好处。

第一个问题关系到最简单的经济学知识：中国房地产业是不是一个市场？

中国每年产生的这些新房子是不是“商品房”。对这个问题的回答很简单，中国至今没有真正意义上的商品房。根据中国现行宪法的规定，中国的土地分为全民所有制和集体土地所有制。《物权法》第47条则规定城市的土地属于国家所有，建设用地使用权转让必须采用书面形式订立合同。

《国有土地使用权出让和转让暂行条例》第12条指出：“土地使用权出让最高年限按下列用途确定：（一）居住用地七十年；（二）工业用地五十年；（三）教育、科技、文化、卫生、体育用地五十年；（四）商业、旅游、娱乐用地四十年；（五）综合或者其他用地五十年。”

根据这个规定，每一块土地的实际使用年限为七十年。这叫做商品买卖吗？确切地说，中国大陆所有的房产销售合同，实际上都是房产租赁合同，最高租期为七十年。七十年后怎么办？中国没有法律规定，没有中央层面上的政策说明，也就是说没有几个人知道。

第二个问题则涉及“垄断”的定义。

倘若中央政府放弃宏观调控政策，房子最高租期七十年这个规定被废除，中国是不是属于规范意义上的自由市场经济？答案是否定的。中国的所有“商品房”都是国有的。无论引进了多少家房地产企业，也无论这些房地产企业是国有的、还是民营的，或者是外资的，都无法改变房地产业本身的行政化垄断色彩。垄断下会有真正的自由市场经济吗？

至于农村的集体土地所有制，明确地说，较之城市国有土地，产权更不清晰。政府明确规定，“小产权房”不能作为商品房买卖。农村土地看似集体土地所有制，严格地说，农民没有产权；鉴于中国的治理格局，也属于地方政府土地所有制。

土地财政就是建立在这种垄断制度基础之上。结束土地财政的最大阻力，明确地说，不是房地产商，也不是温州等地的炒房团，而是地方政府。除非找到更大的税源，土地财政无法被终结。

由此产生第三个问题，政府如何找到代替土地财政的财政收入之源。

以上海和重庆为代表，地方政府一直在“探索”。探索的诚意度我们不知道，方式我们知道：征收房产税。征收房产税的最积极者是谁？有人说是地方政府。地方政府真的那么积极吗？这就要分析地方政府是哪些人组成的，和房产税的被害者有多大意义上的重合？

征收房产税，势必要为每个公民的房产数额和相关面积等建立一个完整的数据库。为官员建立这个数据库，无异于实行官员财产申报制和公开制。截止到今天，官员财产申报制和公开制实行了没有？如果没有实行，究竟为何？清楚了这个问题，我们就会知道为什么在已经过去的2011年房产税的“改革”雷声大雨点小，也就明白了为什么2011年仍然有那么多大规模的野蛮拆迁案件。

经济学家亚当•斯密指出，政府从别国政府学习从民众口袋掏钱的技术从来都很快。依据某种特定的手段，官员还是可以转嫁甚至规避房产税的。作为土地财政的一个替代性措施，房产税还是可以实行下去的。如何实行，如何规避，我们拭目以待。当然，由此产生新的结论：在接下去的一段时间内，房地产因此不再具有过去那样的投资功能了。

系统回答了上面三个问题，我们就会明白：在可以预料的一段时间内，中国的土地财政不可能终结；而为了国家的长治久安，中央必须全面坚持对房地产的宏观调控。这是一组矛盾。既然是一组矛盾，我们就要看矛盾的主要方面究竟是哪里？

如果地方政府胜出，那么中国经济的“庞氏骗局”还会持续，国民经济就会更加岌岌可危，实体经济就会更加无望。接下去的中国，需要思考的就不仅仅是经济维稳的问题，而是政治维稳的根本性问题。这是中央政府绝对不愿意看到的。因此，强大的中央政府一定会在这场博弈中胜出。

于是新的问题又产生了：未来房市是否有可能崩盘？

在鄂尔多斯等极个别的地方，由于处于中国经济发展的结构性“薄弱”环节，这些地方可能破产。但在大范围的环境内，房价不可能崩盘。中国可能会金融崩盘吗？答案是“不可能”。中央政府可以通过发行纸币等手段来解决财政危机。超额发行纸币伤害的是谁？答案是工薪阶层，就是最需要买房子居住的那个群体。

不管通胀是直接影响到工薪阶层的劳动收入购买力，还是间接通过成本传导而影响企业提供就业的能力，总会影响社会稳定，因此，这里又产生一个现象，也就是最近几年来，有点能力的中国人纷纷研究如何“移民”，用脚投票来表达对失败的个体努力的抗议。

最后一个问题：中国疯狂发展起来的“商品房”，究竟有多少年的使用寿命。

当前一个流行的说法是25—30年。这个数字来源于国家住房和城乡建设部。我曾经咨询在建设部门工作的朋友。一位地方官告诉我，房子使用寿命只有20年。20年后怎么办？朋友告诉我：那是危房，根据规定必须拆除；如果不倒掉，那就将就居住。

因此，我的建议是，如果非买房不可，尽量买一些质量信得过的高端房子，或者是2005年前建造的一些房子。这也是对想持续在房地产领域发展的企业界朋友的建议：一定要盖好房子。一旦20年后这些房子成为危房，政府不可能保护你。鉴于届时国际司法领域的大合作局面，西方国家可以抓到你。难不成跑到非洲的大沙漠和南美的原始森林？既然2011年消费者可以砸你的售楼处，以后就可以采取其他极端手段来对付你。

当然，一些中小开发商会开发一个项目注册一个公司，项目完成后关闭这个公司。可以说，这是大规模的、中国特色的"奸商"之道。

通过中国房市中存在的问题的分析，我们越发明白一个道理，那就是真正意义上的市场经济需要什么样的法律政治基础。正如我们反复思考后承认，人的幸福与尊严的保障需要明确的产权，不能说"我的是我的，你的也是我的"，为此需要司法制衡立法与行政，为此需要一个代议制的政府，让公民能够监督政府，为此需要一个能够支撑起这样一个政治文明的公民社会的基础，也就是说，让每个公民成为一个有信仰、懂得敬畏的、独立的人。

（《21世纪地产》2012年第3期）

土地财政与中国社会结构的"变量"

最近几年来，地方政府大搞土地财政，中国社会结构随之发生了巨大的变化。这种变迁，既指向了人类学所考察的习俗与生活方式，还指向社会学所关注的城市化与组织结构，由此指向人类群体行为的逻辑。因而，土地财政的后果，这已经不是一个单一视角的话题。

我们以博弈论和制度经济学中最常见的"常量""变量"的分析框架来展开基础意义上的分析。笔者在2012年2月1日出版的《21世纪地产》第三期中"追问中国楼市"一文曾经从房地产的市场属性、"垄断"的定义、土地财政、法律政治基础等"常量"角度进行了分析，认为单单凭着中国中央政府的掌控能力，2012年中国房市会基本保持稳定。

不过，这篇文章并没有更多关注基本保持稳定的中国房市正在酝酿着中国社会巨大的稳定风险和治理挑战。接下去本文将从系列性的"变量"角度对此展开多角度的分析。

第一个变量是房地产的发展已经极大地破坏了中国郊区农村的社会结构，正在塑造大量的失地农民、也就是潜在的"流民"。

阅读哈佛大学伯尔曼的两卷本法制史著作《法律与革命》、对比法国社会学家托克维尔《论美国的民主》《旧制度与大革命》等著作，我们能发现2000年以来的西方确立了一个基本的超越性规范：土地首先不是私人的，也不是政府的，而是"上帝"的。基于这个简单的逻辑，虽然同样也并不主张某种集体主义思维，西方却很少发生农民以土地权为目的的抗争。道理在于，中世纪时期天主教教会掌握的大量土地虽然末期导向腐败，却有利于节制私人对于土地的过分严重的兼并。即使有仇恨，也可以通过类似宗教改革运动这样的机制得以解决。

与此相区别，自古及今，土地问题一直是中国农民抗争的首要问题。

经过长达十余年的发展，中国到底有多少失地农民？在最近几年突然兴起的赶农民“上楼”运动中，究竟有多少农民通过“以土地换城市户口”的方式，被迫成为福利空间并不大的市民（国家社保基金也存在着拆东墙补西墙的困境）？社会管理部门一定有个具体的数字。的确有一些地区的农民因为“拆迁”一夜暴富，然而，那基本上集中于北京等大型城市周围。

事实是，一个地区对失地农民的补偿的差距越大，越有可能增加民众的不满。

城市化并非简单的住宅和户口属性的转型，而是涉及更为广泛和深刻的制度和文化层面的调整。当前的一系列的城市化是“土地财政”所刺激而来的，并不具备市场经济的“自生自发秩序”的演绎逻辑。由于不是自主选择的城市化，而是政策导致的生活剧变，这些农民未必具备城市生活应有的能力。大规模的失业成为必然。

吸取民国治理的教训，实行土地集体所有制，虽然不能共同富裕，却可以大规模地缓解“流民”的问题及其压力。然而，“土地财政”却利用了土地集体所有制产权保障缺失的缺点。近几年发生在中国大陆的几起波及到几万人口、几十万人口的大规模抗争活动中，失地农民是一个重大的参与主体。必须指出，这种抗议，具有宪法序言意义上的正当性。

第二个变量是近几年房地产的发展正在彻底摧毁中国新兴中产阶级的发展，将最有希望成为新兴生产力代表的年轻人群体转变为“房奴”和“蚁民”，制造底层知识青年群体。

有一位知名房地产企业家指出，当前的高房价是丈母娘们推动的。这个说法很有道理。如果我们阅读著名华裔社会学家杨庆堃写作的《中国社会中的宗教》，结合我们自己现实生活中的经历就能确认，在中国，在肉眼可见的“house”与作为社会组织的“family”之间，house是family巨大的物质保障。没有house，family就不能持续多久，或者说没有一个坚强的根基。这对西方以教会为传统基础的生活方式来说，简直匪夷所思。然而，这种生活方式作为在中国特色的、明显区别于西方制度性宗教的“发散性宗教”，也是客观事实。

中国实行城乡二元户籍制度。户籍承载着福利的功能。至少持续到90年代，“农转非”一直是多少代中国人的梦想。很多农民天真地相信，只要取得城市户口，就能“鲤鱼跳龙门”。他们被忽悠了。道理在于，中国城乡二元制的基石是单位本位。如果说农村福利根据户籍来提供，城市福利则是以单位为基础来分配的。只是计划经济时代没有个体户而已。高校扩招后大学毕业不包就业，由此存在着一群有着城市户口、却不享有城市福利、在“丈母娘”和同样也持“现实主义”价值观的“女朋友”夹攻下的被迫舍命买房子的男性农村大学毕业生。

除了少数佼佼者，这个群体基本是由两种人组成。第一种是利用父母亲的一生的辛苦积蓄完成了“首付”的所谓“工薪阶层”。他们过一天算一天，目标是在20年后，也就是自己的孩子差不多可以读大学的时候还清所有的房贷。对他们来说，实体经济投资“第一桶金”已经转化了土地财政的“税费”，部分转为了房地产业和建筑业的相关利润。比他们更悲惨的另外一个群体。由于父母亲基本没什么储蓄，加之各种原因自己没有多少劳动力竞争优势，在北京、上海、广州、武汉等大中城市的城乡结合部的地下室等狭窄空间内，过着蚂蚁般的生活。研究中国治理的政治社会学家给这个群体取了一个有趣而令人心酸的名字：蚁族。这两个群体基本上由“80后”组成。最早的90后也已大学毕业，开始加入了这个群体。

一个国家的社会发展状况，完全可以以青年人的消费模式为观察点。如果青年人基本以买房子、还房贷为目的生活，大体上可以判断这个社会的实体经济萎缩、生产力发展基本上失去了创新的动力和基础、悬殊的贫富差距已经定局、“中产阶级”正在严重萎缩之中。

与他们的父辈们相区别，这个群体受过各种层次的高等教育，至少识字不是问题，可以归结为所谓的“底层知识青年”。

第三个变量是所谓“儒家宪政主义”的根基被摧毁，正在以一种不可逆转的方式，让自由民主的言说日益成为与底层社会关系并不密切的媒体语言和高校语言。

实在地说，这个话题居然与最近几年的土地财政和房地产业的发展有关系，很少有学者能够认真想到这个问题。大约从1970年代开始，中国成为了全世界实行“计划生育”最为严格的国家之一。到了上世纪八十年代，确立了“一个夫妻只生育一个孩子”的“国策”。当然，这个“国策”在具体地方的落实各有不同。例如在农村地区，仍然可以有限制地生育二胎。

为何政府要这样决策，以及相关决策的合法性，是另外一个值得重视的话题。需要要讨论的是，计划生育政策，加之我们前面所提到的土地财政正在塑造大量的“房奴”和“蚁族”这个事实，基本上可以确定：一群仅仅为了买房子、生了儿子继续买房子为的年轻人，将被一种强大的、除非不参与房地产业的游戏规则别无其他生活方式的强大机制所捆绑，完全失去了上世纪二十年代、八十年代末期大学生热情参与公共生活的经济社会条件。

由于家庭意识和乡土意识的日益淡漠，不仅传统的“儒家”诉求渺茫，现代性的“宪政主义”诉求也渺茫。作为儒家与宪政主义之合一的“儒家宪政主义”，更是只能转化为市场化媒体的“政治想象主义”，公共知识分子和一些媒体编辑自娱自乐自高自大，另外一部分则彻底成为高校语言，与底层社会的生活改善毫无关系。

这的确会产生第四个变量，也就是区别于传统的以血缘和家庭为核心的生活方式的另外一种文明机制，社会在日益碎片化、也就是溃败的同时，一种超越于熟人伦理的契约意识和别样的宗教组织样式有可能成为这个国家的一道新的风景线。

最近几年，随着新兴网络社交工具的兴起，以微博等机制为特征的交往方式日益成为风尚。这样一个交往方式的兴起，与大家族的日益衰落具有密不可分的关系。我们无法想象一个家族意识和乡土公共意识特别强大的地方，人们会如此火热地投身于微博等网络世界。离开了网络，一旦回到线下，人们可能发现社会结构几乎一点都没有改变，因而大失所望。对转型中的中国来说，这是一个无可摆脱的必然，多少也存在着某种断裂与抗争。

我们必须承认，人是有社会观念和公共观念的存在。一旦丧失了家园，同时又发现网络生活方式的务实成分仍然不够，尤其是认识到网络根本不具备类似宗教信仰那样的超越性和现实性的社会结构功能，人们必然去选择一种新型的文明样式。

这也是最近几年各种宗教信仰的公共实践活动在制度内和制度外同时蓬勃发展的外在因素。在一些大中城市，基督教在兴起，基督教的各种聚会蓬勃发展。基督徒会说这是“圣灵”的引导。优秀的社会学家不会热衷于反对这样的观点，而是以尊重宗教信仰自由的心态，认真分析这种生活方式的形成机制和客观结果。

第五个变量则是，基于上面四个因素的综合分析，我们还有必要思考：中国究竟有多大的民主法治的积极因素在生长，例如游民和底层知识青年的某种结合。

我们没有多少理由乐观，却有很多理由悲观。历史上有足够的素材能够证明大量的游民和底层知识青年有利于一个国家的民主法治，同样也有足够的素材证明这些因素并不利于民主法治。前者的一个论据是美国的“五月花号传统”和十三个殖民地的宪政体制的纷纷建立。说游民比儒家的大家庭更不利于宪政，美国足以提供一个否定性的回答。然而，如果说游民更有利于宪政，法国大革命中的动荡和中国司空见惯的底层抗争也足以反驳这个道理。

我们分析人类文明史上的经验教训，能够得出一个结论，宪政的生成可能与一个国家的中产阶级化没有直接的、充分性的因果逻辑链，而是取决于这个国家的多中心秩序和分权制衡的法治因素是否足够强大。而其中起到了激活作用的，乃是是发轫于底层社会的某种以平等和民主为实际机制、却不是直接以政治为中心、因而是非对抗性的却具有超越性及其公共性的组织形式。

这是以《法律与革命》和《论美国的民主》为代表的法政科学的研究可以证明、也是这些经典文献所叙述的英美宪政的成功和其他世界宪政的某种挫败可以证实的。

在类似的文明变迁过程之中，对中国式的游民与底层知识青年的结合，持续至今的土地财政，究竟起到了什么样的作用，我们还可以更加深入地开展系统性地、细节性地观察。

然而，即便发生了上述的五大“变量”，有一个事实则是始终确定的，那就是自古及今的中国并不具备西方“五月花号”传统所所带来已形成的社会机制和北美十三个殖民地那样的“多中心秩序”的政治社会结构基础。

就博弈结果而言，过去的历史也一再证明了这个结论：无论新兴的文明样式在中国如何发展，也无论其多么强大，都无以主导这个国家的长足发展；某种形式的囚徒困境是中国的一个惯常路径。土地财政所塑造的“游民”总体上可能倾向于加大了这个可能。

也许三十年后五十年后之后会有一个华丽的转身，然而，这必然不能建立在一种得过且过的僵化心态和灯红酒绿的奢靡生活之中。

换而言之，中国人的生活不能建立在一种“机遇史观”和“英雄史观”的假设之上。

正如2008年以来的中国经济危机所证明，土地财政已经实实在在地破坏了中国实体经济的发展空间，也实实在在地加剧了中国的“国进民退”。就房地产业而言，中国必须终结以掠夺和攫取为目的的“土地财政”，从而发展民营经济来落实国民的普遍就业，化解贫富差距、官民冲突所带来的对抗与仇恨，最终制度化民主和法治化底层民众的自主结社活动。

（《21世纪地产》2012年第4期）

地方改革与宏观调控的区域性变迁

理解中央的宏观调控是解读中国经济的重中之重。改革必须正视现有的政治社会结构。要思考“中国向何处去”，就必须结合中国的单一制、中央集权制模式，结合最近几年的中国区域性竞争、探索与改革现状，进而分析中国中央和地方政府的行为模式和制度倾向。

需要指出，不是所有的探索都是改革，有些探索是打着“改革”名义的另类行为。县域竞争加速中国地方治理特点的形成。学界普遍以地域命名，并赋予地方发展以模式性解读。搁置其合理性，理解中国区域特点，理性思考房地产业的投资环境，同样具有基础性意义。

第一个样本是“广东模式”。焦点在于，广东在区域经济与社会管理创新方面的作为究竟有多少意义，其种种作为究竟是体现出了治理智慧，还是呈现出某种形式的“兴之所至”。

过去几年，广东最为引人注目的改革是汪洋领导的、朱明国常常出现在第一线的社会管理创新实践。这里的社会管理创新，与另外一些省份动辄对公民“网格化”管理有所区别的是，主要立足于社会组织建设。我认为这是抓住了社会管理创新的应有重点。我看好这样的创新，乃是因为这种创新能够为未来的政治变革和经济制度的根本性变革预留空间。

广东制度变迁的另一个代表是顺德等地的行政制度改革。较之社会管理创新，由于缺乏具体的群体性事件性的新闻支撑，媒体关注度日益减少。至于效果如何，可在未来持续观察。

当然，广东的改革明显有其地方性立法者无法改变的困境。2012年全国“两会”期间，广东的全国人大代表不断批评国家部委对真正改革的阻碍。也因为这种制度性阻碍，无论是在社会组织建设方面，还是在经济的地方性调控方面，广东都难以有更大的作为。

有人认为“腾笼换鸟”是以行政手段干预市场经济。对发展中国家来说，政府主导进行经济发展的产业升级，其实司空见惯。如果结合社会管理创新这种立足于以“创稳”来“维稳”的方式，结合最近几年基层治理的状况来看，“腾笼换鸟”实在有其远见卓识。

之所以如此，在于广东特殊的产业模式。由于濒临香港，珠三角长期形成了以外来低端产业为代表的劳动密集型发展模式。例如著名的“富士康”。年轻劳动力是珠三角的发展动力。年纪大了怎么办？他们的下一代怎么办？这就带来的巨大的隐患：以新农民工为代表的底层与劳动密集型企业之间的劳资矛盾。由于“稳定压倒一切”，地方政府很容易两头受气。

对中央来说，关键不是“调结构”，而是“保增长”。这样，广东与中央之间，似乎有了大方向上的某种不一致性。尤其是涉及既得利益集团，广东的此次决策可谓是壮士断腕。但我很难相信广东的这种“壮士断腕”会走向成功。

因其民间结社传统（不仅是宗族和民间宗教，还有工人维权组织）和相对其他身份的自由办报传统，广东未来会比很多省份更有活力。但与浙江付诸真正的宗教性应对很不一样的，广东的社会文化是倾向族群冲突和阶级对抗的。未来我们会看到，来自湖南、湖北、广西、四川、贵州、江西等地的游民是这里的“梦魇”。

第二个特别值得分析的样本是以温州为代表的“浙江模式”，这里曾经被赋予中国市场化改革的希望之星的身份。浙江最近几年的发展，明显折射出了这种变革的日益遭遇瓶颈。

在中央的“保增长”之中，能够轻而易举分到中央的投资并捞到好处的，当然是央企。我们不难理解为何在经历了四万亿的疯狂投资之后，在2012年还会有应对经济放缓趋势的2万亿的新投资。有关部门信誓旦旦地说，不会如2008年4万亿的刺激经济计划了。当然不一定会，可以换个方式。例如“2万亿”加“1万亿”再加“1万亿”，不断加下去。

地方改革者，悲壮之情溢于言表。温州的立法者们痛心疾首地说，好不容易争取到的金融综合改革方案是中央几个部委“施舍”下来的。每当我作为新闻工作者发布温州的有关负面新闻之后，他们就会问：中央也关注这起事件了？我的回答更令人他们失望：中央未必有时间关注你们的新闻。很快，他们又恢复了那种理智，意识到温州的确不太可能成为中央领导层的核心关注。接着，他们又忧伤地说，“可是，民营经济是我们的命根子啊”。

由于缺乏明确的、坚定的、超前的、整体性的中央性授权，温州目前的金融综合改革，进入到一种尴尬状态。变革本来应有的发展民间正规银行、利率市场化等环节，几乎没有任何进展。这样，“改革”就异化为增加一些贷款公司这样的几乎与真正改革毫无关系的状态。

真正意义上的改革，在温州早就成熟了。中产阶级的发展，尤其是近年来的金融危机所带来的思考，事实上温州已经进行了一场洗心革面的思想大解放运动。由于温州缺乏广东这样的“南方系”市场化媒体能提供的这种思想讨论空间，其思想解放来自于街头巷尾和饭桌茶坊。但这种局限性，恰恰说明了中国变革在温州所具有的深刻的民间底蕴。

温州市决策咨询委员会的工作人员对我说，即便温州发生了那样大的金融风波，温州人没有出现大规模的进京上访现象。这个城市，由于地居中央集权制的边缘地带，在给中国经济发展和社会稳定作出巨大贡献的同时，却因为某种形式的“低调”和温文尔雅而不被重视。

可是，如果我们承认社会组织的发育对信任关系的维系进而减少交易成本具有基础作用，却能发现，温州社会事实上已经形成的，也是广东社会管理创新所力图实现的。无论这几年温州的商业是否较之苏南模式更具活力，表现了结构的滞后性。

在我们可见的一段时间内，温州对中国的影响，将会大大降低。温州会还原为中国南方的一个介于二线与三线城市的一般城市。不要对“温州模式”“义乌模式”寄予太多期待。一个中产阶级所主导的温州，不为中国提供暴发户经验，而是转而提供其他城一般城市并无能力提供提供的“思想”与“艺术”，这是良性的。

当然，浙江不能仅仅说只有温州。可是，透过温州模式，我们能看到浙江的整体性展现：县域发展模式。这里的特点，用一句话来总结就是：每个县都有自己的核心产业，每个县都不是一两家大企业说了算，如果有机会，这里可能是未来中国最为民主、最为自由的地方。这里有多中心秩序的社会结构基础，也因此，这里将是未来中国社会最为稳定的地区之一。前提是这里的思想文化软件有整体性的提升。

第三个样本是以苏南为代表的“大政府模式”，其特点集中体现在经营城市、培育大工业区的产业发展模式。其先进性就是其落后性，其落后性就是其先进性。在中国的“招商引资”地方发展特点中，这种模式正在逐步地复制到全国，为未来可能的动荡创造基础。

当上海的老国有企业正在实现转型的时候，温州人似乎正在大量生产假皮鞋和各种伪劣产品；当90年代浦东新区的开发建设被中央提上关键性的议事日程的时候，苏南政府却在和新加坡建设苏州工业园区，上海的发展似乎与更加关注“义乌模式”的浙江没有太多关系。

苏南模式发展的巅峰之作应该是苏州工业园区的建设。进入园区某展览馆，映入眼帘的就是邓小平在1992年的“南方谈话”：“新加坡的社会秩序算是好的，他们管得严，我们应当借鉴他们的经验，而且比他们管得更好”。这就鲜明地体现了园区发展的政府主导型特点。

不要小看“苏南模式”。同山东（这里不包括鲁西鲁南，正如以徐州为中心的苏北地区和苏南地区有明显的差别）等地一样，南京及其以东的、包括苏州无锡常州等地的江苏南部地区，这里的官员和企业主尊重知识文化，乐于以一种专业性知识参与社会分工合作。与浙江尤其是温州等地鼓励某种以奴役为特征的“雇佣劳动制”性的贪婪、无知和自大相比，“苏南模式”的优点是显而易见的。

然而，“苏南模式”的成功，是需要系统的制度及文化条件的。苏州工业园区由于濒临上海，加之其中新合作的制度性优势，无疑是非常成功的。在此之后的苏州新区，无论在招商引资、城市规划方面，还是在与社会管理创新相关的社会稳定方面，都明显缺乏了这种优势。2010年围绕着拆迁产生的通安群体性事件就是代表。

再往西部走，其弱点更为显然。网传一份无锡太湖城管理委员会和滨湖区华庄街道办事处联名发布的《致全体机关人员的一封公开信》据称由于“艰巨而繁重的拆迁建设任务”，面临着“巨大的资金压力”，决定从6月开始所有机关人员只发放生活费。虽然很快被“辟谣”，事实上，无锡太湖城的财政负担严重的现象明确地反应了地方经营城市模式的巨大风险。

这种已经明显被大规模复制到中西部地区的模式，在一个启蒙运动已经倒逼中国变革的时代，有其明显的治理盲点。由于工业园的赶超型模式，其治理思路就显得更为粗放：民众大量被集中安置于某地，个别小区居民甚至动辄达到上万。贫富差距的进一步扩大，如果不是外来民工和原住民抗议的合流引发抗议，就是外来民工与原住民之间发生族群冲突。

关键是城乡二元结构制度和作为其保障的户籍制度在短期内不可能得到根本性的改变，新型工业园区（例如西安、成都、武汉、郑州等大城市）周边的贫富差距，几乎是个依赖地方政府的作为注定无法改变的现象。对这些地区的持续观察，可谓是日后投资的重要依据。

第四个样本是所谓的“重庆模式”。这个模式的特点是领导人意志覆盖了整个党政官僚体系的一般制度性倾向。主流的党政领导体制，加之建国后的政治世家的恶劣影响，这里呈现出比基层矛盾更为难以处理的来自中国传统的结构性危机。

与重庆等地颇为相似，中国大多数省份（例如中南地区、华北地区、东北地区）的文化是倾向混乱的。尤其是华北地区，号称是中国的中原地带，已经与典范的汉传统很不一样。或者说，传统中国的社会组织在这块地方已经在1949年后被摧毁殆尽，可是，投机和不讲规则等社会风气却在这块地方被继承下去，使得这里很难形成现代市场经济。淮河流域和川东地区，自古是中国变乱的重点地区。淮河流域和广西等地，更是中国民间宗教性叛乱的热点爆发地区。这些地区一些组织化了的游民，经常会侵入苏南等一些近千年来一直富庶的地区，破坏这里的社会秩序。

几十年来，淮河流域的一句话（“蚌埠偷，淮南抢，阜阳没有共产党”），形象地表达了一个双重性的事实：在安徽等地，共产党在底层民众中具有值得留恋的威望，而在今天其执政能力需要大大提升，通过规范这里的官场秩序，从而优化这里的社会生态体系。

然而，不管如何在细节上予以区分，无论是广东模式，还是浙江模式，或者是苏南模式，还是其他模式，都只是中国模式的地方性变种而已。由于以中央为中心的同心圆结构，不同的地方依据其距离中央的半径大小，形成了一个具有明确“自相似性”的地方治理的多样性体系。忽视这一点，既可能对中国变革过分乐观，又可能伤害到具体的投资理性。

不过，即便如此，某些治理样式，仍然带有某种值得我们珍惜之处。以县域为单位的浙江发展模式，特别具有制度文明意义。主要在于县域在人群管理学中的特殊空间地位。

今天还有一些资源枯竭型城市、资源即将枯竭型和毫无资源的城市。资源枯竭型城市，是指“资源枯竭型城市是指矿产资源开发进入后期、晚期或末期阶段，其累计采出储量已达到可采储量的70%以上的城市”。根据2007年12月《国务院关于促进资源型城市可持续发展的若干意见》，中央曾于2008年、2009年先后分两批确立了44座资源枯竭型城市。此后国家没有“增设”资源枯竭型城市。若非立足于民企，这些地方只能依靠中央财政转移支付。

当前国家宏观调控，越来越偏向各类国企。可是，这些资源枯竭型城市准资源枯竭型城市，以及诸如贵州一些山区城市那些无资源城市，当国企们将其资源开发殆尽，除了银行、通讯和燃油等极个别产业，国企门将不再参与促进其经济发展。这也意味着，这些地区一旦失去独立自主的经济发展能力，当前房地产宏观调控中出现的三四线城市的房地产发展将失去基本的消费对象。于是，也意味着当前的房地产的发展，很有可能是樯橹之末。

2007年通过的《反垄断法》第七条规定，“国有经济占控制地位的关系国民经济命脉和国家安全的行业以及依法实行专营专卖的行业，国家对其经营者的合法经营活动予以保护……”。正是这种保护国企的政策精神，6月14日颁布《黑龙江省气候资源探测与保护条例》规定风能及太阳能资源资源属国家所有。这种令人哭笑不得的规定，就是剥夺民企的发展空间。事实上也是在资源逐步枯竭的时代，客观上为企垄断新能源提供法律保证。

谈及宏观调控政策的诸多危害和地方性改革的种种无奈，我们应该正视“顶层设计”的必要性以及“顶层设计”思维的危害。如果承认社会发展的基础动力在于民间设计和底层设计，承认“顶层设计”的计划模式在信息处理和公平正义落实方面有其明显的局限性，我们就会承认，大到国家整体经济运行，小到房地产业的健康发展，让中国的县域实体自治起来，显得无比重要。

然而，自治需要国家在纵向层面的分权制衡。如果缺乏明确的制度保障，类似温州这样的城市，地方政府只能看着房价的非理性上涨和报复性降价毫无办法，任凭大量游资在市场的集体无意识中兴风作浪并自毁长城。另外一些城市，由于中国特殊的政治文化，却可以因为地方领导人的个性风格而难受制度规范，并陷入某种比底层失控更为尴尬的结构性危机。

（《21世纪地产》2012年7月号）

铁锈时代与地产转型

最近几个月，来自珠三角、长三角等地区的消息说，蓝天白云的日子越来越多了。最为沉重的分析说，南方一些外向型经济发达的地区差不多到了崩溃的边缘。企业不敢也不愿开工，用电量、用油量降了，“三废”少了，中国经济陷入了1978年以来最深刻的危机之中。

这是30年未有之变局，既决定政府财政结构，又决定民间需求。为了避免未来的危机，国家还有必要进行宏观调控。财政涉及土地政策，民间需求涉及购房租房需求，宏观调控则直接连接两端。三个因素直接决定了房地产列车被迫迟缓下来，重组，并转型。

与其优化银行业，不如限制房地产

2008年以来，由于拒绝实行利率市场化，坚持行政垄断，实体经济的大量利润被居于上游地段的银行业吸取。今年7月，银行业权威杂志英国《银行家》杂志发布的年度排行榜显示，2011年中国银行业的利润占全球银行业利润的三成，以中国工商银行为首的3家中国银行占据了银行利润排行榜的前三位。

来自国内的消息则说，8月31日披露完毕的深沪两市上市公司2012年上半年业绩报告显示，深沪两市2477家上市公司上半年实现营业收入约11.65万亿元，同比增长约7.4%；实现净利润约1.02万亿元；其中16家上市银行净利润5452.29亿元，占比高达53.57%。其次是中石油、中石化、中海油三家石油巨头总共实现净利润1175.9亿元。

然而，通过垄断提高资本成本和原材料成本的银行石油巨头的高利润却是以二级行业的成本上升为代价。从Wind数据二级行业看，上半年有13个行业业绩同比出现下滑，占54%，11个行业出现增长。其中材料、运输、硬件与设备等行业利润大幅下滑。

由于上市银行在中央宏观调控中的影响力远远高于其他产业部门，“两害相权取其轻”，决策者目前采取的对策就是在金融改革方面维持现状。在温州，利率市场化与民间银行等项目毫无进展，金融综合改革事实上陷入失败局面，就是这个利益结构的必然结果。

中央最为担心的莫过于两个局面：一是国家财政陷入了危机，以至于不能承担起沉甸甸的行政支出、福利保障和维稳等费用，二是原来在城里侥幸能获得安顿的农民工，如今失业，面临着继续留在大中城市还是回到农村老家无聊度日的艰难选择。中央采取的办法是回避一些（暂时）难以解决的制度性、结构性问题，直接付诸两种类型的政策以发展实体经济。

第一项是表面上热闹的地方性改革。除了地方的金融综合改革，国家发改委还批复了《山西省国家资源型经济转型综合配套改革试验总体方案》。最为耀眼的是，8月22日，国务院常务会议特别批准广东省在行政审批制度改革方面先行先试，对国家行政法规、国务院及部门文件设定的部分行政审批项目在本行政区域内停止实施或进行调整。温州等地，在金融综合改革的利率市场化、开办民间银行等项目毫无进展的情况，又进入了教育、医疗等项目的“改革”。针对广东的改革授权，更是指向了大众梦寐已求的地方自治领域。

第二项是继续对房地产行业继续进行严厉限制。国家统计局公布了2012年1—8月份全国房地产开发和销售数据：1—8月，全国房地产开发投资4.368万亿元，同比名义增长15.6%，增速比1—7月份提高了0.2个百分点。今年4月份以来，市场上普遍感受到中国各地楼市回暖迹象明显。对此，9月7日，国家行政最高领导人再次表态，“要毫不动摇地继续推进房地产市场各项调控工作，促进房价合理回归”。这个说法重申了2010年以来的房地产调控政策，也就是银行对房地产市场银根紧缩，并对拥有多处住房的投资者进行限购。

我认为2010年3月18日国资委在房价高峰时刻发布的重大决定具有历史性作用。国资委说，除16家以房地产为主业的中央企业外，还有78家不以房地产为主业的中央企业，在完成企业自有土地开发和已实施项目等阶段性工作后要退出房地产业务。央企们和国资委之关系密切，是有目共睹的。这个打压民营房地产业的总动员令，至今毫未过时。

对经济的最高决策者来说，如果民企们不从房地产业主动退出，这些企业必须将它们在房地产顺利发展时所赢取的利润全部吐出来，为“减少贫富差距”、“促进社会均等化”服务。无论你愿意不愿意承认，央企们在中央的保驾护航下，早已实现了利益最大化。

“保增长”、地方投资和房地产业的深冬

在较早的文章（例如《追问中国房市》一文，载《21世纪地产》2012年第3期）中，我曾经指出，强大的中央政府一定会坚决让房价保持稳定。我仍然坚持这个观点。我们有必要将影响房地产业进一步高涨的几项因素作为一个系统链，进行环环相扣的分析。

第一个环节是，2012年以来中国开展了新一轮的大规模政府投资。中广网北京9月11日消息，国家发改委上周密集批复规划和建设项目，总投资规模超过1万亿元。7月开始，广东仅当月就向外公布了44个重大建设项目，总投资额度达2353亿元；8月出台的海洋经济建设实施方案，投资总额超过万亿元。贵州3万亿，重庆1.5万亿，广东1万亿，山西1万亿，长沙8300亿……“据初步统计，在过去的50天里，已公布的地方投资计划的总资金需求大概在7万亿元左右”。对此，路透社发表署名文章指出，“中国经济恍若重回2009年”。

大规模投资的资金是从哪里来的？还像2009年利用地方融资平台的方式使用银行贷款吗？实际上当时的贷款还息已经成为地方政府的巨大负担。财政部7月13日公布数据显示，2012年上半年全国财政收入63795亿元，同比增长12.2%，增幅回落19%。很多省市在年中罕见地未能完成相应征税任务，这正是最近辽宁等省份引起大规模罢市抗争的集中征收税费的背景。与此同时，2012年，地方政府融资平台偿债率将超过20%警戒线而达到26.6%。

可见，地方政府并没有能力让这些大规模投资落实下去。在银行因为日益去行政化而市场化的今天，“霸王硬上弓”的盲目投资，其匆匆上马，必然导致中国进入重复建设严重的“铁锈时代”，其特征是“船舶产能过剩、光伏产能过剩、风电产能过剩、水泥产能过剩、钢铁产能过剩、重型机械产能过剩、挖掘机产能过剩……”（请参考8月31日英国FT中文网、由机械制造行业资深分析师郑贤玲撰写的《中国警惕“铁锈时代”到来》一文）。

客观上，出于“保增长”目标，在“保增长”压倒了“调结构”的情况下，“调结构”必然被忽略。中央性的“保增长”目标，由于投资本身必然出现的地方化（决策在北京部委大楼，可落实必须在省市），必然以对地方政府的重复建设的无奈默许为前提。没有谁能改变这个行为规则。难免出现的局面就是，地方的一些半途而废的投资仍然需要中央来埋单。

接下去就产生由第一项因素所导致的、但呈现出相对独立性、因而可以被单独分析的第二个环节。这个环节与房地产业更是息息相关，意味着房地产业的基本消费者的人数将大大降低，城市化速度将大大放慢。正是这个因素，在限制房地产业的大背景下，地方政府大规模投资所客观上带动的大规模货币超发，将导致房地产列车被迫驶入转型的快车道。

这其实意味着有那么一天，在实体经济和劳动密集型企业更加衰落的时代，当政府财政面临巨大的外在压力的情况下，除非让地方政府破产并重组（这在意识形态层面是不可能的，中国事实上也不存在相应的制度安排），那么国家就不得不通过大量的货币超发，也就是人为制造大规模的通货膨胀来一揽了接手地方政府的债务问题。结果估计是没有多少人愿意看到的，那就是民间三十多年来的辛苦积蓄，将会在通货膨胀中逐步被蒸发。

财经评论界一直有个误区，就是说中国现在沿海地区农民工等人群的最低工资的逐日提高，是经济发展的结果。根据经济学的基础知识，最低工资取决于当地的最低生活成本。通货膨胀推高的最低工资成本和垄断定价的原材料成本将进一步加高企业的生产成本。

出口市场的泡沫消费的破灭带来的市场减少，和南亚东南亚乃至南美的生活成本低廉人工便宜的国家的产业竞争，自然会带来国内企业出口竞争优势的迅速下降。由此，随着企业的减少，创造财富和就业的机会减少，购房租房市场的需求也自然减少，客观上房地产业等行业也会进入恶性循环。

房地产业的大规模转型已经开始

房地产如2005年后的大规模发展，在中国彻底地成为了历史。如果不是退出市场，最适合它们做的只有产品结构的大规模转型。转型当然不是坏事，留恋过去房地产业的黄金时代（这种局面本来就很不正常）而不可自拔才是彻底的坏事。

一些优秀的房地产企业早就将精力转移到更为高端的社区商业、商业地产、优质物业服务中去。尤其是在北京、上海等一线城市和经济仍然有可能长足发展的城市，即便在淘宝等网络销售已经日趋成熟并蔚然成风的局面中，传统的商业地产仍然有待大规模发展。只是在以后的发展中，房地产业将转型为社区文化与小共同体精神的服务者，从而优化属性。

当然，这些城市必然不是中国过去的“工业革命”中那些佼佼者。这里的“佼佼者”包括过去的那些以劳动密集型企业集聚为代表的外向型城市。例如长三角和珠三角等城市，本来就缺乏经济发展所必需的文化教育优势，而单有便利廉价商品出口的地理地缘优势。“民工”和大规模的外来流动人员从来就不是一个城市的主要购房者。在他们的辛勤劳动基础之上的那些居于权力高端的人士，例如政府官员、中高层管理人员等，才是购房主力。外向型出口为主的劳动密集型企业的衰退，决定着这个高端群体也将被迫转型。

由于长期以来的分配不公，低收入的流动人口中已经积攒了大量的愤怒。如果不将其散去，在这些城市，将是社会不满的表达者。如果不乐意实现产业升级，这些城市将被淘汰。如今，一些城市正在用盲目的行政主导的投资，来延续发展的泡沫。曾经在这些地区获得了大量好处的企业更应该主动考虑理性投资，而不要被当地政府的投资冲动所忽悠。

中国产业将再次以发展本应有的高科技、高教育和基于人性化、精细化管理的现代经济为基本盈利机制。在我看来，这才是应有的局面。民营企业到了今天，必须脱胎换骨了。

不过，最后需要指出，上述的分析基本回避了社会危机层面所带来的治理困境，例如不可控制的大规模抗争或者社会在某种局面的完全溃散，而倾向认为未来基本上是由中央政府在有效治理的。与之相反，如果包括社会管理创新在内的各种努力都无法缓解目前的困难，反而带来了更大的治理麻烦，那么企业主和员工的主要任务就是财产保存和人身自保。

如果我们不得不面对这个可能，那就不是常规状态的经济学分析所能够成功分析的现象，而是一个政治学或者至少是制度经济学及其博弈论才能有效分析的话题，也即危机应对。在极端环境中，平庸的算计在个体的自我保存方面将完全失去效用。

卓越的理论仍有其不朽的魅力。但在缺乏正义规范的“囚徒困境”中，历史反复上演的是企业家梦想破灭的故事，缺乏集体博弈能力的企业家总是遇到个体无法抵抗的黄昏。

（《21世纪地产》2012年10月）

互联网如何改变中国房地产业

在2014年2月举办的“2014亚布力中国企业家论坛第十四届年会”上，万通公司董事长冯仑指出：“互联网会改变一切传统行业。三个月前地产联盟的主要企业开始和互联网金融合作，……我来的前一天去了小米，所有人都在创新和研究，互联网怎么样影响和改变房地产。我们一看有一点蒙了，为什么?小米现在准备做房地产了。小米产品的简单极致以及它的粉丝经济包括它的服务，它讲到了互联网的思维，所有这一切都在颠覆我们。”

关于互联网改变中国地产行业的警告，虽有道理却不全然如此。根据行业的特点来分析，房地产企业的主要支出还是土地财政等方面的“制度性投资”。这意味着房价因为互联网“下降一半”的分析主要还是行业内的一种自我鞭策，不可能成为事实。我们需要分析的是，互联网究竟在哪一方面会升级房地产业，在另一方面整个国民经济自身将会面临哪些危险。

新瓶装旧酒：“理财通VS余额宝”背后的房地产

2012年6月8日起，央行允许定期存款利率在基准利率在基础上上浮10%。一些股份制商业银行和城市商业银行率先将一年期定存利率上浮10%，即从基准的3%提高到3.3%。而国有大行则统一将一年期定存利率上浮至3.25%。2013年下半年，迫于揽储压力，一些中小银行再度升级优惠，陆续将中长期定期存款利率上浮到顶。就时间段而言，2013年下半年正是互联网金融开始快速发展的时期。在互联网金融的影响下，银行的“揽存业务”遇到了过去罕见的困境。余额宝、理财通、苏宁零钱宝、百度百赚、百赚利滚利、网易理财，这些货币型基金，网络所戏称的“宝类”、“宝们”，有力地推动了利率市场化和金融自由化。

余额宝首期支持天弘基金增利宝货币基金。2014年春节前夕，余额宝年化收益率一度为活期存款的14倍以上，达到6.5%。作为首只互联网基金，6月13日上线的余额宝用了200多天实现了从0到2500亿的飞跃，2500亿到4000亿的规模增长仅仅用了20多天。曾经出现余额宝转入金额日均突破百亿元大关。其客户数已经超过6100万，20多天增长了1200万用户。这部分用户有6成是在手机上完成第一次转入。一个可比数据是，2013年银行间债市全年共发行地方政府债券为3500亿元。由此可见其“粉丝经济”的特点。

腾讯公司提供平台的货币型基金“理财通”上线时间比余额宝晚了半年。2014年1月22日，腾讯与华夏基金合作的理财通正式登陆微信：当天募集到的资金就有8亿元;余额宝第一天募集资金为3.5亿。在理财通上线当天便公布7日年化收益率7.529%(为银行活期存款利率的16倍)，而余额宝7日年化收益率为6.46%。两只互联网基金的年化收益率之高启，与春节前银行资金相对平时的短缺有关，结果春节后其收益率都有所下降。

因此，冯仑的担心有其道理。2013年以来，在过去十几年来中壮大起来的各大门户网站高调地进入了国民经济的一些重头领域。以金融为例，2013年下半年互联网金融异军突起。到2014年2月，货币型基金余额宝、理财通硬是从银行手中拿走了9400多亿元的活期存款。由于这些基金的便捷性和灵活性以及相对较高的年化收益率，这个数字还会持续扩大，年内有望翻番。互联网金融已经被舆论界视为中国金融自由化和利率市场化的排头兵。

有趣的是，这些行业创新和产品创新，虽然其利润可观，且能如此巨大地冲击传统金融业，却不能直接创造衣食住行便利的现实物质基础。其巨额利润之获得，非到由传统行业来提供不可。简单地说，互联网金融与传统金融相比，并不能改变金融业的本质属性，只是改变其支付方式而已。虽有草根经济一说，其实传统金融的草根属性更明显。因此，与其说互联网经济是草根经济，不如说是粉丝经济。其根本原因在于过去十几年各大门户网站所吸引的数以千万计的粉丝;不同的上网人群，相对忠诚地使用不同网站所提供的即时通讯工具。

余额宝们就是这样席卷粉丝们的资金进入了房地产业。2月13日财经网站“和讯”的一个视频标题为“互联网金融的下一站：房地产”，引用大量素材，谈到了互联网金融的最新动向。例如，腾讯与万科两大巨头的洽谈的传闻。余额宝的合作方“珠江人寿”工作人员更是承认，其产品的高收益率原因在于：网销保险产品的成本较低;锁定了一些投资收益较高的项目，包括一些基建项目。2月17日美国《华尔街日报》的一篇署名文章《中国的信贷盛宴仍在继续》则干脆指出：“新增信贷的另一个可预见的流向是房地产。人们将担心的是，贷款再次被卷入了中国经济中目前显然仍在增长的这个领域。据中国房地产指数系统(China Real Estate Index System)的统计，1月份中国新建房屋均价上涨了11.1%”。

冯仑的“担忧”更多是互联网营销模式对房地产业的冲击

在腾讯内部，财付通和理财通仅仅是产品之一，当前任务是吸引更多微信用户，等体系完备再探讨商业模式。艾瑞咨询数据显示，截至2013年第三季度，在移动互联网支付细分市场上，财付通的市场份额仅为4.2%，支付宝则为78.4%;在整个第三方互联网支付市场(含PC)上，支付宝占据48.8%市场份额，财付通为18.7%。财付通旨在搭建腾讯移动支付体系的角色。除了理财通，正在运作的虚拟信用卡、虚拟预付卡等，试图连接腾讯的线上线下支付通道。由此可见，互联网金融的“产品创新”之快速，的确远非房地产等行业所能相比。

然而，不要夸大互联网行业的影响。1 月 27 日财政部公布的一组数据能够证实这个事实：2013 年全国商品房销售收入 8.14 万亿；其中全国土地收入 4.12 万亿，另有房地产营业税 0.54 万亿，契税 0.3844 万亿，土地增值税 0.33 万亿，耕地占用税 0.1808 万亿，城镇土地使用税 0.17 万亿，住房贷款利息 0.6 万亿，以上各项合计 6.3252 万亿，占 8.14 万亿的 77.77%。我们在去年的文章中提到过 2012 年的类似数据，过了一年并没有因为互联网而改变。

货币超发、信贷快速增长和土地财政中的地方政府利益，才是中国房地界（明显介于金融产业与实体经济的特殊行业）与国民经济的真相。理性的投资者至少心知肚明这个真相。

作为商人，冯仑敏锐地察觉到了互联网营销给房地产商带来的机会或者威胁，“现在如果你有房子，如果是公寓或者是一个标准档次的房子，可以跟这个网站签约，签约以后合约里规定你要短租一天半天或者是十天，这个网站签约了非常多这样的房子。另外一方谁要租房就在网站上说我到北京租哪个房子，在那里服务人员就在那里等着你，你进到房间里跟酒店是一样的，而且可以做饭”，并且引用一位互联网企业主的话发出警告，“我们也建立了一个互联网时代的虚拟快开发商的平台，我们的目标是消灭开发商自由属于业主，用最低价钱满足所有人居住的需要和大家在生活当中的便利性”。这些说法当然有其投资理财的合理性。

可是，冯仑夸大了互联网对房地产的这种威胁。为什么不说这是互联网给房地产业升级带来的一个机会呢？互联网本身不能盖房子，也不会自动培育出一个高端社区。无论互联网如何发展，衣食住行服务购买之后的使用总体上仍然是“网下运行”的。如果一个商人成功地投资了一家门户网站，或者利用门户网站所提供的平台成功地推销了自己的产品，为什么不说这是互联网对房地产业的支持呢？冯仑的这番言论，实际上是表示，他有意在转型，有意将互联网与他的传统产业结合起来，培育出一个新的利润生长空间，或许已经在转型。

这种机会，不论是地产巨头，还是善于玩转互联网的小地产商，都是可以把握的。如果说前者有足够的资本，能够以英国“日不落帝国”时期的金融资本主义式的气势占据市场，后者则更期待小人物在信息时代的投资理财能力。当然，也可以说，如果投资者能够同时具备二者的优势，他就更容易在这个行业站稳脚跟。另一方面，如果地产巨头缺乏信息时代的敏锐性，则会给投资带来被动。由此判断，冯仑实际表达了一种创业体验，一种守业意愿。

回到国民经济全局看互联网对房地产业的影响

我们需要注意的是央行作为国家金融主管部门对互联网金融的支持态度。2013 年 6 月“陆家嘴金融论坛”上，央行支付结算司官员表示，“第三方机构做的其实是过去银行不愿意做的业务，或者银行把没有更多的精力从事的业务让给第三方做”。2013 年 12 月 4 日，以“互联网金融发展与展望”为主题的“互联网金融论坛”上，央行副行长则指出，“互联网金融是新兴、富有活力和创造性的业态……

目前，对于互联网金融进行评价，尚缺乏足够的时间序列和数据支持，要留有一定的观察期。要鼓励互联网金融创新和发展，包容失误”。

这是中央权力布局下的社会经济结构调整一部分。央行这么做，乃是以民间力量来制衡国有大银行资本。体制不打算直接针对工行、农行、建行和中行等国有商业银行进行重组，而是希望借用互联网金融、民营银行和利率市场化三大手段来推动这些国有银行的“国有企业改革”。这种调整思路是非常保守的，也就是我们先前所说的，不是休克疗法。这种渐进变化自然有它的积极意义，可是也有其明显的局限性：如果这些新机制不能完全取代旧制度，就会出现一个试图“两头通吃”却“两边的害处一个都逃不了”的局面。

对此社会各界必须清楚。粉丝经济的特点是参与者众多;很多年轻人收入不高，就把活期存款取出来，成为一些并不保本的货币性基金中去。这些基金当然有其可信一面，可是当基金们大量购买一些高风险的债权，而这些债权本身就出现问题后，草根们参与的互联网金融就会陷入危机。在一个政府试图包办一切的国家，草根们与金融业的“矛盾”会转化为“官民矛盾”。央行当然不会放弃监管。但我们不能假设日本等先进地区的利率市场化转型中所出现的问题是政府拒绝监管的结果。意愿不是决定性因素，这里只有利益和能力问题。

对地产商来说，当互联网金融大量介入房地产业，他们就得思考一个问题：利率市场化导致银行借贷困难和贷款利率居高不下，其融资成本就会大大提高，对此互联网金融或许提供了新的渠道;可是这个渠道本身只是财富分配的一种手段，其利润却有赖于实体经济的创造，当基础设施建设遭遇瓶颈，以致地卖不出去、地产业收入出现困境，中国一直在酝酿的金融危机就会表现出更复杂的、超出个人和政府常规控制能力的恶性循环。

中央政府是有预案的。一以贯之的手段是货币超发，以“温水煮青蛙”的方式延缓了金融危机的发生。以此方式，政府对内地几乎所有银行提供了无限的担保。货币超发毕竟还是受制于人民币对美元升值预期下、境外借入低息美元日元贷款进入中国套息的国际金融环境的制约，因此这种无限担保的策略必然会转变为“存款保险制度”。我相信国有银行巨头们仍然会因为中国特色而享受过去的体制好处，但中小银行和民营银行以及其他非银行投资机构则很难得到同等的政府背书。鉴于互联网金融面向粉丝经济的信托性质，其出现问题时必然带来群体抗议。在以化解风险为目的的维稳体系中，参与互联网金融背后的房地产企业将会是一个什么样的政治地位?体制真会落实其治理体系和治理能力的双重现代化?

如果不从政治和司法等角度来分析，答案是如此清晰。最大的资本需求方和高利率提供者从来都是泡沫经济的最大受益者。应该严防“泡沫经济”绑架中国经济，实实在在地发展实体经济为普通劳动者提供充分就业的机会。在实体经济得到鼓励之前的利率市场化，无论是互联网金融还是其他金融方式，最好的结果无非是穷人获得了国家担保的、因为货币超发而大大缩了水的“保本收入”。由此，货币超发下的恶性循环成为房地产业的噩耗。

（《智富》2014年第5期）

发展中国家城镇化中的"特蕾莎修女悖论"

大规模城市化过程中所形成的土地财政，制造一系列已临和潜在的危机。我们在2012年对此进行了深入分析。不出预料，政府决策层面基本上拒绝了我们相关建议，反而强势推出了"新型城镇化"战略，客观性地证明了我们先前叙述的正确性。

中国仍然会以一种确定了的"铁律"继续演变。如何预测新型城镇化对未来若干年中国经济与社会变迁的影响，吸取他国城市化模式的经验教训，有助于企业投资与政府改革的目标研判。我们可以以印度的城市化病与"特雷萨修女悖论"这个新概念为引子，进入到与印度具有类似社会结构的类比分析（针对中国），渐进性地、系统性地展开讨论。

印度城市中的贫民窟与特蕾莎修女的道德责任

很少有中国人知道在规范意义上仍然算为宪政民主的印度长期实行的是计划经济政策。通过甘地领导的非暴力不合作运动从英国的殖民统治中取得独立后，1950年代初，费边主义者、对内政策主张四大原则"民主、社会主义、团结和现世主义"的国大党领袖贾瓦哈拉尔·尼赫鲁执政，印度倾向社会主义，并仿照苏联制定了经济发展的"五年计划"。

尼赫鲁认为印度这个人口大国的工业化必须走劳动密集型而不是资本密集型的模式，在"公有生产计划工业"中建立劳力密集的工作站（大工业基地），阻止农村人口流入大城市。正如1974年诺贝尔经济学家得主哈耶克所指出的，计划经济与公有制必然造成大量的浪费、低效率和腐败。相反，作为民主国家，印度在宪法里规定，"一切公民均享受在印度领土内自由迁徙，在任何地方居住和定居的权利"；根据相关规定，无论是贫民窟居民还是外来白领工作人员，只要18岁以上且在当地居住年满5年，就可申请一张新的选民证。

1947年东巴基斯坦（如今的孟加拉国）脱离印度独立，加尔各答涌入了数以万计担心被回教徒迫害的印度教难民，霍乱和麻风病等传染病流行。1948年，教皇庇护十二世许可特雷莎修女以自由修女身份行善，并拨给她一个社区和居住所。1950年10月，特雷莎修女成立了仁爱传教修女会，将修女服改为印度传统服饰。1971年，在获得"Pope John XXIII"和平奖（教皇颁布）等一系列奖项之后，1979年特蕾莎修女获得诺贝尔和平奖。

建国六十多年，即便实行了市场经济，印度贫富差异改变不大。Steven Laitena《印度比起中国还差得远》（《纽约时报》2013年1月22日）一文指出的，"印度在'透明国际'发布的年度全球清廉指数中排名更靠后。印度司法制度承袭英国，但效率极其低下"，"在孟买，有超过一半的人住在经常没有自来水、没有电的贫民窟……Mukesh Ambani花费10亿美元在一个住宅区建造了一座高达27层的住宅"，"印度僵化的社会结构限制了代际经济流动性"。

中国与印度具有诸多相似之处。首先，都曾经为了减少贫富差距而计划经济地限制大城市发展。其二，都实行不平等制度（印度文化性地实行种姓制度，中国则法律地实行户籍制度）。第三，农村失业人口都有挤入大城市以谋生的强烈冲动。在“改革开放”后不再采取暴力性地、而是以户籍制度为手段限制性引导迁移自由之后，中国也染上了“城市病”。

也可以说“城市病”是那些多民族多文化的、幅员相对辽阔的发展中国家的通病。无论是非洲先富起来的南非，还是西半球上“拉美化”了的巴西等国家，或者亚洲的印度尼西亚等国家。对中国等多民族、多文化国家来说，城市化中的民族融合与贫富均衡是个大难题。

就一般意义而言，欧美的特蕾莎修女不可能获得诺贝尔和平奖。由于宗教信仰方面的限制（目前中国和梵蒂冈没有建立正常的外交关系），特蕾莎修女式的诺贝尔和平奖也不可能出现在中国这样的国家。然而，这绝不意味着中国如今城市化中出现的大量失业农民、“蚁族”等“底层知识青年”不需要得到这种教育、医疗等方面的物质性、信仰性的慈善帮助。

道德型公益慈善的软肋与“特蕾莎修女悖论”

只有诺贝尔和平奖而没有诺贝尔经济学奖，这样的国家常常是令人同情的。印度不是这样的国家。经济学家阿玛蒂亚·森在对印度等国进行考察和研究之后指出，必须重视穷人中的贫困指数。“阿玛蒂亚·森的贫困指数”提供了一个伟大的经济学模型。此外，森还在社会选择、福利分配和贫困研究等做出了突出贡献，并为人类发展与可行能力视角提供了理论奠基。由于在福利经济学领域所取得的突出成就，森被授予1998年度诺贝尔经济学奖荣誉。

森的作品中最为中国财经界熟悉的是《以自由看待发展》。类似的社会结构和发展状况决定了两个国家的经济学家都非常酷爱经济自由，而民意总体上倾向呼吁建立一种能够让底层民众过上有尊严的生活。然而，国家治理，常常陷入悬殊的贫富差距，政府介入的时候害怕“政府失灵”，一旦政府拒绝介入又害怕“市场失灵”引起各种经济与社会发展危机。

这是公共决策的“二难困境”。经济自由主义与社会主义辩论了一个多世纪。这些“主义”的优点和缺点都是显而易见的。欧美国家周期性的大选及其后的政策调解能缓解二者矛盾。宗教传统中发育起来的小共同体的公益慈善功能，也能结构性地缓解冲突。二战之后，发达国家再也没有陷入战乱冲突。建立了西式法律体系的印度俨然能够日益强盛。

然而，印度如此令人失望，特蕾莎修女几近绝望。1979年9月，在致迈克尔·皮特神父的一封信中，修女如此说：“耶稣给与你特别的爱。至于我，沉默和空虚如此之大，以至于我看却看不到，听却却不到。”有太多的人寄希望于城市化进程中的贫苦，能够通过外在的宪政、内在的良心等机制来促使城市化良性发展，结果这些机制却不能帮助一个诺贝尔和平奖得主得到他们这个信仰本来就要求他们具备的“平安”、“喜乐”的信心。

强调通过个体道德行为来拯救他人于苦难的特蕾莎修女面临着一个悖论。她献身慈善事工的印度是个迥然有别于欧美世界的东方国家。作为众多宗教的发源地，印度被称为“宗教博物馆”。全印度约有80.5%的人口信仰印度教，还有伊斯兰教

（13.4%）、锡克教（1.9%）、基督教（2.3%）。印度教主张种姓制度，将人分为四个种姓：婆罗门、刹帝利、吠舍、首陀罗。这些等级又可分成很多次等级（Jatis）。因此印度一共有2000到3000个等级。外来宗教纷纷“本土化”。甚至在欧美素称公义与博爱的基督教教堂也如此排列信徒的主日敬拜座位。

西方普世价值及其制度化了的宪政体系，到了一个印度教国家，在功能发挥方面严重水土不服。种种事实表明，在民族传统、社会结构、政治文化等方面，印度与欧美迥然有别。这点，认真阅读法国社会学家托克维尔《论美国的民主》、美国法学家伯尔曼《法律与革命》和英国政治史学者昆汀・斯金纳《近代政治思想的基础》等宪政经典文献不难明白。

对比印度教训，中国“新型城镇化”何去何从

2012年，经过体制内决策咨询型经济学家的大规模鼓吹，在几次重大会议后，新型城镇化成为中国的发展战略。城镇化(拉丁文Urbanization)一词最早源于1867年西班牙工程师A.Serda的著作《城镇化基本理论》。“城镇化”这个名词并不产生于更多具备“自生自发秩序”（哈耶克语）的英美。制度经济学家杨小凯“为什么工业革命在英国而不在西班牙发生？”一文，曾经对此进行反思。整体上，西班牙的经济发展明显落后于英美等原生宪政国家，皇室对经济的干预、腐败和分配的不平等更是导致了后来一系列的问题。

在西方语境中，城镇化与城市化、都市化并没有太大区别。在汉语中，相对城市化和都市化，城镇化更加倾向于农民向中小城市的集中。更明显的区别在于中国实行的是土地财政为核心机制、以GDP绩效考核为目的的赶超战略，对农民土地权利漠不关心。

有500万小汽车、“摊大饼”式发展、陷入PM2.5雾霾不可自拔的首都北京的发展模式证明，一线城市再也不能如过去那样发展了。城镇化的重点是二三线城市，尤其是三线及其以下的城市。与城镇化相伴的是户籍制度的“改革”，其目标是以“福利”换土地。正如《凤凰周刊》2011年第31期“大陆养老保险困局”一文所指出的，在新贷还旧债被指责为“庞氏骗局”的财政运行中，这个“以福利换土地”的模式存在着巨大的治理危机。

“中国未来最大发展潜力在城镇化”，“深化改革，加强社会建设，推进完善基本公共服务等”，“加快资源型城市可持续发展，推动独立工矿区转型，加大棚户区改造力度，‘三位一体’推进，着力破解城市内部二元结构难题，带动内需扩大和就业增加，走可持续的新型城镇化道路”，这些都是体制内的“改革话语”。这种“改革话语”明确地拒绝对“新型”等概念作出精确定义，也拒绝思考如何将这种发展战略导向制度—文明性的普遍正义。

发展是有阶段性的。中国社科院金融所所长殷剑锋《中国经济转型的三个错误倾向》（英国《金融时报》2012年11月23日）一文指出，需要防止城市化、消费和收入分配的“过度强调”：“如果超越发展阶段，回避政府职能改革这样的难题，而是以财政手段和金融手段去简单地追求公平，甚至行福利主义之实，那将很可能成为中国陷入中等收入陷阱的推手”。

应该不断追问，农民失去土地走向城市，工作权如何保障？答案是“民营经济”

和“实体经济”。如何发展这些部门？答案是对央企权贵“反垄断”，实现银行的利率市场化。更重要的是，农民大量流入城市，耕地大量转化为建筑，谁来种地，谁来保证粮食安全，如何购买在通货膨胀中日益高涨的粮食、蔬菜等生活必需品，又如何让下一代接受好的教育？

一旦对比印度的发展史，我们就不得不承认，城市化绝不仅仅是如此简单的一个经济学话题。如果说印度的上空徘徊着混乱与低效率的幽灵，自古及今中国上空则弥漫着混乱而残暴的重复性囚徒困境的逻辑。Steven的中印对比考察现象性地正视了这个事实：“印度的体制不会草菅人命……印度的司法体系更为透明，也更遵守法治”，种姓制度“促使人们接受存在巨大贫富差距的现状”。印度不会有大起，也不会有大落，不会有《旧制度与大革命》中的那种恐惧，最多就是化为不怎么相信耶稣基督的诺贝尔和平奖得主的阵阵忧伤与空虚。

种姓制度虽然制造贫富差距，却节制了印度社会的官民矛盾、劳资矛盾。中国不具备印度式的矛盾化解方案，却严厉地拒绝了西方治理体系中的制度文明。只要我们浏览国内各大微博，就能发现如今公共知识分子的启蒙已经被民众的自发性抗争所取代，底层社会活动家正在成为启蒙的主力。底层社会是一种自发性的多中心状态，用一句老话来解释就是，“星星之火可以燎原”。由此，单纯以土地换福利、既失去土地又得不到实际福利的农民们，必将成为新维稳的主前线。这是怎么阅读法国人写的《旧制度与大革命》也不能得到的体会。而这本书在2012年年底之后的热销，则恰恰说明了当前公共决策的碎片化和应时性色彩。

面对如此宏大叙事，是“投资移民”，还是“做小做强”以寻求自我保存，不同的企业主会给出很不同的答案。这取决于常常只可意会不可言传的个体经验。

答案理应清晰：国家发展不能过分追求现世目标，不能牺牲社会存续所必需的最基础正义。这是一个“从民情到法政”的文化—制度演进“铁律”。另一话题则是，倘若在方法论上打通阿玛蒂亚·森与特蕾莎修女，并提供一个伟大的制度经济学和宗教社会学模型，认真回应“特蕾莎修女悖论”的中国化命题，中国经济学家的城镇化理论足以获得诺贝尔奖。

（《21世纪地产》2013年3月）

中国式特雷莎修女悖论中的危与机

多民族多文化的发展中国家所出现的贫富差距，若主流体系拒绝平等博爱，单纯指望政治性的西式法律体系，常常自由福利二者不能得兼。这是我在“发展中国家城镇化中的‘特雷莎修女悖论’”（载《21世纪地产》2013年3月号）一文中所总结的“特雷莎修女悖论”。

解决“悖论”本身，给企业提供了发展机会。体制无力解决“特雷莎修女悖论”，要求我们从超越体制的角度来观察社会的发育。由于中国不存在印度教，民间社会自发孕育着一种追求平等博爱的良善呼唤，“新型城镇化”虽然加剧混乱，但也有可能促进民间社会的良性发运，反而使中国的城市化发展比印度发展得更好。关键是要确认并落实合理的发展路径。

中国城市化（城镇化）最有可能是什么样的城市化（城镇化）

2011年，北京总产值约16000亿，不到全市面积8%的中心六区的产值超过11000亿，占四分之三左右。据统计，中心产值最高的朝阳区和效率最高的西城区，单位土地面积产出效率比延庆足足高出1000倍。由此中心城区吸纳了北京的主要人口。中央集权制下，一般商人官员有个住房就有个“驻京办事处”。饱受汽车尾气之害的上海—主城区的房价是郊区的好几倍。北京从六环开始到一环，房价到一万左右逐步过渡到六七万，特殊地段达到了十来万。

进而导致早出晚归的北京上班一族的艰辛历程。小城镇的市民很难想象朝九晚五的北京工薪阶层需要6点起床，傍晚7点回到家里。当然很多民营企业不这样操作，例如规定八点半上班五点半下班。当北京地铁十号线拓展到成为C字型西局站和首经贸站，一跃代替地铁一号线和二号线成为北京最拥挤的地铁。当然其他线路也拥挤。例如四号线，一般从第三站开始，就很难有座位，若居住在大兴，常常要站立一个多小时才能到海淀上班。路面交通也是如此。每天上下班时间，通州到主城区的车辆，从来都是黑压压一片，连绵数十里。

即使不是试图进入国家体制及其事业单位，华北年轻人最快捷的就业首选是北京。环渤海京津独大。巨额中央财政保障下的首都吸纳了全国的资源、精英和发展潜力。整个华北，民营经济业绩平平，吸纳不了多少就业。长江三角洲、珠江三角洲的产业结构比环渤海的华北地区要好很多，城市布局也比北京健康好多。但对比欧美国家，畸形成分并不少。这就意味着，无法融入大都市和省内一二线城市的公民势必被逼入新城镇，社会危机会遍地开花。

在这方面，2013年美国《华尔街日报》连载了奥地利维也纳大学朱嘉明教授《中国改革的歧路》中第三篇“中国国情的八个关键问题”。在3月15日发表的第六个“关键问题”“关于城市化和城镇化”一文中，朱嘉明指出，“中国的真实情况是：城镇化和城市化已经不可分割，而城市化已经逼近极限”。朱嘉明教授给出了五个理由：“城市的扩张和小城镇空间的丧失”，“城市化或城镇化和农村空间减少、农业用地恶化”，“城市化难以持续地为农民提供就业机会”，“城市开发强度正在逼近极限”，“城市的生态系统日益脆弱”。

原因在于土地财政摧毁了实体经济，绑架了城市化。未来的城镇化无非是“形成一次波及穷乡僻壤的‘城镇化’运动”，“所不同的是，此次‘城镇化’需要突破城乡‘二元制’户籍制度，实现农业人口的市民化。各级政府不仅需要向农民提供物质生活条件、就业环境和就业机会，还有基本的社会保障”。朱嘉明继续论述，“可以肯定地说，在可以预见的将来，中国城市化和城镇化将全面遭遇因为资本、空间、生态和制度在内的一系列‘极限’的挑战，不能够克服和超越这些‘极限’，关于城镇化的经济潜力之说，不过是一种幻觉而已”。

任何形式的政府体制都无力解决中国式“特雷莎修女悖论”

“新型城镇化”试图在保留土地财政且拒绝银行的利率市场化，也就是拒绝为实体经济保驾护航的情况下，而直接建设一个局部复制福利制度的体制，是完全无解的。财政总是有限的，一个对纳税人也对自己负责任的政府不能将财政支付建立在未来的财政增长预期之上。

发表在《理财一周报》、《时代周报》的“财税制度应该以社会为中心”、“财政收入超速增长须防治理风险”等文章中，我就不断阐释此观点：政府必须竭力促进市场共同体、法律人共同体、宗教共同体的协同发育，从而为社会财富的增长提供源源不竭的动力；相反，以行政垄断行掠夺之事，不仅伤害法治，也制造腐败和低效率，从而伤害发展。

在2010—2013年年初，在国家发改委主管的《改革内参》任执行主编之职时，对多份国家重大决策咨询性内部资料和“内参”文章总结整理后，我惊恐地发现（其实本来不该超出我们的想象），除了《改革内参》个别文章外，几乎所有的这些资料都假设中央财政是取之不尽、用之不竭的。几乎所有国家治理的危机，由于回避了所谓“敏感”话题，种种决策建议都会本能地寄希望于两项因素：一是党政官员的道德素质之提高，二是建议中央加大财政投入。至于这两个建议是否能带来正面效果，这些决策咨询型文章几乎置之不理。

在这轮“新型城镇化”动员中，官员提得最多的对策就是降低迁徙的门槛，也就是改革户籍制度，让更多的农民进入城市。至于入城后怎么办，很少有人关心。更麻烦的是，在当前中西部城市差距过大的情况下，完全废除户籍制度，阻碍最多的必然是相对发达地区的官员和当地的居民。北京、上海就曾发生过类似排外运动。相关逻辑和事实告诉我们，废除户籍制度也会伤害地方政府在现阶段下的某种自治能力，降低当地居民的忠诚度。

接下去我们谈如果中国在保留东方传统下进行制度变革下能否解决“特雷莎修女悖论”。

方绍伟先生评论拙著《正义一元论：从民情到法政》的书评“宪政如何可能”一文曾如此提问四个“大事实”：“为什么近代的宪政民主首先出现在基督教的英国？在非基督教世界，为什么有些国家能发展出宪政民主，另一些国家却不能？在那些能发展宪政民主的非基督教国家里，为什么有一些不能有较好的制度运行？在所有宪政民主国家中，‘瑞典模式’的国家为什么寥寥无几，而染上‘英国病’、‘日本病’和‘希腊病’却越来越多？”就是说，既保持经济持续发展，又能保持较高福利，还要制度良性运行的国家其实不多。由此，方绍伟指出，“价值层面的‘该如何’都是理想主义的，不涉及‘制度文化组合’的技术层面的‘该如何’也都是理想主义的”，为此，他建议我们，在分析制度经济与社会发展趋势时，不要用情感代替实证，而是要分析一个民族客观的政治文化和利益结构。

正是对此之忽视，很少有中国经济学者思考如下话题：为何世界上最大的国际金融中心都出现在以普通法系和深受基督新教（尤其是加尔文改革宗）影响的伦敦和纽约，而甚少出现在大陆法系国家？为何在亚洲出现的两大国际金融中心几乎都是城市型自治体，都是被英国殖民的新加坡和香港？为何日本这样的经济强国，东京的金融中心在全世界居然不那么重要？更何况，即便是这样的一些国家，单纯从制度角度来说，可谓是成熟的法治国家。

这种提问实际指出，除非在当前治理体系中摧毁人类现有的逻辑规律，走老路的中国不会成为代替（或者补充）欧美的世界金融中心。这里的“老路”，倒不是体制所说的“文革”十年的老路，而是中国保留社会结构的“老路”。这样叙述，其实拒绝了将台湾的城镇化道路简单地与大陆的“新型城镇化”做类比。在政治传统、人口基数、社会结构和地缘环境等多方面，两岸差异太大。台湾法治化中的“大规模移民”模式，更是大陆无法学习到的。

载《21 世纪地产》（2013 年 3 月号）、由高和资本金融分析师李慧忠所写的“城镇化本质上是一张‘公平牌’”一文认为，大伦敦 1600 万人占了英国人口四分之一、大巴黎 1200 万人占了法国人口五分之一、大东京 3350 万人占了日本人口四分之一、大首尔 3000 万人占了韩国人口一半，由此认为中国可出现 3 个 5000 万人口城市、2—3 个 3000 万人口大城市、6—11 个 1000 万人口量级的城市。作为治理思路，我们不能简单地类比，而是要就事论事。我们不想质疑这些数据，而是担心在当前政府治理能力中，这些超大型城市是否会陷入类似北京那样的低效率。

或者我们可以这样明确地说，“政府愿意做什么”，“政府应该做什么”，相对很多话题其实不重要。重要的是政府能做什么、事实上在做什么。例如分析政府的房地产调控政策，我们就要结合这个国家在特定的文化观念中所形成的利益结构，谈这个政府能做什么、无力做什么、正在做什么、正在做的这些事情有哪些（可能必然）超出它意愿和预期判断的结果。

这个方法对“新型城镇化”的分析，对公共政策的实际运行和类似“特雷莎修女”悖论这样的复杂命题，绝对重要。相反，那些只从“愿意做什么”、“应该做什么”这些角度来分析的叙述，在我看来完全是失败的。原因在于不符合制度经济学和政治社会学的方法论。

化解中国式“特雷莎修女悖论”中的企业商机与超越体制的因素

我们不是试图一味地唱衰中国经济，更不会将唱衰中国经济作为我们的爱好与信仰，而是希望科学地探讨中国实际存在的问题。人类社会出现的大多数社会问题，很多是可以通过经济手段（例如私人投资和其他各种市场手段）来解决的，即便那些注定解决不了的危机，一旦政府试图来解决，其“治理后果”下仍然有企业发展的商机。“治理后果”这个话题的引入，旨在强调制度经济的分析，应该从主体意愿分析转到超越意愿的系统及其后果分析中。

中国不能成为世界金融中心，“新型城镇化”不可能为微软、波音、苹果这样的世界级企业的中国模板复制提供任何基础，但不意味着某些产业发展不起来。例如阿里巴巴的发展，客观上与中国土地财政结构的固化有完全不可分割的关系。

在北京等一线城市的中小店铺投资者知道，创业的最大风险来自于店铺的高额租金，可是，这客观上也助长了物流行业和淘宝等相关产业在近十年的迅猛发展，因为后者极大地改变中国普通人的消费模式。有创业预期的最普通的人，居然也可以摆脱当前的土地财政束缚，走一条依赖现代网络的经营之道。这对实体经济是有利的，只是督促实体经济走出传统的营销模式，更加重视现代信息的功能。

城市化“圈地运动”所导致的治安风险也会给一些行业带来符合常理的机会。在以网格化为目标的社会管制目标下，客观上也因为一些社区对自身安全的刚性需求下，类似数字监控这样的行业也能空前发展起来。这里的逻辑是，每个社区里的商店都希望外来居民能到这里购买更多的商品，又担心那些陌生的外地人带来不可预期的治安危险，那就对人们进行看似温文尔雅的网格化监控吧。与地产行业相关的安保公司和物业公司的生意也会好起来。

接下去，笔者分享过去一年来的观察。个人的特殊经历，今天回忆起来非常有意义，相信对我们深入分析中国如何解决“特雷莎修女悖论”这种超难型话题有很好的引导作用。

去年，中国社科院社会问题研究中心主任于建嵘教授的《未来十年中国社会和政治发展纲要》将近一万字的长篇文章由笔者作为责任编辑在《改革内参》（高层报告版）发表。“内参”发表“系统性政治改革”这样的长篇大论，实属罕见。当时，我们一些同事，都以一种“知其不可为而为之”，哪怕承认个人责任的精神推动了这个“纲要”的问世。

然而，历史的确以超出我们想象的方式发展。一年后，当我决定离开这个刊物做更有意义的研究时，于建嵘教授在新浪微博发帖子指出：“感谢沈阳勇敢果断地发表了我的政治改革路线图和时间表。一年过去了，我们有关土地确权、户口制度改革、政法委降格归位、信访制度改革、劳教制度废除的构想，正在一步步实现。当然，不能说，他们在听我的，最多只能说，他们在做一些正确的事情。现在就看他们在官员财产问题上的态度了。”

本文引用于建嵘教授的论述，一是与朋友们分享我们对这一年多来中国经济与政治结构演变的客观观察，二是各界的朋友能够在未来中国可能出现的长足进步中在自己的岗位上做力所能及的那份努力，努力做一个合格的公民。

正如我们观察到中国这一年来的进步不是这个体制本来愿意做的，却是客观上成全的或者无力阻挡的。

即便我们说“特雷莎修女悖论”在印度因为特定的宗教传统的完全无解，可是中国由于宗族等传统保守体系在建国三十年被摧毁，客观上也为欧美式的契约精神和传统小共同体治理功能的出场提供了更多的机会。今天的“新型城镇化”，也有类似的结构性功能：由于摧毁了宗族传统和民间宗教传统，有利于中国社会的西方化，能在客观上促进未来城市治理向良善层面的转变。这是一种非常奇特的“万事互相效力”的局面。

倘若如此，中国反而可能治理得比印度好。当然，这不是说“发展中国家城镇化中的‘特雷莎修女悖论’”一文的担心是没有必要的。相信成熟的观察者能够理解这种复杂的叙述。

（《21世纪地产》）2013年第4期）

当前时空下的中国企业责任

2012年的中国，房地产业销售6.4万亿元，缴纳契税2874亿元，房产税1372亿元，营业税4051亿元，土地增值税2719亿元，缴税合计约1.1万亿元，银行房贷余额12万亿元，获8400亿元利息，土地收入28517亿元，政府和银行从房地产获得收入47917亿元，占6.4万亿元收入的75%。这一数据，是美国福布斯中文版杂志总编辑周健工综合国家统计局和财政部的2012年统计数据而总结出来的。

然而，太多的民众不会如周健工那样进行理性的制度经济分析。在大众的“经验”和感觉中，这么多年来，房价一直在涨，是万恶的房地产企业赚足了钱，是温州那些贪婪的炒房团炒高了房价。至于政府主导的“土地财政”现实如何、逻辑如何，那不在他们话题之中。

当前中国问题也是层出不穷。土地维权中出现了那么多血淋淋、泪汪汪的案件。由此，无论是只关心自己衣食住行的普通消费者，还是知识分子等爱好“坐而论道”的人群，“企业责任”日益进入他们的话题。区别在于，前者希望企业（尤其是近年来获利颇多的房地产企业）“改邪归正”，或者至少能以必要的“公益慈善”等方式反哺社会，后者则因为对晚清民国“实业救国”的缅怀，干脆把政治文明、民族复兴的责任“交给”了企业。

实际上，因“地位”和身份的暧昧，现实的残酷和复杂的层面，相对于“公务员”、“知识分子”等主体，企业有其特殊性。为此，我们应该在细节层面梳理一些根本性的话题，从而引导政府和社会制度性地、结构性地保护企业家阶层，进而引导企业家阶层以合乎自己“岗位伦理”的方式“力所能及”地服务社会与大众。在我看来，可以从几个角度深入探讨。

第一个问题是“正义”和“善”者两这一组命题：在促进“善”和实现“正义”两方面，对企业来说，哪个更为重要？这个话题可以转化为：实现自身“愿望”时，企业主是否可以以“企业”具有“特殊性”之名拒绝自身关于“正义”的义务。

与“善”这个伦理词汇相比，“正义”是说什么样的人事组织和财产分配是“公平”的，是依据某个主体的“本分”或者其必要的“付出”而“当得”的。是否“当得”，看似作为“正义”命题，仍然涉及到“善”。对此，在不同的思想流派中，会有不同的观点，

企业是否可以、或者应该赚钱？在“重农抑商”的法家、儒家传统中，这是个大问题，所以古代中国发展不出系统的商业资本主义和金融资本主义，也不会有任何形式的工业革命和市场经济。而在相对于农耕文明的欧美文明中，无论是在古希腊还是古罗马，或者在犹太教—基督教这样的启示性宗教那里，商人是有权以合乎“善”的方式实现利益最大化的。

同样，由于保障了商人和企业家的权益（权利和利益），一般社会体系都认为企业必须承担相应的责任和义务。在欧美基督教社会，奴隶制下的奴隶主也有义务爱奴隶，因为这是上帝给他们的“律法”（law）。在现代的资本主义社会，企业也

对员工福利承担基础性的责任。随着经验的增多，企业家逐步认识到，缺乏这种基础正义，劳工的反抗会摧毁企业环境。

第二个问题由第一个问题而延伸：如果企业有义务尊重（甚至促进）“正义”，那么这种“正义”究竟是什么样的“正义”，企业究竟有义务实现什么样的“正义”？

相对似乎可以根据个体理解而发挥的“善”，“正义”则是一个确定性被大大加强的法理学话题。根据最为经典的划分方法，“正义”可以分为“终极正义”、“制度正义”和“事件正义”。终极正义，就是“绝对正义”。企业当然没有能力实现“绝对正义”，任何人都没有能力实现“绝对正义”，当然，这也不意味着“绝对正义”是可以被否定的。一旦“绝对正义”被否定，那么作为“相对正义”的“制度正义”和“事件正义”就失去标准。

就管理学而言，企业尊重“终极正义”是在“企业文化”中实现的。有些企业主信奉儒家，就在企业里鼓吹以儒家道德为中心的“绝对正义观”。有些企业主是基督徒，就在企业里宣传以基督的十字架救赎为中心的“终极正义观”。什么样的终极正义观，常常决定企业树立什么样的企业文化，最终也影响企业的发展模式。就结果而言，都有其成败案例。

企业能否为“制度正义”承担相应的责任？如果这里的“制度正义”局限在企业内部，企业可以以合适的制度来促进正义。例如，在薪资福利方面，企业能为员工提供什么样的好处，以什么样的制度来保障？这是企业家可以做到的。但如果“制度正义”被理解为国家层面的“制度正义”，显然就难免超出企业的能力。尤其是在一些转型国家，这是一些企业家不敢碰的“敏感”话题。在这种困境下，他们本能地希望“搭”各种“进步运动”的“便车”。

长期以来，对中产阶级和企业家寄予这种“社会进步”的“塑造者”乃至“主导者”功能的说法，可谓比比皆是。至少在目前来看，这些“愿望”都是落空了的。企业能做到内部的、大体上的公平正义，已经很了不起了。实际生活中，更多的企业，连“就事论事”的“事件正义”都做不到。例如，对房地产企业来说，最近深圳出现曝光出来的用没有依法处理过的“海砂”来做建筑材料，导致房屋质量建筑的问题，就是在“事件正义”上的严重败坏。无论中国是否属于规范意义上的法治国家，都无法改变这是违法犯罪的行为的事实。

今天中国，更是堕落到了一个不期待企业实现“终极正义”和尊重“制度正义”而盼望尊重“事件正义”，最终让“事件正义”都落空的时代。奶制品的“三聚氰胺”案件，以及山东等地的企业直接将废水排入深井中，就是当前这种市场乱象的冰山一角。在这方面，作为制度经济的一个观察者，我一直有个担心。进入宪政民主体系、广义基督徒比率达到30%的韩国在上世纪九十年代代曾经发生过几起高层建筑的倒坍事件。在2005年以来，中国房地产业如此高速发展，在如此既缺乏法治，又毫不具备信仰的权贵资本主义下，当土地财政主导下的房地产业成为暴利行业，中国凭什么不发生韩国式的悲剧？难道我们有理由认为当前我们的制度—文化结构可以改造人性现实和制度运行的根本规律？

在《追问中国房市》（载《21世纪地产》2012年第3期）一文中，我曾经提起可能只有（甚至不到）的20年建筑寿命。时隔一年后，朱大鸣发表于《21世纪地产》2013年第4期的《房屋质量问题或将集中爆发》一文再次提起了话题。正如作者在文章中所说的，“海砂建房不过是今年房屋质量的一种，随着房屋的快速上涨，抢房时代人们很难顾及房屋质量到底硬不过硬的问题”。确切地说，这已经是多少“房奴们”挥之不去的“梦魇”。

第三个问题由第二个问题而来。既然当前包括房地产业在内的整个社会领域存在着那么严重的问题，既然企业具有在“终极正义”、“制度正义”和“事件正义”等多方面的各种伦理和法理上都相对比较明确的“责任”，那么现实中的中国企业可以承担什么样的责任。

我有一位朋友，是某地商会的一个负责人。我们谈起与政府交往的原则和方法。他说，他和政府官员是“貌合神离”，既不制造矛盾，也不会让自己利益和官员过分捆绑在一起。如果制造矛盾，官员随时可以找他麻烦；而一旦利益捆绑，胡雪岩的悲剧就可能是他的下场。我开玩笑说，我们沈家出了全世界最傻的人，就是明朝初期讨好朱元璋而不得的沈万三。在这样一个非法治化的“囚徒困境”中，商人谈“企业责任”是何等的艰难。不能简单地责怪他们。他们不敢，也没有能力和智慧像晚清商人张謇那样极力鼓吹“立宪”。至于在体制外资助革命党人，在当今中国更是“童话”里的故事。能在“终极正义”里制度性地发展合适的“企业文化”，已经是一个足够优秀的企业家了。

当然，这不意味着他们没有机会服务社会。这个话题涉及到中国体制的包容度，也涉及到最近几年来党政组织“社会管理创新”中一再被客观地表现出来的“分类控制的维稳体系”。“统战”素来是中国革命传统中的“三大法宝”之一。在这种框架下，有些行为是体制所严禁的，有些则是体制睁一只眼闭一只眼的，当然也有体制乐意看到的。一个明智的企业家，他不得不一而再、再而三地思考这些话题，在他有限的市场环境中思考人生意义和企业价值。

例如，地方政府由于招商引资的“一票否决制”，对企业内的宗教信仰这种“企业文化”采取了几乎不受《国家宗教事务条例》限制的默许，而对企业试图将这种活动从企业内部以民间办学（方式可以是先以合法的方式取得办学管理权，然后再进行教学改革）则苛刻了很多。同样一件事情，不同活动能力的企业家常常会得到不同的结果。由于没有涉及到意识形态，给红十字会、希望工程等行政主导的慈善项目“捐款”，各级党政机构则会大开红绿灯。

换而言之，当前中国的“企业责任”之落实更多体现在“事件正义”方面。政府的市场立法，有一些是积极向西方学习的结果。“三聚氰胺”事件由于央企身份而没有被禁止（“有法不依”），那些守法敬业、爱护员工、尊重自然环境和社会生态的企业也没有任何国家法律会去禁止。只是对比那些可以勇敢地法外活动的企业，明显能见这些企业生存环境的恶劣。

在房地产业，我们看到一些企业打出了“企业公民”的口号，试图吸引他人的眼球。应该对这样的“话语表达”感到欣慰。良善化的主流话语，对比“纳粹”等极端主义话语，无论如何是有利于社会文明的。而且实际上，我们也能看到很多企业主在政府的批准下开办了非公募的基金会，组织性地、制度性地参与到资助大中学生等公益慈善中去。

"言行一致"本是底线规则。企业家和公共知识分子还是要区分的。不能说以话题的"探讨"取代实际的参与。企业家频频以"责任表态"代替"实际责任"，客观上有助于在市场竞争的"江湖体系"中确认"公共知识分子"身份提高个人的知名度，却有可能因民众非常严肃地要求其"知行合一"，被社会运动性地要求承担超出个人能力和企业能力的"责任"，甚至被斥责为"虚伪"、"欺骗"，进而影响企业与劳工和社会的产生合作博弈的概率。

第四个问题事关中国制度结构所规定的所有制结构。对中国企业家的"企业责任"必须基于产权结构做个更为细节的区分，而不是一锅煮地要求不同的企业家承担同等的责任。

这与国企的历史来源、宪法地位和当前体制所提供的"特权"相关。《宪法》第七条规定，"国有经济，即社会主义全民所有制经济，是国民经济中的主导力量。国家保障国有经济的巩固和发展"。国企产权显然不仅仅属于其管理层和员工，而是全体中国人民共同的产业。

就历史来源而言，我们必须承认，国企的"第一桶金"不是市场竞争的结果，不是市场经济的起点，不是市场经济的结果，而是计划经济的结果，是建国前后（尤其是"三大改造"时期）对西方在华资本、国民政府遗留资本和民营资本进行"产权调整"的结果。而以《反垄断法》等法律来看，当前国企的行政垄断地位，是有充足的制度保障的。

为此，我们应该旗帜鲜明地拒绝将国企"私有化"与"企业责任"捆绑起来的错误做法。民企也许没有义务带动更多的人去富裕。人民的"当家做主"地位、全民的"共同富裕"，国企责无旁贷。就制度经济学逻辑而言，产权的不清晰、治理的"双轨制"从来都是腐败之源。先"私有化"再谈"企业责任"，实际是为权贵服务。他们的办法是，将国有企业私有化后，再立法保障自己的特权，和那些靠勤劳致富的民营企业家一起来构建"公平正义"的竞争体系，或者干脆移民，这样就背离了国企的"企业责任"。

最野蛮的思路应该是"社会主义私有制"之鼓吹，试图利用当前维稳体系来暴力地保障国有财产的"合法"流失。

最后是上述四个话题之基础的话题：公共性的"外在责任"不是企业的唯一责任。与此相区别的"内在责任"指的是在已然确定的世界中，企业如何面对普遍性价值（社会学中经常称之为客观性的"启示"），反思自己的局限性和不可能给自己带来终极幸福的能力，进而恪守普遍的行为规则。任何有效的"企业责任"，实际都必须以"内在责任"为前提。

我的个别朋友的经济收入是天文数字。即便在北京，如果不是非成为"蚁族"不可，10万元的年收入足以过上比较幸福的生活。赚了几个亿，这些朋友反而不自由了，如吸食鸦片般被金钱"捆绑"。原因在于，他们的"被尊重"和社会地位，都是金钱的成果。他们甚至意识不到自身的局限，自认为高人一等，牺牲了亲情、友情与爱情，甚至搭上了自己的生命。

这不是说教，或者从宗教层面来谈人生规划与组织价值。本来这个话题关乎“道路”“真理”“生命”，细节地说也关乎人生意义与企业的深层次发展。可是，由于社会竞争的残酷性，更由于我们个体内在的败坏，发现只有制度经济学的分析和经验视野中的叙述才能说服更多人承认“在你生命中的一切事务中最重要的是什么”这个话题是何等重要。

也不是试图论证“修身齐家治国平天下”。这是传统文人的经世之道，却不是每个人都必然经历的。客观地说，这篇文章绝大多数读者，我们大多数人，都不是有机会“治国平天下”的。然而，我们有自己的情感、意志与理性，有自己的人生、家庭和企业，这些都需要以爱来维系。换而言之，这种看似付诸内心，其实面对客观性的“神圣”的内在责任，是良善的企业制度和国家产权制度的前提和基础。

“独善其身”是“圣人”在吹牛。企业家普遍承认，当今中国没有值得信任的职业经理人阶层。企业管理和经营，被迫使用“熟人社会”的伦理。在人力资源方面，如何进行“内部提拔”，取决于企业主的交往圈。企业若想成为百年基业，即便东亚式家族企业很难建立“现代企业制度”，我们也应该认真考虑如何向下一代托付我们所用心经营的这份产业。

不要以为地产产业能够重复过去10年的繁荣。未来3—5年内，可能有一半以上的公司会被迫退出市场；中国房地产协会和兰德咨询机构联合发布的《中国房企经营管理状况蓝皮书（2011）》就认为，到2015年，或有30%的房企被洗牌出局。生老病死是人生的当然，企业的发展和破产（被清算）也很正常。“企业责任”这个话题的提出和认真讨论，有利于企业家自我还原成一个普通的人，去思考看似更加丰富多彩，其实更加合乎生命之道的人生。

（《21世纪地产》2013年第5期；

见刊标题：如何构建“公平正义”的竞争体系）

未来5—10年房市变迁之逻辑

举世瞩目的中共十八届三中全会已经闭幕。根据惯例，三中全会确定新的中央未来5年的经济政策。由于这届中央的核心人选将在更后面的5年内继续其任期，除非出现超出预料的改组，其基本执政精神也将在稍后5—10年延续下去。由此判断，这届全会的政策及其会议精神必将主导今后五到十年中国政府的经济政策，也必将对房地产市场产生重要影响。

值得关注的是，全会并未提到“房地产市场”，似乎有意拒绝高调提出在今后若干年内如何对待高位风险运行的房市。有必要全面分析背后的会议精神。制度经济学认为，政策及法律的“书面表达”固然重要，但其执行才是真相。对《中共中央关于全面深化改革若干重大问题的决定》等文件进行超越文本层面的分析，是未来房企投资风险评估的重要依据。

为什么三中全会公报没有直接提到“房地产市场”

有经济学者指出，“关于房地产调控问题在公报中只字未提，其实并不奇怪，因为这不是人大会议的政府工作报告，也不是经济工作会议的工作报告”。这一说法有部分道理。根据党建的相关说法，中共对国家的领导是通过政治领导、组织领导和思想领导实现的。如果说一中全会和二中全会分别讨论党和国家的人事安排体现了党对国家的组织领导，那么三中全会则的确更多体现出了政治领导。例如这次会议的“全面深化改革”就是政治领导。

不过，该学者有意无意地忽视了“房地产政策”的全局性和敏感性。由于土地财政及其相关财政收入已经成为地方政府的主要收入来源，且政府客观上鼓励的高房价局面不仅备受民间批评，还侵蚀党政机关的廉洁执政、实体经济的发展基础、威胁到国家的金融安全，孕育出了极具中国特色的政府—市场—社会关系，房地产市场本身就是社会与政治问题。

已成为政治问题的房地产问题本来是一个经济问题，因而新的中央对这个敏感问题的解决办法是回到房地产本身的逻辑来化解，从而让这个已经成为政治问题的经济问题回到经济层面。绝不能小看中共中央在这种话题上的能力与“智慧”。如此处事之道，用我们过去喜欢说的话来表达，显然不是“休克疗法”，而是拒绝浪漫主义和某种理想主义情节的现实主义，也就是试图让房地产市场在自然而然的“改革”过程中实现“软着陆”。

反之，若下药太猛、步伐太快，会严重伤害一些房企的投资信心，并严重损毁地方政府财政收入变迁的稳定性，甚至会激发农产品等生活必需品市场的稳定性，从而造成政府不愿意看到、难以面对的社会与经济的动荡问题。由此，全会对房地产问题的处理必须低调化、也有能力低调化，却是根本的、也是应该根本性面对的。其复杂性，决定了三中全会必然对房地产市场进行一场“静悄悄的革命”（也就是循序渐进性的“釜底抽薪”）。

从逻辑上说，“静悄悄”的革命有可能失去控制，走向失败。不讨论政策是否会因中央意志半途而废（这在一个没有政治英雄的时代可能性近乎为零），其外因可以是底层民众的抗争，也可以是地方政府官员的阻挠。这种革命性的政策变迁要向走向成功，就必须有强有力的领导和雷厉风行的政治保障。这就是为何这次房地产政策变迁之内的全面经济改革必须走向政治体制改革的根本原因。“国家安全委员会”的机构设置，还是“中央全面深化改革领导小组”的设立，甚至如军队组织体系变革，都是“改革”能超越既得利益集团之所在。

若中央下定决心，那一定是具备行政能力的。关键是如何解决。房地产问题虽然已经成为政治问题，但其意识形态色彩并不明显。房地产问题的解决，在农地入市的前提下，仅仅需要行政审批体制变迁、中央反腐力度的加强、国资委层面的必要引导等加以保证即可。前者并不属于政治改革范畴（例如宪政性的分权制衡、民主性的代议制和选举制度），中者是传统的“党的建设”之范畴，后者则是国资委等部委擅长的计划经济手段。它们与政体、国体等民主人权系统话题关系不大。总而言之，这次改革的另一基调是在“维稳”中“创稳”。

十八届三中全会相关文件中的房地产政策

三中全会公报涉及的“改革”重点领域如下：现代市场体系建设、土地制度改革、行政体制改革、财税改革、自由贸易区建设、司法体制改革、现代文化市场体系建设、社会保障制度改革、医药卫生体制改革等。在经济体制方面，亮点是认为今后市场将在资源配置中起“决定性作用”。与过去10年对市场的基础性地位之强调而市场化在因“国进民退”而大倒退的局面相比，可见这次“理论创新”应该不至于停留在“改革话语”层面。

这些“改革”与房地产最息息相关的是两个领域内的决定：首先是土地制度。我们知道，长期以来农村土地实行名义的集体所有制。地方政府垄断了土地供应权，也就操纵了土地市场和房地产市场。笔者在多篇文章中分析说这种所有制，由于农民只限于村委会这类结社权，集体博弈能力过小，已经演化为“地方政府土地所有制”。针对这个局面，这次三中全会宣布“建立公平开放透明的市场规则，完善主要由市场决定价格的机制，建立城乡统一的建设用地市场”，这一决定有望增加土地供应，将对抑制房价过快增长起到重要作用。

为此，安徽省《关于深化农村综合改革示范试点工作的指导意见》决定2015年底前实现农村集体所有的建设用地、农用地、未利用地和农村范围内的国有土地确权登记发证全覆盖。其“亮点”为依据自愿、有偿原则，建立“符合农民合理需求”的宅基地退出补偿激励机制。此外，还将建立完善土地交易平台，依托国有建设用地交易市场，建立统一的城乡土地交易市场。如果该政策发生在过去，不应该给予正面评价。只要“地方政府土地所有制”仍然存在，建设不建设城乡统一市场毫无意义。各种“血拆”就是证明：从来不是私有制还是公有制的问题，而是农民权利究竟是“书面”上的还是“实践”中的。

不过，一旦考虑到11月1日国务院地方政府职能转变和机构改革工作电视电话会议的精神是地方政府“原则上不再直接投资办企业”。如果这个精神被落实，地方性国有房企操纵土地市场、攫取垄断利润的局面就会终止，土地财政格局就很有可能得到“釜底抽薪”。

土地财政的终结会带来系列结果：广大的购房者和实体经济的投资者将会受益；短时间内地方政府有可能因此减少收入。如何让地方政府有钱可花？三中全会的答案是“完善立法、明确事权、改革税制、稳定税负、透明预算、提高效率，建立现代财政制度，发挥中央和地方两个积极性”和“改进预算管理制度，完善税收制度，建立事权和支出责任相适应的制度”。从国际通行的角度来说，最好的办法当然是实行议会对政府预算和决算承担起代议制结构的责任，加强监督，管好政府机关的钱袋子。这就有利于国家性的政治民主。

考虑到地方的政治稳定，中央绝对不会让地方政府破产，那么中央政府就必须对转型中的地方政府承担起监护人的责任。具体地说，地方政府一旦因税收急剧减少而无法正常运行，中央财政就必须且必然为此无条件承担责任，理论上中央财政就可能被地方财政拖垮而破产。为此中央决定推广“房产税”。若该税种得到落实，地方在土地财政上的亏损有望得到弥补。当然，其征收条件为全社会房产、信用基础数据统一平台的建立，以及房地产税立法正式确立。总体税收上政府不会主动吃亏，房产税的征收应该在土地财政制度的终结之前。由此，房产税试点城市扩围应该是2014年—2015年大概率的事件。由于土地财政之进展与终结有地方性特点，房产税也必然会呈现分区域、差别化征收的特点。

上述话题构成了没有"房地产市场"字面的十八届三中全会之主要内容。饶有意味的是，人口、户籍之改革没有成为这次全会的重点内容。笔者不断表示担忧的"新型城镇化"这一字眼几乎没有在这次全会的对外公报中出现。与过去一年来对"新型城镇化"的过高强调相比，这次相关的精神更谨慎地表达为"健全体制机制，形成以工促农、以城带乡、工农互惠、城乡一体的新型工农城乡关系，让广大农民平等参与现代化进程、共同分享现代化成果"，体现了其保守主义的风格。考虑到当前"改革"的维稳特征，"新型城镇化"之被淡化或者被技术化处理，可能与过去"血拆"所带来的社会动荡之担忧相关，当然也许还有其他因素。

三中全会提出推进"国家治理体系和治理能力现代化"，实现治理主体多元、方式法治化，不再是简单命令式、完全行政化的管理。对比过去10年，如此宣告是有政治家气势的：不是简单的"不折腾"，而是主动争取社会稳定的维护能力；不再是被动地"维稳"，而是主动地"创稳"。类似"房地产市场"、"新型城镇化"与社会稳定之关系研究，承担部门应为中央政法委下属的相关机构。这些部门今后将归属"国家安全委员会"统一管理，执法更统一、调研更充分、内容更具超前性和战略性，从而为"中央全面深化改革领导小组"提供政策咨询。作为过去10年社会管理创新之维稳布局的升级改进版，十八届三中全会相关社会与政治领域内的"改革"也会对今后房地产政策产生深远的影响。

"全面深化改革"之后的房市投资风险空前加大

中央对房地产市场的决定是系统的，有更精细的规划。与前三十年相比，后三十年中执政党之行为风格明显经历了从革命党到执政党的转变。虽然长期念念不忘"阶级斗争"（这在某些部门那里更是如此），对比过去，今天的中共已经是执政党，且以世俗化为重大特征。只要中央宣布全面深化改革，那么全党全国很快就会响应中央动员，大规模启用"改革话语"。

这绝不意味着"改革"会一步到位。例如地方国企的终结，中央层面所用的文字是"小心翼翼"的，也就是"原则上"。"你该这么做，但可以不这么做"，这是中国特色的行为模式。强调行为规则的至上性这一"正义一元论"的西方人很难理解中国人的这种说法。这就是说，在"原则"的落实方面，中央会深思熟虑，地方政府与中央也会有长期的制度内的讨价还价。当然，这种博弈总体是"正和博弈"，绝对不可能出现"零和博弈"的局面。

房产税的实行也是逐步试点并且全国范围内逐步推广。从哪个地方开始，某一地方政府具体如何征收，中央的规定不会严格到让地方政府无法灵活掌握的地步。这就意味着，房产税对不同地方的房地产市场的冲击也是极其复杂的。一个房企，必须小心翼翼地对地方政府"察言观色"。一旦地方政府所使用的话语是暧昧的，那么与政府官员、相关决策资源机构的各种交往对企业的发展就显得比较重要。从中得到的信息，应该成为企业的决策依据。

农地入市也不会全国范围内一步到位。与上述“改革”一样，该项“改革”也是地方性的，并且会走一条地方试点并到全国范围内逐步推广的道路。否则房地产市场承受不了。

也就是说，过去十年来房地产的“市场双轨制”暂时不会终结，短期内“市场地方化”却会更明显。如果缺乏配套的相应政策，那种地方性的“政商同盟”将会大大加强。因为官商同盟的紧密程度是有差别的，这对一些企业来说是机会的，对另外一些企业来说却是噩耗。然而，三中全会对此做了坚定的回答，那就是在“政治体制改革”和“司法改革”以至于执政党的“反腐制度改革”方面的“改革”。类似“司法独立”倾向性的增加，中纪委部署的反腐力度之加强，以及社会组织的发育等方面，官商同盟的脆弱性以后注定会大大增加。

具体案例有广东揭阳某董事长涉嫌因涉嫌行贿揭阳市委原书记而在 11 月 14 日被广东省检察院刑事拘留。该企业主手中掌握的财富额为 84 亿元。饶有意味的是，贿赂的双方都为第十一届全国人大代表。对地方来说，这个身份已是很高的政治地位。对比强大的有志于反腐保障政权长治久安的中共中央来说，这种地方性政治地位却是边缘性的，随时可以收回。

国家部委将会陆陆续续地在政策细节中回应三中全会全会的整体安排。这些部门素来有不当利益。但大方向已经确定：房市正在面临史无前例的大改组；暴利所赖以存在的经济—社会-政治环境都在发生不可逆转的变化，暴利时代一去不复返。如此复杂局面，不仅其他领域的企业不再合适进入房地产市场，那些仍然在房市坚守的企业也应不断审视自己与政府官员多年交往中的暧昧关系，从而在新的反腐局面中保存自己。这是一个困局。能够确定的是我们长期呼吁的房市转型正在大大地加速，房企的企业家精神将日显其非凡意义。

如果地产商及相关官员都如此判断时局，无法想象这次全会给他们带来多么大的心理震荡与行为变迁，并影响房市布局。当然这种事情未必很快发生。原因至少包括：企业主与官员的侥幸心理，投资的长期性与惯性，既得利益集团的博弈能力；最为重要的是中央将会认真听取各方的意见进而“循序渐进性的‘釜底抽薪’”。至于具体的企业家与地方官员在反腐浪潮中的个体命运，除非另有真相，并不是中央整体决策所在乎的。这些都是“中国特色”。

最后指出，这种重组之道不是不会导致新的底层阵痛。农民结社受限导致集体博弈能力过低，近年来农民跟城市居民的受教育程度分化过快，长期城乡二元结构总体上摧毁了农民在劳动力市场的竞争力，当农地在地方政府主导下纷纷入市，理论上的“18 亿亩红线”会失守，超大型企业垄断农产品供应与定价权，进而导致曾“堰塞”于房市的巨额资金如洪水般涌入生活必需品市场，从而导致剧烈通货膨胀。此时国家社会保障体系会有能力应付此危局？由此，这次“改革”必须成功，“开工没有回头箭”。

（《21 世纪地产》2013 年第 12 期）

城镇化发展的港台经验

中央城镇化工作会议闭幕不久。在十八大后突然降温的“新型城镇化”再次进入了人们的视野。由于更加关注“美丽中国”、“美丽乡村”，在此之前的中共十八届三中全会和最新中央经济工作会议决议都没有出现“新型城镇化”等字眼。当然，“美丽中国”、“美丽乡村”并不必然否定“新型城镇化”，因而如何将二者联接起来，应该成为地方发展的主动选择。

保护美丽乡村和发展现代化都市，既可能互相兼容，也会非此即彼。在这方面，过去一百年多年来，台湾和香港，分别成功地避免其城市发展陷入非此即彼的二难困境。作为“美丽中国”的发展成果，港台的地方治理经验值得中国大陆学习。不过，台湾和香港的发展模式，仍然有其缺点。大陆应该系统评价其经验教训，建设美丽乡村围绕下的现代大都市。

台湾延续了城镇化体系的“美丽乡村”基础

有地理文献能够证明台湾岛屿曾经是亚欧大陆的一部分。不过，没有多少文献能够表明古代台湾与中原文明有太多的相似性。台湾经历了史前时期、十一世纪时期、大肚王国、荷西殖民时期、郑氏东宁王朝时期、清朝统治时期、日本统治时期和光复后的民国时期（直到今天）。台湾与大陆产生更多文化性关联是过去 1000 年来年的事情。在政治方面，台湾在 17 世纪中叶开始与外来文化接触后，才有经典政治学所说的“国家政权”。

2011 年由魏德圣所导演的《赛德克·巴莱》反应了台湾的部落性自治传统在近代的遭遇：上集以“太阳旗”为名，由 1895 年日军占领台湾开始，到 1930 年莫那·鲁道带领族人反抗而引发雾社冲突；下集《彩虹桥》中，日军大举进犯雾社，莫那·鲁道带领赛德克族浴血抵抗日军的过程，并深入刻画族人从容牺牲后，越过彩虹桥回归祖灵。

这部电影的亮点是其民间部族治理，以及近代殖民而来的强制性所导致的决绝抗争。古代台湾由于科技文化的落后、地理环境的恶劣，极大地保护了部族的自治传统。17 世纪初期，清朝政府于台湾采消极政策，治台政策尽量以较低的成本来经营建设，甚至将十几万在荷郑时期居住在台的汉人强制遣返内地原籍，进而禁止汉人携带家眷。短暂的军人政治之后，日本以警察制度及保甲制度管理台湾。加之汉人的社会政治运动，日本的强制性归化政策整体上挫败了，直到二战爆发。“光复”后，很快台湾就迎来了种族被撕裂的“二二八”事件。

直到今天，我们对台湾的了解常常陷入到“蒋介石”“蒋经国”这样的低层次人物传纪性宏大叙述之中。我们很难理解“亚细亚的孤儿”（台湾作家吴浊流成名的长篇日文小说，但大陆人更熟悉的却是罗大佑的歌唱）的独特情绪。族群冲突史正是“亚细亚的孤儿”的屈辱吟唱。很快，吸取了大陆治理教训的国民党政权痛定思痛，调整了统治策略。

1950 年，台湾开始地方自治，首度普选出包括台北市长在内的县市级行政首长，县级与其下之民意代表、台湾省议会亦由直选产生。省主席陈诚推行土地改革（三七五减租、公地放领及耕者有其田），稳定农业。在工业方面，借由土地改革，带动了民营企业和工商业发展，并以加工出口导向为主。1953 年，台湾经济恢复至战前水平。由于日治时期的基础（如 1908 年贯穿南北的“纵贯铁路”）等因素，台湾经济加快成长。1963 年，台湾设立高雄出口加工区，使高雄成为台湾第二中心。七八十年代“全台自然分区综合规划”的推行，进一步使台湾人口分散化。由此可见，虽然遭遇诸多不幸，台湾的地方自治至今没有经历不可逆转的中断。正是诸多传统社团，辛勤呵护了“美丽中国”的台湾版本。

台湾努力实践其“国父”孙中山“平均地权、节制资本”的“三民主义”理想。直到今天，台湾的市场模式仍然显著有别于日本、韩国。如果说日本和韩国为了赶超西方走了军人庇护下的权贵资本主义道路，在大陆政治中走向失败的中国国民党在反思性的改革走的是一条非常健康的有限发展中小企业、积极面对地方自治倾向的民间资本主义道路。

大都市香港房价居高不下，城市运转仍然井然有序

台湾南北纵长约 395 公里，东西宽度最大约 144 公里，含澎湖群岛总长约 1520 公里，面积约 35915 平方公里，2013 年 11 月统计的总人口为 23367320 人。与台湾相比，香港的幅员及人口要小了很多。香港的陆地面积为 1104.32 平方公里；在人口方面，截至 2011 年年中，香港总人口约 710 万人。由于领土面积狭小，大部分香港人都住在高楼大厦，近十年兴建的住宅楼宇多在 30 至 40 层以上，部份更达 70 层，商业大厦可达约 100 层。根据香港官方数字，一个四人家庭普遍只能居住或拥有面积在 400 至 1000 平方英呎（约 37.2 至 74.3 平方米）的空间。在大都市区之外，香港则保留了大量未开发的郊野土地。

香港的政治历程比台湾的相关历程更加简单。香港开埠前是一个只有数千人口的小渔村。因为“水深港阔，四季不结冰”，且“不在地震带”，作为天然良港，从 1842 年开始，香港被分阶段割让或租借土地予英国。除了三年零八个月的日治时期，一直到 1997 年，香港长期受英国有效统治而避免受到中国大陆乱局所影响；太平天国、国共内战、“阶级斗争”、“三面红旗”和“文化大革命”期间，大量难民逃到香港。所以就文化而言，香港不是台湾式部落性民间宗教传统，而是西方文化与中国大陆文化的复杂交错。

港英当局以华制华。其思路是，尽量尊重香港传统文化和旧有的社会结构。例如，香港采用英国法律，在婚姻、财产继承等方面则采用习惯法，允许华人依照《大清律例》及习俗办事。1971 年，《大清律例》才被正式取消，“一夫一妻多妾制”被订为不合法。由此，直到今天，香港现今仍有家庭是一夫一妻多妾的。这就使香港的公司产权继承体现出了多元性特色。也可以这么说，在香港，“一国两制”不是 1997 年才开始的，早在 19 世纪末期即有。

“一国两制”不是权宜之计，而是英国对海外占领地的战略，是英式普通法系下的地方自治战略。本土幅员并不辽阔、人口并不众多的英国必须这么做，即便是在“日不落帝国”时期。只是香港比台湾要小很多。台湾的县级自治是相对整个台湾而言的；香港的自治，则是相对整个大英帝国而言的。1997年“回归”后，香港仍旧如此。此外，台湾的政治逻辑是东亚的。一直到80年代末期民主化，国民党对“台独”等活动高压维稳。民主化之前的台湾政府绝不允许反对势力做大。日本试图“归化”台湾为本土；对国民政府来说，台湾更是生命线。区别于台湾，即便香港不是英国的生命线，却是中国大陆各种政治力量的争夺中心。

由此，香港和经过“平均地权、节制资本”的台湾表现出了完全不一样的市场经济模式。英国的三心二意、兵荒马乱中大陆各方却需要争取香港民众的支持。本土“精英”足够精明，就很容易在政治之外做大财力。就这样，价值观上四分五裂的香港，诞生了一系列的大财团。李嘉诚的长江实业集团有限公司在短短五六十年中的急速膨胀就是一个证明。

历史证明，幅员辽阔、自然资源相对丰富、人口相对稀少有利于减少经济体内部的社会矛盾，虽然不能说这是社会和谐的决定性因素。香港明显有其不足。联合国开发组织的相关报告显示，香港最富有一成人口的收入，是最贫穷一成人口的18倍。1997年之后，香港大力发展就业准入条件颇高的金融和房地产等行业。香港在世界先进经济体中贫富悬殊排名第一。由此，如果说台湾的社会矛盾主要表现为民族主义性的族群冲突（蓝绿冲突），香港所表现出来的是以减少贫富差距为目标的底层工人和白领文员为主的社会运动。

虽然沾染了中国大陆式“土地财政”与房价飞涨等恶疾，香港大都市化的治理仍算是成功的。在法治等软件方面，香港在华人世界中仍然是一流的。20世纪末期的香港有官僚主义却鲜见公务员腐败。敬业精神，使得香港交通等一直有条不紊地运行。以九条地铁为代表的公共交通线路，在狭小的城市区域内，分流了近90%的人流。强有力的法治之下，即便香港因价值观混乱成为“世界游行示威之都”，总体上没有发生不可收拾的社会冲突。

中国大陆如何建设美丽乡村围绕下的现代大都市

由于土地财政的惯性和GDP至上的政绩冲动，中央城镇化工作会议让刚刚淡出的“新型城镇化”回到了舆论中心。城镇化“六大主要任务”（推进农业转移人口市民化、提高城镇建设用地利用效率、建立多元可持续的资金保障机制、优化城镇化布局和形态、提高城镇建设水平、加强对城镇化的管理）的提出，再次点燃了地方政府的土地财政冲动。

与过去的各种政策相比，在“提高城镇建设水平”方面，这次会议提出的“要依托现有山水脉络等独特风光，让城市融入大自然，让居民望得见山、看得见水、记得住乡愁；要融入现代元素，更要保护和弘扬传统优秀文化，延续城市历史文脉”，在一些地方（东部发达地区，中西部大城市边缘和交通便利之地，风景区及其边缘地带），是比较容易实现的。对企业来说，加之去年年初中央农村工作会议高调主张“家庭农场”，未来几年消灭自然村使农场集中成为政策取向，生态农业、观光农业在未来一段时间内会进入高潮。而为了顺利推进“新型城镇化”，作为地方税税种的房产税不会马上在县级及其以下的城镇征收。

在大都市建设方面，这次中央城镇化工作会议提出，“‘两横三纵’的城市化战略格局，要一张蓝图干到底”，“要在中西部和东北有条件的地区，依靠市场力量和国家规划引导，逐步发展形成若干城市群，成为带动中西部和东北地区发展的重要增长极”。这样，争创国际大都市，至少要进入某个国际大都市为中心的城市群，是一些地方政府趋之若鹜之事。

我们难以阻止一些地方政府在城镇化发展和“美丽乡村”建设中的野蛮作为。但理性的分析足以指出，如果不改变北京式的“摊大饼”建大都市的行为机制，“美丽中国”、“美丽乡村”与大都市化建设必然是互相矛盾的。中国大陆太大了。台湾陆地面积约占浙江 35.28%、苏南的 1.63 倍，人口约为浙江的 41.63%、苏南的 70.8%。在中国这个超大型社会中，我们当然不能将全国一盘棋良性治理的责任托付给远在北京的国家发改委（这是计划经济思维），也不能试图将港台经验在中国大陆一步到位直接复制（这是浪漫主义思维）。

实际上港台各有其问题。台湾的族群冲突之严重是大陆城市化进程中不应该出现的，但没有证据表明未来不会发生这样的事件（尤其在一些中西部地区）。香港的贫富差距以及由此造成的社会冲突，在中国大陆正在发生；由于大陆地方政府的官僚主义等问题，很有可能更为严重。这就意味着，我们应当未雨绸缪，理性对待台湾和香港的城市化经验。

可以这样总结，台湾道路最宝贵的经验是它的地方自治传统、对中小企业的尊重、积极开放社会政治组织，简要地说就是开放与民主化；香港道路的经验则是在法治的基础上发挥城市治理的专业主义精神，进而实现大都市发展的良性运行。另一方面也可这么说，台湾一度欠缺了香港的法治，香港一度欠缺了台湾的民主。

令人惊喜的是，无论其优缺点，即便文化难以选择，在政治文明的路径中，华人世界最终建设了美丽乡村围绕下的现代大都市。

（《智富》2014 年第 2 期）

第五部分　道路、真理和生命

以欧美的成功经验为样本，中国有其在制度和文化等方面的多种先天不足。在全球化时代，一个国家不能脱离正确价值观和制度文明而“另辟蹊径”。道路、真理、生命，这是个体性的永生之道的实底与确据。与所信的基督的替代性救赎相称的公平正义是国泰民安之本。确立兼顾每个底层民众和弱势个体利益的普遍正义体系，是民之福祉所在。

改良与革命的龟兔赛跑

——“预备立宪”为什么救不了清政府

曾经一度闭关锁国的清政府，并非如后人想象的那样拒绝变革。为了富国强兵，它也热切地学习西方先进制度。然而，在国家主义价值观的束缚下，清朝的政治变革长期仅仅停留在政府机构变革的阶段。司法独立和宪政建设一拖再拖，终于失信于民。迟到的预备立宪，并不能帮助清政府免于覆亡的命运。

作为政府机构变革的洋务运动

领导了虎门销烟的林则徐号称是清政府“开眼看世界”的第一人。不过，就制度层面而言，林则徐的意义相对还是有限的。真正开始认真学习西方现代文明制度的事件，发生于鸦片战争二十多年之后。在镇压太平天国运动的过程中，部分官员逐步认识到了西方军事技术和军事制度的先进性。从1861年开始，“自强”一词在政府的奏折、谕旨和基层士大夫的文章中频频出现。在镇压内乱中起家的部分汉族地方官员，利用其在军队和朝廷中的政治优势，发动了一场被后人称为“洋务运动”的富国强兵的改良运动。

1861年，为了更好地和西方列强交往，清政府设置了总理衙门。总理衙门是一个中央级机构。总理衙门开始负责有关通商事务的谈判，到了后来则成为整个“洋务”的主要协调机构和“洋务运动”的领导机构。总理衙门负责包括外交、外贸收入以及与贸易商人、传教士有关的一切事务的处理，也包括涉及西方事务的新计划，如外语学堂、军队训练、兵工厂、造船厂和海军等事宜的管理。有了总理衙门这个机构，洋务派就可以在朝廷上直接提倡洋务战略，并将计划制定下来，作为国家政策在全国范围内实行。

总理衙门总署大臣的人数不断增加：从1861年的7人发展到了1869年的10人、1876年的12人。从1861年至1868年，五军机大臣中有三人兼任总署大臣；1869年至1875年，发展为四人；1876年至1881年，为全部兼领（1880年起军机大臣增至六人）；即使在时局大变的1884年，仍有四人兼领总署大臣。可见总理衙门这一新机构在清政府的政府体制中的重要地位。

1861年天津开放，清政府设置了通商大臣一职。分管南洋和北洋的两名通商大臣，在清政府实际筹划和督办自强新政的过程中，起到了决定性的作用。1870年，洋务派的著名领袖李鸿章担任了北洋通商大臣。1865年，奏请同意后，李鸿章创办了江南制造总局。1867年，崇厚创办了天津机器局。1870年，曾国藩得到批准，设立了江南轮船操练局。闽浙总督左宗棠1866年调任西北后，福州船政局就由他保举的沈葆桢经办，为此后者被钦命为福州船政大臣。在海关税收领域，1860年代初期，海关总税务司成立了。这一系列措施，相对于中国延续了两千多年的传统政治制度，不能不说是带有新时代特征的政治体制变革。

后人很容易以为洋务运动是单纯的经济领域内的变革，如官员开始重视起了工商实业。也可能认为洋务运动是单纯的军事变革，如洋枪洋炮的大量装备军队和海军军队的设置。或者认为洋务运动仅仅是地方意义上的变革，并不涉及中央国家制度的变革。其实，这一切都是偏见。虽然服务于其他目标，洋务运动仍然可以说是涉及了中央政府机构的政治制度创新。然而历史也很无情，由于缺乏以宪政文明为先导的民权救济机制和政府限权机制，中日甲午战争中北洋舰队的全军覆没证明了：仅仅出于国家主义目的，政府机构的简单增减，或者政府部门调整与合并，并不能促进清政府走向相对于西方列强的、真正意义上的强盛。

从戊戌变法到预备立宪

简单的政府机构变革没有改变清朝的君主专制属性。即使君主不专制，太后也可以垂帘听政。如果君主尊重宪法，依据法治原则，在制度层面上来做事，这个国家就不是专制国。因此，一个君主国可以是共和国，也可以是专制国。同样，一个没有君主的国家，既可以是共和国，也可以是专制国。洋务运动结束时的清政府处于一个君主虚位的专制国状态。“我死后哪怕洪水滔天”，正如法国历史上那个大名在外的国王所表达的，慈禧太后挪用海军军费筹备六十大寿的事件将清朝的专制制度本性体现得淋漓尽致。此后维新变法运动迅速兴起。

清军在甲午战争中战败后，正在北京城参加科举的读书人群情激昂，康有为率同梁启超等数千名举人联名上书光绪帝，提出了“拒和”“迁都”“练兵”“变法”等主张。之后，康有为等以“变法图强”为号召，在北京、上海等地发行报纸，宣传维新思想。严复、谭嗣同也在其他地方宣传维新思想。之后，光绪起用康有为等人，进行变法图强，史称“戊戌变法”。

根据康有为等人的建议，光绪帝颁布了一系列变法诏书和谕令。主要内容有：经济上，设立农工商局、路矿总局，提倡开办实业；修筑铁路，开采矿藏；组织商会；变革财政。政治上，广开言路，允许士民上书言事；裁汰绿营，编练新军。文化上，废八股，兴西学；创办京师大学堂；设译书局，派留学生；奖励科学著作和发明。在司法领域，刑部改为法部，专管全国的司法行政，不再兼理审判；改大理寺为大理院，为最高审判机关，负责解释法律，并配置总检察厅。这些革新政令，目的在于学习西方管理制度，建立君主立宪政体，使国家富强。然而，由于最高权力掌握在慈禧太后手里，戊戌变法仅仅进行了一百多天。

虽然没有在权力分立与制衡原则之上“开国会，颁宪法”，戊戌变法还是被当初实行过政府机构变革的那拉氏党人镇压了。吊诡的是，仅仅不到十年，当初镇压了变法图强运动的专制党人集团就开始“预备立宪”了。是专制匪徒发展成了立宪党人，还是专制匪徒本来就有立宪党人的特征？仁者见仁、智者见智。不过至少很清楚的是，手染了维新党人的鲜血，又在涉外战争中惨败的清政府，早已经失去了民众的信任。“预备立宪”终于被当时以孙中山为代表的革命党人认为是政治骗局。虽然抱负同样的立宪理想，此时体制内的立宪党人和体制外的革命党人分道扬镳了。

其实，预备立宪的宪政主义属性不比戊戌变法更少。1905年10月，清政府派五大臣出洋考查宪政。次年，五大臣归国，拟出立宪方案。9月1日，颁布了预备仿行宪政的谕旨，宣布将各项法律详慎厘订，广兴教育，清理财务，整饬武备，普设巡警，使绅民悉明国政，以预备立宪基础。1908年8月，清政府宣布预备立宪以9年为限，同时颁布《钦定宪法大纲》23条。1909年3月下诏重申预备立宪，命各省当年内成立咨议局。10月，资政院在北京成立，亦要求1911年召开国会。清政府将预备立宪期9年改为5年，定于1913年召开国会，1911年先成立内阁。1911年5月，清政府裁撤军机处等机构，公布所订内阁官制，组成新内阁，由庆亲王奕劻任总理大臣。内阁制和总理大臣一职的设立，目的是在立宪君主的领导下，增强政府权力和行政能力。至于国会，还没有来得及召开，清朝就灭亡了。

对清朝而言，宪政民主最大的敌人是皇家特权和官家特权。例如，清代的皇族司法审判机制，既无独立的诉讼法体系，又无独立的诉讼审判原则，往往使皇族人员能够逃避应得的法律制裁。鉴于这些特权的危害，1909年12月28日，清政府修订法律馆结合司法机关的变革，编成《法院编制法》，该法共16章164条。主要内容为：审判衙门通则，重申四级三审制，民刑诉讼及军法审理，审判用语，推事单独审判等原则；检察机关，分设初级、地方、高级检察厅与总检察厅。清政府还规定推事及检察官的任用办法，以及司法行政监督权的实施，并且强调：行政主官及检察官“不得干涉推事之审判”，以确保司法之独立。

缘何清朝政府难以免于灭亡的命运？

如果摆脱那种“不是专制就是民主”的二元极端思维，我们就会发现，无论是简单的政府机构变革，还是宪政意义上的国家制度变革，都不应该以无政府主义为指导目标。个人自由固然与政府权力有尖锐冲突，但政府权力未必就是个人自由的绝对敌人。没有一个宪政国家的政府权力可以弱到比公民个人的力量还要弱。若真如此，正如霍布斯在《利维坦》中所说，社会就会走向全面的混乱。因此，在维护政府权能的基础上，清政府小心翼翼地安排“预备立宪”，并极力延长预备期，不能不说体现了立法者的政治审慎。柏拉图指出，节制和审慎是政治家的美德。然而这一切，必须以对公民权利的尊重为基础。否则，节制和审慎的意义就会大打折扣。一旦进入现实利益博弈领域，基于人的叛逆心理，很有可能适得其反。

洋务运动的失败使清政府失去了宝贵的自我变革机会。戊戌变法失败的危害更大。如果说此时体制内改革与体制外革命正在进行龟兔赛跑，那么政府就是那只三心二意的兔子，革命党人就是那只先天不足却奋勇不懈的乌龟。

“各国变法，没有不经过流血就成功的，现在中国没听说有因变法而流血牺牲的人，这是国家不富强的原因啊。有流血牺牲的，请从谭嗣同开始吧。”谭嗣同的这句话，宣告了朝野同盟的破产。1905年9月24日，年轻的复兴会成员吴樾登上了宪政考察大臣们乘坐的火车。炸弹提前爆炸，吴樾当场被炸身亡，五位大臣中镇国公载泽与商部左丞绍英受了伤。暴力革命的幽灵到处游荡，并且开始了和宪政变革的赛跑。革命党在悄悄地做准备，除了自信和焦灼交织的复杂情感，没有多少人知道未来会怎么发展。

历史证明，朝野失去信任，缺乏坦诚的对话机制，缺乏民权的救济机制，在情绪化的民主浪潮中，政治变革方案设计的种种小心翼翼，很有可能反过来为革命推波助澜。谭嗣同的心理情感，历史学家张灏先生称之为“烈士精神”，并认为这是革命主义思维的心理机制。在后来的革命党人那里，如孙中山、黄兴、汪精卫，这种思维蔚然成风。一旦烈士精神成为民权运动的主导心理，所谓“以威权促自由，以自由促民主”的和平转型愿望就很容易破产。

20世纪著名宪政学者哈耶克写下了《自由秩序原理》一书，提出了著名的“自生自发秩序”理论，指出英国的自由民主制度乃是在自生自发秩序中成长的。从《自由大宪章》开始，国王不能随意侵犯臣民权利的观念就已经深入人心，并且发展为国家政治制度。不过，清朝末年的1899年哈耶克才出生，清朝灭亡的1912年哈耶克还没成人。洛克、柏克、托克维尔这些宪政主义大师还没被中国的政治家们认识。“未经讨论而在事实上确定下来”的普通法制度、罗马法机制和教会法原理都未来得及被真正讨论，中国就这样被世界大势生拉硬拽到了政治变革浪潮中去了。

列强还未大规模军事入侵的时候，清朝就已经腐败得一塌糊涂。1793年马戛尔尼访华的时候乾隆帝批准给使团的招待费（一个骇人的巨款：每天银币五千两），大多数被经手的官员克扣。大清帝国，在马戛尔尼看来，只不过是一艘外强中干的“破船”。当时的文学作品说“三年清知府，十万雪花银”。鸦片战争后清政府被迫开放了国门，开放了工商业的发展，民营经济开始实现了长足的发展，契约越来越代替道德成为社会治理的基本方式。民众的发财欲望和民主意识日益增长，专制和腐败的政府却依然存在。此时，唯有以司法独立为先导，建立“具体问题具体分析”的民权救济机制，让公民的愤怒在个案时期就有效化解，社会的稳定性力量就有可能增加。

然而，对特权的珍惜，一贯的傲慢，加上简单的富国强兵目的，清政府直到灭亡前夕才宣布国家要实现司法独立。当初简单的政府机构变革，乃至总理衙门这样的超大型部门的设置，本身就与司法独立体制毫无关系，更是与公民权利风马牛不相及。即使到了1908年8月颁布的《钦定宪法大纲》关于“君上大权”的14条，还规定皇帝有权颁行法律、黜陟百司、设官制禄、宣战议和、解散议院、统帅海陆军、总揽司法权等。立宪的结果仍然是立法、司法、行政三权合一。君主依然是立法、司法和行政三权的垄断者，可以随意剥夺臣民权利。此时的“司法独立”，多大程度上是真实的？由于政府早已失信于民，便被深深怀疑。

以富国强兵为目的的行政制度变革，说到底只是朝廷的私事。如果政府权力不被限制，即使国富兵强了，也只能增加统治者侵犯个人自由的能力，增加统治者的骄傲自满情绪，进一步败坏民族精神。更何况，历史反复证明，这样的政治变革也未必能促进国家的强盛。

当时的中国处于一个史无前例的战国时代，日本这样的年轻列强早已对中国富饶的国土垂涎三尺，激起了中国民众史无前例的民族主义情绪。大规模的西学东渐和诸神冲突开始了：“教育救国”、“文学救国”、“实业救国”、“医学救国”，据说什么都能救国；易卜生主义、无政府主义、达尔文主义、费边主义，据说什么主义都能给民族带来新生。迟到的宪政体制不再被民众信任。公民要自由，民族要复兴，就是要跨过维权和维权运动直接发展为暴力革命运动。这一切因素，虽然看上去彼此立场不同乃至相反，都在事实上加剧了清政府的灭亡。

（《南方周末》2008年4月19日）

从李泽厚式浪漫派治国思想看八十年代悲剧

在 1998 年自由主义大规模兴起之前，尤其是八十年代，李泽厚是中国思想界的领军人物之一。他的思想观点，奠定了中国“改革开放”三十年以来思想界的基础。原因倒不是李泽厚多么优秀，而是他涉及的话题之广，远远超出了“文革”结束后的八十年代大多数思想者的关注范围。甚至也不是李泽厚的直接影响，而是相关观点的代表性。我们当能透过李泽厚几个浪漫主义和似是而非的观点，看到主导中国走向的那群人的价值观和方法论。

第一个浪漫主义之处是“传统文化的转换性创造”。因为是祖宗的，就要坚持，至少部分坚持。这是五四以来多少代知识分子的民族信仰所在。和几乎所有文化保守论者一样，李泽厚都是在高校和报刊上、而不是在宗祠里和大家族里改造儒家的传统文化的。

没有美国主导的民主化改造，日本不会那么容易建成宪政民主。韩国很难说是儒家文化圈的，对它在文化上影响最大的，与其说是儒家，不如说是基督新教和天主教文化为主导的普世价值。新加坡虽然曾经鼓吹亚洲价值观，但是作为一个小国，且不说对中国没有多大的样板意义，而且也很难说是儒家文化圈的。总之，这些国家其实都是深受西方文化影响的。

尤其是台湾，被作为亚洲自由民主的灯塔，也被认为是“传统文化的现代性转变”的典范。台湾模式是大陆华人自由派改革派学者的精神支柱、集体信仰，事关重大。应当被认真分析。

一、且不说各种政治哲学话题，国民党高层精英深受西方文化影响。1949 年败退台湾后，蒋介石带去了 150 万的国民党党政军精英。这些人肯定不全是传统文化的好孩子。譬如蒋介石宋美龄家族是基督徒，对台湾的稳定很有帮助；后来的李登辉也是一个基督徒身份的总统，对台湾政党轮替起了重大推动作用。与其说台湾民主是传统文化的现代性转变的结果，不如说台湾民主是台湾社会、中国文化大部分西方化、部分基督化的结果。当时中国大陆四万万五千万的人口，就过去了 150 万精英。我们不能说留在大陆的人都是笨蛋，而是说至少中国大陆的很大部分精英都到台湾去了，这才促成了华人世界的民主化奇迹的人才基础。

二、台湾的发展不能不考虑到地缘政治环境。国民政府的整体亲美是中国近代史的一个常识。蒋介石去世的时候，“中华民国”还没有和美国断交。伴随着中国大陆改革开放的是中美的建交，在艺术界流传一个说法，当台美断交的消息传到台湾后，一些艺人就和他们的朋友就抱头痛哭。罗大佑是国民政府时期的异议人士。正如罗大佑自己说的，“蒋经国在一九七八年晚上两点多被告知美国与台湾断交，同一时间中美建交，这个情况就像亲爱的女朋友忽然变成死对头的女朋友，那是台湾风雨飘摇的时代”，“七〇年代末应该是台湾有史以来最风雨飘摇的年代，我相信大家都已经忘记那个年代对我们心理造成的创伤到什么程度，因为，大家都想忘记。我觉得那是一种负面的音乐性，在我们的潜意识里生根 ”。

艺人的自我介绍很感性。胡适和储安平都曾经说和国民党在一起是自由的多少问题、和共产党在一起是自由的有无问题。在这个命题上，台湾朝野有共识。面对比台湾幅员辽阔数百倍的中国大陆、尤其是改革开放后大陆高速发展的压力，无论多么希望独立自主，多么反感基督教、支持中国本土化的佛教，为了在台湾保存自己的政治利益，国民党的领袖人物蒋经国都不能不审时度势，讨好美国人，加入西方自由民主"大家庭"，走开放党禁报禁、落实宪政民主和政党轮替的路。即使到了今天，台湾民主改造成功了，还不能不考虑中国大陆的巨大压力。我相信，只要中国大陆还在，国民政府的实际控制土地不扩大，台湾就不能不走宪政民主的路。这种优势，大陆的民主转型再羡慕也没办法。这与传统文化毫无无关。

三、台湾本土南部的美丽岛党人和后来的民主进步党人运动，这个因素也与中国传统文化的现代性转变无关。台湾民间运动不是中原气质的。台湾南方民众，深受日本殖民文化的影响，这是大陆很难具备的。令人惊奇的是，民进党人，受到了国民党体制内报纸的公开声援。这是因为国民党有派系斗争。在高呼"儒家社会主义共和国"的中国大陆，也会有派系斗争，但派系都是窝里斗，不让外人干预。

四、非常重要的一点是台湾的政治体制本身就具备了宪政民主的制度内资源。台湾至少有形式上的独立司法。这个大陆不具备。我分析欧美的民主化转型，有个政治理论叫做"新罗马自由理论"。"新罗马自由理论"的一个重要观点是只有城市自治，才能保护市民、联合市民，一起来对抗中央集权。孙中山时代就鼓吹县市自治。在台湾，民进党可以借助县市自治来进行体制内的选举努力，积累选战和执政经验。否则，当时的台湾人民可能连体制内抗争都没有机会去参与，更别说更大的努力。这个是制度性的，与传统文化无关。

传统文化的转换性创造不是自由民主在中国能不能建成的充分条件，也许只是必要条件，也许连必要条件都不是，更不能说是充分必要条件。在台湾，因为曾经参与了，而且看上去的确说服了一些人支持宪政民主，虽然这些人依然只在书斋里鼓吹他们的宪政民主。因此，仍然可以说它是部分的必要条件。但是由于各种因素，应该被转换和未被转换了的传统，并没有在法理和学理上清晰界分。带有传统色彩的负面因素，仍然是阻碍台湾民主良性运行的负面因素。

这点我们在一些国民党老人那里看得清清楚楚。在中国大陆，传统文化将起到正面还是反面的效果，效果有多少，关键要看这种转变是口号上的，还是行动上的。

第二个浪漫主义之处是"吃饭哲学"。李泽厚八十年代提出"人类学本体论"，在九十年代提出"吃饭哲学"，认为"首先是物质生存，要使人活着，包括衣食住行和寿命，这就是历史的基本要素，然后在这个基础上，才是精神的东西。我认为这个基本事实，被很多学派、很多学者所忽视，而这正是马克思所注意的。包括西方马克思主义，他们忽略了物质基础，不懂经济，老搞文化批判。所以我讲要回到经典的马克思主义，坚持我的吃饭哲学"。他说"吃饭"是中国的一个大问题，中国传统文化很重视人的生存技能，它也是解决其他诸多问题的前提。区别于西方的基督信仰，李泽厚发展出了"乐感文化"和"实用主义"。由此，李泽厚的总体建构思路是把马克思、中国传统思想和美国实用主义哲学家杜威的思想进行了一个综合，去粗取精，加以改造，发挥成了"人活着的命题"或者"吃饭哲学"。

人是铁饭是钢，吃饭和经济发展当然如此重要。西方人不吃饭、不发展经济吗？人仅仅满足于吃饭和乐感文化吗？“吃饭哲学”和“实用理性”不是李泽厚才有的。邓小平就说“不管白猫黑猫，能抓住老鼠的就是好猫”。这样的民族，如何发展出古希腊那样的理性主义、承认古罗马的程序正义、接受基督十字架福音成全了的法治主义，又如何接受英国的普通法思想？反对文化批判，可是他为什么又要鼓吹传统文化的转换性创造？文化和政治的边界在哪里，文化又如何去成全现代性政治？

“乐感文化”就是在直觉本能中，凭借个体经验想当然，目的当然是“实用主义”。为了给“实用主义”提出塑造高雅感，美其名曰“实用理性”。可以说李泽厚是个主张传统文化转换性创造的唯物主义者，一个认为吃饭是人生第一要务的启蒙主义者。哪些人有李泽厚精神？在日常生活中，就是那些不思进取、缺乏战略、只为生计奔波的企业主和小市民化、斤斤计较的官僚主义者，以及被这些人剥削压迫的、却没有多少权利救济机制的底层人。

第三个浪漫主义之处是“告别革命”。《告别革命》是李泽厚刘再复对话录的主标题。李泽厚指出：我国二十世纪就是革命和政治压倒一切、排斥一切、渗透一切甚至主宰一切的世纪，他不太相信上层建筑革命、意识形态、文化批判这套东西能使中国问题得到解决；当时（指清末）逐步改革可能成功，革命则一定失败。李泽厚的结论是：要改良，要进化，不要革命；为了十二亿人吃饭，为了经济发展，不论是何种名义，都不能再“革命”了。

“告别革命”与“吃饭哲学”有关系。为了持续吃饭，李泽厚就告别“革命”。列宁说，上层无法统治，下层无法生活，革命就爆发了。用吃饭来否定革命，以一个“本能”来否定另一个“本能”。很多时候，人是为了“吃饭”才“革命”的，也可以为了“吃饭”反对“革命”，或者为了吃饭拒绝“革命”。

“吃饭哲学”很无聊、很庸俗，“告别革命”一说同样影响深远。

实际的政治变迁历程告诉我们，这个世界没有完全风平浪静的人类历史。别说法国大革命，已经被一些学者批判得声名狼藉了。革命，该来的时候还是来了，挡也挡不住。基督徒的英国政治家柏克以“反革命”著称，他虽然激烈反对法国大革命，至少还支持了美国的独立建国运动。美国的独立战争是两军对垒的流血战争。后来的南北战争是联邦政府和一个伪立的联邦政府之间的战争。

被哈耶克称为“自生自发秩序”典范的英国，还有1640年后开始的清教徒革命，以及后来的“光荣革命”。在温文尔雅的英国革命中，有个国王可怜地上了断头台。无论该不该上，毕竟人家就这样上了，后来接班的英国国王再也不敢轻易大庭广众下耀武扬威了。“光荣革命”比较文质彬彬，可是仍然被称为“革命”。上溯到1215年，没有贵族维权运动的武力震慑，倔强傲慢的约翰王不可能签订《大宪章》这个宪法性文件。今天被认为人类自由灯塔的国家，没有一个宣布告别了革命。台湾也没有宣布告别革命。

革命是需要化解的，依赖系统的政治、经济和文件的制度安排和文化引导予以避免。李泽厚这样的文化精英主义者，拒绝谈谈论如何在一个利益多样化的时代规范“维权”与“维稳”之间的博弈，拒绝认真思考国家治理中复杂的真实问题。

第四个浪漫主义之处是“救亡压倒启蒙”。这个观点不能说全部为谬论，还有部分的道理。发表于《走向未来》1986年创刊号的“启蒙与救亡的双重变奏”一文中，李泽厚就已指出“救亡压倒启蒙”乃是给中国“带来了巨大苦果”的重要原因。在这篇文章中，李泽厚也提到了传统文化的转换性创造，可见有他自己的独立的相对完整的思想体系。

近代中国太多仁人志士启蒙的目的，从来就不是维护公民权利、限制政府权力，而是为了建设一个强大的中国，来反对西方的入侵。效仿李泽厚，2003年去世的中国社会科学院副院长李慎之提出了“革命压倒民主”。革命是否有错，我们前面说了。“救亡”有错吗？美国联邦党人建立一个强大国家的目的是为了公民权利。看上去他们都希望人类文明，公民权利有保障，国家有尊严。

对这些价值优先性的排列，体现了不同人群的利益诉求和精神气质。近代中国的病因，看上去是救亡压倒启蒙，实际上是以一种浪漫主义的“启蒙”压倒另一种浪漫主义的“启蒙”，譬如用“救亡启蒙”来压倒“民权启蒙”。不变的是那颗坚持不懈、无论自己水平如何都奋勇“启蒙”、屡败屡“启蒙”的“以文干政”之心。

在救亡与启蒙这些政治大话题上，李泽厚的局限在于：从来没有直面现代国家的政治性。李泽厚眼中只有“吃饭”和“文化”。文化的目的是什么？是吃饭吗？吃完饭之后做什么？继续文化和“启蒙”吗？谁来保障这些权利？政府是暴力的合法垄断者，权利保护者又该如何被限制与制约？没有直面自由民主政体的政治性，核心的体现就是没有直面自由民主国家的暴力性。好像文明制度下的国家不会杀人，也没有军警和监狱。

因为寄希望于民众的“仓廪实而知礼节”和统治者的良心发现，所以李泽厚的政治哲学几乎不谈对任何统治者和政府的权力限制和制约，当然也就不用谈任何立宪技艺、制度安排、组织管理和国家治理。这样的传统文化的转换性创造，就直奔文艺美学的政治浪漫主义。可以说李泽厚李泽厚是卢梭与法国大革命传统的中国精神传人，也是他看似拒绝的儒家和新儒家的现代遗产继承者。

看完这篇文章的初稿，奉行“制度决定论”的温克坚对我说，李泽厚是中国自由主义的过时了的思想上的敌人。我说先生精神与这个民族同在。无论李泽厚今天有多少的著作和文章继续发表，也无论李泽厚在各个高校有多少的研究生点，在李泽厚那里，我们可以看到当代中国除去正统宪政主义——以美国联邦党人、英国洛克、法国的孟德斯鸠和托克维尔为代表——之外的几乎所有政治哲学的谬误。

“告别革命”和“吃饭哲学”支持了当代中国两大合法性基础：李泽厚的21世纪传人就是今天不思立宪的主流经济学家，“传统文化的转换性创造”和“救亡压倒启蒙”对启蒙政治的“单相思”则通向了以为文化解放就能促进现代化的文化政治论；李泽厚思想是中国传统儒家精英的“道德主义”治国理论的现代翻版。

其实李泽厚误入政治哲学的核心层，虽然他的答案完全错误，虽然他根本不知道自己干了什么。我总结了一个奇特的“李泽厚路径”：信奉吃饭哲学，又那么热衷研究中国的传统文化，从“传统文化的转换性创造”开始，直到“告别革命”、“吃饭哲学”、“救亡压倒启蒙”，四大似是而非之处，带有很深的逻辑联系。

这样一个缺乏“政治家气质”和“法学家精神”的“实用主义”体系、“小市民风格”，究竟如何塑造了我们这个时代的思想文化特征，以及这种行事为人的特点将如何影响中国的未来，需要我们站在一个实证分析的角度来反思。

李泽厚思想所特别影响的八十年代，当时的政治思潮几乎都是似是而非、浪漫主义的，充满着种种“文艺美学”性的精英主义气息。文学青年刘晓波认为，中国应该再被殖民三百年；实际上中国绝无机会再被殖民三百年。体制内有种政治改革的观点，主张党内民主，开展“社会协商对话”；在缺乏“社会分工合作秩序”（这是亚当．斯密的概念）的情况下，这个错误的方案导致执政党高层纷争，只关心最高权力运行的青年学生的政治性社团和分裂了的执政党中央进行“对话”，引发悲剧。八十年代关于中国变革的闹剧，及太多似是而非、浪漫主义的“奇谈怪论”，就逻辑和方法论言，大体上与李泽厚等人相似。

这不是责怪李泽厚，而是那个时代除了王沪宁、萧功秦等“新权威主义”主张者，没几个学者具备高瞻远瞩的价值观和脚踏实地的方法论。如果王沪宁、萧功秦的相关观点能取代李泽厚的错谬对中国产生影响，八十年代末期的悲剧不会发生。原因在于：第一，王沪宁等人的观点多少是有政治家的务实气质的；第二，尊重政治家思维的中华民族必然有能力实现“各从其类”并在转型中走向未来。

而今天，当能打通“维权”与“维稳”的、以底层研究为方法论的“法学家精神”已经在这块国土上倔壮成长，当既得利益已经定型、底层民众的维权运动风起云涌之际，当一些民间组织正在大体上健康发育、另外一些民间组织则开始将其萨满教式抗争意识写在自己的脸上，在八十年代应当引领时代政治家思维却没有起应有作用的“新权威主义”，已经表现出其治理性的严重局限。

提起八十年代及其对“新权威主义”的不公正对待，不是为“新权威主义”背书，而是吸取历史的教训，直面转型的不容易，承认中华民族需要在政治思维、经济思维和文化思维等思维范式上“重生”，成为一个能够正常思考的民族。

传统文化如何演变，常常被我们这些中国人的本能所支配。“制度决定论”决定不了制度功能发挥的效果。孟德斯鸠《论法的精神》曾谈到政治文化对国家法制的深厚影响，多次提到中国传统文化与社会结构与中国古代君主专制的那种关系，认为传统文明应该成全人类宪政民主的制度文明，却没有说一切文化都可以创造性转化从而有利于现代性。我们应当思考文化与政治制度之间那种真实的关系。

（据共识网思想者专栏 2014 年 7 月 31 日）

给启蒙精神戴上法律面具

——中国需要文艺复兴吗？

12月7日，《南方周末》发表了刘军宁的《中国，你需要一场文艺复兴》。杨鹏先生围绕着公民责任感的重建等视角对其进行了批评和补充，秋风则先后发表了几篇文章，从苏格兰启蒙运动和中世纪法治保守主义角度对刘军宁的观点展开了批评。

这一系列的文章，无论是赞成还是反对文艺复兴，尤其是秋风的道德说教文章，由于忽视了中国社会的特色，忽视了对于西方文明发展的精髓层面的挖掘，尤其重要的是，忽视了法律人在现代社会中的秩序保障和民权维护作用，因而明显空对空，牛头不对马嘴。

不仅仅是智识上的有限性

中国以前的启蒙运动，从五四运动开始，都是欧陆意义上的启蒙运动，执着于“民主”与“科学”的宏大叙事。对于西方的文化和中国的文化，不是一棍子打死，就是把他们抬到天上去，却从来不去反思自己思维的局限性。这个时候的知识分子，不是自我反省，而是要求他人悔改。

启蒙运动的宏大叙事正好符合了一个民族国家追求富国强兵的民族主义愿望，同时又适应了以为单纯地结束一种政治秩序就可以促进人类全面解放的乌托邦主义倾向。其实，无论就认识能力、行动经历还是道德品质，个体是有着自然理性的有限性的。不说其他，单单从经验主义哲学去评价，五四运动时代的启蒙者自身都有太多局限和难以超越之处。

秋风对此有认识，在“另一个启蒙传统”部分中，他提到了苏格兰启蒙运动中的自由主义发展对于中国文明发展的经验性作用。秋风总结说：“哈耶克所说的‘英国式自由主义’，以英格兰普通法传统为经验基础的英国个人主义传统。这一启蒙传统强调了个体自然理性的有限性。”

“启蒙哲学是个人主义的，同时又是唯理主义的……无穷尽的物质性欲望，比如自我保存或征服他人，这是人的本质特征。但同时，人又具有无限完美的理性，能够洞见实现上述欲望的手段”。不过，秋风虽然认识到了人的智识的有限性，指出人需要克制自己的欲望，却没有意识到欲望也绝非天然是邪恶的。没有欲望不会有人的消极自由。

超越欲望，固然需要道德意义上的个体决断，却同样需要司法意义的主权审慎。换而言之，将对于欲望的制约指向更深刻的政治性，即究竟是什么样的政治文明才是体现出人的有限性的、究竟是什么样的政治文明才能体现出对于权力的足够警醒和制约。

可是，秋风不知道，人除了智识上的有限性，更有道德上的“罪性”。

对于合理的欲望的保护，是法治的义务；对于不合理的欲望的限制，同样是法治的义务。欲望乃是立宪的根基，除非破坏法的秩序，欲望的节制不应是他人要求的产物，而是在上帝的带领悔改重生的过程。而在世俗生活，只有合理的欲望得到了保护，人们才有足够的诚心在道德上自我节制欲望。

秋风退回到了老儒家的思路，进行道德说教，鼓吹社会重建，说是只有在一场社群重建中才能找到个体的尊严。鼓吹了多年普通法宪政主义的秋风忘记了西方文明发展中法治文明的作用，从最早的霍布斯、洛克，到后来的柏克、休谟、斯密，再到门格尔、哈耶克、奥克肖特，苏格兰启蒙运动是进行道德说教、要求社会伦理重建的么？如果有，他们对于社会伦理的这种重建，一旦缺乏英国的普通法为特征的法治主义文明，他们还会说出这番话吗？

对于一些不合理的欲望的节制，最终不是要落实到公民对于自身权利的自发维护、戴着假发的律师在法庭上的看似琐碎但又意义重大的辩论，同样戴着假发的法官看似冷酷无比却无比体现出法治公正的一锤锤的果断决然的敲打？缺乏这些司法细节，更为广泛地讲，缺乏英国君民对于《自由大宪章》的认可和坚持，单纯的道德说教和社会重建还会有用吗？

知识分子是否需要反思，没有自我的悔改，自己究竟有多大的道德优越性对他人进行道德说教呢？更何况，外界究竟如何判断一个人的自我悔改的真诚程度和深刻程度？由此来看，试图发起一场道德运动更新人的内心，其实是一个罪人对于另一个罪人的道德批判。这样的道德批判不是人间混乱的结束，而是人间混乱的开端，而且是永无止境的混乱。一旦与权力结合起来，则是更大范围内的混乱。

必须回到教堂直接面对上帝悔改，回到人人皆可遵守和操作的司法正义上来。

法律人参与的现代文明

面对类似2006年下半年国内围绕着李银河女士所鼓吹的类似换妻、同性恋等性行为相关的公民权利的行使问题所带来的“消极自由”悖论展开的论战，面对苏格兰启蒙运动深深的道德叙述，基于哈耶克的自生自发秩序秩序的一种张冠李戴，秋风感到了困惑：如果我们说一个公民有权利乱伦、有权利道德败坏，这是不是说是现代文明造成了道德沦丧？

鼓吹儒家的秋风事实上以西方左派的视角来谋划中国的公民社会重建，进行了一场没有启蒙词汇的启蒙运动。与旧有的启蒙运动相区别，秋风的启蒙运动不是教人个性解放，而是要人道德节制，这是反启蒙运动的启蒙运动，最终发展成为了反人性的启蒙运动。

在今天，基于欲望的自由主义论证、对于公民消极自由的辩护仍旧不失其重要意义，“宪法精神乃是一个活的原则，在这个原则基础上乃是美国人民发展着的自由生活，在这种自由生活里有着一套赖以维持现代人体面生活的公民道德规范”。

换而言之，道德体系是非常脆弱的，只能仰赖于司法正义才能稳健地发挥正面效应。即使法治主导的文明社会仍然出现了类似甘阳先生所指责的不是之处，脱离国家政制发展和公民权利维护，抽象地谈论道德重建和欲望节制仍然是没有用的，相反只能激发起人们更大的道德反叛。

对此，我们从乔治·奥维尔的小说《一九八四》中不难看到一套鼓吹道德统一的理想国精神秩序的可怕情景。在这部小说中，男女主人公不是自我节制，也不是追求民主宪政，而是躲藏起来偷情。

秋风不仅误读了整个苏格兰启蒙运动，而且误读了整个人类的政治文明历程。同样针对当时社会的欲望膨胀，亚里士多德谈到：“所以我认为我们现在应该再度为他们建立起法治。法律的意义是何等重要！它是免除一切情欲影响的神祇和理智的体现。谁说应该由法律遂行其统治，这就有如说，惟独神祇和理智可以行使统治；至于谁说应该让一个个人来统治，这就在政治中混入了兽性的因素。在统治国家的过程中，凡是不凭感情因素治事的统治者总比感情用事的人们较为优良。法律恰正是全没有感情的。它的没有感情赋予了它公平和正义，这样统治者在治理邦国、处理各项纷繁复杂的政事，以至解决公民之间的纠纷时可以把它作为中道的权衡”。

即使是被卡尔·波普尔称为“开放社会的敌人”的柏拉图，也不是完全不谈法律而鼓吹道德重建的。柏拉图写下了《理想国》，认为最佳政制是哲学家的统治。可是很快，他就暂时放弃了自己这个想法，因为这个理想政制在现实中根本不可行。后来，柏拉图写了著名的《法律篇》，退而求其次选择了法律之治。

柏拉图从《理想国》到《法律篇》的转型，是他在现实世界中的碰壁。施特劳斯在《自然权利与历史》中说，充分体现了一个道理：单纯的最佳制度乃是明智者的绝对统治，实际可行的最佳制度乃是法律之下的高尚之士的统治或者混合政制。法治主义既体现了古典自然权利的高贵性，又能卓越有效地捍卫个人自由。柏拉图的思想转型，是从道德主义的启蒙系向法治主义的法政系转型的典范，施特劳斯充分认可了这个转型。

后世的政治文明不仅吸取了古希腊时代的精华，同样还吸收了古罗马法的精髓。古罗马法认为法的本质就是维护公民利益、促进社会公正、实现人类正义。为此，古罗马规范了一系列今天我们称之为体现“程序正义”原则的司法原则，如“适用刑罚必须根据法律实体”原则（即罪行法定原则）、“不告不理”原则……

凡此种种，充分体现了司法权的被动性和消极性特征，除非当事人申请，它决不深入公民社会和私人领域指手画脚，进行秋风意义上的道德说教，更不是类似法国大革命时期的雅各宾派专政那样进行对公民生命生杀予夺。欧洲的中世纪仍旧坚持了这个原则，如经院哲学家阿奎那那就是一个基督教法治精神的鼓吹者。这样，法政系将社会发展的权利留给了公民社会，而不是收归国有。

秋风似乎忽视了人类整个政治文明都是建立在法治主义传统基础之上的。具有强烈道德色彩的苏格兰启蒙哲学也是如此。洛克的政治哲学是对英国的光荣革命胜利经验的总结。洛克写下了《政府论》，他眼中的理想政体无疑是一个分权的立宪政体。在英国这个国家，基于人类传统和智慧的普通法传统，形成了一系列经典的文献，如《自由大宪章》、《权利法案》。

13个殖民地之所以要从宗主国英国的怀抱中独立出来，不是因为英国道德败坏，而是因为英王没有依据规则和契约精神统治北美殖民地，没有给予殖民地以代议士的名额。换而言之，北美独立革命不是启蒙运动鼓吹出来的，而是法治秩序在13个殖民地难以落实的恶果。北美独立后，联邦党人写了大量的政论文章，这些文章后来被收录在《联邦党人文集》中。联邦党人的思想早在孟德斯鸠的《论法的精神》中就曾被阐述。后来这种法治共和的思想同样出现在了1787年颁布的美国联邦宪法和后来一系列的宪法修正案之中。

以法治文明深化启蒙精神

自从刘军宁发表《中国，你需要一场文艺复兴》以来，有鼓吹欲望解放的作家记者，也有主张道德说教的，唯独缺乏法学家的参与。即使是这几位仁人志士的文章中，也较少提到法治主义这个更为根本的政治文明词汇。这时的刘军宁以及其他论者，即使曾经是认可法律文明的，却摇身一变成为了道德主义、文化主义的启蒙系成员。

在刘军宁等人的努力下，中国思想界也兴起过一场启蒙运动。这场启蒙运动是围绕着新“左”派和自由主义展开的。前者指责后者不讲平等，只追求自由，后者坚决不承认，认为只有在个体自由之下才会有真正意义上的平等。自由主义的这个辩护不假，可是这场启蒙运动并没有深入探讨究竟在何种制度下自由与平等两项社会价值才有可能是兼备，并能良性发展的。这是一场法学家大规模缺席的启蒙运动。在这些自由主义知识分子当中，无论是刘军宁，还是秦晖、朱学勤、徐友渔，不是来自于历史学界，就是来自于哲学界；刘军宁是北京大学政治学博士，可是，他这个政治学与其说是政治科学，不如说是政治哲学，其实可以算是半个政治学博士。

百年中国反复出现这个情景。五四运动的各个思想界先锋，无论是蔡元培，还是陈独秀、李大钊，也无论是胡适、鲁迅，还是其他人物，要么是历史学家、哲学家，要么干脆是作家和革命家，我们很难看到一个法学家。依然是那个局面，宏大叙事，道德说教。

贺卫方先生在“为何五四运动中法学家缺席？”一文中指出，“从法律的视角回顾，我们发现，这场运动中居然看不出多少法律家的影响……近世中国的法学家中，沈家本已于六年前去世。伍廷芳虽然在政坛上仍属重镇，对学生运动也公开表示过同情……然而，在思想上，这位法学家从来也没有获得过全国性的荣誉。1921年伍廷芳去世……他如王宠惠，虽法学根底扎实，然而却全身心于政治和外交，对社会思潮之引导，贡献无多”。

贺卫方接着说，“为什么在以五四为标志的新文化运动中法学家会缺席，这是一个值得思考的问题……在五四之时，中国近代型的法律制度尚处在模仿阶段，我们还没有真正的法学知识传统。在我们的古典知识格局中，法学（‘律学’或‘刑名之学’）是一个没有多大吸引力的领域，士大夫阶层所钟情的是儒家经典，诗书文章，所谓‘半部论语治天下’，法律算不上专门知识，更非精深高雅之学问。虽然五四时代的旗帜性人物在理性上都意识到了法律及法学的重要性，学生运动的领导者们也很快地从单纯的爱国主义走出来，将重心放在民主、人权以及更广泛的社会变革之上，然而，完整而扎实的旧学根底反而限制了人们在法学方面知识的深化，限制了法律家知识对社会的影响力”。

这个现象出现得并不奇怪，因为中国这个社会太缺乏法治土壤了，法政系思想家的影响力总是比不上启蒙系思想家的影响力。

由于缺乏对法治主义的深刻认可，知识分子常常患有法国社会学家雷蒙·阿隆所云的“怀旧的神话”之病疾，以致造成了乌托邦主义这样的“知识分子的鸦片”。我们不难从“文艺复兴”这个词语中找到这个感觉。在刘军宁等人的眼中，似乎古代的东西就是美好的，哪怕中华民族没有这样的人文传统我们也要塑造一个出来，至少也要迎合大众的需要寻找出一个“旧瓶子”来容纳“启蒙精神”这样的新酒。秋风更为干脆，找到了一个“旧瓶子”，装上了“旧酒”，与刘军宁的“旧瓶子”和“新酒”做斗争。真的就是这个瓶子？真是就是这点酒？秋风的这个瓶子，与刘军宁的瓶子，完全不一样。秋风的这个瓶子，不是中国文明中自古就有的，而恰恰是西方文明所独有的。中世纪法治保守主义是西方人的保守主义，不是新儒家，也不是新道家意义上的保守主义。

即使是西方文明的精髓，以中世纪法治主义文明为例，秋风所找寻的目标也是非常片面的，如忽视了法治主义这一深层的东西，更忽视了中世纪的人们在基督教信仰话语中的自由奔放和自我更新，以及人们之所以必须选择法治秩序，正是因为对于人的罪性和有限性的深刻认识。

因为缺乏对法治主义的深刻认可，知识分子常常看不到书房外面那些正在发生的点点滴滴的进步，也很少参与到普通人对于公民权利的积极维护这类事情上。知识分子高呼着道德重建，念叨着人文关怀，可是，辽宁那些下岗工人是不需要文艺复兴的，山西的挖煤民工也是不需要文艺复兴的，中产阶级的“房奴”也是不需要文艺复兴的，全国各地的菜市场里的家庭主妇们也是不需要文艺复兴的。他们更不需要知识分子的道德说教，他们需要的是知识分子静下心来，告诉他们什么样的理财方法更能开源节流，告诉他们当不小心被一些人侵害利益的时候该如何维护自己的权利，在这样一个基础上，才告诉他们文明的国家治理体系应该是怎么样的。

在一个法治文明的时代，如果要体现人文关怀，知识分子最好暂时搁置“文艺复兴”的想法，从启蒙系升级到法政系，用法治精神升华启蒙精神，为启蒙精神戴上法律的面具；在道德领域内，则从自我开始做起，而不是高高在上道德说教，或者说，让每个灵魂直接面对上帝忏悔与更新，“分别为圣”，而不是在世俗权威的要求下大公无私和发展禁欲主义，成为道德的楷模，最终“人人尽尧舜”。

（《领导者》2007年第1期；

压缩稿发表于2007年5月3日《南方周末》）

寻找增长拐点期的经济发展理论

2010年11月16日英国《金融时报》Michael Skapinker的文章《抗议者不是银行对手》指出，“在2008年和2009年，银行高层曾放弃奖金；但在去年，美欧大型金融机构的15位CEO中，有14人拿了奖金。根据高管薪酬研究公司Equilar为英国《金融时报》编制的数据，支付给CEO们的总薪酬上涨了36%，而营收只上涨了2.9%”，“瑞银（UBS）员工擅自交易，导致该行损失23亿美元。尽管发生了这样的事情，瑞银依然发放了高额的奖金，拨出投行业务收入的近90%用于支付员工薪酬。该行高管们表示，不提供优厚的薪酬，就可能留不住人才”。

银行家们的决策建立在两个“假设”基础之上：高薪能够吸引“人才”，自己和自己的同事就是“人才”。支持银行家的共和党的经济增长理论建立在另外两个“假设”基础之上：贫富差距为理所当然，且有利于经济发展。

伴随着华尔街这一经济观念的日期扩大，正如11月14日英国《金融时报》专栏作家John Kay的《伦敦金融城的转变》所指出的（“英国土生土长的投资银行业已经差不多全军覆没了，如今执掌这家英国顶尖零售银行的竟是一位美国投资银行家”），在华尔街带动下，投资银行把传统银行秩序变成海盗法则的金融秩序。

银行家给自己涨工资的理由，经不起实践和经济行为学理论的考证。提出“倒U型假说”的英国心理学家 Robert Yerkes 发现网球“常胜将军”贝克尔之所以“常胜”，其秘诀之一即是在比赛中始终维持一种半兴奋状态，也即“贝克尔境界”：处于轻度兴奋时，就能把工作做得最好；相应地，极度兴奋状态中的压力则可能使他完不成本该完成的工作。也就是说，适度的物质刺激才是人的潜能充分发挥的基础，过分的物质刺激适得其反。

哈佛大学教授 Leibestein 的“X—非效率理论”则指出，大企业（特别是垄断企业），竞争压力小，特定的制度安排，使利润最大化的目标难以实现，导致内部资源配置效率降低。在“管理权力论”的基础上，Bebchuk、Fried 和 Walker 等经济学家所提出的“代理人无效率理论”则认为，管理者俘获了董事会，管理者激励反而成了代理问题的一部分。部分代理问题就是管理者利用激励补偿为自身谋取租金而产生的，其获得的超过最优契约下应该获得的部分薪酬构成了他的租金。

Morck、Shleifer 和 Vishny 等经济学家在 1988 年发现董事会成员持股与企业业绩间也呈某种倒 U 型关系。建立在直觉思维基础上的激励带来代理人工作效率提高乃是一种错判，过度授权与某种高薪激励体制反而会强化代理人的无效率行为。因此，我们可以这样断言，一切委托代理关系都必然发生代理人无效率问题，由此伤害委托人。

结合倒 U 型假说、代理人无效率等理论，我们发现精英主义所鼓吹的单一权力秩序必然会危害整体市场秩序。因此经济发展必须建立在反对精英主义的多中心秩序和正义一元论基础之上。多中心秩序的含义是，发展不应该建立在垄断的基础上。正义一元论的含义则是，在特定的系统内，规则是系统而单一的，且是适用于所有人的。真正的经济发展理论拒绝任何形式的双重标准和丛林法则。

结合人类本性的必然性，博弈论的相关推理足以表明，经济领域的精英主义形成金钱崇拜，政治领域的精英主义形成政权崇拜，文化领域的精英主义则阻碍普通人独立判断是非；种种崇拜难免导致腐败和专断。就其本质而言，多中心秩序和正义一元论所反对的，就是经不起实证的精英主义会带来社会总效用最大化这一假说。

西方国家的问题首先不是出现在这个国家的司法独立与制衡制度基础之中，也不是出现在这些国家立宪建国时期的多中心秩序和代议制政府之上，而是体现在这些国家的日益市场化和金融化所鼓励的精英主义倾向。这样说，并非旨在主张计划经济体制或者主张取消金融体系；而是指出，市场文明必须有相应的发展理论。这一理论并非如某些银行家们所擅长的那样，将经济发展简单地理解为企业间的竞争，以至于弱化为薪酬的刺激，也不是说应该取消竞争，而是说这种竞争必须有基本的准则且奠基于特定的社会与信仰基础之上。

到了今天，很少有人会拒绝承认世界性经济危机已经发展到了历史上罕见的地步。在中国，具有不同学科思维的专业化学者也在为自己国家的发展提心吊胆。相对另外一些国家，中国贫富差距更加显然，且其贫富差距源于自身经济制度和社会结构的诸多不足，例如司法权威严重匮乏、代议制政府和多中心秩序至今仍然是理想、行政化垄断所导致的“国进民退”为基本的所有制结构及其倾向。具体到企业管理，国企高管更是竟相鼓吹“高薪养廉”这一在经济行为学中早已显而易见的谬论。由此，未来的中国经济，匍匐于巨大的冲突阴影之中。

西方国家如何摆脱经济危机？显然这不是中国人能代替他们去思考与操作的。2011年中国经济决策最大的理性，一是对小微企业姗姗来迟的减税，第二是终于认识到自身的不足，放弃了以微薄之力拯救处于债务危机的欧洲的奇怪想法。可是，如此细枝末节的政策性变动，并不足以减少与日俱增的世界性经济危机（包括中国）对中国经济可持续发展的伤害。

因此，中国迫切需要进行一场"全局变革"来应付结构性的经济发展困境。中国必须谦虚学习那些相对中国显然算是"成功"的经济体系的经验，并认真吸取这些经济体在发展中所遭遇的教训。

倘若中国的观察者以跨学科的思维认真分析了自身所在的困境，迟早会承认：无论是转型看似已经成功的欧美世界，还是如含苞欲放般期待成功转型的中国社会，体系性的经济发展之源并不是某些人所鼓吹的精英主义信仰，而是深藏于人类浩淼博大的系统文明之中。

（《理财一周报》2010年11月25日）

自由国度是怎样崛起的

由著名的自然神论者杰斐逊起草而经更多建国者（包括基督徒，也包括非基督徒）认可并公布于世的美国《独立宣言》开头的序言，这样宣称：

> 我们认为下面这些真理是不言而喻的：人人被造平等，造物者赋予他们若干不可剥夺的权利，其中包括生命权、自由权和追求幸福的权利。为了保障这些权利，人类才在他们之间建立政府，而政府之正当权力，是经被治理者的同意而产生的。当任何形式的政府对这些目标具破坏作用时，人民便有权力改变或废除它，以建立一个新的政府；其赖以奠基的原则，其组织权力的方式，务使人民认为唯有这样才最可能获得他们的安全和幸福。

这段话第一句，还原成英文就是，"We hold these truths to be self-evident, that all men are created equal, that they are endowed by their Creator with certain unalienable rights, that among these are life, liberty and the pursuit of happiness"。其中"all men are created equal"在中国长期以来被错误地翻译为"人人生而平等"。

人人平等，是因为每个人都是上帝根据他自己的形象创造出来的，每个人与上帝都有直接的关系。在上帝和人之间，不存在任何的中介，也没有任何其他的被造物，可以作为这样的中介。因为所有一切无不在上帝的主权下，除了上帝之外，没有任何人或组织，可以让人类屈膝，可以宣称以另外的依据统治我们。正是上帝，赋予了人不折不扣必须被尊重的权利，并且让人有机会认识到这一点。正如加尔文所说，"人总是全然败坏的、自以为公义和圣洁的；除非谦卑地仰望神的面，否则人不可能认识自己"。也正是因此，all men are created equal 理应合乎其原文式地被翻译成“人人受造而平等”。

人人平等，几乎是近代最响亮的口号。但口号背后，却依托着不同的根基。

一种把人的平等建立在人自身的伟大之上，认为人的意志高于万物，这是自然的法则。正如法国大革命所宣言的，既然人的意志是最高的主宰，人的意志就可以汇合，于是数人头就成为政治中的最高原则。同时，既然人的权利，只是他自己的私有财产，也就意味着这权利是可以被转让的，人可以“自由”地把自己卖为一个奴隶。所以，必要时把个人的权利，打包转让给国家或最高领袖，也是自然的事了。以至于那些打着社会契约幌子的共和，最终也无非是把个人的权利，转交给一个或一群人罢了。

另一种平等，则把根基建立在上帝、建立在十字架那那里。人与人的一切差异，都伏在其下，都不再是人间不平等的根据了。从进化论不可能引申出政治哲学上的平等，只有从创世论才能引申出人间的平等和真正的平等。既然所有人都由上帝创造，那么我之为人的依据，就不在地上。我之为人的权利，就不是私有财产，不是私相授受的，当然也不是任何人或组织所能剥夺的。同时，也是不可转让出售的。既然我的灵魂，直接向上帝负责，那么任何其他人，就都没有支配我思想的权利。

当我们谈论权利，谈论平等自由时，请不要忽略一个事实，那就是人的罪性和有限性。罪破坏了我们的良善，使这个世界全然败坏。一个诚实的人，会承认他的心思意念、行事为人，无时无时不在罪的诱惑中，不在贪图着别人的财产、身体、妻子、房屋、名声和一切。这个世界的秩序在本质上是混乱的，就如我们的内心。所以我们无法继续我们的生活，除非有一种新的宇宙秩序、心灵秩序的建立，然后才可能带来一种自由的社会秩序的更新。

这种自由秩序的建立，不是在人的契约论下，把人的权利转让给国家。也不是为一个人或某个组织的利益。而是为每个人身上从上帝而来的形象、尊严和权利，免于他人的破坏。同时阻止人群在公共生活中走向专制。因为人人都有罪性，不存在没有罪性的人，不论总统或任何人，都在这个秩序的管辖之下，都因着遵守这个秩序而得着自由。也因为人都有罪性，所以需要法治。国家提供法治，约束人群中的堕落；教会仰望恩典，使人从堕落的本性中得自由。一个管理身体，一个医治灵魂，政教分离，其实也是政教合作。

因着律法的强制性，政府就成为必不可少的恶。这恶源于人的堕落。既然人的良心没有自我管理的能力，外在的法治秩序，就把基本的个人自由圈在里面。但为了防止法治秩序侵犯个人的自由，限制这个秩序的能力大小和所调控的范围，也就是宪政主义，就成为必要。政府只能管辖公共领域，不能管辖个人的私密空间；只能管辖人的行为方式，不能管辖人的信仰、思想和言论自由。

在一个“有教堂的开放社会”的社会体系和“基督教正义一元论”的文明范式当中，对上帝的敬虔（宗教），才是对个人自由最至关重要的保障。在“我”和上帝的关系中，“我”隐秘地管理我的一切，外在法治秩序，只是保障“我”和上帝的关系能够在地上顺利地表达。在“我”对上帝的崇拜中，我的个体意识时刻都被确认。“我敬拜，故我在”。这种意识也不断提升、激励着“我”以一个个的个体的方式，而活在他人的面前。也因此，一切的自由教育，也必须以信仰的教育为支撑，否则就落入极其荒谬的结局。

从神学史来看，在奥古斯丁那儿，对人的罪性和有限性的体认，奠定了他的“双城论”的基础。这既是源于西方悲情哲学的传统——它有些过于希腊化，也是对罗马帝国被毁灭的现实回应。每个人诞生于这个世界，就分属于两个大的体系，且分担了各自的公共责任。政府是法治秩序的提供者，它当保护基督徒的信仰和生活自由不受干涉。基督徒也有顺服政府权柄的义务。但是，国家在本质上是一个执行者，而不是立法者。国家不能决定人应该怎么生活。决定人类生存的终极目的，并指导政府完成其本分的，乃是教会所发挥的正当的社会功能。所有信徒都有义务以自己信仰生活的见证，来帮助教会完成这一社会功能。而不是督促政府将这种独立社会的功能国有化，进而侵蚀民间社会和信仰自由的健康活力。

在加尔文主义或改革宗神学中，上帝荣耀的主权占据着核心位置。世上所有发生或未发生的一切，无不在上帝的主权之下。政府的权力依然来自上帝的委任，否则就是乱政。所以我们基于对上帝的敬畏，也会对政府权柄表示最大的尊重。因为凡是权力，都从上面来的。

正如耶稣对罗马总督彼拉多所言的，若没有父赐给你的权力，你什么都不能。我们顺服法律，也顺服法律确认的公民权利，我不是顺服任何人，也不当顺服任何人。但我们顺服符合上帝旨意的法律，也顺服执行这法律的任何人。正义和道德的标准，始终在上帝那里，不在人这里，但人怀着敬畏的心，却可以了解。由此，一切的国家崇拜、政党崇拜和集体崇拜、权威崇拜就被否定了，真正的宪政主义在福音的支配下，才能走向真正意义上的个体觉醒。

由此，在世俗法律无法约束政府权力泛滥的时候，在个人与政府之间，始终有一个道德性的仲裁者，一个先知般的声音和一个公民社会中的力量主体。那就是由自由的基督徒们所组成的那个社会实体。所以，加尔文所做的就是重新回到、阐释和捍卫基督徒的基于上帝话语的自由。无论是信仰自由，还是社会性的个人自由，都只能在一个“有教堂的开放社会”和“基督教正义一元论”中，透过从真理到生命、从生命到伦理、从伦理到法治的转变，才会实现。

这本书（《自由的崛起——16—18世纪加尔文主义和五个政府的形成》，江西人民出版社2008年7月版）所描述的，就是当代的一个开放社会的形态，如何在作者所描述的五个政体中演变出来的。自由宪政主义的产生为这个社会提供了一个开放的架构。就连写了《理性时代》的潘恩，也不得不承认“宪法是先于政府而存在的”这一基本的基督教化的立宪观。

看看美国宪法的描述，再比较一下圣经中的盟约，我们看到太多的“不要……”，因为这里列举了人常犯的错误，但没有一个人天生是基督徒，或天生是义人，反而在始祖堕落之后，生性为恶。上帝通过律法来使人们感到恐惧，使得他们心里的恶，不过分表现为行动。新约中的《罗马书》、《加拉太书》因此确定律法的功效是：教导人认识罪，承认罪，使人谦卑，以至愿意在基督里领受恩惠和信心。

同样，人间的宪法和法律里，第一件要告诫人们的事，就是人是有限的，政府更是有限的。政府必须认识、承认自己的界限。因为宪法是先于政府而存在的，而宪法的道德性，是依据上帝的正义而来的。否则，所有的平等、自由都只流于形式，只会导致有宪法而无宪政的局面。

新教改革宗（加尔文宗）的自由观，是一种基于《圣经》启示的、国度和圣约之下的自由。凯利（Douglas F. Kelly）的这本书，论述从16世纪到18世纪，这一新教改革的加尔文主义遗产，如何塑造、演变和更新了英美的宪政观，尤其是对政教关系等政治哲学议题的巨大影响。这本书，起因于一个神学家与法学家的联合研讨小组。在宗教与法律的混合视野下，作者论述了加尔文主义在16—18世纪对五个政体（日内瓦、法国、苏格兰、英格兰和美国）的影响，并如何持守和参与演化出这一人类政治自由传统的。凯利也提及了加尔文主义影响的一个世俗化过程，以及自由主义和启蒙运动在这一过程中越来越大的影响力。

这对知识分子的一个传统认识构成冲击，就是认为近代的自由政体，是由无神论色彩的文艺复兴和启蒙运动所塑造的。事实上，在加尔文主义影响下的三次革命，荷兰革命、英国革命和美国革命，产生了与法国革命、俄国革命截然不同的后果。法国大革命产生了君主专制和国家主义，而在荷兰、英国和美国，却产生了宪法保障下的个人自由政体。

自由、平等、博爱、宪政、民主，这些美好价值从来不是知识分子喊口号的结果，而是每个人在认识到自己的罪性、有限和无力之后，走向自我克制，相互宽容、接受约束而建立起来的。在西方的政治传统中，持守纯正信仰的基督教会为着信仰自由、政教分离和神的公义，行在地上争战不停。很大程度上，这一股力量与启蒙主义和理性主义的力量一起，塑造了近代文明。但宪政主义的真精神的核心，却从来不是启蒙主义的，而是基督教的一种法治的保守主义精神。自由政体的崛起，与这一精神血肉相连。

然而在中国，这样的精神却未曾积累，也不被珍惜，甚至在一百多年学习西方的历程中，反而被人文知识分子们给予轻率的忽视和妖魔化。不能不说这是近代中国在知识认知方面巨大的损失。

当然，凯利这本书，有着严重的疏忽或者说是缺陷，那就是对欧美宪政缺乏一个完整的、立体的、更加实证的考察。美国的建国事业，不仅有加尔文改革宗清教徒的参与，还有其他教派的基督徒的参与，甚至还有自然神论者和其他形形色色的非基督徒的参与。例如，华盛顿、富兰克林、杰弗逊等，确切地说，都不是基督徒。

用伯尔曼在《法律与革命》中所叙述的话说，美国革命综合了法国的自然神论的精神气质。1620年的“五月花号”事件作为大规模的移民而成全的殖民地宪政，清教徒抗争的是圣公会的基督徒，也因此，在1787年前后，与这群清教徒在政治上合作的是希腊罗马文化的自然神论者。

这就是说，美国社会后来出现的各种问题，在“自由国度的崛起”那一刻，已经被显明出来。这个国家政治中难免出现的“投机”和“背叛”，是“罪”的必然。

这种立体考察的结果是，我们承认必须从政治社会学的角度来理解欧美宪政的形成，而不是单单从基督徒的信仰宣告等角度来确认。《圣经》的逻辑也是，被赞美的是又真又活的三一神，他的创造、他的救赎、他的护理和他的审判，而不是基督徒作为一个“蒙恩的罪人”的信仰，更不是基督徒的各种“信仰政治”。

换而言之，宪政之生成，作为护理结果，不是本着“救恩之约”（如“新约”），而是为着“救恩之约”而展开的“挪亚之约”意义上的保守。这种保守，看似针对一切人，却是为了维护救恩，而保守教会的安全，实则是在一种合理的秩序中让人类的境况不至于过分变坏，好彰显耶稣基督的荣耀。用通俗的话来说，宪政的生成，就终极意义而言，不是为着地上的政治。

指望靠“加尔文主义”来刷新中国的政治文明，与圣经的实际叙述“南辕北辙”。我们的逻辑推理和各种考察都已证明，这仅仅是基督教背景的、宪政想象主义的“中国梦”。无论如何，不信耶稣的中国人所反对的，至少足以代表他们的看法。

我们或能改变不信的官民，途径是“福音”；若不能，那是“创世以先”的“预定”，我们当领受。不要因为上帝“拣选”的人足够少，而期待用“福音”扩大选民的人数，而是要因此更加珍惜这份用基督宝血重价赎买回来的救恩。

也不要以为今天西方的模式，就是明天中国的实际。更不可从西方的一套政治哲学“推导”出西方的政治实践，武断说这就是中国人未来的生活，由此无知无畏地指责教会中那些不喜欢参与政治的弟兄姊妹缺乏《雅各书》所叙述的一份“爱心”。

用给《正义一元论：从民情到法政》（美国修订版）写序的康来昌牧师一篇文章的标题来说，美国“五月花号”讲述的是“正确而美好的分离”的圣徒故事。美国后来的福分是耶稣基督“恩赐”的结果。面对这位“恩赐”而非“祝福”的神，我们应当感恩，而不是与“世界”联合、任凭撒旦试探以致肉体犯罪引来神的震怒。

（共识网专栏发表于2010年8月12日；2013年3月26日修改）

从奴隶到选民：美国奴隶制的法政化解决

“我们在此立志誓愿，不能让他们白白死去——要使这个国家在上帝庇佑之下，得到新生的自由。”

美国南北内战中的1863年。林肯在葛底斯堡国家公墓发表演讲。他精辟地阐释了这样一个主张：政府应该是民有、民治、民享的。这个主张成为后世公认的民主政治的基本准则。

要充分实现公民权利，温和派主导的改良努力不可或缺，政治智慧与胆略同样重要。最终这一切的努力都要转化为宪法至上的法政文明设计之中。

废奴为何是正义的？

北美人民在《独立宣言》中表达了人民主权和天赋人权意愿，又将这种意愿写入1787年美国联邦宪法；然而那时，美国人民没有一劳永逸地解决基本人权的落实问题。其中，最典型、最令人诟病的是黑奴问题以及与之相伴的种族歧视问题。在那个时代，联邦党人刻意规避了这个问题：辩护者认为这体现了美国建国之父们的政治审慎和妥协技艺，批评者则认为这体现了统治者的软弱性和局限性。无论如何，废奴的任务就此历史性地落在了合众国的继承者们身上。

对这些继承者来说，美国黑人奴隶现象，既是历史的遗留，又是既存的利益格局。说是既存的利益格局，是因为那时最为重要的乃是国家的变革和发展，即如何将一个随时可能瓦解的邦联改造为一个宪政民主的、有巨大发展潜力的联邦；而要达到这个目的，至少需要维系一个强大的政权，这也是建国之父们的一个底线共识。

显而易见，种种理由绝然不能说明奴隶制度是正义的，相反，它必须被改正。对此，托克维尔在《论美国的民主》总结说，“基督教之废除蓄奴制，不过是替奴隶声张了权利而已。现在，人们可以用奴隶主的名义去攻击蓄奴制，因而利益和道德在这一点上调和起来了”。

要解决这样的社会问题，有两个基本路径。一个路径是革命。革命特别容易让受压迫者得到快感，却也会引起流血冲突，有时还会造成内战乃至败坏人心，这样看来，革命未必能确保新生国家达致自由民主。另一个路径就是改良，即在维持现有制度的基础上，通过民间维权运动和体制内自由派的努力，加上自由媒体的舆论攻势，将权利问题上升为政治问题，通过修改宪法，实现政治问题法律化，最终彻底废除奴隶制度。废奴提上政治议程之时，法国大革命结束已久，善于总结和反思历史经验的美国人没有选择革命，而是决心通过渐进的改良，刷新政治格局。

废奴运动中的各种力量

因着利益和价值观，共和党人分成了几个政治派别：激进派、保守派、温和派。

激进派主要由废奴主义者和自由领土主义者组成。对他们而言，奴隶制和种族歧视违反独立宣言的原则。废除奴隶制度，意味着赋予黑人与白人同等的公民权利。

这些权利毫无疑义地包括经济权利和政治权利及公民尊严。甚至早在共和党成立之时，追求黑人的自由，已经是激进派所坚持的理念和毫不懈怠的行动。保守派则坚持当初联邦党人的观点，因为从1787年颁布的联邦宪法来看，一个州有权利决定自己的经济制度；更何况，联邦的维系同样需要得到南方奴隶制种植园主的支持和妥协。一旦联邦不复存在，美国政府就可能失去保护北方自由人民的足够实力。

最终是以林肯总统为首的温和派共和党人成了“废奴”阵营的领导力量。这也难怪：任何一场社会变革运动，如果要走向理性和成熟，必然是中左力量和中右力量的联合；而最好的社会变革之道，莫过于政府中的开明力量与民间变革力量之间的妥协。基于这种联合和妥协，在影响力和道义上，这一涵盖了社会大多数人的力量，就可以远远大于阻碍社会发展的力量。

具体到当时美国，激进派和保守派，就可以团结在以温和派为主体的“废奴”阵营之中。而在南方蓄奴地区，天赋人权观念日益深入人心。国际情境亦不可忽略：禁止奴隶贸易的声音日益扩大，并逐步转化为一些国家的公共政策——英国议会就在克拉朋联盟的努力下通过了相关法案。终于，在废奴主义者的协助下，黑奴不断逃往北方地区成为自由民。这是一个颇具意味的社会现象：无论一个奴隶是否积极参与，民间维权运动的发展客观上都促进了奴隶生存状态的改变；这种逃亡导致了奴隶价格的高涨，也算是利伯维尔场经济对人类幸福的一种促进方式。

废奴运动的过程同时是西进运动的过程。随着美国疆土不断扩展，新的疆土实行奴隶制还是实行自由雇佣制逐渐成为公共话题。南方蓄奴力量经营日益艰难，却又要千方百计扩张其经营范围。相对的，北方资本主义经济的扩张性和开放性需要南方作为其利伯维尔场，从而需要解放奴隶。为此，南北双方争论得面红耳赤，这个国家似乎生活在活火山口上。这意味着，黑奴制度不仅越来越不得人心，而且也越来越破坏社会的团结和生机。

事实上，白人，黑人或者其他人，不过需要一场公共危机作为社会问题总爆发的导火线，以此增强美国社会作出重大决断的勇气——终结美国的不正义秩序必须具备这样的政治勇气。

奴隶制度的废除

现代政治学有个常被人提起的基本规律：宪政制度比专制制度更能实现长治久安，可是，若是应对某些制度性危机，宪政制度却常常不如专制制度干脆利落。在1861年变革之中，由于君主专制制度的存在，沙皇政府相对轻易地废除了俄罗斯长达数百年的农奴制度。而在美国，由于种族歧视的深入人心，也由于联邦制这一特殊的国家结构形式，黑奴制度的废除绝非一个领导人就可以决定的。由此导致了在美国奴隶制度的废除要比俄国显得更为复杂、更为艰巨。

除了少数群体的激进主张，美国历史上任何一场变革，主流社会都以《独立宣言》、联邦宪法、《联邦党人文集》等一系列经典的宪政文献作为他们追求自由民主理想的法理依据。可以说，这是一个"美国共识"。这样一个共识的底线就是在保持社会稳定的同时，不失时机地促进政治变革，而政治变革的核心，就是在宪法精神的指导下修改宪法。由于宪法的正文是可操作性的政治程序，这些程序关乎美国联邦总统、国会和司法机关的分权和制约平衡，关乎联邦和州的分权。它们只需要在变革中被完善，而不是在革命中被否定。这就保持了美国基本宪政秩序的稳定。

废奴过程是在联邦宪政基础上进行的。南北方两种生产方式斗争的直接结果是南部势力以脱离联邦统治的形式发起了美国内战。战争期间，1862年9月，林肯总统颁布的《解放黑奴宣言》规定：自1863年1月1日起，南方叛乱各州的黑人奴隶一律成为自由人，符合条件者可以参军；对于不参加叛乱的蓄奴州仍按1862年4月国会决议，采取自愿的、逐步的、有赔偿的解放奴隶措施；对于逃亡奴隶则视其主人是否为叛乱者而决定是否引渡。显然这是一个相当带有利益妥协色彩的奴隶解放方案，只是，单单这个方案，就极大地促进了奴隶制度在美国的覆灭。

美国主张宪法至上、法律至上。解放战争胜利的成果必须以宪法和法律的形式固定下来。1865年，联邦宪法第十三条修正案被通过并规定：在合众国境内受合众国管辖的任何地方，奴隶制和强制劳役都不得存在，但作为对于依法判罪的人的犯罪的惩罚除外；国会有权以适当立法实施本条。从此，除非依法判罪，任何形式的强迫劳动在美国都被认为是非法的。

这是美国宪法及其修正案中唯一一条针对个人权利的限制条款。换言之，在美国的这些立法者看来，奴役和强迫劳动是何等的不人道，加之反对废奴的力量的确是何等地强大，以至于必须立宪加以禁止。

黑人选举权的落实

没有一项公民的生存权和发展权可以脱离政治权利的落实而得到实现。选举权是公民权利的基础权利。现代政府的合法性来源于公民的授权，公民通过选举和竞选产生自己的代理人，政府的政务官被认为是公民意志的代表。可是，一旦缺乏普遍的、公正的、平等的、秘密的选举权制约，作为公民权利的“带刀护卫”，政府就可能逐步走向专制和腐败，最终侵害公民的权利。因此，对于黑人权利的保障必须上升到政治权利的高度，以求从根子上解决黑人的不公正问题。

联邦政府有权保障各州实行“共和政府形式”，却将制定选民资格的权利留给了各州。这就意味着，黑人选举权的落实，并不仅仅是一个对黑人政治地位定义问题，同时还是对美国宪政一系列基本问题的重新界定问题，诸如联邦与州这样的国体意义上的关系，是一个复杂的系统问题。此外，北方保守派共和党人还担心，一旦授予黑人以普遍的选举权，他们很可能选举一些奴隶主，最终威胁到共和联邦，威胁到自己的统治权力。不过，这其实只是一个技术疑惑。毕竟，黑人选举权的落实只是一个时间表的问题了。

1865年4月，林肯在白宫的最后一次公开演说中，建议刘易斯安娜州将选举权给予那些有文化和曾经为联邦而战斗的黑人。激进派从林肯的这一表态中得到更大信心，但他们的谨慎乐观很快就在4天后林肯总统的遇刺身亡中消失了。希望顺理成章地落在继任总统安德鲁·约翰逊（Andres Johnson）身上。上台伊始，约翰逊表达了对落实黑人选举权的热心。想不到，5月29日的总统重建文告，并没有将黑人选举权作为南部回归的必要条件，这就激化了总统与激进派的关系。很快，由于约翰逊否决了国会通过的自由民局法案和民权法案，彻底摧毁了总统与温和派共和党人的联盟，而这些方案本来是针对南方白人政权的“黑人法典”的反击措施。

约翰逊总统的倒行逆施促成了共和党人激进派和保守派的大联合。与此同时，随着南方“自由”人口总数的增大，他们在国会内的席位也会随之增多，很可能与北部的民主党人联合，进而威胁到共和党人的全国领导权。这样，在统治利益的支配下，温和派不得不考虑到共和党人、也就是整个联邦宪政的长远利益。

于是，温和－激进派连忙提出了一个妥协的思路：要求南部各州赋予本州岛岛黑人以选举权，否则就采用原宪法中众议院代表分配权的原则，减少南部各州在众议院中的代表权。这个建议颇富政治智慧：如果南部各州不给黑人以选举权，它们在国会代表权问题上将得到惩罚；而一旦它们给予了黑人以选举权，黑人必将对那里的民主党势力形成有效的钳制。

1866年，这一思路很快就被温和派共和党人用来制定第十四条宪法修正案。该修正案规定：所有在合众国出生或归化合众国并受其管辖的人，都是合众国的和他们居住州的公民。任何一州，不得拒绝给予任何人以平等法律保护。该修正案同时规定：一州的年满二十一岁并且是合众国公民的任何男性居民，除因参加叛乱或其他犯罪外，如其选举权遭到拒绝或受到任何方式的限制，则该州代表权的基础，应按以上男性公民的人数同该州年满二十一岁男性公民总人数的比例予以削减。

这又是一个颇具政治心机的妥协性方案。第十四条修正案看上去几乎都是针对南方种植园主叛离势力的量体裁衣，因为根据这条修正案，北方共和党人并没有授予北方黑人选举权的义务。激进派共和党人对此深表失望。但这条修正案实际上建立了统一的联邦公民资格和公民权利，赋予了联邦政府以保护民权的责任，改造了原有的“二元联邦制”，重新解释了美国宪政主义的基本内容，为激进派进一步推动黑人选举权的落实提供了宪法意义上的法理基础。

从此，在黑人选举权的落实问题上，南方白人种族势力逐步被削弱，斗争在激进派和温和派之间慢条斯理地开展，联邦也渐渐地得到了稳固，直到1869年联邦宪法的第十五条修正案得到通过，并宣布“合众国公民的选举权，不得因种族、肤色或以前是奴隶而被合众国或任何一州加以拒绝或限制”。

这是美国历史上最伟大的转折点之一。从此，美国的黑人斗士中似乎很难听到彻底否定整个宪政体制，进而促进种族平等这样的政治宣言。马丁·路德·金说，他“有一个梦”，一个“深深扎根于美国梦中的梦”。由于宪政民主制度的存在，国家政制的尚可改良，在美国黑人的追梦过程中，起主导作用的不是文化主义的激情，也不是种族主义的口号，更不是血缘主义的战斗。

对此，托克维尔继续提醒说，“法律可以废除奴役，而能够抹去奴役的痕迹的唯有上帝”，“古代人的困难在于改变法制，现代人的困难在于改变民情”。

然而，至少，美国黑人从奴隶到选民的过程却给了我们一个不无裨益的经验教训：要充分实现公民权利，温和派主导的改良努力不可或缺，政治智慧与胆略同样重要，最终这一切的努力都要转化为宪法至上的法政文明设计之中；这个历程充满了自由理想政治化、政治问题法律化的基于现实利益分析的政治博弈。

（《南方周末》2007年7月19日）

公务员财产申报制的美国逻辑

公务员财产申报制已经越来越被认为是政治文明的基础制度了。很多人理所当然将公务员财产申报制与宪政民主联系在一起，以至于有人想当然地认为西方世界一开始就是实行这一制度的。其实，公务员财产申报制的建立和确认的历史，即便在美国，并不长远。

我们从西方政治文明背后的逻辑来分析美国立宪缘何在起初并不注重公务员财产申报、而是付诸于大的政治文明体系之建构和公务员之自律。随着政府规模的扩大，及美国信仰体系的世俗化，为防止公务员利益冲突，美国才立《政府伦理法案》要求公务员进行财产申报。

西方“终极正义”视野下的“财产申报制”

一般的政府理论都承认必须对政府实行制度正义的限权措施。关于国家理论，在制度经济学中，一直有“契约论”和“产权论”的争论。“契约论”又可以区分为世俗意义的“自然契约论”和基督教意义上的“圣约论”。从规范法学上说，契约论是正确的；而就实证分析而言，“产权论”也是正确的。人类的历史，就是在

“契约论”和“产权论”背后的限权与反限权的博弈。两个观点有其深厚意义，更致命的是背后的利益诉求究竟如何。例如，“产权国家论”不否认意识形态的影响，但特别强调产权的结果会导致对军事暴力决定论的偏好。

西方文明伟大的经典《圣经》有一段既符合“契约论”又符合“产权论”的论证。《圣经》用的不是学院派知识分子擅长的哲学修辞，而是不识字的人都能听得懂的叙述话语。《撒母耳记上》第八章中这样描述：以色列的长老渴望君王为他们征战，耶和华借着先知撒母耳的警告“管辖你们的王必这样行：他必派你们的儿子为他赶车、跟马、奔走在车前；又派他们作千夫长、五十夫长，为他耕种田地，收割庄稼，打造军器和车上的器械……那时，你们必因所选的王哀求耶和华，耶和华却不应允你们。”根据《圣经》的明确叙述，除非耶稣基督第二次来到这个世界，“新天新地”（也就是“神的国度”）降临，这个局面不会改变。

财产及其治理权本是上帝的恩赐。创世记 1:28 指出，“神就赐福给他们，又对他们说：‘要生养众多，遍满地面，治理这地；也要管理海里的鱼、空中的鸟，和地上各样行动的活物。’”不过，在著名的“摩西十诫”中，上帝借着摩西立法，“不可贪恋人的房屋；也不可贪恋人的妻子、仆婢、牛驴，并他一切所有的”（出埃及记 20:17）。类似“私人产权论”，居然也被上帝立法予以尊重，当然目的是捍卫“十诫”的第一条“除了我以外，你不可有别的神”，原因在于人的拜物主义（包括拜金主义）倾向。耶稣说，“一个人不能事奉两个主。不是恶这个爱那个，就是重这个轻那个。你们不能又事奉神，又事奉玛门”（马太福音 6:24）。“玛门”就是“财利”的意思。或者说，私人财权的“诫命论”这一“消极自由”，目的是促进“单一敬拜”的积极自由。这点在《利未记》和《申命记》中被不断强调。

耶稣的道成肉身成全了《旧约》。耶稣在各各他山上屈辱地上了十字架，在三天后战胜了“死”荣耀地复活。这个话题关乎不可代替的独特救恩。我们还确切地知道，最早的“十二门徒”中有一位“背道者”犹大。作为耶稣门徒团队的成员，犹大“是个贼，又带着钱囊，常取其中所存的”（约翰福音 12:6）。圣经没有叙述、也不关心如何建设个人和集体财产申报制来管理好耶稣自己的财产。以三十两银子的价格出卖耶稣导致耶稣被捕后，羞愧的“犹大就把那银钱丢在殿里，出去吊死了”（马太福音 27:5）。《圣经》强调“因信称义”，拒绝救恩的行为主义叙述。犹大之被“定罪”，其出卖行为乃是因其不信耶稣是复活的主。

基督教会也被认为是“神的国度”；只是这个“国度”不以地上的政权之夺取和占有为目标，而是以敬拜耶稣并传福音为宗旨。也因为这是“神的国度”，当耶稣复活升天后，使徒们就开始过上了“信的人都在一处，凡物公用”（使徒行传 2:44）的属灵共同体生活。这个群体刚开始也没有实行任何形式的个人或者集体财产申报制。饶有味道的是，这部分的《圣经》、也即《使徒行传》的 5:1-11 认真叙述了拒绝忠实地进行个人财产申报的恶果：亚拿尼亚同他的妻子撒非喇卖了田产并把几分价银藏了起来，后来他们都断气而死，正如彼得所说，“为什么撒但充满了你的心，叫你欺哄圣灵”，“田地还没有卖，不是你自己的吗？既卖了，价银不是你作主吗？你怎么心里起这意念呢？你不是欺哄人，是欺哄神了！”换而言之，与“制度正义”和“事件正义”相比，使徒们认为，亚拿尼亚们死于对“终极正义”的背叛。

“公义使邦国高举，罪恶是人民的羞辱”（箴言 14:34）“公义的父啊，世人未曾认识你，我却认识你。……我已将你的名指示他们，还要指示他们，使你所爱我的爱在他们里面，我也在他们里面。”（约翰福音 17:25-26）由于拒绝以行为或者制度运作方式从而圣洁化人性的救赎之道，《圣经》拒绝“制度决定论”。然而，《圣经》明确支持了教会生活的“个人财产申报”。具体的制度形式之被拒绝探讨，原因在于这是圣灵的工作和“福音的大能”。

以《圣经》为起点来探讨美国公务员财产申报制，既符合逻辑，又体现实证精神。以基督教文明所孕育的英国背景的普通法系和分权制衡体系为精神，英裔北美人民建立了十三个殖民地。根据非基督教知识谱系的历史学家丹尼尔・布尔斯廷所著的《美国人：殖民地历程》等文献的叙述，即便一些政治人物（例如杰斐逊、富兰克林）不是基督徒而是自然神论者，建国初期的美国社会至少是基督化的。著名的《五月花号公约》等宪法性文件更是证明了这个观点。

终极正义、制度正义和事件正义

中国法治化过程中，常常为类似话题热火朝天而难有共识地争论：法律人队伍（例如法官、律师）中出现了一些吃了原告吃被告的行为，是否意味着法院应该被关门，干脆找个“包青天”来实现彻底的“议行合一”制，让这位道德高尚的人一举承担起立法、司法和行政的全部功能？争论的焦点在律师制度。由于一些“死磕派律师”的存在，加之客观上的确有很多律师并不为公平正义服务，有些腐败官员觉得律师影响了社会稳定而干脆全盘否定律师制度，直接付诸于特定权力人物的道德觉悟。

这种相信人可以借着自己的道德或者特定他人的道德改变世界的看法，就是宗教社会学中所说的“萨满化”。萨满教在东北亚地区特别流行。其基本特点是没有始祖、没有教义、崇拜多种神灵，没有组织、没有固定的庙宇教堂、没有专门的神职人员。主要活动是跳大神，相信通过一系列的原始舞蹈，包括肢体语言、萨满歌诀以及专用的神灵沟通器具来进行与萨满教派的神或仙进行沟通，从而到达问卜、医疗、甚至控制天气和日月星辰运转之目的。西方文艺复兴之后特别被推崇从而在五四后被引入中国的古代希腊神话就曾受到萨满教的影响。正如在坦塔罗斯、普罗米修斯、美狄亚等神话故事中所反映出来的那样。同样的还有厄琉息斯秘密仪式等，暗示使用致幻物质可以达到个体精神与治理体系上的大彻大悟。

人类的公平正义之落实问题，自古就是“正义”命题中的老大难问题。根据拙著《正义一元论：从民情到法政》的叙述，“正义”可以分为内在统一的三个层次划分：终极正义、制度正义和事件正义。最真实的正义自然是“终极正义”，但最可见的正义则是“事件正义”，最为起初的人类所忽视的则是“制度正义”。普通人的经验其实常常告诉我们，人类身上不具备“终极正义”的塑造能力。经过血雨腥风，人们发现，事件正义是可得的，而为了实现“事件正义”，必须发展“制度正义”，即便“民主是最不坏的制度”（丘吉尔语）。这就是否定律师制度、美化信访制度而代之以“人格”化的“事件正义”的激情的冒险所在。

因而有一些学派主张某种形式的“人格正义”。例如柏拉图《理想国》就鼓吹“哲学王”治理的“人格正义”。这种正义理论认为，在一个健康的国家体系内，不同的人承担不同的责任，智慧的“哲学王”承担国家的立法者义务，就能得到“善治”。当然，古希腊和全部人类历史的实践证明了柏拉图这个建议是失败的。在中国，传统的“内圣外王”、“儒法并用”的治理政治也是某种形式的“哲学王”尝试。这个体系强调人人皆可为舜尧。

事实同样证明了这个世界不存在任何形式的能够实现真正正义的“人格正义”。换而言之，人格正义的不可靠，最终证明拒绝“制度正义”和系统性“终极正义”的“萨满主义”的荒谬性。在这种语境下，如果没有一种系统性的正义，那么“正义”就只能是过分就事论事的“事件正义”。如果缺乏系统性的正义，“事件正义”是杂乱无章的。不仅如此，博弈论的逻辑告诉我们，由于人类自身的局限性，例如《圣经》所叙述的，在最常见的局面下，弱者常常被强者纳入到对弱者最不利的博弈机制中去，正如撒母耳所在世人面前所警告的。

“终极正义”和“制度正义”都是相对于“事件正义”这种“具体正义”的“超越正义”。“超越正义”拒绝正义的落实付诸于“人格正义”。在基督教谱系中，因为原罪说的确认，这种以基督为中心的“终极正义”彻底拒绝了“人格正义”，从而完全有别于中国社会的以人格和家族为中心的“人格正义”和“血缘正义”观。由于基督教正义观仅仅反对“制度决定论”（制度决定论是一种“制度崇拜”），且承认了“消极自由”意义上的“管理权”和“治理权”，这种“正义”客观上也为“制度正义”的大行其道提供了前提条件，使得西方社会发展明显区别于中国以个体和家族为中心的“人格正义”和“家庭正义”体系。

从“《圣经》终极正义视野下的‘财产申报制’”叙述到“终极正义、制度正义和事件正义”，旨在说明主导西方文明的国家治理理论中有清晰的、分层次的、能够连接底层民情与宪政法治的正义体系。即便暂时没有实行“公务员财产申报制”，由于从制度（政治）和文化（信仰）的健全发展，西方公务员队伍整体上还是健康的。当然在特定时空背景下，西方政治也会出现大问题。即便如此，“开放社会”的逻辑是以让民主法治制度具有修复能力，而不是走向“律法主义”的墨守成规和“闭关锁国”。

另外一些民族，以《商君论》中“以奸驭良”作为控制手段，其腐败就成为“利出一孔”治理方式的必然结果，乃至于德国社会学家韦伯在《中国式的宗教：儒教与道教》所断言，中国实为官僚家产式国家。在长达两千年的制度和文化的双重强化之后，若非经历完完全全的“西学东渐”，由于权力不被制衡，面对官员及作为官员后嗣的“官二代”、“官三代”，希望他们主动进行“财产申报”，完全是个梦想；普通人甚至连想都不敢想。在公共运动中过分重视这个话题，则近乎是对宪政民主生成逻辑的无知。

从“政党分肥制”到《政府伦理法案》

或许因为《圣经》没有直接提及公务员财产申报制的重要作用，新大陆的立法者们和后来的建国者们开始并没有落实公务员财产申报制，而是直接建立了以陪审团制度为中心的司法民主化体系。陪审团制度是基于公民普遍性价值规范是基于基督教超越伦理的影响下跟职业法官的主持的程序正义结合形成判例式造法，并受宪法法院和联邦高院的节制和衡平。

这个体系的特征是法官可以直接造法，强调法律人共同体和普通公民的立法正义。依此为核心，建立以立法、司法、行政三权分立与制衡为特征的联邦主义宪政体系，预示了美国公务人员迟早也会因为《使徒行传》所正视的人性逻辑而被要求忠实地申报个人和家庭的财产。

美国不是一开始就形成了两党竞争与轮流执政的政党政治。早期的美国是建立在 13 个殖民地基础上的。首任总统华盛顿是个军事领导人，被公认为“德高望重”的“建国之父”，理由是他在第二任期届满内主动离职，开启了美国总统两任制的先河（1787 年颁布的美国宪法并没有规定总统任期）。制度经济学一般拒绝谈论道德问题，就在于个体道德叙述容易走向“萨满主义”。别小看这种萨满主义的影响。这种萨满主义在喜欢搞泛道德主义论证的中国更是大行其道。进入了宪政学术体系的某种萨满化理论，可统称为“巫术宪政主义”。

因此，轮流执政也给官员腐败带来了机会。更加重视民主的杰弗逊成为总统后，换掉了前任总统内阁中的大量官员。长期以往，美国就形成了以政见为名义、以利益为导向的“政党分肥制”，培育出了所谓“猪肉桶政治”。即便如此，平心而论，由于整体制度和文化的良性运行，美国政治的腐败问题也没严重到哪里去。然而，一些议员刚开始竞选国会议员的时候，总喜欢设计反腐提案来吸引选民。如此互动的结果是，“反腐”成为国家的政治文化。

“二战”后，由于职能的日益国际化，向福利型政府的转型（有别于欧洲福利国家），美国政府规模日益庞大，其项目和公共开支暴涨，对官员的“制度正义”日益重要。被称为“影子总统”的艾森豪威尔总统幕僚长阿丹姆斯爆出受贿丑闻后，美国国会在 1958 年通过了《政府服务伦理规定》，要求任何政府工作人员都不得接受可能会影响其职务决策的礼物和帮助。这项规定禁止公务员接受礼物和帮助的行为，而毫不考虑其后是否产生回报行为。直到 60 年代中期，国会连续发生腐败丑闻，参众两院被迫分别成立“官员行为标准委员会”，开始对官员的财产来源进行全面监督，且使“公务员财产申报制”成为强制性立法。

1974 年的“水门事件”造成了严重的信任危机。保守的美国立法机构一改过去审慎多疑的态度，开始大刀阔斧地推出约束官员行为的法案，于是在 1978 年，国会总结以前的各项规定，通过了《政府伦理法案》，对立法、司法、行政三种政府机构的官员做出了统一规定：所有官员必须填写统一的财产登记表格如实报告其财产和收入；至于浩如烟海的官员财产登记表格，则由《政府伦理法案》规定建立的美国廉政署来审阅监察。

应该说，此前既对现任官员有利，又有部分道理：倘若官员财产全部公开，一般公民财产不公开，就是选举中的不公平。也因此，改革后的《政府伦理法案》规定，无官职但有意参加竞选的公民也必须公开其财产和收入。

进一步地，为了限制美国的“游说集团政治”，1989 年生效的《伦理改革法案》规定，国会议员在卸职后一定年限内不得出任任何和在职期间的职权有利益冲突的公司职位，联邦雇员不得接受类似“车马费”一类的礼节性酬金。根据这项改革法案，美国廉政署脱离人事署，成为独立向总统负责的强势机构。2007 年，围绕共和党的一系列丑闻又促使加重在官员财产申报方面的处罚力度，规定公务员在财产申报中的作假行为要付出高达 5 万美元的罚金、构成足以判作假者入狱的刑事责任。

由此可见，美国公务员财产申报制，是近半个多世纪中才逐步形成的。经过本文的叙述，我们大体上确认了一个逻辑链：美国先开始了以基督教民情为基础的社会自治体系，具体表现为十三块殖民地的社会结构基础；殖民地形成了以英式普通法和分权制衡为基础的立宪政治，并在此基础上形成了 1787 年的联邦主义共和民主政体。这个政体完全具备了防止公务员腐败堕落的主要功能。

公务员财产申报制对美国来说本来不是那么重要，是“大政府”时代才发生的制度变迁。根据国际通行的宗教社会学和政治社会学分析，“一战”、“二战”之后，正是美国逐步搁置“门罗主义”、落实全球性的“门户开放”的时代，是美国传统宗教信仰开始淡漠、也即美国日益从一个基督教社会转变为多元化社会和全球化社会的时代。

“纵然由专制政体的意外事故或民主政体的自然运作，偶尔将一个或几个有着改革意愿的统治者推上权力顶峰，也休想能让任何有悖于官僚集团利益的改革得以实施”，密尔深刻地揭示，沙皇本人亦无力对抗官僚集团，他能将他们之中的任何一员流放到西伯利亚，却不能脱离他们或违背他们的意志而进行统治，“他们能暗使沙皇的每一项政令石沉大海，只要他们不去执行就可以了”。

密尔实际上指出，即便沙皇随时可以将腐败官员发配到边疆地带，甚至处死，然而由于集权体系必然依赖官僚集团的忠诚才能有效运作和得以延续，付诸“人格正义”的“事件正义”的“运动式反腐”并不能阻止政府的腐败化。

由此，我们不得不承认，一般观察家对中国式公务员财产申报制的评价，明显赋予了这一制度以超出其功能的要求。这是“临时抱佛脚”？还是因满心的爱，“知其不可为而为之”？另一方面，更加不可否定的结论是：作为公务员，有责任在具体岗位恪守其职业伦理；作为政治家，有责任在关键时刻做出重大决断。

（《社会科学论坛》2014 年第 2 期）

窃听风暴与以司法节制资本

生活在东方国家的学者对“窃听风暴”这个话题有自己的独特感受。我们在小说《一九八四》里也感同身受。《窃听风暴》由德国导演弗洛里安・亨克尔・冯・杜能斯马克编剧，并于 2006 年 3 月 23 日在德国发行。1984 年前，在民主德国的东柏林，史塔西（国家安全局）的一名秘密工作人员接受了上级的使命，负责监听一男剧作家及其女友（知名演员）。电影的结尾充满了文学浪漫主义情结，在先进人物的“启蒙”下，政府派来的工作人员逐渐被自由的生活所吸引，进而同情他们的遭遇，以至最后在灵魂上弃暗投明，施以援助。

不知道奉行文学政治思维的剧作家是否意识到，“窃听风暴”不仅在被他们称为极权主义的国家发生，在另外一些文学作品中热情讴歌的国家（政治哲学家波普尔称之为“开放社会”）也会发生。

真实版的“窃听风暴”故事发生在被列为老牌宪政民主国家的英国。其主事者却不是波普尔所抨击的是那几类“开放社会的敌人”，例如柏拉图、柏拉图、尼采、马克思以及书中的其他政治思想的忠实实践者。而是美国联邦宪法第一修正案强调表达权必须被保护的新闻媒体《世界新闻报》。

新闻媒体在西方世界一直号称“无冕之王”，以新闻自由之名监督国家的立法、行政、司法等三大权力，号称“第四大权力”。可是，《世界新闻报》不仅窃听政府机关，而且窃听一切它认为有必要窃听的人员。英国王室、社会名流、政坛要员、谋杀案受害者甚至2005年伦敦“7·7”爆炸案罹难者的家属，统统都被这家小报锁定为窃听对象。

如果说电影《窃听风暴》中描述的糟糕局面的应付之道，人们可以使用“开放社会”这样的政治学术语轻而易举地回答。可是，发生在普通法系、代议制国家的《世界新闻报》的“窃听风暴”则非常令人深思。

如果说，政府体系内部的分权与制衡有利于个人自由与公民社会的形成，可是，光有这样的分权与制衡制度，有了表达自由和新闻独立，人们就会有平安宁静、免于恐惧的生活了吗？对此，《世界新闻报》的作为给这样的简而化之的教条主义式回答打下了大大的问号，警告人们这个世界的专制之源除了政府，还有其他地方。

冷战结束前后相当长一段时间内，部分以鼓吹市场化改革而名的经济学家在中国制造了一个巨大的自由民主意识形态泡沫。在这个泡沫因阳光的照射而产生的五颜六色的“虚幻”中，经济市场化被认为是自由的最高机制，参与市场化竞争的资本（资本本来以利润为唯一诉求）则被认为是促进市场化、从而也是促进一个国家的个人自由与公民社会兴盛的主体，进而被视为自由民主的寄托与象征的角色。然而，事实证明了这个判断本身的似是而非。

《世界新闻报》一案将“表达自由”与“资本自由”这两个在西方被奉为最高价值的信仰告白打破了。善良的人们不仅感到了痛心与困惑。难道新闻自由是那么令人可憎吗？难道资本本身就那么令人唾弃吗？

马克思在《共产党宣言》等经典文献里说，资产阶级撕去了温情脉脉的面纱，贪得无厌和唯利是图是它入骨的永不更改的本性。不过，其实不必那么伤心与显得那么悲壮。马克思在自己的著作中，同样无情抨击普鲁士的书报检查令：“整治书报检查制度的真正而根本的办法，就是废除书报检查制度，因为这种制度本身是恶劣的。”看来，马克思并不反对美国联邦宪法第一修正案保障的表达自由，而是支持这种表达自由。

真正的问题不在保障自由的机制。任何保障自由的机制，无论是代议制，还是司法公正的程序正义制度，都是值得我们倍加珍惜的。《世界新闻报》的意义在于告诉我们，如果我们将这个社会或者一个国家的主体赋予以某种道德形象，一定是不符合这个事物自身的发展逻辑。人类的经验足以告诉我们，一切的主体，都有自己在道德、知识、能力和行为意义上的有限性。孟德斯鸠说，一切权力都倾向扩张，扩张到不能再扩张为止。孟德斯鸠举例说，行政权力如此，立法权力如此，行政权力如此。《世界新闻报》却说，媒体行业也不过如此。

所以，我们需要批评的不是保障那种保证自由与正义的制度。例如腐败，一种打击腐败的做法没有达到更好的效果。例如，现在法治程序上打击腐败，没有当年朱元璋建国时期打击腐败来得彻底，不是法治程序本身的错，而是我们要进一步在程序上完善法治，进一步打击腐败。《世界新闻报》发生了“窃听风暴”事件，不是表达自由错了，而是司法到了管制《世界新闻报》的时候了，到了对英国公务人员和普通民众的人权被侵犯提供补偿的时候了。

我们需要反思的仅仅是这么一种思维。这种天真而教条的思维认为，人类社会有一种一劳永逸的解决之道，表达自由和经济市场化能给人们一个美好的乌托邦。其实宪政民主和分权制衡的制度也不可能给人们以完全的答案。种种机制能够有助于我们认识到何为幸福，却并不具有宗教那样的“福音”功能。生活就是生活，资本就是资本，值得尊重却不神圣。

令人欣慰的是，英美这样的早期代议制国家，由于相对美好的习俗与传统，留下了良性运行的普通法系的司法制度。这种司法制度的可爱之处倒不在某些法学家鼓吹的司法精英主义，而是坚定地承认一个观点，那就是司法必须站在弱者的一边。

《世界新闻报》具有再强大的舆论主导能力和再强大的资本控制能力也没用，对待政府公务员和强大的资本，普通法系的法庭采取的是“疑罪从有”的程序正义原则。因为普通法系深知何为“丛林法则”下的“马太效应”（由于资源的积累与扩张的机会成本不一样，所谓富有的更富有，贫穷的更贫穷）。因为受害者没有强大的诉讼和维权能力，普通法系就将天平转向了弱者那边。

有了这样的法制，《世界新闻报》丑闻的结案，在英国如何进行，并不会多么超出法学界和政治学界的想象。该审判的肯定会审判，该补偿的终究会补偿，民众能做什么就做什么，该倒闭的资本产业迟早也会走向倒闭。答案肯定不是如小说《一九八四》那样，以男女主人公的偷情来揭露专制极权对个性的泯灭。

（修改自《廉政瞭望》2011年第8期）

组织：冒险的生物还是分工的器官？

发轫于美国、逐步由“金猪四国”向更多国家过渡的世界性金融危机一定会写入经济发展史教科书。近日，由于豪赌欧债，美国券商全球曼氏金融（MF Global Holdings Ltd）在纽约南区破产法院申请破产保护。这是首家因受欧债危机影响而破产的美国金融机构。从资产规模计算，作为美国第五大金融机构，这家公司的令人刮目相看之处还在于，其首席执行官科尔津曾经是一位著名的政治人物。

科尔津曾经担任参议院议员和新泽西州州长。虽然税收状况良好，该州却仍处于财政危机中。科尔津想要利用金融专业知识健全该州的财政体系，但选民并不支持他，以至于2006年一度被迫让政府关门。2010年，科尔津重回华尔街出任曼氏金融CEO。科尔津不喜欢曼氏的呆板，为了增加公司的风险投资规模，他在亚洲和欧洲集中地、疯狂地招聘了大量的信用和股票市场“人才”，同时还利用公司的自有资金进行高风险投资，例如买入大量欧洲债券。

企业决策更加缺乏制衡，科尔津俨然是如鱼得水。结果是这家拥有长达200年历史的机构瞬间崩溃。曼氏的闹剧仅仅是金融危机的一个缩影。面对着危机向整个欧洲的逐步蔓延（例如意大利和法国），11月11日英国《金融时报》的社评《欧洲需要领导人，而非经理人》的结论颇为干脆："没有民众的支持，任何目标都无法实现。在推动议会批准改革方案的过程中，他们可能遭遇很大困难。解决办法是展示出真正的领导力，仅靠管理能力显然不足以成事"。

在今天中国大陆几乎所有的高等学校，都设置了各种形式的"管理学院"。由于忽视了原则性的超越性价值，人们更加热衷于细枝末节的改变，各种"管理大师"和管理学说大行其道，以至于这样的技术性努力，本能地发展为治理的谋略。

这样的管理，说白了，就是在一个"丛林法则"体系中，如何利用人的投机取巧的本能达到利益最大化。也不能简单地说这是中国特色的思维，在西方国家，启蒙运动以来，人们越来越倾向将组织生物化理解，"物竞天择，适者生存"的生物进化论大行其道，并逐渐地过渡到社会领域，发展为"社会进化论"。由此，"市场经济"就被简单地理解为商业投机，而不是追求超越性。

美国著名管理学家彼得·德鲁克在《卓有成效的管理者》一书中指出："组织是存在于社会之中的一种人工制品，与生物有机体完全不同。然而它也要受到支配动植物的生长的那条规律的制约：面积与半径的平方成比例，而体积则与半径的立方成比例……政治与生物不同，存在并不是其根本的目的，仅仅使同类繁衍不绝也不算成功。机构是社会的一个器官，它应该完成的是为外界环境做出自己的贡献。"

回到科尔津的教训来分析，德鲁克的观点就颇令人深思。新泽西州作为1787年加入美国、批准联邦宪法的第三个州，1789年率先批准了美国权利法案。在具有如此法治和民主传统的地方，自以为金融家的科尔津的那套专业知识并没有获得足够的支持。姑且搁置"今天是金融家，明天是政治家"这样的社会生态难免给中产阶级带来损伤这个事实，科尔津的故事还令人联想到立宪时刻的西方国家。

用某种社会批判理论的观点来说，那时资本主义还处于"自由资本主义"而不是"金融资本主义"阶段。当时如果财政困难，在对外战争胜算不大且常备军受限制的情况下，只好通过议会来征税，行政权就很容易受到限制。换而言之，倘若专业化的财政金融体系在这些国家立宪前夕就建成了，行政权完全可以通过某种通货膨胀，利用各种金融手段，达到其骄奢淫逸、权力却无法被议会制度节制的状态。

与几乎所有西方国家一样，中国也在呼唤一个大政府。我们总是呼唤政府加强干预来解决当前的危机，而不是加强对政府的制约进而发展社会自治。

我们总是试图扩大政府财政支出来堵住各种抗议者的嘴巴，俨然国库是取之不尽、用之不竭的。为了扩大财政收入，我们就绕开了征税是否合理这个话题，直接试图以金融手段来解决财政危机。可是，我们都知道，金融知识是何等的专业化！正如华尔街可以不断发明各种并不促进实体经济发展的金融衍生品，科尔津也曾经试图用不受制约的金融手段改造政府，也即用商业领域盛行的"丛林法则"手段来改造政府；好在民主政治淘汰了他，他最终在自己所擅长的领域也失败了。

企业组织的“风险投资”，基于未来预期，由于决策本身的局限性，迟早会面临麻烦。政府预期财政收入增长并据此决策，与此同理。伴随着政府功能的不断扩大，问题就会不断增加，治理能力则会不断下降，尤其是税收增长不力以至大规模下降之时。由此观之，政府有责任推行稳健的、保守的财政政策。这就衍生出一个新的话题：政府本来无权“借债”，借完后必然通过所谓“税收”或者其他立法手段掠夺民众和社会，由此陷入恶性循环。

今天在中国，有很多诗人型的企业主，利用一些投机和特权性结合的方式赢取了一些利润。自命不凡的他们就以为自己能统治好中国。对这群人，我们要警惕。

我们的困境远远比欧美等国家艰深。对中国经济来说，我们必须确认一个命题：各种组织，包括商业组织，其属性究竟是冒险生存的生物，还是社会有机体中参与分工与服务的器官？如果某些组织和它们的领导人，断然把自己当成冒险的兽类，追求市场文明的中国，究竟应该如何限制并最终制裁它们？

需要确信，只有当各种组织（包括企业组织）认真面对这一系列追问时，才能与自己所处的社会共同壮大，发展一个爱人如己、深思熟虑的社会，并在社会的团结互助中，基于法治的原则和分权的逻辑，限制各种权力对市场与社会的危害。

（《理财一周报》2011年11月18日；

见报标题：曼氏金融破产的教训）

土耳其的政治经济社会特点

最近中国和土耳其的经济交往有一些小疙瘩。7 月 26 日，土耳其经济部对自中国进口的变形纱尼龙或其他聚酰胺，测量每单纱超过 50 特克斯的合成纺制纱线发起反倾销日落复审调查。作为发展中国家，类似轻工业品对土耳其具有重要的就业和民生意义，所以来自中国的产品就成为了地方保护主义的牺牲品。

好市场土耳其

和土耳其在金融等领域的合作，成为中国对外经济交往的重要组成部分。2011 年前后，土耳其和中国开始更深入的金融合作：土耳其金融管理局批准了中国银行在土耳其开设办事处。2012 年 9 月 25 日，中国银行与土耳其 AK 银行宣布双方合作设立“中国业务柜台”，中国银行通过向 AK 银行派驻业务人员，为中资机构提供快捷高效金融服务。

实际上土耳其的经济发展一直不错。据土耳其统计局发布的数据，今年上半年，土耳其不锈钢扁平材进口共计 22.5875 万吨，同比增长 19.4%，进口额共计 5.49 亿美元，同比增长 10.3%。可见土耳其在制造业等方面的强劲需求。今年 4 月 26 日美国《华尔街日报》发表的一篇名为《中国后哪个新兴市场将执牛耳？》的文章指出，土耳其有望和菲律宾、墨西哥等国成为经济发展比较强劲的新兴国家。

其理由是系统性和结构性的。首先，由于文化传统，土耳其有相对欧洲的庞大人口数量（2011 年 7 月的数据为 78785548 人）和仍然不低的出生率，形成了“人口红利”。第二，相比欧洲，人均收入不高，人口也在增长，这就形成了新型的中产阶级和消费需求动力。由此，其潜在产出即使没有西欧的三倍也有它的两倍（即4.5%到5%的增长率）。

因此，作为20国集团（G20）中增长最快的两个经济体，2011年中国和土耳其双边贸易额达到了250亿美元，比上年增长了24%。中国成为土耳其的第三大贸易伙伴，也是远东的第一大出口目的地。出于对现有贸易成果的乐观精神，2010年两国最高政府首脑表示，希望在5年内将双边贸易额增加两倍，达到500亿美元。

文化血统的阴影

然而，这不等于两个国家的对外经贸关系没有任何阴影。且不说同为发展中国家的两个国家在产业上并没有相对中国与欧美那样的互补性（正是这种同质性导致了土耳其对中国产品的反倾销措施）。中国和土耳其之间存在着无法根本上化解的民族矛盾和宗教意识形态。宗教性突发性事件，足以让两国发生超出常规的产业经济学分析的外交摩擦。

在一种流行的历史观中，中国人的祖先和土耳其人的祖先有过很长一段并不愉快的交往。在斯拉夫语中，突厥和土耳其是一个词——Турция。中国北方，长期存在着一个时不时“骚扰”中原的游牧民族：突厥。公元638、659年，东西突厥被唐“统一”。680年，南迁的东突厥之后北返复国，建立后突厥汗国，745年亡于回纥。突厥各部乃大多附于回纥，一部西迁中亚，另部南下附唐。华夏民族最引以为豪的“大唐盛世”，差不多是古突厥人的“奇耻大辱”。

如今，超越民族意义的“突厥”是继承突厥血统并操突厥语民族的总称。其分布甚广，主要在土耳其、哈萨克斯坦、乌兹别克斯坦、土库曼斯坦、吉尔吉斯斯坦等国以及中国的新疆和青海。这意味着，中国大西北的民族宗教矛盾与包容了“泛突厥”运动的土耳其政府具有密不可分的、让后者“跳到黄河也洗不清”的干系。

我们足以怀疑，如果中国和土耳其两个国家中任何一个发生超乎政府控制的民族宗教冲突，其对外经济贸易关系就有可能发生不可遏制的中断，甚至发生类似一些国家曾经出现的“新账老账一起算”的民族主义性的街头冲突，使工商业投资者遭受超出其承受力的损失。

这不是危言耸听。据8月6日的英国《金融时报》报道，“土耳其一家法院判处一名前军方首脑终生监禁，并对其他多名被控阴谋推翻政府的被告处以重刑，从而为一场充满争议的审判画上了句号。这场审判加剧了立足伊斯兰主义的土耳其政府与其世俗派对手之间的深刻分歧”。旨在促进军队的非政治性和文官政治体系的完善，一些人士认为这是土耳其民主化的重要标志。而实际上，军队干预政治是土耳其特色的宪政得以延续的保障。这与土耳其的建国传统有关系，更与土耳其的民情—社会结构有不可区分的关系。

奥斯曼土耳其帝国于1914年在“一战”中加入同盟国作战并于1918年战败。根据《凡尔赛和约》，土耳其丧失了大片领土。1919年凯末尔将军发动独立战争，夺回了在战败后失去的东色雷斯和安纳托利亚半岛。1923年10月29日，土耳其共和国正式成立。建立于战争基础上的现代化军人建立了一个倾向世俗化意识形态和西方化政治体系的民族主义政权。

这个政权实行西方意义上的司法独立、多党制和议会制民主政体。根据政治学说的一般逻辑，相对两党制和总统制，多党制和议会制是稀松的，且容易被“民意”所裹挟。被民意裹挟未必是坏事，正如民主常常是好事，可这不是绝对的。若没有合适的民情基础，“民意”和“民主”很容易夹杂太多的不合乎“自然法”精神的“私欲”，进而侵犯公民自由。

土耳其就是这样。长期以来，其人口中，土耳其人约占70—75%，库尔德人占18%，其他少数民族（例如拉兹人、含姆辛人、亚美尼亚人、亚述人）约占7—12%。无论这些少数民族的信仰状况（基督教或是伊斯兰教），都不被承认具有使用本族语言的权利。凯末尔的改革点燃了民族主义的火种，却没有给少数民族留下空间，令如今达到1400万人数的库尔德人开始了要求独立和分离的斗争。为此，土耳其建立了北约第二大常设部队，超过一百万军警的综合实力，使土耳其军队成为中东地区除以色列外最强的军事力量。

如果我们认为若土耳其军人政权的削减兵员并且独立于政治，土耳其少数民族的生存状况会大大改善，土耳其整体的文明因素会大大加增，这就犯了典型的西式启蒙主义错误。实际上，在土耳其，长期的“民主”进程后，总有更多的伊斯兰原教旨主义人士或者其倾向者进入政府。此时，在政权的外在框架上愈发看似“宪政民主”，其自由化色彩却会大大降低。

1980年土耳其就发生过军事政变。与凯末尔当初对“哈里发制度”的宗教改革相一致，政变旨在确保土耳其政权的政教分离制度。同样的故事在1960年也曾发生。今年6月份土耳其又发生了军人与广场政治的冲突。土耳其注定陷入这种周期性的社会动荡。每一次的社会动荡，一旦相对理性的军方人士干预，土耳其的社会状况就会逐步恢复常态。

这不是土耳其独有的政治生态。“茉莉花革命”之后，（因为失去了军方的支持）长期独裁的穆巴拉克总统被推翻，当穆斯林兄弟会开始执政，埃及对少数民族的包容度反而不如奉行过去。这个时候，军方干政是有利于经济发展与个人自由的。美国小布什政权对伊拉克萨达姆政权的军事解决后，继任的奥巴马政府不愿意继续承担责任，美军从伊拉克撤军，结果是带来伊斯兰教激进势力的崛起。

这种现象完全有别于“新教改革”之后的欧美世界。基督教对政治的超越性，教会和政府的绝对分立及其精神的渗透，使欧美宪政具有穆斯林国家的宪政不具有的原生优势。

行为主义政治学则指出：推翻少数派后的政府，多数反而不尊重少数的利益。代表不同利益的政治群体运作能力有很大的差别。有些人对自由的偏好如此强烈，愿意承受混乱。以温和忍耐著称的少数群体不具备另外一些人那样的动员能力。

在类似国家，一些既不懂圣经、又不懂政治的社会福音派“基督徒”会舍命促进民主。这些无知而自大的人不明白，民主化常常是类似国家灾难性变迁的先导。

投资和交往需谨慎

如此分析，有利于我们深入开展产业经济、制度经济和国际贸易的相关探讨。

如今中国市场日益“饱和”，越来越的投资者试图对外投资。欧美的市场相对规范，可是竞争明显激烈。于是很多企业选择了在中东国家圈地办厂、招工经营。本文的分析告诉我们，在这些完全有别于欧美世界的以伊斯兰为主要民情的国家的这种直接投资一定要异常谨慎。

“茉莉花革命”前后，中国在中东北非的两个国家的投资几乎陷入了“灭顶之灾”。第一个是在利比亚的投资，由于利比亚内战和卡扎菲的下台，中国企业遭受了巨大的损失。另一个国家是苏丹，由于南苏丹的独立，中国的石油产业发展也遭受了重大的挫折。

我们不是试图“唱衰”土中贸易。本文支持中国与土耳其发展一定程度的贸易关系。作为一个人口众多的发展中国家，且奉行世俗主义的现代化政策，土耳其的发展其实是有强大的政治保障的。但对土耳其的直接投资则是另外一回事。

关键是土耳其军队的兵员人数和政府对军队的态度与相关制度安排。倘若一种法国式的浪漫主义情绪主导土耳其社会与政府，其主流天真地相信军队“裁员”和“军队中立化”是土耳其不可逆转的核心利益，那么库尔德独立运动可能会席卷中东，使相关国家陷入战乱。

如果中国的对外投资不是试图与发展中国家的腐败政权或者短命政权建立基于“潜规则”的合作，那么中国经济的出路主要还是与欧美的合作，更为基础的则是在本国建立良性运行的分工合作秩序，使得中国发展立足于内需。或者说，如果我们要面对“中国经济向何处去”这个命题，则当坚持走百年来“西学东渐”中的“向西方学习”之路。

（《智富》2013 年第 9 期）

塞浦路斯式危机

3 月 19 日，塞浦路斯议会否决了总统关于开征存款税的议案。这项征税措施是欧元区国家财政部长和国际货币基金组织的助款协议的附设条件。为获得 100 亿欧元援助，政府 18 日拟对不超过 10 万欧元的存款征收 3%的税率，对不超过 50 万欧元的存款征收 10%的税率，对超过 50 万欧元的存款征收 15%的税率。有愤激的储户说，凭什么我们辛苦上班他们来盘剥，于是开着推土机走向了银行，扬言如果不让取款就要推倒银行。

从文化传统开看，塞浦路斯深深保留了古希腊传统。该国主流宗教是希腊正教，这个东正教的分支占了该国人口的 78%。这种情况让我们联想到了此前的希腊危机。2009 年 12 月，希腊主权债务问题凸显，2010 年 3 月进一步发酵，开始向“欧洲五国”（葡萄牙、意大利、爱尔兰、希腊、西班牙）蔓延。

说塞浦路斯和希腊同文同种，绝不脱离事实。他们信奉的都是希腊正教，同样以“自由颂”为国歌。《圣经》这样记载，使徒保罗看到，“雅典人和住在那里的客人都不顾别的事，只将新闻说说听听”（使徒行传 17：21）。

一流的经典著作既参透人性，又深谙政治。如今在一个民主化的时代，为了维持“只将新闻说说听听”的老传统，类似的国家就必须建立一个庞大的福利体系，同时，居民也会纷纷将自己的存款存到银行、投入到银行的金融衍生产品之中。

根据联合国的划分，基尼系数在 0.2 以下为收入绝对平均，0.2 到 0.3 为比较平均，0.3 到 0.4 之间为收入相对合理，0.4-0.5 为收入差距较大，0.5 以上为收入差距悬殊。谈及基尼系数，中国国家统计局基尼公布基尼系数 2012 年为 0.474，2010 年为 0.481。西南财经大学中国家庭金融调研中心曾经发布统计报告称 2010 年为 0.61，已跨入收入差距悬殊行列。

塞浦路斯的基尼系数为 0.29，其收入分配结构更接近某种理想主义气质。如此巨大的人均国民生产总值，加之以平均主义为导向的公共政策，对政府征税能力的要求甚高。过渡征税会严重伤害到一个国家的个人投资能力和企业发展活力。由于金融业是现代经济的核心，金融市场是经济的晴雨表。从逻辑上说，这种伤害也必然严重地传导到银行业。

众所周知，福利主义主张的是结果的平等，而不是实体经济更加期待的程序正义和机会平等。机会平等才更符合自由竞争的要求。为了合理分配福利，强大的福利制度呼唤的是“从摇篮到坟墓”的保姆型“大政府”。大政府本能地不希望被限权。就此而言，塞浦路斯这次主权信用危机，实际是 2009 年希腊危机的继续，反应的是西方福利制度时代的全面危机。

当然，事件还在发展。2013 年 3 月 20 日消息，希腊议会表决已经结束，总统提议因 36 票反对、19 票弃权被否决。有七个政党在表决之前已经宣布否决存款税提案，执政的却没有绝对多数席位的塞浦路斯劳动人民进步党（其前身为塞浦路斯共产党，也是欧盟第一个民主选举而执政的共产党）挫败。由于不能满足欧元区的需求，执政党希望以本国天然气换取俄罗斯支持，并被俄罗斯拒绝。

以本国的天然气为筹码，选择俄罗斯为求助对象是一个饮鸩止渴之计。首先，塞浦路斯作为一个旅游胜地，环保本应是第一要务。没有谁喜欢在一个充满雾霾的国家旅游。第二，就世界历史考察而言，俄罗斯并不可靠，与豺狼为友其害无穷。但由此也能看到，这次危机给塞浦路斯带来了何等严重的被动局面，以至于让一个政府惊慌失措。

阅读塞浦路斯事件，能让我们了解一系列有关国家经济增长与福利体系如何可持续运行的制度经济真理，让我们思考在对外移民、投资理财方面如何避免损失。

具体说来，首先，一个国家经济要想得到健康发展，必须以强大的创新型实体经济为基础，以踏踏实实的制度创新、科技发展与辛勤劳动为动力。缺乏良好的结构性支撑，而试图维持福利制度的持续运行，是不可能的。为此，必须在制度和文化两方面，同时改良一个国家的经济文化和金融体系。这是政治家的基本任务。

第二，如果改变不了文化和制度，“制度文化组合论”这样的分析范式，有助于我们思考哪些国家更有可能爆发主权债务危机和金融危机。从2009年的希腊危机到这次的塞浦路斯危机，让我们非常清楚看到类似危机更加青睐哪些国家。

（《新商务周刊》2013年第6期）

印度式宪政体制的困境

由瑞士的洛桑国际管理发展学院(IMD)制作的《世界竞争力年度报告》最新数据产生了。根据这个报告，5月30日美国《华尔街日报》发表了记者Joanna Sugden撰写的“印度在全球竞争力排行榜上位次下滑”一文。Joanna Sugden指出，作为世界第二大发展中国家、第二大市场体，印度的国际排名从2012年的第35位下滑到今年的第40位，从报告中涵盖的60个经济体中滑落至后20名之列。2012年，由于市场对印度的巨额贸易逆差感到担忧，卢比汇率跌至了历史低点。印度对企业利润征收重税，监管初创企业的法规令人窒息，外界认为在印度投资存在诸多风险。

在“经商容易度”这一项上，印度甚至排名到了第47名，居于世界末尾。印度的GDP增长降到这10年来的最低值（5%），上述现象可谓是“直接原因”。从去年秋天起，印度开始了一系列政策调整，试图促进经济增长。套用中国词汇，这些举措是印度特色的经济体制改革。例如，印度允许外国公司在其投资的印度零售、航空和广播公司中持有更大比例的股份，着手简化令投资者望而却步的税收法规。

然而，“冰冻三尺非一日之寒”。成立于1885年的印度国民大会党在独立后执政，于1955年在阿瓦迪年会上通过建立“社会主义类型社会”的决议。这里的“社会主义”主要还不是政治体制上的。具体说来，在经济上奉行公私营并举发展“混合经济”的方针，在农村实行废除柴明达尔地主的土地改革，通过土地最高限额法令，并推广“绿色革命”。长期执政的印度国大党甚至将“民族主义、世俗主义、民主主义、社会主义”列为四项基本原则。

在文化方面，根据美国学者马里克和印度学者辛格的研究，印度形成了两种形式的民族主义：印度教民族主义，其代表为人民党；印度民族主义（实际上就是世俗民族主义），其政治代表为国大党。由此来看，虽然民意来源有所区别，经济排外性和控制性却是共同点。

印度实行的是典型的西方宪政民主体制，例如，政体上的议会制民主制，国家结构形式上的联邦制，立法-司法程序上的英美法系（普通法系）。

这些制度无法克服如下的悲剧：低效率与习惯“寻租”的官僚集团、屡屡曝光却难以克服的商业腐败；根据2012年9月总部设在德国柏林的国际组织“透明国际”所提供的“腐败排名表”，印度排名95，被视为比很多发展中国家（一些非洲国家和“公有制”更彻底的其他国家）更加腐败的国家。

以法国社会学家托克维尔在其名著《论美国的民主》中所提供的“从民情到法政”这一“民情结构基础论”来分析，印度可谓是学习了西方制度、却最顽固地拒绝西方精神的国家之一。《论美国的民主》成书于19世纪上半叶。托克维尔高超地判断，由于民情与法制不适应，照搬了美式政体的墨西哥合众国不可能良性运行。

托克维尔的这个判断所体现的逻辑在21世纪的东半球仍然有用。2012年，印度中央政府推行的开放外企、给外企减税和促进中小企业发展等措施，得到了超乎想象的强大抵制。持地方保护主义倾向的一些“邦”（相当于美国的“州”，自治权力极大）纷纷表示，它们不会实施允许外商在其所投资的印度超市占有更大比例股份的规定。由于福利主义的深入人心，简化税收体系这一法案也尚未获得在法律上宣称代表全民意志的印度国会的批准。

经济学界有个称为“公地悲剧”的概念，意即“公地”（例如牧场），由于被多人共同使用而被过度使用以致枯竭。可以说，由于结构性和文化性老病症，印度陷入了经济学家哈耶克所批评的计划经济与公有制的“公地悲剧”，同时陷入了如今老牌西方国家一再出现的福利主义这一“民主公地悲剧”之中。就此而言，我们似乎很难看到印度将来会有更好的未来。

这就是说，国内的投资者应该理性对待印度，不要因“信息不对称”而盲目投资，也不要以为有了西式政体市场环境就无限美好，而是应该认真思考自由市场经济如何在一个东方国家生根发芽。同为人口众多、传统深厚的发展中国家，这个命题对中国可谓重要无比。

（《新商务周刊》2013年第11期）

韩国在反思中走向强盛

作为一个从权贵资本主义体系走出来的国家，韩国度过了其他国家难以克服的金融危机和“国家破产”之危险。对财阀体系的反思，对中小企业的重视，将为韩国的进一步发展提供强大的自由市场经济基础。由此，在东北亚，一个新的强大的国家正在形成。

日本安倍内阁实行“新”的经济刺激政策。5月13日，日本央行(BOJ)周数据显示，4月M2货币供应年率上升3.3%，达到844.5万亿日元。日本央行还宣布将每月购买750亿美元的债券，并希望制造低于2%的通货膨胀带动出口。自去年11月以来，日元对美元汇率下跌27%。据东京证券交易所7日发布的数据显示，海外投资者4月的净买入额达到2.68万亿日元，创历史新高。这样，日本对外出口、实体经济和日本股市都开始了“复苏”。

这种“凯恩斯主义”政策给周边国家带来了威胁。5月13日美国《华尔街日报》发表Paul Vigna的文章指出，“中国出口商或成日元贬值的最大输家”。韩国商人也叫苦连天。据5月11日韩国《中央日报》报道，韩国政府费心制定对策，不过不是直接介入市场，而是致力于寻找实际上能帮助中小出口企业的方案；企划财政部

5月10日表示“我们正在密切关注最近急剧变化的日元走低态势”，“为应对由此带来的国内损害，我们正在考虑多种应对方案”。

韩国政府支持中小企业的决心，是反思的结果。民主化之前政府大力扶植财阀：20世纪60年代发展纺织业；70年代中期到80年代发展重工业、军工和化学工业。90年代初财阀则主要支持电子和高科技产业。到80年代末，韩国财阀基本上实现了资金自主。

2013年初，三星电子宣布，2012年全年销售额为201.1万亿韩元，比上年增长21.9%；净利润为23.8万亿韩元，同比增加73.3%。与2012年韩国499家上市企业净利润同比减少6.9%相比，三星电子的全球销售额占韩国2012年实际GDP（1103.5万亿韩元）的18.22%，其净利润占这499家上市企业净利润总额的36.8%。如今“三星”的业绩不靠“行政垄断”，而是自主创新。《华尔街日报》知名信息技术（IT）专栏作家Walter Mossberg表示“手机操作系统真正的胜者不是安卓系统而是三星电子”。5月12日，三星成功开发了第5代移动通信(5G)的核心技术，其5G技术在28GHz频段下下载速率达到1Gbps，而当前LTE网络数据仅为75Mbps。

过分依赖财阀，给韩国经济带来了巨大的风险。几家大企业打个喷嚏，韩国股市就会得个大感冒。一些中国人游戏般地鼓吹：拒买三星产品，让韩国早日破产。1997年前后韩国发生了经济危机。1996年共有1.2万家企业倒闭，1997年韩国第14位大财团韩宝集团破产，30大财团之一的三美集团倒闭，总资产排名韩国第八、销售额排名第七的起亚集团倒闭，一系列大型企业紧随其后接二连三地宣布破产。

大财阀的破产进一步促进了韩国的民主化。金融危机后，韩国无数家庭妇女将自己的结婚首饰捐献给国家。这种民族团结感在亚洲罕见。总统制具有优势；对比“短命内阁”的君主立宪制日本，在金大中等数任总统的领导的下，一度可能成为冰岛第二而破产的韩国，不到一年竟成为OECD30个会员国中经济复苏最快的。2012年，韩国GDP总量为1.1292万亿美元，人均国民总收入（GNI）为22708美元，人均可支配收入（PGDI）为13150美元。

金融危机的洗涤及其卓越反思让韩国经济进一步走向健康。根据制度经济学家杨小凯竭力推荐的“分工合作理论”，经济发展表现为分工深化，分工深化可产生分工经济与专业化经济，分工经济取决于交易效率提高，交易效率提高取决于合理的制度安排，合理的制度主要表现为保护民权的现代政治制度和自由市场制度。此观点是亚当·斯密时代就已经确定起来的“小政府”的现代版本。这种观点主张发挥市场这只“看不见的手”对经济的调节作用。就此而言，在这一轮的贸易竞争中，韩国的做法既符合国情，又迎合了经济发展之道。

除此之外，由相同信仰（“行为规则”）的人组成的社会组织，及其主持下的专业化教育，为韩国政府提供了精英团队的基础。去过首尔的观察者都承认，与日本相比，韩国的社会越来越美国化。从韩国统计厅所发布的人口及其价值观的统计数据中也可以论证这个观感。

由此，韩国人对周围大国的心态是矛盾的。这个国家基于历史上的恩怨仇恨日本（例如《中央日报》、《朝鲜日报》会愤怒声讨1895年日本刺杀并羞辱明成皇后的罪行，并一再强调日本天皇是战争罪犯，却因为对地缘恶劣局面的恐惧而在 1945 年在美国的强力影响下和日本结盟；这是国家利益性的政治理性）。韩国媒体对半岛北部的同胞有着一种类似中国汉朝时中原人对北方匈奴式的恐惧，却又因为民族情感而乐意一而再、再而三地讨论如何统一整个半岛，火热地讨论民主主义、自由主义和普世价值对大韩民国的核心价值意义（中国台湾的媒体完全缺乏这种“天命感”，我们看到的是派系之争汉人常见的政治性“泼粪”）。韩国媒体羡慕一个日益强大的中华人民共和国在经济、国防等代表国家实力的重大领域上的崛起（因而期待中华人民共和国善待大韩民国）。至于为韩国提供了武装保护的美国，韩国媒体则以一种类似小弟不愿意提到自己颇有成就的大哥那种复杂心态来面对。

这个国家，单从国家整合方面，是愿意承担责任、主动深思熟虑、充满着乐观主义精神的。可以说，现代韩国向我们展现的，是东方式的盎格鲁·撒克逊精神。

我们可能会在未来 5 年内（或者 10 年内）看到半岛的统一。大韩民国将会在接下去的 10-20 年利用一两代人初步完成对半岛北部的整合。一个强大的新韩国有利于东北亚的稳定，并对中国东北地区的治理、地缘政治和邻邦外交提出挑战。

对半岛来说，汉人是近乎唯一的少数民族。在中国东北，朝鲜族是一个人口众多、个体素质颇高的民族。韩国社会会完成对半岛北部的韩国化改造，进而深入地对中国东北地区的社会风气和政治文化发生看似漫长却日益显明的更新。

换而言之，从韩国如今对中小企业和市场经济的尊重中，我们能看到未来韩国的基础正在加速形成。这个国家足以制衡日本（无论接下去日本经济是否真“复苏”；在我看来日本民族正在以不可遏制的趋势成为亚洲一个国力上正常化的国家）和其他国家，对既有经济体制的反思、对中小企业的重视则值得中国学习。总体上来说，新的大韩民国及其“西学东渐”的发展模式，有利于中国巩固改革开放的文明成果。

（《智富》2013 年第 6 期）

美元区为何比欧元区更有活力

欧元总是吸引着国际财经界的注意力。由于强大的经济后盾，欧元曾被赋予代替美元，至少抗衡美元的功能。而对欧洲和美国之外的其他经济体来说，多少也指望欧元能改变二战后长期形成的美元“一强独霸”局面，进而在这种被平等、被民主的多强对峙格局中，让自己有机会利用发达国家的矛盾强大起来。看不起欧元的，则认为欧元是欧洲大陆人的“巴别塔”；保守的英国就是因此拒绝参加欧元区。现在看来，一贯在欧洲大陆政治领域奉行“力量均衡”的英国人所说的可能是对的。

2013 年 4 月 30 日，美国《纽约时报》中文网头条是“欧洲反思紧缩政策：高失业低增长，欧盟渐失人心”，第二条则是“南欧经济衰退可能向北蔓延”。第一条的主题是“财政紧缩下的欧洲，经济衰退继续蔓延，‘紧缩’已经成了悲惨生活的代名词，还激起了公众对欧洲一体化进程的强烈反弹”，第二条的主题是“德国一直是欧洲经济复兴的希望，但是近来，就连德国也出现了衰退的征兆。一旦德国倒下，不仅欧洲将雪上加霜，还可能殃及全球”。

德国是欧洲大陆在市场发育和司法政治方面最为健康的国家。这个局面不是单靠德国人自己争取来的。根植于基督教路德宗的顺服，加之普鲁士军国主义的熏陶，以理性主义立国的德国，也曾经利用世界上最强大的科学精神制造了“奥斯维辛集中营”。只有当美英盟军进入柏林，帮助德国人建立了分权制衡与权责清晰的财产制度，德国才健康起来，这样德国就能通过深思熟虑的“建构理性”，确立起世界上独一无二的“二战反思体制”。

与大多数欧洲国家相似，德国还建立起了以议会为中心的议会制政体。伴随着有别于英美的多党制政治，大陆急剧地向福利主义国家转型。其金融政策的分歧，也常常付诸于“全民公决”来解决。这就是一些国家动辄说会退出“邦联”式的“欧盟”和“欧元区”的原因。当然，这种公共言论中的某些血气性倾向也容易传染，进而影响到欧元的进一步走向稳定。

制度经济学告诉我们：市场交易是会产生成本的；成本过大，收益就难免降低，因而政府体系必须有助于市场交易成本的降低。降低交易成本的方式之一是降低政府运行本身的成本，其二是降低买卖双方的交易成本。欧元的健康运行就取决于欧洲区能否有效地降低这个欧洲大陆作为一个部分统一、文化和政府仍有差别的经济体的运行成本。

建立在1787年联邦民主政体上，在南北战争中被强化起来更加统一的美国政府体系极大地避免了“欧元区困境”的产生。在社会结构方面，美元都比欧元有更好的生态环境。即便有民主党的福利主义倾向，共和党仍然奉行“小政府主义”；而在法律体系方面，除了路易斯安那州（曾为天主教的法国的殖民地），都实行有别于大陆法系的普通法系。

这是统一的联邦制的美国暂时得以避免看上去统一，其实骨子里仍然四分五裂的“邦联”式欧洲危机的制度—文化成因。美国当然也有自己在制度和文化而导致的经济困难。例如2013年第一季度的经济业绩并没有预期中那么好。然而，就房屋交易量的回升、就业率的提高、实体经济的复苏等来看，尤其是最近黄金的爆跌，美元地位的确越来越稳固。

话说回来，相对中国，欧元区仍然健康一些。4月27日中国财政部2013年一季度税收报告显示，今年前三个月全国税收总收入完成27399.20亿元，比去年同期增长6%，增速回落了4.3个百分点，其中主体税种出现负增长，而房地产相关税收收入则出现反弹。因此，综合第一季度的其他数据，有悲观色彩却不失客观的说法是，除了房地产业，近乎全军覆没。

我们不希望世界性衰退扩大。提起这个预警，旨在强调一个观点：任何一个经济体，都应该在经济快速发展中预备好未来的衰退，借着智慧与节制之心，建立有利于经济社会协调发展的制度框架，其核心宗旨在于减少市场运行及其交易成本。经济学家都会承认这个大道理；难的是在正义的深处与细节上达成共识。这就是大型经济体发展中的协调困境。

这个经济哲学性的观点，也值得企业家铭记。人的本性是追求又强又大的能力。随着企业规模的扩大，行政运行成本就会增加。收购和扩张看上去会让企业更加强大，却常常掩盖企业自身的结构性制度性病症。趁规模还小，建立良善的体系，乃是企业的可持续发展之道。

（《新商务周刊》2013 年第 9 期；
见刊标题：大型经济体的运行成本）

金融文明的社会密码与中国道路

随着以温州、鄂尔多斯等地为代表的民间高利贷的“崩盘”，关于中国金融变革的话题又一次被提起来。有经济学者提出，只要合法化民间金融，人人都参与高利贷，让高利贷与高利贷竞争起来，诸多问题就能迎刃而解。显然这是一种经济自由放任主义的应对方案。

黄仁宇在《万历十五年》记录过农民无法从政府机构获取低息贷款而只好转向当铺借高利贷，哪怕亲邻之间也不会降低利率，因此政府限制高利贷的条文只能落空。温州地方政府的措施是“金融改革创新行动”，争创“温州国家金融综合改革试验区”。例如深化小额贷款公司试点、吸引全国性金融机构在温州建立更多的分支机构为民营企业提供更多的资金服务的措施。如果能以正规银行的合理利率的资金做信贷资金的大头与民间金融机构竞争，有可能改变中国传统的高利贷恶性运作的资金环境，因而值得肯定与鼓励。

类似困境，当年明朝巡抚海瑞也试图治理，结果这位当时公认最有道德和最为勤奋的官员面对高利贷困境也只能败下阵来。黄仁宇总结说，“我们的帝国缺乏有效的货币制度和商业法律。这两个问题不解决，高利贷就无法避免”。今天中国也有很多禁止高利贷的法律。然而，就法治而言，高利贷如此盛行，其信息非常明确：禁止高利贷的这些法律并没有被落实；面对当初有关高利贷禁止的种种承诺，地方政府采取的对策是行政上的不作为。这个法治欠缺，最终导致信任崩溃的逻辑，实在是中国市场经济建设陷入困境的重大表现。

倘若我们将视野进一步扩大到整个人类金融文明发展史，答案就会更加清晰。

为了克服路途遥远和安全状况差较等客观因素，中世纪的欧洲采取了当时十分先进的复式簿记方式和汇票取款方式。财务人员会收取部分手续费用以此弥补金融业务的成本支出。然而，教会法是明确禁止收取利息的，尤其是严禁向穷人放贷收取利息。犹太人不受基督教的教会法管辖，“从比利牛斯山到苏格兰，从大西洋到易北河，这中间各地的犹太人，大都是靠放高利贷生活的，从12世纪到15世纪都是这样的”（萨罗·巴伦著《犹太经济史》）。国王和其他统治者想靠收取利息获取巨额收入，鉴于教会法的严厉态度（可能会被革除教籍），就让犹太人来放贷，“从犹太人身上取来的收入是皇室收入的大头”（詹姆斯·帕克斯著《中世纪的犹太人》）。由此犹太人成为了欧洲仇恨的牺牲品。莎士比亚的喜剧《威尼斯商人》中的主要人物之一的夏洛克，就是一个为人刻毒、贪婪的高利贷者和犹太富商。

这里与对《圣经》的理解相关。其《旧约》部分指出，“你借给你弟兄的，或是钱财或是粮食，无论什么可生利的物，都不可取利。借给外邦人可以取利，只是借给你弟兄不可取利。这样，耶和华你神必在你所去得为业的地上，和你手里所办的一切事上赐福与你”（申命记23:19-20）。律法分为道德律、民事律与礼仪律。永不废止的“十诫”是道德律，礼仪律关于敬拜程序，这一条则为“民事律”。由于在中世纪被天主教作为立法而强制执行，长期阻碍了欧洲金融业的发展。

更为糟糕的还是犹太教的理解。倘若对天主教来说，外邦人可能是潜在的基督徒，因而跨越了种族、阶级和社会地位，仍然有符合福音精神的部分。而对拒绝耶稣基督的犹太人来说，没有被“割礼”的外邦人只能入地狱，不值得他们去爱。这条律法简直就是给了他们以等差之爱的“小圈子道德”的“神圣”辩护。

人们常常说犹太人控制了今天的国际金融，多少就有这个历史积淀。然而，正如地处阿拉伯民族包围圈的犹太国以色列并没有成为世界金融中心，我们应该承认，现代金融的社会密码不是由善于发放高利贷的犹太人提供的。

截止到目前，全球有这么几个世界金融中心：纽约、伦敦、香港、新加坡。四大世界金融中心，就法律体系而言，不仅是法治体系，进一步地说，还是普通法系。区别于大陆法系，其特点就是强调法官造法，强调历史传统和习俗的法律地位，强调陪审团定罪（而不是判刑）的司法民主化。

我们再进一步从法律体系延伸到政治社会结构角度来分析，就会发现，除了香港和新加坡由于地缘因素而强化了其金融中心地位之外，另外两大金融中心（纽约与伦敦），其政治结构中，美国实行的是以十三个殖民地为基础的复合共和制（也即联邦制），“封建法”对英国法治贡献颇大。美国和英国，都曾经实行过与自己国情相对应的地方自治制度。就宗教传统而言，英国和美国都是新教国家——这就对应了德国社会学家《新教伦理与资本主义精神》中的相关实证性叙述。

普通法系特别依赖于普通公民的法治精神，也特别依赖于这个国家的历史文化传统又与法治相适应的那一面。普通法系下公民只要有最简单的理性精神，而不需要法学家那样的精英素质，就可以凭借自己的道德与良心参与陪审团，在法官的程序性主持之下，以民主表决的方式参与判案。法官的义务则是以自己专业而精湛的研究和整理，将历史上的判决总结出来，写成经典案例，作为以后判决的依据，这就是说，法官“造法”。普通法系对一些“精英”采取“有罪推定”原则，例如“巨额财产来源不明罪”适用于政府官员，在金融和证券领域对大财团实行由辩方（被监管者）承担举证的责任与义务的原则。后者目的是保护弱势群体，维护商业竞争与金融运行中的公平正义原则。

可以这样总结，包括金融业在内整个市场经济的健康发展，有赖于社会体系和司法体系明确的产权与竞争的自由和对金融权贵资本主义的制约。竞争不是无边无际的。它既受法治的制约，也受小共同体的制约。例如，中世纪教会法和相关伦理对高利贷的明确禁止，以后现代法治对金融业的规范与制衡。

提起这个因素，旨在强调公共社会体系对经济精英的训育和归正作用。这种强调的意义是多重的：

首先，从幼儿教育开始，公共社会体系培育经济精英的节制品质与责任意识，使他们内心有个超越性知识；

第二，超越性知识即使未必能够有效制约人的贪婪与投机，却可以在人的贪婪与投机所导致的竞争挫败之中，激活其理解其正确利益的意识，令其回归常态的、良性的商业竞争之中；

第三，社会应该制约资本，种种小共同体（例如商会），应该对类似高利贷投机者有严厉如“革除会籍”的惩戒机制；

第四，这是最为重要的，作为商业规则保障的更大范围内的分权制衡和司法正义机制，需要小共同体的争取、捍卫与坚守。

由此来看，理性的经济人所参与的金融发达的商业社会，有赖于系统的社会文明。那种认为只要高利贷与高利贷互相竞争就可以为经济发展困境松绑的想法并不符合金融发展的制度社会学逻辑，乃是自由放任主张者的政治想象主义。与此相对应的是，当前各地金融危机频现的时刻，各级政府的应对之策，必须放弃那种头痛医头脚痛医脚的权宜之计。

（《理财一周报》2011 年 10 月 28 日）

以色列农业成功的文化基底

以色列在中东的长期存在且发展出了世界罕见的现代化农业，可谓是人类史上的一个奇迹。1992 年后正式建立大使级外交关系后，中国和以色列的经济合作日益密切。近年来在农业领域的合作更是日益增多。以色列政府与中国多个地方政府有互惠性的合作关系。

说以色列农业发展是个奇迹，主要是就其恶劣的自然环境和卓越的发展成果而言的。以色列的实际管辖面积为 25740 平方公里。主要为地中海型气候，特征为漫长而又炎热、少雨的夏季，以及相对较为短暂而又凉爽、多雨的冬季。国土面积的 60%为沙漠地区，看上去并不适宜发展农业。然而，以色列 95%的食物都是自己生产的；不仅如此，以色列还是主要的果蔬出口国，其在农业技术领域更是处于世界领先地位。

关于以色列农业发展的经验，官方的以色列农业研究组织沃尔凯尼中心负责国际合作和学术事务的助理主任艾达·拉菲埃利教授接受中国记者采访时指出，“以色列农业成功的秘诀在于研究机构、农民以及为农民提供专业培训的延伸服务机构的紧密联系”（见中国国际广播电台国际在线 5 月 26 日消息）。

由于长期处于和中东阿拉伯世界的战争和各种冲突中，以色列政府的对华外交整体上表现出某种小国外交的低调状态。事实上，以色列的农业发展有中国难以学习的、完全迥异于欧美西方世界的制度—文化基础。

回到历史有助于我们读懂以色列。有《圣经》学者指出，如果当年希特勒成功地屠杀完犹太人，如果犹太人在几千年的颠沛流离中失去了自己的民族特性而被融合，那么圣经叙述的有效性就会落空。要知道：旧约圣经成功地预言日后耶路撒冷的沦陷使由摩西带领出埃及的以色列民再次沦为奴隶，即便这个民族是引以为傲的、由上帝特选的民族；《以赛亚书》第五十三章更是成功地预言耶稣的受难和复活；《圣经》最后一卷书《启示录》承诺这个民族绝不会消失，直到耶稣第二次来临，审判万民，“以色列全家得救”，“新天新地”降临。

很多人认为这些叙述是编造出来的“神话”故事。其实直到今天的历史都没有推翻几千年前写好的《圣经》。谈到农业制度，与中国人是从生产经验中得出应该建立“休耕制度”相比，古老的以色列民族是从《圣经》的“启示”、也就是上帝的直接恩赐中认识到“休耕”这一农业发展之道的。

根据“申命记”等书的记载，摩西律法下以色列人创建了一种习俗：每七年的最后一年，不从事工作、耕作、劳动，豁免债务人的债务，释放奴隶给予自由，让自己、家人、及周遭的人，甚至是自己的土地，都有获得喘息、生养的机会。

这是一个有利于农业生产与社会和谐的伟大制度创新。当然，根据“历代志”等书的记载，随着一代代新人忘记了祖先的教导，后来的以色列并没有有效地执行“安息年”的律法。由于信仰上的不敬虔，以色列人付出了巨大的代价，直到再次沦落为奴隶。即便如此，以色列历史上，虽然权力更迭，家族争斗不断，却未发生过农民起义以及暴民的毁灭性动荡。

正如著名的“诗篇”137:1所感发的，“我们曾在巴比伦的河边坐下，一追想锡安就哭了”，直到“奥斯维辛集中营”悲剧，流亡期间的苦与痛、血与泪及其对这番苦痛经历的反思，已经成为以色列民族的集体记忆。

正是因此，当“二战”后“犹太复国主义”的政治实践落地后，以色列人在全世界罕见地建立了一种既有别于欧美的资本主义雇佣劳动制，又完全有别于中国等社会主义公有制（例如党领导下的合作制和人民公社制）的集体合作制。

这种制度叫做“基布兹”制度。基布兹是希伯来语“团体”的意思。以色列政府规定：作为供人定居的组织，它是在所有物全体所有制的基础上，将成员组织起来的集体社会。基布兹中没有私人财产，其宗旨是在生产、消费和教育等一切领域实行自愿性的平等与合作。

可以这样说，如果说有哪个国家的制度经济实践成功地推翻了哈耶克《通往奴役之路》等书中的伟大论断，那就是以色列。哈耶克是个一流的学者，他成功地预言到了世界各国由于福利主义和计划经济必然导致的“公地悲剧”，却不幸地在以色列这个国家落空了。

这与以色列人独特的文明样式有关。以色列民族整体拒绝了新约圣经的所有叙述。由于拒绝承认《以赛亚书》第五十三章所预言的是耶稣基督，以色列民族迄今整体上认为弥赛亚并未降临。或者说，犹太教的以色列拒绝承认“耶稣是基督”。当基督徒等候耶稣基督第二次来临的时候，以色列民族至今还在期盼弥赛亚第一次降临。这正是后来以色列民族历史进程的重要一环，包括她在基督教化（而不是基督化）的欧洲所受的种种屈辱都与此有关。

以色列因此拒绝福音，继续维持这个民族长期倡导的以律法为中心的信仰生活和社会政治体系。在欧美主流文化看来，律法如今已经被耶稣基督的恩典所成全，“爱”因此是“与福音相称的生活”；在以色列，爱被认为是一种律法下的，由“申命记”中的一系列“礼仪律”和“民事律”所强力保障的弟兄生活。

以色列人的特色在于，这种“爱”，因为是信仰生活的一部分，即便心可能有所不甘、痛苦而不喜乐，在某种时段中，毕竟是能够维持下去的。

例如，以色列是个没有宪法的宪政国家。其宪法性文件是由一系列具体的法构成的。这些法律与西式法律区别甚大，非常尊重犹太教的习俗。在婚姻上，以色列的宗教法庭能够说了算。这就是旧约的“民事律”仍在起作用的表现。在以色列的社会政治生活中，有个特殊的阶层，叫做“拉比”（类似中国的“老师”）；以色列为此设有官方的极享尊贵的拉比院。

极有意思的是以色列的司法制度。其法律系统混合了普通法系、大陆法系和犹太法典的一些特点。如同英美法系，以色列实行判例制度和抗辩制度，却拒绝了陪审团制度。这与以色列的犹太教习俗有关。如果说陪审团体现了司法民主化之特点，犹太法典（主要体现在旧约圣经中）却倾向于司法的精英主义气质；判例法则体现了对习俗与历史的尊重。

以色列以这种政治性的方式顽强地捍卫了传统。由此在欧美社会中居于精英地位的犹太人乐意且能够集中整个欧美的资源来为以色列复国主义提供持续而强大的服务。要知道，在欧美社会中，犹太人是少数族裔，乐意持续地以一种团结互助的情感，支持那些在中东并肩作战、团结互助的同胞们。对待那些侵犯本民族生存权利的暴力主义者，以色列审慎地、娴熟地进行“分类控制，精确打击，定点清除”三个层次的“防卫”。无论多么娴熟、多么审慎，这已经与耶稣基督的“福音”毫无关系。一系列现象所组成的，可以说是世界性文明变迁中一道独特的风景线。

因此，观察以色列与中国的农业合作，有几点是非常值得我们反复思考的。

首先，中国是个以儒家家产制为基本特征的家族主义传统，与以旧约律法为中心的以色列民族的文化鸿沟是没有任何人为因素可以填补的。基督化或许可能，中国绝无任何可能以色列化。以色列的政府、高校与农民间的那种协作精神，别说中国人做不到，美国人也难以做到。正是因此，基督教传统淡漠后的美国农业实行的是大资本制，而不是基布兹制。

当然，这不意味着中国人无法学习以色列的一些高技术手段。例如其节水技术，非常适合在中国广大干旱和半干旱地区推广。以色列的资源集约型农业发展模式，如果真能在中国成功复制，中国农业发展将再次为世界瞩目。不过，由于中国完全有别于以色列的社会运作模式，我们几乎可以非常明确地肯定，这种学习的效果一定会大打折扣。

第三点，是我们要提醒中以合作的中国一方，不要把以色列当成以基督教为传统的欧美社会。以色列一直处于四面围攻状态，其“加沙困境”作为小国的安全困境迄今没有有效解决，也就是说，考虑到战争之可能，在以色列的投资要非常小心。

不仅如此，要深入了解以色列民族，还要了解这个民族面对基督教化的欧美的那种复杂心态，还要了解其内心深处浓厚的民族主义和犹太血缘主义下的敏感、脆弱、骄傲与自大。新旧约圣经的整体学习有助于我们读懂以色列的历史与现状。

（《智富》2013年第8期）

日本发展悲喜剧

作为中国一衣带水的邻舍，与东亚其他国家一样，在决定其经济发展态势的民俗民情、政体安排与公共政策上，日本具有颇为复杂的特殊性。坊间有学者习惯将日本等东亚国家作为“儒家文化圈”的成员，为儒家的当代合法性辩护，也为中国制度变革与某些公共政策的出台提供辩护。这种说辞严重伤害了中日和平友好关系，并阻碍了中国向全球先进文明开放。

我们理当回到事实来重新认识日本，进而理解这个国家面对西面这个幅员辽阔的“老大帝国”的特殊心态。日本人对言行一致等行为规则的要求，具有超出一般东亚民族的苛刻性。道德专断下难以包容多样性，在对待外来生活方式方面，若非基于功利考量的“拿来主义”，客观上也导致日本经济缺乏由创新而来的后劲，且加剧这个民族心灵世界的闭关锁国。

强调纪律的日本

全球有三个国家特别强调纪律，分别是德国、日本和以色列。以色列的分工合作秩序缘于犹太主义的以律法为中心的信仰文化。德国人之如此，原因在于这个国家的路德宗基督徒在罗马法下发展起来的对政府和共同体的过分顺服（说起来这与欧洲大陆的宗教改革有关）。区别于上述以一神论为信仰特征的国家，日本也强调顺服。

与欧美基督教犹太教、甚至于中亚伊斯兰教的“一神论”相比，凡是奉行“万物有灵论”的民族普遍缺乏严谨的纪律，在程序和制度上的缺乏忠诚度，导致这些民族长期很难发育出现代意义的法治。罗马法、普通法、教会法诞生于欧洲。在中东，还有更为保守的犹太法和伊斯兰教法。现代中国人谈到这些宗教法律体系，动辄思维短路，以为有人又在鼓吹“文革”。其实不然。对人类社会来说，由于能避免无政府主义和丛林法则，有法总比没有法好。

大约在中国唐朝，日本学习的是中国的“中华法系”。中华法系的特征之一就是儒法并用、尊卑有别。到了现代工商业时代，中华法系就甘拜下风；中国在晚晴实际上就抛弃了中华法系。日本则在“明治维新”中主动抛弃了中华法系。即便如此，同为实行中华法系的国家，由于嫡长子继承制实际上被落实，日本在国家文化方面总体上迥然有别于中国。

今天有中国学者认为卖淫嫖娼仅仅涉及到私德问题。这是错误的。就社会关系而言，卖淫嫖娼涉及男女两性关系；夫妻是最简单的共同体。两性关系下产生的婴儿则会进一步通过家庭的方式进入到继承制度中去。古代颇多国家允许一夫多妻制，或者认为卖淫嫖娼合法；在这种社会状况下，为了避免财产继承上的混乱局面，正常国家普遍实行嫡长子继承制。

作为宗法制度最基本的一项原则，嫡长子继承制规定王位和财产必须由嫡长子（嫡妻即正妻所生的长子）继承。中国古代西周天子的王位由其嫡长子继承，其他庶子作为“别子”被分封到各战略要地。同为“封建制”的古代欧洲也实行嫡长子继承制，客观上维护了贵族传统。然而，奉行“圣王创世，天命靡常”的中国，很快就在皇位继承等一系列环节上破坏了嫡长子继承制。有历史学者考察说，从秦到清两千年间，只有2/5的帝王是依据嫡长子继承制继位的（见：谭平：《中国古代皇位嫡长子继承制的计量分析》，载《成都大学学报》1998年第4期）。加之不断发生的各种争斗，种种乱象直接导致了历届政府权威的迅速失落。

对比中国，日本罕见针对中央权威（天皇）的底层革命与高层争权斗争。

产权是制度经济学和政治科学的基础命题。其交接程序更是政权组织形式的核心话题。由于规范了经济和政治“产权”的交接秩序，单在政体方面，历经千年未曾中断的日本皇室血统，塑造了几乎完全有别于所有东方国家的制度体系。日本的民间社会井然有序，绝对不会如中国式“众子继承制”中几个儿子为了继承家族式企业的主导权而“富不过三代”。进一步地，神道教下对儿童早期教育中的社会化和“山上大君的监控”，在如此双重监控和抑制下，日本国民的人格被高度同构化。

对比中国，这个方法避免知识分子那种“说了就等于做了”的“因言称义”逻辑和“双轨道德”局面。与某种形式的背叛出卖的“无耻文化”相比，日本形成了一种明显区别于西方“原罪”意识、以功名为评价标准的“耻文化”。由此，一代一代的日本人，确立起了一种独具日本特色的“分工合作秩序”和精英治理体系。

由此，每次国家发展到了危机关头，日本都很容易达成全国性的共识。对国家转型来说，无论是明治维新，还是“二战”战后和平宪法体系之建立，只要天皇发话，整个日本高度达成共识。这正是日本走向强大的根本保证，也是这个单一民族国家的民族主义品质所在。

嫡长子继承制在日本有个演变过程。为了将该制度推向全国各领域，根据1873年太政官布告263号和1875年太政官指令，嫡长子具有绝对的优先继承权。昭和22年，修订后的民法规定各子女继承权平等。在古代，“别子”们组成通晓武艺、以战斗为职业的“武士”；在军国主义时代，这个职业军人团队则策划多次军事政变，直接推动了“二战”的爆发。换而言之，这种继承制和特色的“耻文化”的代价是日本普通国民成为了经济动物和军事动物。

这种缺乏人道主义精神的文化制造了日本民众的高抑郁症率。2012年1月10日，日本警察厅公布了2011年全国自杀者的统计结果：2011年总人数为3万513人；全年自杀人数自1999年以后，连续第14年超过3万，自杀率全世界最高。2007年，日本制定了《自杀对策基本法》；2010年9月，又成立了“自杀对策工作队”。但效果并不好。由于文化，“宪政”的日本的自杀率甚至远远高于被称为“专制”的中国大陆。由此可以想象“制度决定论”之于人类福祉的缺乏实证力。

基督化的英国也一度实行嫡长子继承制。“别子”只能选择参军或者去修道院。根据历史学家的考察，在欧洲，嫡长子继承制下类似出现了一道奇特的现象：1.参军的人数大为增加；2.修道院事业大为发展。可见，在民间社会被边缘化的别子们，无论东西，职业军人成为一个共同的出路。可是，即便如此，对比日本，由于全民的基督教化，尤其是国家政权受基督教的强有力制衡，进入修道院反而有利于制衡政府权力。不仅基于个体内在上的信仰性，而且在外在的政治博弈之均衡中，除了纳粹等特殊时代，欧洲的职业军人都得到了制衡。

基督教的修道院是欧洲传统教育体制的一部分，嫡长子继承制则使欧洲的贵族传统得到了继承。正是教会与贵族相对于中央集权的博弈之均衡，使欧美宪政成为必然。对这些国家而言，只要再次确认福音性的人与人在位格上的绝对平等，创新与自由就成为可能。

所谓再次确认福音的过程，根据基督教思想史与教会史的一般考察，人们一般将其功劳归于路德和加尔文在16世纪所掀起并被一代一代人继承的新教改革的精神。只要确认这种精神，欧美民族在经济发展上、在制度创新上就能源源不断地被开发出新的动力。用欧美文明的话语来说，神圣性必须“道成肉身”，为了人的尊严“死去活来”，也即“复活”。

与欧美的“复活”相比，日本坚持东亚性的“万物有灵论”和“祖先崇拜”。这固然继承了祖先的文化，却容易导致墨守成规。这从他们对“靖国神社”的态度可见一斑。不理解日本文化的中国人认为他们在“拜鬼”。若说这是“拜鬼”，中国的祖先崇拜更少么？区别仅仅在于，日本人的“拜鬼”带有极大的“嫡长子继承制”之特色，且极富竞争与好斗意识。只是，这种竞争与好斗意识，很少体现为内部的丛林法则，而是在日本民族外的国际生存竞争中淋漓尽致地表现出来。正是因此，近代日本的作为深受韩国、中国等东亚邻居的不满。

日本缺乏欧美意义上的新教改革，却有东亚其他民族绝不具备的对“行为规则”的敬畏意识。也是这种固执，当韩国、台湾等东亚经济体越来越重视制衡权贵资本、保障中小企业发展的时候，日本人对本国的权贵资本主义似乎毫无招架之力。原因在于，对和平宪法保障下的日本而言，在这个时代，只要东亚大陆都是一穷二白的国家，日本国家不至于陷入到多少深重的外来危机，因而各届内阁的“改革”总难引起全国性的反响。

不过，一旦具备民主的框架，日本就很容易从一个阻碍生产力发展和市场经济发展的国家飞跃到一个现代意义上的国家。对探索“中国向何处去”来说，这足以让仁人志士羡慕了。从“制度经济学”所特别关注的“社会分工合作体系”之形成这个角度来说，日本的发展充分告诉了我们一个道理：只要一个民族确定了行为规则的至上性，无论这个规则多么不近人情，总比那种“没有王，各人任意而行”（见《圣经》“士师记”）的局面要好很多很多。

要警惕日本什么？

中国民间一直有股以日本为敌的习气。中日民族的历史恩怨和地缘争端，足以发生一些超出我们想象力和接受力的事件。熟悉外企在华状况的人士多少都知道，中国劳工很少在欧美资企业中大规模罢工，日本在华企业却经常发生激烈的劳资冲突。不能把这种矛盾简单归咎到当前体制所进行的民族主义教育。对欧美等国，官方媒体的妖魔化也没少到哪里去。

这就涉及到欧美企业与日本在华企业在决定经营方式的文明路径上的巨大差异。1637—1638年，中国明朝末年，江户幕府时期的日本发生了一场岛原之乱。这是一场发生在天主教徒和政府之间的战争。幸存的信徒被迫进入了“地下”；对基督教的禁绝直到明治维新时期方取消。由于日本文化对外来文化的极大排斥性，就西方化的实际成果而言，占总人口1%不到的日本基督徒中的部分精英分子主张的是不符合圣经原则“非教会化”。

东亚多数国家都在文明路径上日新月异，一度为日本殖民地的韩国更是翻天覆地。美国《时代》周刊1993年7月“精神上的转移”一文指出：“31年前……韩国基督教徒的人数仅有120万，自那以后，基督教徒的人数猛增，几乎每10年增加一倍，尤其是新教教徒增长迅速。到今天，韩国4500万人口中，约1/3是基督教徒，其中新教教徒为1180万人，罗马天主教徒300万人，另外，总人口中40%的人是名义上的佛教教徒……10名将军中，有9名是正式入教的基督徒。去年参加总统竞选的三名主要候选人也无一例外，获胜的金泳三就是保守的鼎岘里长老会的长老。许多著名的工商界人士也是基督教徒。新教教会已向海外派遣了至少2000名传教士。”最近卸任不久的李明博总统，曾经是长老会的长老。

如果说韩国是儒家依附性文化在地缘战略危机中基督化转型、普世价值化转型的特殊案例，体现出了借源文化的根本特征，日本却体现了典型的自源文化之特征。而从世界地缘政治来看，欧亚大陆东西两面的岛国，基于保障秩序的嫡长子继承制下，日本迄今的和平发展靠的是平民坚忍到“死”的顺服精神，英国则以教会与法治化解了社会矛盾。

直到2012年7月，日本政府才改变了执行多年的资格外活动许可制度，允许外国留学生持签证进入日本一刻起自带资格外活动许可证，也就是可以合法打工。这种事情在欧美一般不会发生。不仅如此，激烈的意识形态冲突一般发生在欧美与中国之间，很少在日本和中国、以色列和中国之间发生。原因都在于这些国家的民族主义精神超过了他们对“自由民主”这种“普世价值”的关注度。根本原因则在于，日本和以色列同样缺乏基督教性的福音精神。

换而言之，如果中国要进行现代化建设，除了科学技术和管理细节等命题，若非出于经济利益考虑，其制度文明（尤其是人权保护）方面，他们常常懒得“好为人师”。

经历19世纪的“明治维新”和20世纪军事民主化改造中的“和平立宪”，如今的日本，仍然是个在文化—政治—社会三者高度同构、互相顽强支持的自治体。樱花、和服、俳句与武士、清酒、神道教构成了传统日本的两个方面：菊与刀。其体系之刚硬，可谓举世罕见。于是，普通日本人只好一方面拼命工作，一方面下班时间流连在居酒屋等地解酒文化消解压力。

或者可以说，在美国文化的强势影响下，经过一百多年的变迁，韩国已经从一个东北亚意义上的萨满教（主张“万物有灵论”）主导的国家转变为一个占人口20%的精英中的80%是基督徒的国家。其变迁，正是韩国近年来努力走出权贵资本主义体系、确立平民主义化的中小企业扶持政策的基础，也是韩国未来有望更加强有力制衡日本的民间动力所在。

由此，与日本相比，中国人对外来文化的包容度更高一些。只要经历合理的规划，让官民矛盾不至于发展到一个无法承受的程度，尤其是确立起对“行为规则”的“敬畏”这种“法治主义”精神，中国就可以成为一个更有美好未来的国家。就利益而言，对西方人来说，也是与其接受一个保守狭隘的民族主义的日本，不如成全一个日益“西学东渐”的中国。

一个文明的体系，理当由精英承担更多责任、平民又有较大能力制衡精英，由此形成多中心秩序，如此才能建立起能世世代代继承下去、不断发扬创新的分工合作体系。由于人类生活方式和信仰体系实际上的多样性，这种分工合作体系不可能是某些理想主义者所期待的单一意识形态或者单一宗教体系。日本是有分工合作体系的，但其进一步发展却困难重重。

反过来，对中国来说，这样分析日本文明，实际上是在面对这个东方邻居的喜怒哀乐，以及深刻理解他们的忧伤、无奈与痛苦。由于社会结构中对年轻人的沉重压力和过分掠夺，例如权贵资本主义对中小企业生存空间的压制，长期房地产泡沫的存在，日本青年人被逼入一种依靠个人主义的荒淫消遣才能度日的状态。这些现象直接导致了一个社会的理想主义激情的丧失和人口增长率的下降（生育率的下降所体现的是人们不愿意承担代际性义务）。

在日本近几十年的高速发展又陷入结构性、文明性困境中，我们俨然看到了中国“改革开放”迄今的影子：同样的人口红利下降、“改革共识”难以产生（导致“改革红利”几近丧失）、房地产泡沫、垄断财阀导致官僚主义。

中国是否应该吸取日本的教训尽快结束强制性的计划生育政策以挽回丰厚的“人口红利”，这个命题亦不可忽视。中国的政府与企业如何建立一个确保可持续发展的分工合作秩序，进而吸取日本人对行为规则的敬畏精神、却能避免其轻视各种创新（如制度创新、产业创新）的陋习，更是值得人们深入探讨。

（《智富》2013 年第 11 期）

今天我们如何对待各种历史叙述？

这几年来，哪怕是在美丽的公园中散步，我都一直在反复思考一个问题：我们到底做什么为好。对这个问题的解答及其后续的相关行为方式和理性选择，从小处来说，关系到自己的物质收入、关系到家人的平安稳定、关系到我们能否平和地和各种人群（包括商人和公务员，他们基本是势利的）平等地交往。

从大处来讲，这关系到一个民族的转型，事实上也涉及到我们如何对待各种历史上的各种叙述。其中，最为重要的一组政治学命题是“问题与主义”之争，这组问题很容易转化为“革命与改良”之争。就是说，如果我们今天的年轻人胸怀天下，我们该怎么做，既对得起自己、家人，又对得起自己所在的社区和整个民族。

这组命题的沉重性，对“西学东渐”中的中国人来说，如果处理不好，足以摧毁一个人的心灵世界和外在秩序。即使是那些最情愿保守目前生活，也不希望有多少公共作为的人们，因为一种社会机制，也被卷入到这个过程中去。简单地说，有位看上去不思进取的宗教信徒，这种宗教早已比较成功地融入到中国主流文化中去，仍然会有人指责他们，说是犬儒主义。

我一度以为自己是个颇有公义追求的人。有一位依赖拍陈毅市长马屁而成名、在 1989 年“心血来潮”从而“暴得大名”的话剧家批评我：“现在的年轻人越来越不敢说真话了”。如果我们不幸地和这些人生活在一起，参与到一个共同的社会体系之中，又该如何面对这些人的快速态度，既稳重地生活，同时又有所作为？

熟悉中国思想史的朋友可能知道，这位剧作家的这种思维方式，被张灏先生总结为“烈士精神”。“烈士精神”，我在以前的文章中曾经多次提到，其中一篇发表于 2008 年 4 月 19 日的《南方周末》，主题是“改良与革命的龟兔赛跑——‘预备立宪’为何无法挽救清政府”。

我在这篇文章中指出，由于烈士精神带来的仇恨，政治家的审慎与小心翼翼的改良精神，也被革命战士当成了对他们的宣战。今天，我们成为“事后诸葛”，类似一些传纪作家、“历史学家”那样对孙中山或者慈禧太后进行道德批判无疑是容易的。对历史的这种叙述和评议，又被赋予了现实的干预政治的功能，成为中国屡见不鲜的文人政治。新近以来，就有人对某位政治大员的言论议论纷纷。事实上，我们绝大多数人并不了解这位政治人物。于是，这一切最终更进一步被剧场化。如果我们打破砂锅问到底：你究竟多大程度上了解那里的动向？对类似问题的回答一定是来自于某种媒体的，无论是国内媒体还是海外的那些媒体，或者仅仅是来自某种直觉体会，而支撑这种直觉的，很有可能仅仅是自身曾经发生的一段恩怨。

真正体现一个民族心智发育程度的还是对当下各种困境的理性选择程度。转型时期对待威权的沉默度，是颇能体现出政治理性发育度的。只有在承认个体无知这种特殊的理性思维的发育之上，人们才能形成真正意义上的政治责任与政治智慧，而不是人云亦云。这样，一个足够理性的、并努力超然的学者，就有可能对某些未知话题保持干脆而略显悲凉的沉默。这种对未知的沉默而导致的冷静，在个体决断上转移到其他事务中去，看上去很消极，深刻地体现了个体是如何从在场性转移到超越性之中，从零和博弈转移到纳什均衡之中去。

或者说，如果我们具有足够的知识背景，就能展开更加丰富的理解。对待历史中的大事件，我们就可以从某种严重剧场化的分析转移到一种政治哲学化的、宗教社会学化的分析中去。今天接受过相对系统的人文社会科学训练的年轻朋友就会知道，一个社会的进步从来不是某种单一个体和单一势力的道德化的、人格化的变迁，而是整个利益格局和社会结构的变迁，以及超越性价值如何引导这个民族走向理性。例如，二战的德国有纳粹，不是民社党人的个人素质决定的，更不是希特勒个人能左右的；预备立宪之失败，不是因为慈禧太后活得太短，革命党人多么有勇气有智慧，而是当时中国必然面临的一个零和博弈选择。

有了这种非常悲怆的分析，有一次，有一位从政治哲学转型时评写作的朋友对我说，他几乎不和一些朋友讨论政治，因为那些人更加喜欢关注陈伯达有几位夫人。他们以为，对这些细节的熟悉程度，体现出一个人物的见多识广。其实错了。这些人有几位夫人，能超出我们的想象吗？那种对社会变迁的期待依赖于个人或者集体道德的做法，不就是一种英雄史观吗？

由于英雄史观，从古到今，这个民族一直没有实质性改变，只是支撑起这种转变的合法性论证方式改变了：以前被认为是某个圣王的诞生，今天则被认为是某些具有自由民主意愿的权力人物的促成。例如，我就曾经听到一位“自由主义”学者分析说，台湾民主就是因为蒋经国道德上有多么高尚。听完这话，我就开始明白，他的全部公共言论，是如此的令人警惕。好在这些人几乎很少参与政治。一旦有了一种参与政治、救国救民的激情，将是多么扭曲。也许，他们这群人，如果鼓吹启蒙，一定是期待他人觉醒起来，尤其是希望年轻人形成集体行动，方便自己搭便车；而对自己，一定是另外的标准，另外的生活，根据个体的那种本能来选择。

当然，这样分析，也太不把个体的道德当一回事了，也的确太强调个体努力甚至于集体奋斗的无力感了。然而，为什么西方人那么容易出现据说不愿意做国王的华盛顿，而中国非出现那么喜欢做皇帝、却“独裁无胆、民主无量”的蒋介石不可呢？“独裁无胆、民主无量”，看上去很深刻，也不过是政客型文人的道德论断。

考察历史，就能知道，如果华盛顿被美国人接受为国王，这个国王一定是立宪君主，这个国家的法律体系仍然一定是普通法的，这个国家的主流文化仍然一定是清教文化为主导、自然神论为辅导的，这个国家的政治体制仍然一定是联邦制的，社会结构仍然一定仍然是小共同体化的。也就是说，华盛顿这个国王也一定是虚位的。更何况，历史学家的确很少明确论述，究竟是哪个无知的人物，在哪个无聊的场合，劝说华盛顿成为国王。而在中国，如果不是一个“独裁无胆、民主无量”的威权政府，蒋介石又该表现出什么样的治理方式呢？

谈及转型，我喜欢引用一些明显社会学化的学者的分析来支撑我个人的分析。托克维尔在《论美国的民主》里说，美国之所以能有这样的民主，是因为有上帝所提供的得天独厚的自然环境、有它的独特的同样为基督教和小共同体所提供的民情基础，以及同样的受民情所支撑的法制。这是在说，那种认为华盛顿是因为道德高尚才不做国王的说法，其实是外行判断。

我们今天相对清醒地知道，美国联邦宪法其实也颇有问题，例如它到二战才开始限制总统的任期。如果这部宪法被颁布在魏玛共和国，也一定会有纳粹上台的。我无法判断华盛顿在魏玛宪政中是否会成为希特勒；但是，可以确认，如果没有合适的民情与小共同体基础，一个国家无论有多么完美的宪法，最终都难免无法改变这个国家的必然趋向不稳定的秩序。

类似“犬儒主义”那种明显无视公民自我保存权利和义务（必须强调自我保存仍然是公民义务，除非是原子化的个人，也不对上帝承担责任）的道德批判、体现为“烈士精神”（也许只是清议士，更多还是希望年轻人浴血奋战）的决断一定会被再三出现，这个民族一定是时刻充满恐惧的，一定是随时处于危机的，一定会有人随时主动把任何灾难都毫无条件地当成凤凰涅盘的机会的，一定不会有博弈论上的纳什均衡与合作博弈解，而只能是一山不容二虎的零和博弈结局。

这样，无论是高举个人主义、还是共同体主义的旗帜，我们内心深处仍然是那种曾给民族带来深重灾难的英雄史观与机遇史观、事实上的巫术思维。

就此而言，辛亥革命的成功或者失败，无论基于什么立场来分析，结果都不是偶然的，也不是人格化的，而是高度社会结构化的，是一个民族的必然宿命。反思或者总结辛亥革命一百周年的教训或者经验，认为辛亥革命带来的是灾难或者福音，就不能从中得出经验或者某些特定的结论。

那种“从失败中得出经验”的做法，作为中国近乎全部传纪作家的通病，全部以启蒙为使命的中国历史学者的病症，乃是毫无逻辑、完全说不上理性的。如果我们要真正理性分析辛亥革命，我们就一定会否定任何形式英雄史观和机遇史观。

（《青年文化评论》2010 年第 18 期）

中国古老的流民问题如何良性治理

如今充斥这样的社会新闻：国内一个年轻人，无钱给父母治病，被迫抢劫银行。正在看电视的室友问我，在美国法律如何判决这样的人。我对他说，在普通法系的国家，一个公民是否犯罪是由普通人组成的陪审团来认定的，法官的任务是在陪审团的决定的基础上，确定如何给犯罪嫌疑人量刑。这个案子，由于银行并未导致当事人父母无钱治病，因而陪审团应该判决这个年轻人有罪。不过，在另外一些案子中，例如女当事人因为长期忍受家庭暴力，如果杀了丈夫，附加另外一些可以赦免的条件，陪审团有可能认为当事人无罪。

然后，我很快对这位室友说，在一个文明国家，这种事件一般不会发生。强调家庭之爱，强调孝顺老人，强调关心幼小，强调年轻人必须赡养无劳动能力的父母，这个是几乎所有文明的共同特点，并不是某种文明，尤其不是中国的儒家学说的本质特点。基督教世界由于强调人与神的绝对关系，强调人与人的绝对平等，被人认为是不强调孝顺与血缘关系的。这种看法无疑很对。然而，不强调某种价值观，并不等于忽视，更不等于否定那种价值观所试图描述和确立的行为方式。但是，西方文明传统不以亲情、血缘和地域为中心是确定无疑的。

在欧美基督教为传统社会，孩子18岁以后，父母就没有义务为他提供上大学的费用；当然高校一定会有一套足够健全的教学体系来应付这种局面。

父母老了，孩子也未必必需承担赡养的义务。因为公民福利已经形成了多层体系。首先，他年轻时的积蓄足以养活自己。第二，他年轻时早就为自己缴纳了足够的商业保险。第三，即使他没有缴纳商业保险，政府部门也有义务给他足够的养老金。例如，在加拿大，人们以消费金额来判定自己的纳税人义务的履行程度。

第四点，在欧美社会也一直最为基础的是，并不是一开始这个社会就进入了现代性。社会中的小共同体，例如教会和各种慈善组织，即使大家本来就素昧平生，也会因为一种“无缘无故的爱”而被接纳。一位朋友对我说，只要你在教会受洗了，以后也不对外说你不是基督徒，基督教会绝对不能看着你身患重病活活死掉，也不能看着你忍饥挨饿。在这种社会，在一个世俗人看来是“权利”和“自由”的话题，就是一种“责任”。

可是，当一个人说出“这是我的孩子”，就意味着其他人与他无关。如果我帮助了外面的人，做了点力所能及的事情，那不是我在履行义务，而是我道德高尚。在中国，“道德的高尚”意味着，他应该比其他人有更多的权利来享受某种特殊的地位与身份。行为上的“高尚”可能是卑鄙者的通行证。所以，我们常常看到，在有些社会，一切的“爱”，迟早转换为一种市场交易，一种社会控制。对此，我们可以找到无数的证据。

我在《正义一元论》第一版（武汉大学出版社版）最后一章提到，宗族体系体现了“历时机会均等”。“二十年媳妇熬成婆”，意思是说，只要混资历，哪怕在理性意义上近乎文盲，他都有绝对的权力（是权力，不是权利）凌驾于晚辈之上。每个人，如果年轻时曾经饱受欺凌，不要紧，只要老了、快死了，就可以为所欲为。普通人只能对自己的孩子。其他人，则是看权力的大小，也即其治理空间，控制的是否有效。这就是为什么有些民族看上去那么重视教育——例如孔子，的确是个大教育家——他所辩护的这个体系却是最勤于、最善于摧毁正常生活的。

这让我想起了一次学术讨论。年初，我受邀参加了哈佛燕京学社主办的底层研究培训班。在北京郊区的通州宋庄画家村，我们集体观看了一部反映中国北方农村年轻的性工作者的悲惨生活的纪录片。第二天吃早饭，北京大学的一位副教授和我讨论一个问题。这个话题很令人伤痛。一个年轻的也有爱情期盼的女孩子，同样无钱让父母看病，被迫在县城卖淫。父母也知道她在卖淫，心里也很不舒服，当然也没办法，于是就默默地接受她的血泪钱。有学者鼓吹卖淫合法化，以为卖淫合法化就能保护性工作者权利。这个说法足够不愿考虑底层民众的痛苦，足够书呆了，足够冷血，因为根据宪法规定神圣不被侵犯的国有资产照样可以流失。

卖淫合法化不仅无法解决父母无钱看病的一般问题，更无法提高一个社会的道德水平。后来，这个父亲还是死了。与他的死一同发生的，还有一个中国姑娘的道德与社会地位下降到一个令人无法想象的地步。譬如，她愿意花一些钱，到社会地位和她一样低下的男性“性工作者”。女性性工作者，在中国民间被叫做“鸡”，男性则叫做“鸭”。真可谓物以类聚，人以群分。

于是，我们就把话题讨论到“生存技术”的层面上。那就是，这位姑娘后来怎么办？这个问题，比鲁迅提出的“娜拉走后怎么办”这个话题还要严峻，还要深刻。因为鲁迅讨论的是女性的独立问题，而这个话题所讨论的是，一个人被所有世俗人鄙视了，到底该怎么办。

这位善良的女学者说，她可以隐姓埋名，到一个企业里去工作，靠自己的辛勤养活自己。我说这个的确有可能。可是，如果我们这帮人是生活在一个城市国家，例如新加坡，或者小小的香港（很多人喜欢用香港的道路来论证中国可以采取某种制度形式），真能隐姓埋名吗？答案是显然的。

一个在家乡难以立足的人，如果整个国家结构高度同一，基本上无法改变自己的命运。一个在家乡都无法生活的人，在外面更会步履维艰。在中国，换个城市或者省份，到了某个企业，真能呆下去吗？如果我是一个企业的负责人和决策者，而且道德上的确高尚感人，愿意接纳这个孩子吗？副教授说有可能。我说，根据我的生活经历，越是管理规范的企业，越是绝无可能。“卖淫”是某些现代化了的国家所强调的公民权利，可是，越是接轨现代性的企业，越不能容纳卖淫的存在，越不容忍她的存在。道理很简单，这样的公司需要统一化经营；如果我是一个真心爱所有员工的老板，更是绝对不会让她的道德不高尚影响到每个员工的道德行为，更何况这样难免持久伤害一个公司的企业文化。

那么，依据中国人的思考，她可以进入到某个家庭或者家族吗？譬如有个道德高尚的自由知识分子，勇敢地娶她，给她好的教育，让她从此过上幸福的生活。这个假设“很好很强大”，但对有些父母来说，一定“很黄很暴力”，一定是会伤害到自己的家庭伦理、可持续维系和可持续发展的。在这里，“很好很强大”与“很黄很暴力”很顺理成章地辩证统一到了一个以血缘和家族为组织形式、以归属与控制为治理方式，当然还辅以道德高尚与文明进化的社会体系之中去。

所以答案可想而知，这个女孩子必然没有幸福，必然绝望，最好是一死了之。因为在很多道德学说那里，这样一种个体，早已断然失去了人类文明的全部意义，毫无疑义地应该被抛弃。即便不是这样主张，社会的冷漠足以让她们人生崩溃。

当然，一定会有朋友以更悲观的语气回应，几千年来的中国，在官府权贵的“潜规则”里，在底层社会的“明规则”里，形成了一种“笑贫不笑娼”的败坏之气。即便是父母亲，对女儿人生意义的评价标准，绝非西方基督教意义上的“圣洁”，而是有没有“出息”。诚然，女儿的出息就是嫁个“官二代”、“富二代”，从此让父亲一家过上幸福美好的生活。这样，这个民族，整体上失去了人类被造之初应有的“礼义廉耻”。

没有彻底的“笑贫不笑娼”。所有“高富帅”且四处“淫乱”的权贵都希望自己有贞洁的妻子。求生是人的本能，更是一种无需教育即有的盼望。这个女孩子肯定不会轻易地死去。一个宁可卖淫也要承担责任的人是不会轻易死去的。熟人社会无法接纳她，她一定会背井离乡，隐姓埋名。也许，她在异乡可以有更好的际遇……

可是我们知道，社会治理的目标是培育必然性，而不是创造偶然性。一个以创造偶然性为目标的文明体系和国家治理体系是注定没有前途的。

博弈论的基础知识告诉我们，成功的这种“偶然”，在丛林社会中，必然属于资源占有上的强者。那么，弱者改变自己的社会地位的方式是什么？答案就可想而之了：一个失意的管理上的高手，用我们今天的政治学名词来说，可以是知识精英，也可以是其他精英，带领这些人，形成一个新的组织，也许这个组织的形式仍然是老样子的。“众人拾柴火焰高”，大家一起奋斗。如果说几个人只能抢银行，最多和警察单打独斗。而一群的人，几万几十万的人，就可以组成军队，直接去抢劫更多的大户，获得更多的财富。在政治学中，这个叫做“集体行动”。

我们知道，这就是以某些精英为领导，以更多流民为主力而形成的社会组织。如果政府能力足够衰落，这帮人就可以推翻一个政权，建立新的政权。一般意义上说，流民所建立的政权，必然和它所推翻的政权的政体精神与运行逻辑高度一致。

水泊梁山上的宋江是个有所作为的小男人，他的梦想是被朝廷招安，做个或大或小的官。宋江多少也是个政治上的糊涂人，他不知道像他这样有过背叛经历的人，一定会死得很惨。连这点道理都不懂的人绝然说不上是一个明白人，更不可能成为一个优秀的政治家。另外一些人，譬如朱元璋，“宜将剩勇追穷寇，不可沽名学霸王”，加之利用大多数中国学者所不知道的民间宗教“明教”的力量，他就成了，于是有了大明王朝，于是中国社会在原有的文明体系中继续被延续它的生活方式。

可是，在西方，倘若那个可怜的中国北方的姑娘，被一群吃饱没事干的人给抓起来了，进行道德审判。正如《圣经》（约翰福音8:1-11）里所谈的著名的“行淫的妇人”的故事。“你们中间谁没有罪的，谁就可以先拿石头打她”，耶稣并温和地对妇人说：“我也不定你的罪，去吧！从此不要再犯罪了。”如果有个自以为正在万世开太平的企业要拒绝这个孩子，耶稣一定会以真理的名义严厉指责他。

一定有人会问，耶稣在哪里，用望远镜和显微镜我们完全看不到。道理非常简单，耶稣作为历史中的人已经成为过去，而作为“灵”的神不是我们可以用自己的肉体感官（例如眼睛、鼻子、耳朵和触觉器官）能感受到的。

我特别想说的是信仰模式所带来的在行为规则上的变化。在美国，一个企业如果是因为道德问题而拒绝这个中国的女孩子，那么一定会换来女孩子对它在法律上的起诉。当然，理由不会是基督的“道路”“生命”“真理”，而是人权上的歧视。

与基督信仰的这种超越性相类似，与中国很不一样的是，这个制度文明及其治理体系仍然符合人与人绝对平等这种基础准则。而且，这种传统的信仰与现代意义上的权利体系，在这个国家是统一的，用我的话来说，是“基督教正义一元论的实现”，是“基督教—法政系”这样一种双重统一的社会治理方式。

所以，我们很难想象在西方社会有那么多的流民。答案就在它的底层社会。这里的底层社会人与人至少在终极意义上绝对平等。这里不是政治人物在呼唤平等，而是民众在呼唤平等，针对的却不是政治家。所以，这里的“平等”首先不是民权意义上的。当位格上的“平等”被过早地界定为“民权”、“民主”、“民生”这种话题时，一场轰轰烈烈地难免要摧毁社会自生自发秩序的运动一定会开展。

有人以为“民权”“民主”“民生”结合在一起，文明命题的答案就迎刃而解。那真是错了。在一个缺乏终极性正义的国家，民权是机会，民主是方式，民生是目标。如果底层结构没有改变，形成流民运动的社会结构没有改变，那种“共时机会均等”的民情基础没有形成，文明的生活对我们中国人来说仍是白日做梦。

对基督教会来说，如果在主日敬拜中不在基督福音中认真宣讲那与我们“行事为人就当与蒙召的恩相称 ”（以弗所书4:1）的“诫命”，拒绝“摩西十诫”关于守安息日的教导（出埃及记20:8-11），鼓励信徒“停止聚会，好像那些停止惯了的人”（希伯来书10:25），也就是鼓励“基督徒”出于个人的各种地上利益而拒绝委身教会，就政治社会学的实质而言，就是鼓励危害他人的游民运动的犯罪行为。而对政府来说，动辄侵犯基督徒主日聚会的权利，则是一种无知无畏的非理性作为。

这些绝非宗教意义上的“咒诅”，而是生机盎然的人类生活经验血的教训。

然而，自古迄今，中国的很多政治思潮，无论它们多么争锋相对，也无论它们如何自吹自擂，也无论形成了多么伟大的社会运动，我发现它们对流民及其社会治理这个话题基本搁置不谈。有人说是宪政民主，有人说是协商民主。一个人没有足够的识字能力去阅读和理解关于“自由、公义、爱”的“ABC”，如何让这种观念深入人心？有人说是应该尽快开启公民教育。万一政府拒绝开启公民教育呢？推翻政府后再进行公民教育吗？政权更替中，我们不会产生暴力、仇恨与新的权力垄断吗？

今天，中国的经济越是发展，制度转型的压力越是迫在眉睫。如果中国经济合乎规律地放慢发展速度，自然资源基本匮乏……流民、游民的危害及其相关社会治理，“民间宗教”的公共性应对，一直是中国的基础问题，也是老大难问题。今天的“三农”问题，多多少少也是这个话题。我相信，中国的任何政治哲学和政治科学，哪怕是基督教家庭教会的持续和平发展，都无法回避游民的危害这个基础话题。

对此，我反复论证，承认了“正义”必须是内在统一的，文明才会行之顺畅、坚不可摧。后来我总结说，正义至少有四个层次的一元性：首先，它的信仰结构一定必须和制度文明统一。让这个信仰下的小共同体来收容、转化流民，并给以尊严，而不是让民权运动来承担这个职能。我们之所以走到今天，就在于旧有的衰败的社会无法承担此功能。然后是司法在政治体系中居于最高决断地位。第三是法律规定的内在一致性。第四是程序内在的一致性，推行针对绝大多数公民的“无罪推定”的程序正义（政府、企业等强势群体是少数的例外，应该对他们进行“有罪推定”，节制不平等不正义的“马太效应”）。

（《青年文化评论》2010年第20期）

在改革双轨论范式中探索中国国家治理体系

（后记）

这本书提出了一个不全新的新词语：改革双轨论。《正义一元论：从民情到法政》第一章就指出古今中外国家政权必然具有“双轨性”。简言之，政权都是上帝所设立的掌权者，政府是必不可少的“恶”；不外于一切的组织，政权从来都是由一群“罪人”组成的。由政府的这种“双轨性”而出的“改革”，必然具有“双轨性”。否则，一群基督徒和自然神论者所建立的美国就不会爆发“废奴”的内战。

这是指着政治哲学强调的超越性而言的。另一方面，拿美国谈中国，常常不怎么靠谱。我们应当谨慎开展这种中美对比。为此，这本书的表达以叙述为主，兼用逻辑推理。其中一些文字，并非我的“价值观”，而是社会生态，或是治理对策。这有利于呈现一个难以被理解的东方国家的苦乐哀痛。

多中心秩序能被落实，不在于它多么美好，而在于一个国家客观地具备了多中心秩序的基础；关键是在法理与信仰两方面，确立了从民情到法政的宪政生成逻辑。

谈“改革”，要谈一些“可行性”建议为何“不可行”，就要论证为什么文明之道不可回避。由此，这本书中的建议不能被落地之处，实证分析有其战略意义。

由于社会学家费孝通《乡土中国》所总结的“差序格局”，也即我的朋友方绍伟在《中国不一样》（中国发展出版社2013年4月版）里所说的儒家性的“小圈子道德”，“双轨性”程度远远高于美国。在“改革”初始阶段中有助于打破“大一统”的“双轨制”，如今已经成为“改革”的行为特征。“双轨制”几乎深入中国从“明规则”到“潜规则”的所有细节，固化为一系列的政治、经济、文化的制度安排。当既得利益在“双轨制”中成为主导国家前途的力量，中国社会俨然就有回到“文革”时期“封闭社会”的倾向。但中国的这种“左转”，很难说是“大规模”的“倒行逆施”，只是拒绝“深化改革”的“有限动员”。

“有限动员”的特征就是，既拒绝走“文革”“老路”，又拒绝走西方式宪政民主的“邪路”，依赖一套“分类控制的维稳体系”，实现“稳定压倒一切”的“不折腾”。接下去中国怎么办？只好继续“摸着石头过河”，摸到哪里是哪里。

由于忽视中国人行为的逻辑，拒绝进行能打通“制度经济学”和各种政治意识形态的思考，中国体制内外的太多学者不能理性叙述这个时代的这个“总特征”。

太多中国人抱怨自己生来就是苦命人。普遍的角色分裂如何在一种特定的社会背景与意识形态中产生，并控制我们封闭而投机的内心？与其说本书是“改革”的鼓与呼，就所提的绝大多数结论中的建议性命题目前都没有得到实施的迹象(可能)，如我在《改革话语下的公司命运》、《转型社会中律师的责任与局限》等文章中所表达的，不如说是一本关于"改革"为什么在一种生态中陷入困境的叙述书。

今天人们之欣赏"改革"，很大程度上源于反感始自1966年的"文革"；这就是说，除了那些利用"改革"谋取"既得利益"的人，对倾向普世价值的人说，"改革"的可接受性，不在于"改革"自身，而是无意识中接受"开放"成果。这是可以从基础理论和社会学两个角度规范描述的。从1807年这一"西学东渐"的关键年算起，直到1912年，中国的进步，乃是开放的功劳。从1978年算起，直到如今，中国在文明方面的任何进展，更是完全仰赖于这个国家步履蹒跚却居功甚伟的开放。

在公共表达中，强调"改革"，还是突出"开放"，体现了不同言说者背后的价值观，以及特定的价值体系对言说者在"意志"方面的捆绑。客观上，如果说"改革"还有正面作用，就在于客观性地适应了开放大势，消极地不侵犯民众的宗教自由与结社自由，制度性地尊重了社会"自生自发秩序"的形成。以如此民情的发育为基础，而非政治人物的道德品性，人类社会主动被动地转型为多中心治理。

进一步说，就"改革双轨性"而言，由于特殊的民情，在中国，我们更容易看到另一些理想主义者灰心失望的现象。另一方面，我们也不能简单地假设任何政体内的所有细节安排都是不合理的。这样，即便在宏观意义上否定某个政体的制度精神，却不意味着必须拒绝在细节上发展壮大那种体现文明价值的具体设计。

我很不赞成以马克思主义意识形态说事来批评中国共产党。真实的中共是这样的：在28年之久的革命和更久长的维稳历程中，中共已发展为一个"危机应对型"政党，实用主义构成了最真实的传统。1978年、尤其是1992年以来的中共一直试图从"革命党"向执政党转型。今日中国诸多现代化成果有赖于中国共产党日益增长的执政经验。作为"国际共产主义运动史"中最善于学习和"与时俱进"的"共产党"，以致最终脱离了"国际共产主义运动"，成为吸纳了无数苦于为生计奔波、也为自己的理想而勤奋工作的中国社会"精英"的，有八千多万党员的，试图长期执政的，实际上在今天的国际社会中已经是"一枝独秀"的超大型政党。

且不说遍及全国的基层党组织，其组织性的意识形态功能已经大大削弱；在北京、上海、广州等高校中，大量鼓吹"宪政民主"的法学、历史学教授，更是中共党员。对比中共执政前三十年，中国已经发生翻天覆地的变化。

中国共产党持续转型的困难大体有三：意识形态，既得利益，所继承的文化传统。在这里提出"意识形态"的阻碍，并没有否定中国共产党已经不是共产主义政党这个判断，而是想继续阐释本文开头所说的"有限动员"。意识形态更多是假象。只有三者交织在一起，导致一些"精英"养尊处优、积劳成疾，多少有些恐惧、似乎还有"机遇史观"和"英雄史观"性的奇怪心理时，当"意识形态"被作为反对"深化改革"的进一步动员的"旗帜"时，"意识形态"才有分析价值。

而在一般事务中，公务员可以是我探讨政治及其相关学术的伙伴。我有时想，这种知识性的认同，甚至远远多于那些致力于在中国实现快速民主化的江湖朋友。

因此，中共党员和我的差别与其说是政治上的，不如说我是一个基督徒，我知道谁为我舍己复活，是谁给了我替代性救赎，以至于我"罪得赦免"、"因信称义"。

这不是恭维中国共产党，而是力图实证叙述。认真阅读明朝时期朱元璋的努力、黄仁宇的《万历十五年》、末代皇帝崇祯的“励精图治”和吴三桂“冲冠一怒为红颜”的江湖传奇，我不得不承认，汉族人治理国家，一定有汉族人“匪夷所思”的一面。优秀的政治学研究有利于解开汉族人治理中国的一些特征及其逻辑。

这就是“儒法并用”型的“改革双轨论”。以个体经验和直觉思维为基础的实用主义、难以走出中国老路是这个体系的根本特点。用本书《改革双轨论：1992年以来中国之冲突及调试》的副标题来说，这种社会经常面临各种冲突，执政者也会一再试图对这些冲突的过程和结果进行“调试”。在“政治学江湖”中，有个由中国国民党、苏联共产党、墨西哥革命制度党、印度国大党等俨然证明了的，被作为“巫术性咒诅”的、传说已久的“七十年执政周期律”。我越来越倾向感觉到，通过对冲突的主动被动调试，中国共产党对这个命题发出了卓有成效的挑战。

十八大之后的中国共产党强烈期望治理好日益开放的中国。中共十八届三中全会提出的“推进国家治理体系和治理能力现代化”，是一个体现世俗化时代色彩的“祛魅化”治理话语。明显区别于前十年的“不折腾”和更前面的十几年的“闷声发大财”，在“反腐”背景下，2014年7月29日，原中共中央政法委书记周永康被立案调查。同时，中共中央宣布在10月召开十八届四中全会，主题是“依法治国”。无论体制的激烈批评者多么不满，这些做法已经使国家在“改革开放”方面的支持者充满期待。可是，中共的诉求显然不止于“依法治国”，还有经济方面的全盘诉求，并期待以经济发展为“中国梦”的实现提供物质基础。例如，7月30日，国务院出台《关于进一步推进户籍制度改革的意见》，宣布启动中国新型户籍制度的整体构建，实现城乡户籍的一体化。

提及周永康案被宣布前后中共中央国务院的两大决定，旨在引出未来趋势的分析。这本书一再探讨了与城乡民生待遇相关的“土地财政”、“实体经济”、“金融自由化”、“拆迁冲突”、“农地确权”、“新型城镇化”、“司法公正”、“地方自治”以及“基督教发展”等话题。如今，执政党倾向建立一个通过“依法治国”实现对广大党员尤其是领导干部的“政治领导、思想领导、组织领导”、以此回应民众打着“反腐”旗帜的“维权”诉求（以民生诉求为主，近年来日益向政治诉求转型）、却仍然期待地方政府“以经济建设为中心”为“中国梦”提供物质基础的“治理结构”。对比过去“不折腾年代”的全面维稳，不能不说这是巨大的进步。

然而，本书《财税制度应该以社会为中心》、《财政收入超速增长及其官民冲突》等文章一再强调，不要以为经济会永续增长，公共财政汲取空间总是有限的。“不折腾年代”的体制内有个颇为流行的说法：所谓人民内部矛盾就是人民币可以解决的矛盾。民众以物质利益为导向的非政治性诉求的确可以通过“以经济建设为中心”的经济发展和政府主导的再分配得到满足。可是，倘若一味期待以经济发展缓解官民矛盾、体制内外各种矛盾，实际上是将国家的命运与“经济可以永续发展，公共财政取之不尽用之不竭”这个错误的价值观及方法论捆绑在一起。

这样，国家的合法性与认同感就过分地以物质主义性的福利分配和个别性满足为基础。以对政府决策的影响及支配能力为工具的“维权”及其看似“积极回应”的错误应对，一旦国家拒绝普遍正义，实际是鼓励社会个体通过各种手段到公共财政中捞取个体性的利益与特权。从逻辑上说，这是一个变相地鼓励对抗、制造危机的机制。根据博弈论的分析，个体特权的这种重复性获得，会制造一种“会打架的孩子有奶吃”却没有以真正的“自由、公义、仁爱”为价值取向的政治文化。

于是，没有实现有效整合的国家治理机制，必然因为政府财政汲取能力的下降，带动国家治理能力的持续下降，使得“维权”“维稳”两种诉求严重冲突时，公共财政迟早会无法满足民众物质财富的欲望，从而导致政府失去国家的主动权。

进一步地，一旦以经济控制为中心的国家主导权丧失，一些问题官员和腐败官员、以及一些过分关注“意识形态”的官员就会付诸国家机器，倾向制造流血冲突。由于中国日益进入全球化信息化，流血冲突对民众和国家的危害都是不可计量、无法挽回的损失。我担心的是，一些地方大员和文武官员组成的政治同盟，会以某种意识形态争取“民意”，趁机强力介入尚趋合理的国家框架，将国家的常态运行机制改为非常态的运行机制，“救党救国”或“救国救民”。

我知道今天很多在政治上极度失意的“仁人志士”期待体制内个别高官（尤其是政治世家，因为和中国的传统政治结构高度契合，针对平民和一般官员的日常维稳体制对他们常常束手无力）的“抽风”能砸烂这个国家的“铁桶政治”，以此为未来中国的“公民社会”的发育和“地方政治家”的大规模成长提供时间性的起点。可这是一个赌徒式思维。逻辑在于，正如《正义一元论：从民情到法政》第九章考察“晚清宪政的挫败史”所指出的，“抽风理论”或许能在时间上对某种叙述提供了文学性的想象空间，却不构成宪政民主之良性运行（甚至可能和“宪政”沾不上边）的，在逻辑上的充分必要条件性的、或者是正相关性的成功论证。

中国的历史早已表明，自命不凡的政治性动员，常常是层出不穷的“安史之乱”的翻版，可能远远不如当前至少呈现出“改革开放”性的制度框架。

对这种缺乏优良民情作为防范机制的政体断裂，如果爱中国、期待“最大多数人的最大幸福”（西方功利主义语），谁都不要“幸灾乐祸”。“没事不找事，有事不怕事”，才是一个负责任的政治家和专业的政治学论述者的基础心态。

在这方面，作为立宪建国最为重要的文献，美国的《联邦党人文集》提出了一个引人深思的重磅话题，“人类社会是否真正能够通过深思熟虑和自由选择来建立一个良好的政府，还是他们永远注定要靠机遇和强力来决定他们的政治组织”？

吸取历史上的经验教训，对今天有志于中国美好未来的政治思考者来说，在我看来，到了发扬这种“深思熟虑”“自由选择”的盎格鲁·撒克逊精神的时候了。

对此，本书的结论是，当前正在确立的这个治理结构需要进一步优化，主动将“国家治理体系”进一步“体系化”，推进和实现“国家治理能力”的全面现代化。

“优化国家治理体系”的基础是确认并完善国家哲学及其支配下的、体系化的“国家治理理论”。根据我们一贯的范式，最为合适的国家治理体系应当致力于“各从其类”与“爱人如己”的“合一”，以及我一再强调的“正义一元性的四层次说”。在当前这样一个特殊的改革时代，起点就是反思“改革双轨论”，确立对中国变革之道的准确把握，建立倾向开放社会、成全社会分工合作的中国特色的多中心秩序。

我对中共中央的人事布局毫无兴趣。政治学的结论是“形势比人强”。我更关心中国的国家治理是否走在了正确的道路上。体制传统的方法论强调在事物的发展过程要在诸多矛盾中抓住能决定事物发展的“主要矛盾”，在“主要矛盾”中抓住这个矛盾起决定性作用的一面。应当承认，国家的治理能力是有限的，一个阶段常常只能完成一个阶段的任务。政府应当朝着“小政府、大社会”的方向持续努力，使体制满足“依法治国”要求。也即，80年代初期确立的“以经济建设为中心”的基本路线应当被修订，国家应该如八十年代初期停止“以阶级斗争为纲”那样坚决果断地停止已经持续三十多年的“以经济建设为中心”这一治国纲领。

从政治学角度来说，中国一再呈现的“改革双轨论”既回应了《旧制度与大革命》所提出来的“托克维尔定律”，又与美国哈佛大学政治学教授 Samuel P.Huntington 所著的 *Political Order in Changing Societies* 一书所提出的“现代性导致稳定，现代化导致不稳定”这一命题息息相关。换言之，这两百年来中国的政治变迁，给政治学研究提供了取之不尽、用之不竭的丰富素材。对我个人来说，一度进入体制内的改革机构工作，不仅出于生计，更是表达了一个信念：中国平安度过这次转型震荡，不能单单寄希望于基督教发展，让中国“不流血”至少“少流血”同样是一个利国利民、必须在根本上予以重视的基础工程。我毫不惧怕体制内外哪位“仁人志士”指责我背叛了谁的自由民主事业。道理如此显然：中华民族自古及今严重缺乏关于改革与治理的政治哲学与政治科学；无论今天的中国共产党被以任何方式对待，对“改革”的促进及其反思，是中国必须弥补的一课。

不要忘记晚清宪政改革的遭遇，更不要忘记了在大陆的中华民国曾经发生过什么。不要仅仅拿台湾和我讨论问题。与台湾模式的推崇者一样，我和我的朋友也一再认真讨论台湾的是非成败、喜怒哀乐。不要忘了我们生活在亚欧大陆东部，国土直达中亚。长江黄河两岸，一再刀光剑影，一再血雨腥风，一再饿殍千里。

在政治发展方面，德国社会学家韦伯有个“冷酷实证”得令人“毛骨悚然”的“中国命题”：“中国官僚阶层‘上下其手’的特权，作为既得利益的集体模式，使得整个官僚体系反对任何改革。任何内部革新的企图，都在这种障碍下破灭。结果是，只有外来的军事征服或成功的武力或宗教革命，才有可能动摇俸禄利益的强固结构，只有这样才能创造出全新的权力分配和新的经济条件。”

在实际生活中，自认为基督徒的中国人有个特点：圣经一再批评拜金主义，却争先恐后地投入到商业浪潮中去，而一旦认清福音，虽然圣经几乎从来没有反对参与政治，而是更多抽象地主张基督徒在政治中“不与世界联合”，中国基督徒就倾向拒绝政治参与；这既与当前基督徒制度性参政机制的缺失有关，也与中国人几千年来就有的对政治的基于“自我保存”本能而有的恐惧相关。

这种复杂的局面已经让致力于“快速民主化”的“仁人志士”大失所望，并强烈地说明：中国一般的基督徒，是一群和一般中国人没有太大差异的人。在和平时刻，他们的“亲经济、远政治”非常有助于国家的持续统治。一旦发财渠道被封闭，政府只有依赖基督教会以基督的“十字架舍己之爱”这一“替代性救赎”的“福音”才能归正被中国传统民情激发起来的公共表达激情和现代转型挑战。

我是中国人。东海之滨有生我养我的父老乡亲。太平洋西岸生活着无数帮助我走过困苦岁月的亲朋好友。基督在这里陪伴了我35年。为了同样被基督所爱的、生活在这块土地上的人们的利益，对这个民族甚至连中共党员都“千夫所指”的执政党及其勤奋工作的党员干部，我愿意驻足欣赏这个群体步履蹒跚的现代化进程。

在中国这个充满底层萨满主义式的民间宗教反抗传统的国家，只有真正的基督徒乐意也欣赏各种社会问题的被解决，却不因为问题的可能注定无解而失去理性和失去忍耐意愿。我欣赏中国基督教会里的温柔、忍耐、节制、宁静与甜美。1912 年成立的、1949 年在中国大陆消失了的“中华民国”曾经有机会行公义，却无理逼迫基督教会。我更多是作为旁观者来关心台北那些政治人物。可是，如今还在有效运行的中华人民共和国与我有挥之不去的关联。我希望一些官员不要打扰基督教家庭教会里的这份温馨。必须承认，“国家治理体系和治理能力现代化”，至少以“不去打扰哪怕失去生命也要给中国传播耶稣基督和平福音的爱心使者”为前提。

如本书《为什么地方官“怕”内参》等文里所指出，中国缺乏足以支持国家可持续发展的专业性“智库”，各级官员更是平庸而治。然而，经过几十年的努力，体制的“维稳”是专业的，其工作人员具有某种在中国相比之下显然独树一帜的的“战略”眼光。“大数据”时代的来临，私人秘密俨然成为传说。这样，体制能够轻而易举地实现对特定人员的“分类控制”、“精确打击”和“定点清除”。然而，这种专业性和内行性，更多只是职业的敏感性和个体技能之卓越的表现。令人震惊的事实还在于，合纵连横的、以血缘和亲情为中心的人事框架下，除非经过大震荡、大改组，绝大多数“技高一筹”的人员，没有机会主导国家的决策。

另一方面，“文革”是“改革”合法性的来源。“文革”是发动底层民众通过各种非法制手段打击各级职业官员的一场社会运动。“文革”已经一去不复返：首先，当今缺乏这种“卡里斯玛型”（ Charismatic Authority）的、俨然被全民“崇拜”的领导人物；其二，无论是国家，还是社会，都不再适应“文革”这种极端状态；更为重要的是，各级官员大多数成员没有意志回到“文革”。客观地说，不仅官员，大多数中国人仍然是如今这种这种“改革双轨制”结构的受益者。

正是在这种刚性结构下，中国民间社会出现了一种几乎没有多少学者有能力指出的体系性现象：如果政府付诸于传统儒家，主张“佛教型儒家”的他们被迫面对“孟子型儒家”的强行介入，导致体制内儒家和体制外儒家的尖锐对抗（这种对抗在意识形态上看是在争夺对中华民族前途命运的解释权和政治主导权），其特点是辅助个人道德觉悟的启蒙运动的崛起及其影响下的散兵游勇组成的各种街头运动的风起云涌（城市化、高学历化的、以自由民主为口号的现代游民运动）；如果走倾向基督教的发展道路，则在原本倾向结社和多中心秩序的社会基础上，政府不得不面对各种基督教社区的基于自助激情而来的更多诉求。

“稳定压倒一切”的时代充满风险。我一直在观察各种风险及其对策。我对中国基督教的叙述是努力符合事实的。“林子大了什么鸟都有”——逻辑如此显然：不外于人类社会的一般特点，基督教会是由一群罪人组成的；只是正如哥林多前书 1:2 所说，凡真正的教会是“在基督耶稣里成圣，蒙召作圣徒的，以及所有在各处求告我主耶稣基督之名的人”。而从社会学考察来说，真正的家庭教会就其地域分布的广泛性、组织形式的分散性、神学理解的多样性，加之其根基（马太福音 16:13-19，表现为神学模式）是正确的，至少难以被利用去威胁社会稳定。

即便在基督教家庭教会中出现了一些令外界感到诧异的人或事，基于上述考察，我坚定相信，真正的教会正在着手解决、至少在努力制衡这些不良因素。应当承认，在中国政府体制内外，没有谁比基督教会更在乎自己的“品行端正”了。

在这个全球化时代，执政党千万不要以为以革命年代的统一战线性的“拉一派，打一派”就足以安抚一颗颗焦躁的心。执政党要知道，与革命时巨大的红利不一样，今天国家体制的人大、政协已经安排不出更多位置给那些期待被“统战”的人。

执政党更需知道，让罪人悔改重生从而心甘情愿地去顺服掌权者的是“福音”，而不是忍受“胯下之辱”的韩信式的功利主义。爱中国，爱这块土地上掌权的中国政府及其治理下的中国人民，就要承担责任、理性行动。如果没有能力行动，也没关系，至少可以如基督教会要求献上祷告一样献上祝福、表达心意，但不要学习一些官员出于各种因素胡作非为。为了中国，请尊重主日敬拜中的中国人。

这是全体中国人民的共同利益，哪怕是反对基督教的人也分享这份福利。即便“双轨性”是人类地上生活挥之不去的“铁律”，我们也要寻求其弊端的防范机制，而不是如韩非等法家在“法，势，术”中枉然探索社会危机的应对之策；即便为着维护自己的长远利益，也要探索中国语境中能应对挑战的长效机制。

商鞅变法的结果是商鞅“请君入瓮”而死，并秦二世而亡；中国大陆直到1949年由汉人主导的改革无一不是失败的——对此，我甚是惊奇。有位朋友问我：“是否包括台湾？”我不知道太晚未来如何与大陆竞争，姑且认为蒋经国的改革是成功的。朋友进一步说，“那可能就不仅是文化的因素，地缘政治更重要”。中华人民共和国是全球接壤国最多的国家，邻国大多是“白眼狼”；换言之，中国共产党正在试图挑战人类迄今关于“优良治理”“大国崛起”等相关命题的传统答案。

从来“调试”都不一定是好事，也未必是坏事，是一个政治体系客观了的运作过程，关键是看“调试者”的价值观，是否具备真正意义上的“治国安邦”之能力和优美的节制。为此，我期待阅读本书的公务员和公共政策、社会变迁等研究领域内的专业学者，认真思考这些文章中所提出的一些问题以及解决之道。同一公共事件，不同的政体会有不同的回应方式。然而，我们相信，任何形式的善治本身，必须认真回应真理的启示。

我一直期待的基督教家庭教会的合法化与制度化自治迄今仍是理想，可能未来很长一段时间也如是。我越来越认识到，基督正在护理的中国，可能不是美好的，未必符合一些人的心意，但在这里面必然有超出我们所思所想的那份神圣之爱。

因此我不想多说本书的一些观点和主张如何影响了近三四年变迁的历史进程，虽然我在各种场合主张的劳教制度、信访制度、户籍制度正在被废除或者逐渐改良，制度性的“依法治国”越来越成为共识，更广泛的司法制度改革正在进行。中国还需要继续努力，中华民族需要在道路、真理、生命整体意义上的觉醒乃至重生。

当民间社会这种趋向定型之后，中国只有“两害相权取其轻”走开放的路。

总有那么一天，中国的明智之士会逐步明白或豁然开朗：中国出现了哪些使得体制内外陷入“囚徒困境”的结构性冲突，对这种冲突应该采取什么样的治理方案。

感谢为我慷慨作序的于建嵘教授。感谢于教授对中国劳苦大众苦难的持续关注与专业分析，也感谢我们的友谊。中国优秀的政治学者凤毛麟角。于教授在政治社会学上的问题研究方法、创新精神以及努力去意识形态化的思维，使我获益良多。

感谢为我激情作序的肖玉杰先生。作为一位在80年代末从北京大学下海经商的职业经理人和企业家，肖先生对中国市场发展有颇为直观的感性体会。他热情澎湃的叙述，俨然完全有别于于建嵘教授“冷酷”得有些让人“压抑”的学术分析。

感谢极大地拓展了我的思维与视野的王冬林弟兄。这里的很多很多文章，是与王冬林弟兄反复讨论、多次修改的结果，有他宝贵的知识和辛勤的思考。

感谢让我的文章得以“体制内”问世、合法出版的市场化了的月刊、周报、周刊、都市报、早报，以及在这些媒体中工作的朋友。除了序和后记，本书没有一篇文章不是在中华人民共和国境内的媒体公开发表的。为了方便更多国家治理者及其接班人（高校师生）阅读，我尝试在中国出版此书，无奈关键时刻遇阻。从这本书中，我们能看到中国“思想解放”的空间，新闻出版自由的拓展程度。我这些朋友在特定岗位上播种耕耘，任劳任怨，是中国改革开放进程中最可爱的媒体人。

为我的一切献上感恩，并摆上我个人的亏欠。我深信，各各他山上的十字架之爱，已经一次性地赐给了我“永生之道”。无论我过去、现在和将来的文字如何，也无论我过去、现在和将来的生活状况如何，都不能加添也不能夺去我宝贵的救恩。

吸取古代中外各种经验教训，达成“现实问题解决派”与“彻底的理想主义者”的良性统一，我必须时刻铭记这些基本的道理：绝不认为自己在这个时代有多少了不起，绝不为将来牺牲今天的幸福，绝不为多数人的利益牺牲少数人的权利。

对中国的未来，我不乐观，也不悲观：我情愿在中国的分工合作秩序中，做一个“蜡炬成灰泪始干”的观察者和研究者，在平时生活中经营好几个媒体专栏。

我承诺在我可控的岁月里，继续奉献我个人更多的专业思考。也请朋友们继续理解我，支持这个时代的独立写作，而不是因为某个时代的问题而怨恨这个时代的作家或者其他个体，更不要因为生来命苦而失去那美好的盼望。

每每想到一直陪伴的弱势群体迄今尚未获得公平正义的地上待遇，想到个别亲友终日为生计劳碌却终生痛苦而活、以致贫病交加，我深感政治学研究不是一件让人平安喜乐的事情，政治更是一个令人疲惫到不得不感叹“人生苦短”的话题。我真知道，地上的一切，无论是善是恶，是福是祸，是进是退，都当过去。

因此软弱而显出刚强之际，我真实如使徒约翰在启示录22:20那样大声呼唤：

主耶稣啊，我愿你来！

2014年复活节初稿；8月13日修改